Bildquellen:

Andres, „Berliner Illustrirte“, Bildarchiv der Österreichischen Nationalbibliothek, Burda-Druck und Verlag/Bildarchiv, Coast Guard, Cremer, Dönitz, Hielscher, Hoffmann, Hubert, Hubmann, Kurth, Nebelspalter, Pabel, Punch, Rapho, Rübelt, Saint Paul, Schaller, Schröter, Stampa, von Tiesenhausen, Weltkriegsbücherei, Archiv des Verfassers, „Adler“, „Wehrmacht“, „Kriegsmarine“, „Signal“, „Völkischer Beobachter“ und andere zeitgenössische Publikationen.

Schutzumschlag,
Typographie und Produktion: Studio M, Hamburg



ISBN 3 8122 3001 1

Mathias Färber

# Zweiter Weltkrieg in Bildern

Unipart-Verlag · Stuttgart

# Inhalt

# Vorwort

Frieden, nichts als Frieden bekundete Adolf Hitler nach der nationalsozialistischen Machtergreifung am 30. Januar 1933 in seinen öffentlichen Reden. Nicht die Schaffung einer schlagkräftigen Offensivarmee wurde propagiert, sondern die militärische Gleichberechtigung, nicht die gewaltsame Expansion als Programm ausgegeben, sondern lediglich die friedliche Revision des Versailler Vertrages. Die permanente Betonung des nationalsozialistischen Friedenswillens durch Goebbels' zentralgelenkten Propagandaapparat ließ der gleichgeschalteten öffentlichen Meinung des Dritten Reiches Adolf Hitler als *den* Friedenskanzler erscheinen. Heute jedoch, nach dem Zusammenbruch der nationalsozialistischen Herrschaft, nach einer kaum mehr übersehbaren Flut zeitgeschichtlicher Publikationen wissen wir, daß der wirkliche Hitler diesem Bild des Friedenskanzlers niemals entsprochen hat, daß sein eigentliches politisches Wollen unweigerlich zum Krieg führen mußte. Heute wissen wir, daß sich Hitler auch als „Führer und Reichskanzler" trotz aller taktischen Kompromisse und Wendungen letztlich von den Prinzipien und Zielen seiner Weltanschauung leiten ließ, die er bereits Mitte der zwanziger Jahre in seinem Bekenntnisbuch „Mein Kampf" niedergelegt hatte.

Zentralkategorien dieser Weltanschauung, Dreh- und Angelpunkt des Hitlerschen Denkens waren die Begriffe Raum und Rasse, Kampf und Krieg die Mittel zu ihrer Verwirklichung.

Die „Rassenfrage" war und blieb für ihn der eigentliche „Schlüssel zur Weltgeschichte". Das Höherwertige, die nordisch-germanisch-arische Rasse, müsse gefördert, das Minderwertige hingegen, insbesondere der verderbliche Einfluß der „jüdischen Rasse", eliminiert werden. Der gefährdeten germanischen Rasse stehe – so Hitlers fixe Idee – die jüdische Weltverschwörung gegenüber. Ob hinter demokratischer, kapitalistischer, marxistischer oder bolschewistischer Fassade, im Hintergrund lauere stets der Jude mit seinen Plänen, die Welt zu beherrschen. Um diesen Kampf, der allein in Hitlers Phantasie existierte, zu bestehen, gelte es zunächst einmal, dem deutschen Volk den notwendigen Lebensraum zu sichern.

Gleich in seiner ersten geheimen Ansprache vor Generalen der Reichswehr am 3. Februar 1933 betonte Hitler die Wichtigkeit eines forcierten Aufbaus der Wehrmacht, forderte er die Wiedereinführung der allgemeinen Wehrpflicht, und auch die alten Zielvorstellungen von „Mein Kampf" waren zu hören: „Eroberung neuen Lebensraums im Osten und dessen rücksichtslose Germanisierung."

Das „Großdeutsche Reich", den „Kampf gegen Versailles" auf den Lippen und den „Raum im Osten" in Gedanken ging Hitler systematisch voran. Außen-, Wirtschafts- und Militärpolitik wurden folgerichtig auf den entscheidenden Kampf gegen Rußland ausgerichtet. In einer geheimen Denkschrift über die Aufgaben des 1936 verkündeten zweiten Vierjahresplans verlangte Hitler „schnelles Tempo" beim „Aufbau der militärischen Kräfte". Zwar werde die entscheidende Frage einer „Erweiterung des Lebensraumes" erst „dereinst" zu lösen sein, dennoch müsse die deutsche Armee in vier Jahren einsatzfähig und die deutsche Wirtschaft in vier Jahren kriegsfähig sein. In einer Geheimrede vor der deutschen Presse vom 10. November 1938 entlarvte Hitler die von ihm und der Goebbelsschen Propaganda geschickt verkaufte Friedenspolitik. Nur die Umstände nämlich hätten ihn gezwungen, „jahrzehntelang fast nur vom Frieden zu reden. Nur unter fortgesetzter Betonung des deutschen Friedenswillens und der Friedensabsichten war es mir möglich, dem deutschen Volk Stück für Stück die Freiheit zu erringen und ihm die Rüstung zu geben, die immer wieder für den nächsten Schritt als Voraussetzung notwendig war." Und schon am Vorabend der Unterzeichnung des deutsch-russischen Nichtangriffspaktes vom 23. August 1939 frohlockte Hitler vor den Befehlshabern der Wehrmacht, daß Polen nun in der Lage sei, in der er es haben wollte. Der erste Raub- und Vernichtungsfeldzug konnte beginnen.

Sicherlich suchte Hitler in Polen nur den begrenzten Konflikt. Von einer planmäßigen Entfesselung des Zweiten Weltkrieges jedenfalls kann nicht die Rede sein. Dennoch, als Frankreich so überraschend schnell zusammenbrach und sich England noch immer nicht friedenswillig zeigte, sah Hitler plötzlich eine Möglichkeit, seine „Mein-Kampf-Vision" zu verwirklichen. Ein Blitzkrieg gegen die Sowjetunion mit dem Ziel der „Vernichtung der Lebenskraft Rußlands" sollte die Frage des „Lebensraumes" endgültig lösen. Der öffentlichen Meinung jedoch wurde der daraus entstehende Weltbrand als Kampf für Europa und nicht zuletzt als Kampf für das eigene Vaterland ausgegeben.

Fünf Jahrzehnte nach dem letzten Schuß zieht das vorliegende Werk Bilanz, schildern präzise Texte und anschauliche Bildreportagen den Zweiten Weltkrieg, die größte militärische Auseinandersetzung der Weltgeschichte.

*Mathias Färber*

# Der Weg in den Krieg

Am 31. August 1939, 12.40 Uhr mittags, gab der „Führer“ und Oberbefehlshaber der Wehrmacht, Adolf Hitler, den Befehl zum Angriff auf Polen. Das bedeutete die Auslösung des Falles „Weiß“ für den 1. September 1939. Am 25. August hatte er dies schon einmal befohlen, X-Tag sollte der 26. August sein. Noch am gleichen Tag hatte er diesen Befehl widerrufen, England hatte einen Bündnisvertrag mit Polen geschlossen, Hitlers Verbündeter, Benito Mussolini, „Duce des Faschismus“ in Italien, hatte wissen lassen, Italien sei nicht kriegsbereit, es sei denn, Deutschland leiste materielle Hilfe. Er schraubte dabei seine Forderung absichtlich so hoch, daß das Deutsche Reich sie nicht erfüllen konnte. Doch Hitler zögerte nur einen Moment. Nach einigen hektischen Vermittlungsversuchen von britischer und italienischer Seite setzte er den Befehl wieder in Kraft. Polen erhielt keine Kriegserklärung. Der deutsche Rundfunk meldete, seit 4.45 Uhr werde am 1. September an der deutsch-polnischen Grenze „zurückgeschossen“ – nach einem angeblichen polnischen Überfall auf den oberschlesischen Sender Gleiwitz. Der Überfall war von deutscher Seite vorgetäuscht worden, um einen plausiblen Anlaß für die Intervention in Polen in die Hand zu bekommen.
Davon ahnten die deutschen Soldaten nichts. Begann in diesen Morgenstunden des 1. September 1939 der Zweite Weltkrieg? Dies war, wie sich bald herausstellen sollte, tatsächlich der Fall. Aus der damaligen Sicht Hitlers traf dies jedoch durchaus nicht zu. Geplant war der „Fall Weiß“ seit April 1939, der Zangenangriff mit zwei Heeresgruppen unter den Generalobersten v. Rundstedt und v. Bock von Schlesien, von Ostpreußen und Ostpommern aus auf Polen zur Zerschlagung des polnischen Staates. Nicht eingeplant war die Kriegserklärung Englands und Frankreichs, die nach einem vergeblichen Vermittlungsversuch Mussolinis am Sonntag, den 3. September 1939, erfolgte. Der britische Premierminister Neville Chamberlain hatte zur Vorbedingung für ein zweites „München“ die Zurücknahme der deutschen Truppen auf die Ausgangsstellungen vom 1. September gemacht. Hitler indes hatte gerade aus dem Verhalten Neville Chamberlains und des französischen Ministerpräsidenten Daladier während der Krise um die Angliederung der deutschen Sudetengebiete der Tschechoslowakei Ende September 1938 den Schluß gezogen, England und in seinem Schlepptau Frankreich würden niemals ernst machen, auch dann nicht, wenn er erneut eine einseitige Gewaltaktion startete. Er war nicht müde geworden, skeptischen Offizieren aller drei Wehrmachtteile zu erklären, er werde nicht wie die „unfähigen Männer von 1914“ in einen Zweifrontenkrieg hineinschlittern.
Am Mittag des 3. September 1939, einem strahlenden Spätsommersonntag in Deutschland wie in Polen, war er im ersten Augenblick wie vom Donner gerührt und fragte ratlos seinen Reichsaußenminister v. Ribbentrop, was nun geschehen solle. Generalfeldmarschall Göring, Oberbefehlshaber der Luftwaffe, bemerkte: „Wenn wir diesen Krieg verlieren, dann gnade uns Gott.“ Hätte Hitler es nicht besser wissen können, daß für Großbritannien die Stunde geschlagen hatte, in der man nach einer feierlichen Garantie für Polen im Frühjahr nicht mehr ausweichen konnte? Er hätte es spüren können, spüren müssen. Aber in der Geschichte regiert nicht der Konjunktiv. Hitler hatte die im Endeffekt für ihn wie für das Deutsche Reich tödliche Fehlkalkulation begangen.
Was wußten die einfachen Soldaten davon? Wenig oder nichts? Aber der 1. September 1939 fand sie in todernster Einsatzbereitschaft. Die Heimat nahm die Nachricht, daß an der deutsch-polnischen Grenze zurückgeschossen wurde, in dumpfer Beklommenheit hin, gab es doch Millionen von Menschen, die den Ersten Weltkrieg von 1914/18 miterlebt hatten. Nach strahlenden Siegen waren die Jahre auswegloser Materialschlachten, Jahre voll Hunger und Not gefolgt, bis zum moralischen Zusammenbruch. Von der rauschhaften Begeisterung, mit der das deutsche Volk vom Fürsten bis zum letzten Arbeiter im August 1914 den Krieg begrüßt hatte, war nichts zu spüren.
Die überhastete Ausgabe von Volksgasmasken am 2. September ließ das Schlimmste befürchten: Den Luftkrieg mit allen Vernichtungsmitteln gegen die Zivilbevölkerung. Niemand wußte in der Heimat, daß keine der kriegführenden Mächte, weder das „Dritte Reich“, noch Großbritannien und schon gar nicht Polen – das einzige Volk, das sich mit wildem Fanatismus in diesen Krieg stürzte, dessen Generale schon ihre stolzen Kavallerie-Regimenter in Berlin einreiten sahen – über eine Fernbomberwaffe verfügte, die über tausende von Kilometern hinweg Großluftangriffe weit ins feindliche Hinterland führen konnte.
Für den 1945/46 in Nürnberg (ehedem die Stadt der Reichsparteitage der gestürzten NSDAP) konstruierten Prozeß gegen die tatsächlichen oder angeblichen Hauptkriegsverbrecher vor dem Internationalen Militärtribunal – dem kein einziger Soldat, sondern nur Zivil- oder Militärjustizrichter angehörten –, schufen die vier Sieger-

*Linke Seite: Am Morgen des 1. September 1939 heben deutsche Infanteristen an den Grenzübergängen nach Polen die Zollschranken aus den Angeln. Der Zweite Weltkrieg hat begonnen. In Hitlers Weisung zum „Fall Weiß“ hieß es dazu: „Nachdem alle politischen Möglichkeiten erschöpft sind, um auf friedlichem Wege eine für Deutschland unerträgliche Lage an seiner Ostgrenze zu beseitigen, habe ich mich zur gewaltsamen Lösung entschlossen.“*

mächte in mühseligen Feilschereien neue Anklagepunkte. Man einigte sich trotz völlig unterschiedlicher Rechtsauffassung auch auf folgende Anklagepunkte: „Angriffskrieg – Verbrechen gegen den Frieden“ und „Verschwörung zur Planung eines Angriffskrieges“. Bisher nicht bekannte Straftatbestände wurden konzipiert, um Verurteilungen im Prozeß der Sieger gegen die Besiegten zu ermöglichen. Zwei der höchsten deutschen militärischen Befehlshaber, der Chef des Oberkommandos der Wehrmacht, Generalfeldmarschall Wilhelm Keitel, und der Chef des Wehrmachtführungsstabes, Generaloberst Jodl, wurden gehängt. Dem früheren Oberbefehlshaber der Kriegsmarine und (ab 1. Mai 1945) letztem Chef einer deutschen Reichsregierung, Großadmiral Karl Dönitz, dem Initiator der „Atlantikschlacht“ gegen die britischen überseeischen Zufahrtswege mittels einer starken U-Bootwaffe, einem der bedeutendsten deutschen Seestrategen in der Marinegeschichte, hätten zumindest die Sowjets gern das Gleiche zugedacht. Die westalliierten Richter waren so korrekt, ihm wegen absolut fairer Führung des Unterseebootkrieges nur zehn Jahre Haft im Kriegsverbrechergefängnis Spandau aufzuerlegen.

War der Fall „Weiß“ ein Angriffskrieg – modern gesagt eine Aggression? Zweifelsohne! Waren die höchsten Offiziere der Wehrmacht dafür verantwortlich? Nein. Verantwortlich war der „Führer und Reichskanzler“ Adolf Hitler. Er hatte sich jedem Richterspruch durch Selbstmord am 30. April 1945 entzogen. Die Soldaten hatten Befehlen der Staatsführung gehorcht. „Soldaten, die einen Krieg verlieren, werden dafür heute gehängt,“ hat später der Feldmarschall Montgomery diese juristische Methode von Nürnberg kommentiert. Doch die Ankläger in Nürnberg wollten beweisen, ja sie waren sozusagen verpflichtet, durch einen ungeheuerlichen Aufwand von Millionen beschlagnahmter Akten, unter denen sie eine Siebung – nach Belieben und Zweck – vornahmen, zu erhärten: Hitler hatte von vornherein den Zweiten Weltkrieg geplant.

So lautete die Anklage gegen die höchsten deutschen Offiziere, soweit man ihrer habhaft geworden war! Welches Bild aber hatten die führenden deutschen Soldaten seit dem 30. Januar 1933, jenem Montag, an dem der uralte Reichspräsident Generalfeldmarschall v. Hindenburg widerstrebend den ihm unsympathischen Adolf Hitler zum Reichskanzler bestellt hatte? Am 3. Februar 1933 bat der Chef der Heeresleitung, General Freiherr v. Hammerstein-Equord, den neuen Reichskanzler in die Bendlerstraße, damit er vor den führenden Generalen der kleinen Reichswehr über seine Ziele sprechen könne. Hitler bekannte sich nicht nur zur Aufrüstung – diese wollten die Generale alle –, sondern entwickelte überdies merkwürdige Ideen von der Gewinnung von „Lebensraum“ für das deutsche Volk im Osten und dessen rücksichtslose „Germanisierung“. Meinte er Krieg gegen Polen, gegen Sowjetrußland? Die Generale gingen auf Distanz. Einer von ihnen äußerte hernach kühl: Keine Suppe werde so heiß gegessen, wie sie gekocht werde…

In der Folge ging die politische Führung verblüffende Wege. Am 26. Januar 1934 wurde auf zehn Jahre ein Freundschafts- und Nichtangriffsvertrag mit Polen geschlossen, mit jenem Staat, der von der Heeresleitung als möglicher Gegner angesehen wurde. Am 18. Juni 1935 schloß Hitler einen Flottenvertrag mit England, der dem Oberkommando der Kriegsmarine die Flügel beschnitt. Die deutsche Flotte sollte 35 Prozent der Tonnage der britischen Marine nicht überschreiten, für die – von deutscher Seite neu aufzubauende – U-Bootwaffe war die gleiche Stärke wie die der britischen vorgesehen. Da die britische U-Bootwaffe verhältnismäßig schwach war, mußte auch die deutsche klein gehalten werden. Immerhin – ein zweiter Seekrieg gegen Großbritannien schien damit ausgeschlossen.

Die Wiedereinführung der Wehrpflicht 1935 – Hitlers Antwort auf eine französisch-sowjetrussische Allianz, die Aufstellung eines Heeres von 12 Armeekorps und 36 Divisionen mit den bisher verbotenen schweren Waffen, Panzern und schwerer Artillerie, die offizielle Ankündigung der Formierung der Luftwaffe, die bislang getarnt erfolgt war, begrüßte man. Die Bedenken des Oberbefehlshabers des Heeres, Generaloberst Freiherr v. Fritsch, und des Chefs des Generalstabes, General Beck, gegen die einseitige Besetzung der entmilitarisierten Zone im Rheinland im März 1936 verflogen wieder, da England und Frankreich nicht eingriffen, zum Erstaunen vieler erfahrener hoher Offiziere. Die Bedeutung der Entlassung des Reichskriegsministers, Generalfeldmarschalls v. Blomberg, wegen eines Eheskandals und des Oberbefehlshabers des Heeres, des Freiherrn v. Fritsch, wegen angeblicher homosexueller Neigungen (ohne Angabe von Einzelheiten am 4. Februar 1938 bekannt gemacht) wurde bei der Truppe kaum begriffen, bei den hohen Stäben außerhalb Berlins mangels wirklicher Kenntnis der Umstände zu spät erkannt. Hitler übernahm selbst den Oberbefehl über die Wehrmacht. Noch schien

*Kriegsplakat der NSDAP. Mochte die offizielle Propaganda Siegeszuversicht verbreiten – das Volk teilte sie nicht. Bei Kriegsbeginn 1939 blieben die Straßen, anders als 1914, leer, nirgendwo ertönte Jubel, die ausrückenden Truppen verließen in aller Stille ihre Kasernen.*

*Linke Seite: Revision des Versailler Vertrages und wehrpolitische Gleichberechtigung Deutschlands waren Hitlers erklärte Ziele. Den ersten Schritt dazu tat er mit der Wiedereinführung der Allgemeinen Wehrpflicht am 16. März 1935. Die Westmächte protestierten nur lau. Im Kabinett brachte Reichswehrminister Generaloberst Werner von Blomberg ein dreifaches Heil auf Hitler aus.*

*„Peace in our time" – Frieden in unserer Zeit, verkündete Großbritanniens Premierminister Neville Chamberlain nach seiner Rückkehr von der Münchener Konferenz. Die Westmächte glaubten Hitlers Versicherung, mit Lösung der Sudetenfrage seien alle territorialen Ansprüche des Deutschen Reiches erfüllt. Sein Einmarsch in die „Rest-Tschechei" ein halbes Jahr später sollte sie eines anderen belehren.*

der „Führer und Reichskanzler" vom Glück begnadet zu sein.

Weder London noch Paris protestierten, auch nicht Italien, bislang Schutzmacht für das klerikal-autoritäre Regime in Österreich, als Hitler im März 1938 den „Anschluß" Österreichs an das „Dritte Reich" erzwang. Dann mehrten sich Bedenken beim Chef des Generalstabes, General der Artillerie Beck, als nämlich mit der „Führerweisung" für den Fall „Grün", den Aufmarsch gegen die Tschechoslowakei, Hitlers Absicht klar wurde, den tschechisch-slowakischen Vielvölkerstaat, mit seiner starken deutschen Minderheit von drei Millionen in den Sudetengebieten, in die Zange zu nehmen und aufzulösen. Zum ersten Mal sahen sich jetzt Kriegsmarine und Luftwaffe der Möglichkeit gegenüber, einen See- und Luftkrieg gegen Großbritannien führen zu müssen – für den sie nicht aufgestellt und für den sie nicht gerüstet waren. Offiziere der Seekriegsleitung, des Führungsstabes der Kriegsmarine, hatten freilich schon früher Skepsis bekundet. Sie fragten sich, ob England, etwa im Fall eines Konfliktes mit Frankreich und der Sowjetunion, wirklich auf die Dauer neutral bleiben würde.

Der Protest des Generalstabschefs General Beck gegen die Planung eines Angriffs auf die Tschechoslowakei, sein Denkschriftenkrieg – nicht gegen Hitler, sondern zur Abänderung der Politik Hitlers – blieb auf den Kreis des Oberkommandos des Heeres und den begrenzten Zirkel der Kommandierenden Generale beschränkt. Eine Mehrheit für seine Vorstellungen fand General Beck nicht.

Der Einmarsch der 8. Armee des Generals v. Bock in Österreich enthüllte zwar peinliche Mängel bei dem hastig aufgestellten Wehrpflichtheer, glich aber einem „Blumenfeldzug". Für das klerikal-autoritäre, prohabsburgische Regime fiel kein Schuß. Die Tschechenkrise vom August/September 1938 endete durch Mussolinis Vermittlung mit dem Münchener Abkommen vom 29./30. September 1938 zwischen Deutschland, Italien, England und Frankreich. Die Tschechoslowakei mußte das Sudetengebiet abtreten. Der folgende deutsche Einmarsch wurde wiederum ein „Blumenkrieg".

England und Frankreich hatten bereits am 21. September 1938 der Prager Regierung klar gemacht, daß sie, falls sie deutschen Forderungen nicht nachgeben wolle, nicht mit Unterstützung rechnen könne. Der britische Premierminister Chamberlain verkündete die Parole „Frieden in unserer Zeit".

Alle vier Signatarmächte von München hatten die Existenz der Rumpf-Tschechoslowakei garantiert. Keine von ihnen hatte das Abkommen ratifiziert. Dann tat Hitler im März 1939 den nächsten – und damit, wie die Zukunft erweisen sollte, den ersten irreparablen – Schritt. Unter Ausnutzung und Förderung der Separationsbestrebungen in der mit der tschechischen Vorherrschaft unzufriedenen Slowakei zwang er die tschechische Republik, bei Androhung massiver Luftangriffe auf Prag, Mitte März zur Kapitulation. Die Tschechoslowakei verschwand – wie Österreich – von der Landkarte, Böhmen und Mähren verwandelten sich in ein Reichsprotektorat, die Slowakei erlangte unter deutscher Schirmherrschaft die Unabhängigkeit – auf dem Papier! Bislang hatte Hitler vor allem gegenüber Großbritannien mit dem Selbstbestimmungsrecht der Völker operiert. Nun ging er am 14./15. März 1939 zu reiner Machtpolitik über.

England und Frankreich nahmen den Gewaltakt gegen die Tschechoslowakei hin. Aber in London wuchs jetzt die Entschlossenheit, neuen einseitigen Handlungen Hitlers nicht mehr tatenlos zuzusehen. Im Sinne herkömmlicher deutscher Politik gab es jetzt nur noch ungelöste Probleme mit dem offiziell seit 1934 befreundeten polnischen Vielvölkerstaat mit seinen deutschen, ukrainischen, litauischen und ruthenischen Minderheiten. 1935 hatte Hitlers Vertreter Göring den Versuch unternommen, Polen eine Allianz gegen die Sowjetunion schmackhaft zu machen. In Warschau hatte man abgewinkt, mit Moskau bestand ein Nichtangriffsvertrag, auch hätte eine gemeinsame Operation gegen die Sowjets das Erscheinen deutscher Truppen auf polnischem Boden bedeutet, das letzte, was man sich wünschen konnte. Im Herbst 1938 und abermals im März 1939 bemühte sich Hitler, wiederum unter Anspielung auf ein gemeinsames Vorgehen nach Osten gegen den „Bolschewismus" (was Polen territorialen Gewinn bringen könnte!), den polnischen Außenminister Oberst Beck für eine friedliche Regelung der Frage des polnischen Korridors durch Westpreußen zur Ostsee und eine Lösung der Frage des Schicksals der Freien Stadt Danzig zu bewegen (für die völkerrechtlich nicht in erster Linie Polen, sondern der Völkerbund verantwortlich war, dem Deutschland 1933 den Rücken gekehrt hatte). Die Regierung des im Grunde schwachen und unsicheren Marschalls von Polen, Edward Rydz-Śmigły, lehnte alle Zugeständnisse ab. Am 31. März 1939 garantierten im Gegenzug England und Frankreich den Bestand Polens. Sie gaben weitere Garantien für die Königreiche Griechenland und Rumänien ab. Die Griechen hatten Mussolinis Ehrgeiz zu

fürchten, Stützpunkte für die italienische Marine in griechischen Gewässern zu erwerben. Rumänien war einerseits durch das mit Deutschland liierte Ungarn gefährdet, das Ansprüche auf Siebenbürgen erhob, andererseits durch die Sowjetunion, die das einst russische Bessarabien zurückgewinnen wollte.
In Polen wurde eine wilde Kampagne gegen die deutsche Minderheit entfacht – Wasser auf die Mühlen der einsetzenden antipolnischen Angriffe in der deutschen Propaganda. Am 3. April 1939 ordnete Hitler die Bearbeitung von „Weiß“ an; das war, wie gesagt, der Deckname für den Aufmarsch gegen Polen. Am 14. April 1939 schlug der Präsident der USA, Franklin D. Roosevelt, den „Diktatoren“, also Hitler und Mussolini, vor, künftig auf jede Gewaltaktion zu verzichten und Lösungen auf dem Konferenzweg anzustreben. Worauf Hitler am 28. April 1939 sozusagen alle Schiffe hinter sich verbrannte und seine eigenen Vertragswerke von 1934/35 zerriß, den deutsch-polnischen Nichtangriffs- und den deutsch-englischen Flottenvertrag. Beide wurden in großer öffentlicher Rede aufgekündigt.
Unter dem markigen Namen „Stahlpakt“ schlossen Hitler und Mussolini am 22. Mai 1939 einen unverbrüchlichen Beistandsvertrag ab. Allerdings war der italienische Rüstungsstand noch bei weitem ungenügender als der deutsche. Es hatte die italienischen Streitkräfte ungeheure Anstrengungen und empfindliche Schlappen gekostet, als sie 1935/36 das ostafrikanische Kaiserreich Äthiopien eroberten, die Leistungen des italienischen Freiwilligenkorps im Spanischen Bürgerkrieg 1936/39 waren wenig überzeugend gewesen.
Immerhin wußten die führenden deutschen Soldaten jetzt, daß der Krieg gegen Polen kaum noch vermeidbar war, ja nach dem Willen des „Führers“ überhaupt nicht mehr vermieden werden sollte. Die mei-

*Münchener Konferenz 29. September 1938. Von links: Reichsmarschall Hermann Göring, Mussolini, Adolf Hitler, Graf Ciano. In der zweiten Reihe Minister Rudolf Heß, Reichsführer-SS Himmler, hinten in der Mitte General Keitel. Von ihren Verbündeten Frankreich und England im Stich gelassen, wurde in Hitlers „Hauptstadt der Bewegung“ das Schicksal der Tschechoslowakei praktisch besiegelt.*

Ken

sten fürchteten die Ausweitung zum Zweiten Weltkrieg, den Deutschland nicht gewinnen konnte. Aber Hitler hatte bei den Unterredungen auf dem Berghof, in Bad Godesberg und in München von dem britischen Premierminister Neville Chamberlain, einem der letzten Repräsentanten des victorianischen britischen Großbürgertums, einen falschen Eindruck gewonnen. Der „Regenschirmmann" würde letzten Endes niemals ernst machen. Bisher hatte keine seiner Kalkulationen getrogen. Der Krieg gegen Polen sollte und würde eine isolierte Aktion sein und bleiben.

Was sollten sie glauben: der Oberbefehlshaber des Heeres, Generaloberst v. Brauchitsch, der Chef des Generalstabes, General der Artillerie Halder, der Oberbefehlshaber der Kriegsmarine, Großadmiral Raeder? Zu den Skeptikern gehörte selbst Generalfeldmarschall Hermann Göring, Oberbefehlshaber der Luftwaffe, preußischer Ministerpräsident, Chef des Vierjahresplans für die Industrieproduktion und die Rüstungslenkung, die keineswegs im wünschenswert wirkungsvollen Sinne existierte. Hitler hatte zwischen 1933 und 1939 mehrere Stufen eines nie scharf fixierten Programms verwirklicht: Die Befreiung aus den Fesseln des Versailler Vertrages von 1919, die Aufrichtung eines großen deutschen Reiches, das alle Deutschen in Mitteleuropa vereinigte. Unerfüllt war der utopische Traum von der Sicherung von „Lebensraum" im Osten, ohne den – nach Hitlers Vorstellung – die deutsche Nation nicht fortbestehen könne. Unerfüllt war die Mission von der Beseitigung des „jüdischen Bolschewismus". Aber davon lebte kaum etwas im Bewußtsein der führenden Soldaten.

Im Sommer 1939 unterhandelte eine britisch-französische Militärmission in Moskau über eine Kooperation zwischen den beiderseitigen Streitkräften, falls Hitler Polen attackierte. Nun aber sträubte sich Warschau hartnäckig gegen möglichen Ein- oder Durchmarsch sowjetischer Truppen. Die Sowjetunion, das heißt Stalin, nämlich betrachtete weite Gebiete Ostpolens in Weißrußland und der Westukraine als russisches Territorium, jedenfalls seit den Teilungen Polens zwischen 1772 und 1795. Die Verhandlungen zogen sich in die Länge.

Dann kam die Nachricht über den Abschluß eines deutsch-sowjetischen Nichtangriffs- und Freundschaftsvertrages am 23. August 1939. Er war in monatelangen Geheimgesprächen, hinter dem Rücken der britisch-französischen Militärs, in Moskau ausgehandelt worden. Die Gespräche waren in Berlin anfänglich zögernd, schließlich im Hochsommer mit großer Eile geführt worden. Der Pakt entsprang einer Initiative Stalins und wurde ergänzt durch ein strikt geheimgehaltenes Zusatzprotokoll über die Teilung Polens für den Fall eines Krieges. Die deutschen Offiziere waren völlig überrascht, Polen war nunmehr isoliert und in eine tödliche Umklammerung geraten. War dies ein bismarckisches Meisterstück? General Halder notierte, wie Hitler im engsten Kreis von einem „Pakt mit Satan" sprach. Immerhin bedeutete der „Satanspakt" gemäß dem schon vorher am 19. August geschlossenen Wirtschaftsvertrag für die deutsche Rüstung die Belieferung mit Rohöl, kostbaren Erzen, Mangan, Nickel, Getreide. Was Stalin sich bei dem Arrangement mit Hitler wirklich gedacht hat, wissen wir nicht. Wollte er nur die Vierte Teilung Polens? Hielt er Hitler im Hinblick auf die „kapitalistischen Westmächte" für

*Reichsaußenminister von Ribbentrop bei der Unterzeichnung des deutsch-sowjetischen Freundschafts- und Nichtangriffspaktes vom 23. August 1939. Im Hintergrund Außenminister Molotow (links) und Rußlands Diktator Stalin.*

*Linke Seite: Der gänzlich unerwartete Freundschafts- und Nichtangriffspakt vom 23. August 1939 zwischen den weltanschaulichen Erzfeinden Nationalsozialismus und Bolschewismus inspirierte die Karikaturisten in aller Welt. Ein schwedischer Zeichner sieht die beiden Diktatoren, durch den gemeinsamen Militärstiefel aneinandergebunden, auf Beute ausgehen.*

*Deutsche Infanteristen in einer Gefechtspause. Im Polenfeldzug verliefen ihre Einsätze noch keineswegs so reibungslos und perfekt wie später. Es gab oft Pannen, Nervositäten und Panikreaktionen, z. B. wenn unvermutet polnische Kavallerie auftauchte.*

*Rechte Seite: Die zahlenmäßig überlegene und technisch moderner ausgestattete deutsche Luftwaffe entriß der polnischen schon bald die Luftherrschaft. Ungeschützt lag das Land unter den Angriffen der deutschen Bomber.*

eine Art von „proletarischem Diktator"? Er hatte Hitlers Bekenntnisbuch „Mein Kampf" gelesen, ohne zu ahnen, daß Hitler sich hier ein Arbeiterdasein zuschrieb, das er in Wahrheit nie geführt hatte.
Aber wo war der große Plan, wie er 1945 für den Nürnberger Prozeß behauptet wurde, wo die „Verschwörung" zur Entfesselung des Zweiten Weltkrieges? Hitler hielt an der Illusion fest, England werde ihm freie Hand im Osten lassen. Die „Verschwörung" hätte eine ungeheuerliche Rüstung vorausgesetzt. Die Rüstungsausgaben waren zwar erheblich gesteigert worden, aber nach wie vor gilt die Bekundung des späteren stellvertretenden Chefs des Wehrmachtführungsstabes, General der Artillerie Warlimont, so schlecht gerüstet wie 1939 sei das Deutsche Reich noch niemals in einen Krieg gegangen. Es fehlte an genügend ausgebildeten Reservisten und Reserveoffizieren, an ausreichenden Mengen von Munition und Treibstoff. Die Kriegsmarine litt noch an der Begrenzung durch den nunmehr gekündigten Flottenvertrag mit England. Der Luftwaffe fehlte bei Rüstung wie Ausbildung die große Konzeption. Sollte sie einen Fernluftkrieg großen Stiles mit schweren Bombern führen? Davon war keine Rede mehr, nach ihren Kräften war sie nur imstande, einen Verteidigungskrieg mit begrenzten Zielräumen zu bewältigen. Dafür besaß sie 1939 und 1940 einige der modernsten Flugzeugtypen der Welt: Den Messerschmitt-Jäger Me 109, das vom Generalluftzeugmeister Generaloberst Udet entwickelte Sturzkampfflugzeug der Junkerswerke Ju 87, das Kampfflugzeug Heinkel He 111. Der offiziell seit 1935 formierten neuen Panzerwaffe fehlte noch ein schwerer Kanonenpanzer; der Panzer IV mit einer kurzen 7,5-cm-Kanone war gerade erst in der Auslieferung begriffen. Jegliche Massenproduktion war der nicht genügend standardisierten deutschen Rüstungsindustrie fremd. Man war froh, wenn man bei jedem Kriegsmittel bis zur Serienfertigung gelangte, wobei einem Überreichtum an konstruktiven Ideen die Abwesenheit straffer Lenkung gegenüberstand. Jeder der drei Wehrmachtteile, Heer, Kriegsmarine und Luftwaffe, betrieb seine eigene Rüstung. Eine wirksame Zusammenarbeit existierte nicht.
Für einen begrenzten Krieg gegen ein Land wie Polen war die aktive Armee allerdings stark genug, ja turmhoch überlegen. Das Oberkommando des Heeres konzentrierte nämlich in regulärer Schwerpunktbildung – unter Inkaufnahme des Risikos einer nur schwach gesicherten Westgrenze – alle Kräfte im Osten, darunter die 6 Panzer-, 4 Leichten und 4 motorisierten Divisionen mit 3200 Panzerkampfwagen. Ihnen hatten die Polen nur ihre stolzen, aber unmodernen 11 Kavalleriebrigaden und 2 motorisierte Brigaden mit etwa 600 Panzerfahrzeugen entgegenzusetzen. Die deutsche Luftwaffe wartete mit 3646 Maschinen auf, darunter 1176 Kampfflugzeuge und 771 Jäger. Die polnische Fliegerei verfügte über 745 Maschinen. Bei der Infanterie hielt sich das Verhältnis von 39 deutschen zu 38 polnischen Divisionen in etwa die Waage.
Bei aller traditionellen Tapferkeit des polnischen Soldaten war das Endergebnis eines Zusammenpralls der beiden Armeen unschwer vorauszusehen. Über die Rasanz, mit der sich seit dem 1. September 1939 die Ereignisse in Polen vollzogen, geriet die Weltöffentlichkeit gleichwohl ins Staunen. Sie wurde Zeuge des ersten „Blitzfeldzuges" der Hitlerschen Armee. Freilich lag beim Angriff auf Polen die Aufmarschplanung wie die Führung im Felde noch völlig beim herkömmlich geschulten Oberkommando des Heeres, bei Generaloberst v. Brauchitsch und dem Chef des Generalstabes General Halder. Hitler hatte sich nur insofern eingemischt, als er darauf gedrängt hatte, den Nordflügel der vorgesehenen Zange in Ostpreußen genügend stark zu machen. Ansonsten begnügte er sich damit, als „Oberster Kriegsherr" in einem besonders gesicherten, gepanzerten und mit Flak bestückten Befehlszug seinen Soldaten an die Front zu folgen. Dieser „Führer" war ein merkwürdiger Mann. In seiner ersten Kriegsrede vor dem Reichstag am 1. September hatte er behauptet, 90 Milliarden habe das Reich für die Rüstung ausgegeben. Der anwesende Chef seines Militär-Büros, des Oberkommandos der Wehrmacht, General der Artillerie Keitel, war tief betroffen. Wie konnte ein deutsches Staatsoberhaupt so schamlos lügen? Keitel kannte die tatsächlichen Ziffern, es waren rund 60 Milliarden. Gegen den Schluß seiner Ausführungen fiel eine noch seltsamere Äußerung. Hitler trug an diesem Tag eine selbstersonnene Felduniform, einen schlichten feldgrauen Rock, geschmückt nur mit dem Eisernen Kreuz erster Klasse. Er werde diesen Rock nicht wieder ausziehen bis zum Ende (das hieß: bis zum Sieg) – oder er werde das Ende nicht erleben. Damit drohte er Selbstmord an, wenn alles schief gehen sollte.
Der Feldzug in Polen verlief nach Plan. Bereits am ersten Tag sicherte die starke deutsche Luftwaffe die Luftherrschaft über dem gesamten Kampfraum. Ein Teil der polnischen Fliegerstreitkräfte wurde am Boden zerschlagen. Die modern durch Funk auf dem Gefechtsfeld geführten

*Titelseite eines Sonderbandes der Luftwaffen-Illustrierten „Adler", in der der „Luftsieg über Polen" gefeiert wird. „Das Schicksal war uns gnädig", schreibt General Löhr im Vorwort, „wir haben Führer und Volk nicht enttäuscht. Die Luftwaffe hatte ausschlaggebenden Anteil am raschesten und entscheidensten Feldzug der Kriegsgeschichte. Sie hat darüber hinaus eine ganze Reihe von Fragen durch diesen großartigsten aller Versuche geklärt und sich einen Erfahrungsschatz erworben, der einzig dasteht."*

deutschen Panzerverbände errangen die ersten Triumphe. Ihr hauptsächlicher Schöpfer, General Guderian, brach mit dem XIX. Armee-Korps in den polnischen Korridor ein. Von Süden, von Schlesien aus, rollte die 10. Armee des Generals der Artillerie Walter v. Reichenau, in der die Masse der Panzer- und motorisierten Kräfte zusammengefaßt war, anfangs begünstigt vom prachtvollen Spätsommerwetter, durch die weiten Ebenen Polens zwischen dem 4. und 8. September 1939 auf Warschau vor und schlug die Polen bei Radom. Im Norden erzwang sich die Heeresgruppe v. Bock die Übergänge über den Narew und den Bug.

Der polnische Aufmarsch, phantasielos und unausgewogen, mit einer starken Mittelgruppe im Raum Posen (die ursprünglich für den Marsch auf Berlin gedacht war), wurde auseinandergeschlagen. Die polnischen Armeegruppen fochten mit außerordentlicher Tapferkeit, wo sie standen. Jeder Versuch der polnischen Armeeführung jedoch, die Initiative zurückzugewinnen, scheiterte. In der Schlacht an der Bzura errang die Heeresgruppe Süd, geführt von Generaloberst v. Rundstedt und seinem Chef des Stabes Generalleutnant v. Manstein, zwischen dem 7. und 19. September den entscheidenden Sieg. Die Hauptstadt Warschau war das nächste Ziel. Die polnischen Armeegruppen „Lodz", „Krakau" und „Karpathen" konnten das Schicksal nicht wenden, ebensowenig wie die Reservegruppen „Preußen" und „Piskor". Im Norden schlugen die 3. und 4. Armee die Armeegruppen „Narew" „Modlin", „Pommerellen" und „Posen". Die schnellen deutschen Truppen setzten zur Verfolgung nach Ostpolen und Galizien an.

Warschau unter dem polnischen General Juliusz Rómmel – der sonderbarerweise den gleichen Nachnamen trug wie der seit 1940 bekannt werdende deutsche Panzergeneral Erwin Rommel – wurde in Verteidigungszustand gesetzt und rüstete sich zum letzten Kampf. Die polnische Regierung mit dem Marschall von Polen Rydz-Smigły, dem höchsten Befehlshaber, der es vorzog, auf die Leitung der Verteidigung seiner Hauptstadt zu verzichten, und dem Staatspräsidenten Mościcki verließ Polen und wählte das Exil im befreundeten und offiziell verbündeten Königreich Rumänien, das keinen Finger für Polen gerührt hatte.

Just an diesem historischen 17. September 1939 erlebte das deutsche Oberkommando die größte Überraschung in diesem Krieg. Sowjetische Truppen marschierten in Ostpolen ein. Noch bestand der polnisch-sowjetische, zuletzt 1932 erneuerte Nichtangriffspakt. Doch Stalin befand – nach außen stets sehr korrekt formaljuristisch handelnd – mit der Flucht der polnischen Regierung habe der polnische Staat aufgehört zu existieren, folglich seien alle Verträge mit diesem Staat hinfällig. Die Sowjetunion sei genötigt, zum Schutz ihrer ukrainischen und weißrussischen Bevölkerungsteile zu intervenieren. Die deutschen Generale hatten keine Ahnung, daß im August beim Abschluß des Hitler-Stalin-Paktes bereits heimlich eine Demarkationslinie zwischen den beiderseitigen Interessensphären in Polen vereinbart worden war.

Die Heeresgruppe Süd hatte die Polen bei Lemberg und Tarnow in Ostgalizien geschlagen, die Heeresgruppe Nord war in Nordostpolen tief in „sowjetisches Gebiet" hineingestoßen. Deutsche Generale und sowjetische Kommandeure mußten jetzt den Interessenausgleich vollziehen.

Immerhin – binnen 18 Tagen war Polen erledigt. Am 27. September 1939 kapitulierte die Festung Warschau, nachdem die deutsche Luftwaffe mit 1150 Maschinen zwei Tage zuvor einen verheerenden Luftangriff auf die polnische Hauptstadt geflogen hatte, nicht um die Zivilbevölkerung zu terrorisieren, sondern um militärische Ziele und Versorgungsanlagen zu lähmen. Für die alliierte Propaganda war die Bombardierung der Festung Warschau fortan das erste „Kriegsverbrechen", das man den Deutschen anlastete. Als letzte polnische Stützpunkte fielen zwischen dem 29. September und 1. Oktober 1939 die Festung Modlin und die Halbinsel Hela. Am 6. Oktober erlosch der nur noch sporadische militärische Widerstand in Polen. Die Bilanz des Feldzuges in Zahlen: 700 000 polnische Kriegsgefangene in deutscher Hand (die Zahl der polnischen Kriegsgefangenen oder Deportierten in sowjetischer Hand ist schwer zu schätzen, aber mindestens 217 000 Kriegsgefangene verschwanden in der Sowjetunion). Die Zahl der polnischen Gefallenen und Verwundeten ist infolge des totalen Zusammenbruchs nur schwer auszumachen. Sie dürfte ein Vielfaches der deutschen Opfer im „Feldzug der 18 Tage" betragen haben: 10 572 Tote, 30 322 Verwundete und 3004 Vermißte.

Als der polnische General Juliusz Rómmel, der zusammen mit dem Bürgermeister und einem der großen polnischen Magnaten, Fürst Lubomirski, Warschau zu halten versucht hatte, nach der Kapitulation den deutschen Offizieren seine Pistole übergab, sagte er kalt und bestimmt: „Das Rad dreht sich". Ein prophetisches Wort! Aber wohin drehte sich das Rad zunächst? Am 28. September 1939 schlossen das

„Dritte Reich" und die UdSSR einen neuen Grenz- und Freundschaftsvertrag. Polen wurde, wie vereinbart, geteilt, Ostpolen fiel an die Sozialistischen Föderativrepubliken Weißrußland und Ukraine. Stalin wurde stutzig, weil Hitler bei dieser Gelegenheit zu verstehen gab, die kleinen baltischen Staaten und Litauen gehörten nicht zur deutschen Interessensphäre. Das hatte der sowjetische Diktator nie erwartet, und, mißtrauisch wie dieser ossetische Schuhmacherssohn aus dem Kaukasus nun einmal war, fragte er sich, ob eine derartige Vorleistung nicht auf falsches Spiel hinweisen könnte?

Im März 1938 hatte Hitler triumphalen Einzug in Wien gehalten, im März 1939 in Prag, im September 1939 zog er in Danzig ein. Er war nicht der Feldherr im Blitzkrieg in Polen gewesen, es gab hier zwar hervorragende Generale wie v. Rundstedt, v. Bock, Guderian und v. Reichenau. Als oberste Führungsstelle fungierte jedoch das Oberkommando des Heeres mit Generaloberst v. Brauchitsch und General Halder, beide vorsichtige Operateure. Halder war selbst erstaunt über den schnellen Sieg. Der Feldzug in Polen war kein militärischer Spaziergang gewesen, die Polen, unmodern gerüstet und was die Heeresleitung anbetraf, spottschlecht geführt, hatten sich gewehrt, hatten zeitweilig die Heeresgruppe Süd sogar in eine ernsthafte Krise gebracht.

Der Feldzug hatte jedoch den Eindruck erweckt, daß Adolf Hitler über eine glänzende Armee verfügte. Die Luftwaffe, bestückt mit den derzeit modernsten Typen an Jägern, Sturzkampfbombern und Kampfflugzeugen, hatte den Himmel leergefegt. Die Panzerwaffe, gerüstet einstweilen nur mit leichten und mittleren Panzern, auf dem Gefechtsfeld im geschlossenen Einsatz durch Funk von Befehlspanzern geführt – eine Idee Guderians, die der Generalstabschef General Beck anfangs als Utopie bezeichnete – hatte sich aufs Beste bewährt. Im Grunde hatten in Polen die „Artilleriegenerale" in der deutschen obersten Heeresführung ihre Schlacht verloren. Im Ersten Weltkrieg, der im Stellungskrieg erstarrt war, hatte die Artillerie aller Kaliber den höchsten Rang unter den Waffengattungen erlangt; nur sie war imstande, die gegnerischen Stellungen aufzubrechen. An die Stelle der einst maßgeblichen Kavallerie, die Polen noch bis zum Tod hochhielt, war die Panzerwaffe getreten. Die führenden Soldaten, wie Generaloberst Keitel, Chef des Oberkommandos der Wehrmacht, Generalmajor Jodl, Chef des Wehrmachtführungsstabes, und sein späterer Stellvertreter Oberst Warlimont, Generaloberst v. Brauchitsch und General Halder im Oberkommando des Heeres, waren sämtlich Artilleristen gewesen. Sie mußten umlernen.

Zur Panzerwaffe trat eine neue Waffengattung, das Sturmgeschütz, ein gepanzertes Kettenfahrzeug mit einer Kanone, das die alten im Ersten Weltkrieg wieder aufgekommenen Infanteriebegleitgeschütze ersetzen sollte – eine Idee des Generalleutnants v. Manstein, 1936/38 Oberquartiermeister I im Generalstab und damit stellvertretender Generalstabschef.

Der Sieg in Polen hatte Hitlers Prestige bei der Truppe gewaltig gesteigert und das Selbstvertrauen des „Führers" fatal erhöht. Mit dieser Armee und Luftwaffe schien jetzt alles möglich zu sein. Am 12. September 1939 äußerte er zum ersten Mal auf der Frontfahrt in Polen vage die Idee, noch im Winter im Westen aufzuräumen, sobald die Lage in Polen bereinigt sei.

Weitete sich jetzt die von Hitler als iso-

*„Luftwaffe", das Gemälde des polnischen Künstlers B. W. Linke, entstand unter dem Eindruck der verheerenden deutschen Bomberangriffe. Bombardierungen von Städten, zum erstenmal im Spanischen Bürgerkrieg erprobt, sollten im Zweiten Weltkrieg zum allgemein gebräuchlichen Mittel werden.*

*Nach nicht einmal drei Wochen war von nennenswertem Widerstand der polnischen Armee nicht mehr zu reden. Die Hauptstadt freilich ergab sich nicht, obwohl hoffnungslos eingeschlossen. Unter dem Druck der Drohungen aus dem Westen entschloß sich die deutsche Führung daher zur Bombardierung Warschaus, damit der Feldzug beendet und die Lage im Westen gesichert werden konnte. Hitler beobachtete persönlich den Feuersturm, den seine Luftwaffe entfachte.*

lierte Maßnahme gedachte Gewaltaktion gegen Polen zum großen europäischen Krieg aus? Am 26. August 1939 hatte Hitler die kleinen west- und nordeuropäischen Staaten, Belgien, Luxemburg, die Niederlande, überflüssigerweise auch die Schweiz, deren Neutralität seit 1815 nie in Frage gestellt worden war, mit Neutralitätsgarantien bedacht, in erster Linie wohl, um die Nerven der britischen Regierung zu schonen und sich deren Wohlverhalten beim Einmarsch in Polen zu sichern. Etwas später erhielt auch Norwegen eine solche Zusicherung, mit der Einschränkung, daß das nordische Königreich seinerseits keine fremde Intervention dulden dürfe. Über den nordnorwegischen Hafen Narvik liefen Erztransporte aus Schweden, die für die deutsche Rüstung lebensnotwendig waren.

Im Spätsommer und Herbst 1939, als Polen verblutete, geschah im Westen wenig oder nichts. Die Verteidigung lag in der Hand der Heeresgruppe C unter Generaloberst Ritter v. Leeb mit zunächst zwei Armeen und einer Armee-Abteilung. Die gesamte Panzerwaffe war im Osten eingesetzt. Wilhelm Ritter v. Leeb galt als der beste Verteidigungsexperte im traditionellen Generalstab. Die Deutschen konnten sich allerdings auf den nicht völlig zu Ende gebauten Westwall stützen, das Gegenstück zur 342 Kilometer langen, großenteils mit Bunkern und versenkbaren Batterien unterirdisch geführten Maginot-Linie an der französischen Ostgrenze zwischen Belfort und der Schweizer Grenze bis hinauf nach Belgien. Die daran anschließenden Ardennen hielt man allgemein für ein unpassierbares Naturbollwerk.

Nichts geschah, es gab keine Entlastungsoffensive zugunsten Polens, die bei der Schwäche der deutschen Deckungskräfte zu einer höchst kritischen Lage, zu einer Schlacht im Rheinland hätte führen können. Generaloberst v. Leeb war zum Warten gezwungen. Der französische Generalissimus Gamelin, dem sehr bald in Nordfrankreich auch ein britisches Expeditionskorps zu Gebote stand, hielt die Geduld für die höchste Feldherrntugend. Die Franzosen beschränkten sich auf kleine Erkundungsvorstöße.

Am 6. Oktober 1939 sprach Hitler nach

dem Abschluß der Kampfhandlungen in Polen vor dem „Großdeutschen Reichstag“ – wie das Einparteienparlament nun hieß – und bot England und Frankreich Frieden an: Er sähe keinen Grund mehr für die Fortsetzung des Krieges. Mussolinis Schwiegersohn und Außenminister Graf Galeazzo Ciano verglich ihn später boshaft mit einem Spieler, der die Bank gesprengt habe und sich nun anschicke, mit dem Gewinn den Saal zu verlassen. Paris lehnte das Angebot am 10. Oktober ab, England zwei Tage später.

Die Franzosen bezeichneten später den Winter 1939/40 mit dem Krieg ohne Kriegshandlungen als „drôle de guerre“, als „komischen Krieg“. Die Moral der Truppe litt unter dem öden Dasein in den Bunkern, Truppenunterkünften und Versorgungslagern tief unter der Erde, man sprach von der „Betonkrankheit“, nervösen Erschöpfungszuständen und Depressionen. Das deutsche Ostheer mit allen schweren Waffen wurde nach Westen verlegt. Generaloberst v. Brauchitsch, der Oberbefehlshaber, gewahrte mit Besorgnis, wie auch hier die Moral im „Sitzkrieg“ bei manchen Truppenteilen zu wünschen übrig ließ. Die hastig mobilisierten Wehrpflichtigen verstanden nicht immer, warum sie an der Front ausharren mußten, wenn doch kein Krieg stattfand. Angesichts eines bitter harten Winters, der über der Heimat heraufzog, nahmen vor allem bei Familienvätern, Urlaubsüberschreitungen oder sogenannte „unerlaubte Entfernungen“ von der Truppe zu. Noch war die Wehrpflichtarmee kein fest zusammengeschweißtes Instrument in der Hand der Führung.

Zur See kam der Krieg nur langsam in Gang. Handelskrieg gegen Frankreich war auf Weisung des „Führers“ im September 1939 zunächst untersagt. Handelskrieg gegen Großbritannien durfte vorerst nur nach den Regeln der internationalen Prisenordnung geführt werden, die die U-Boote zum Auftauchen nötigte, bevor sie ein Schiff versenken konnten. Am 19. August 1939 hatte die Seekriegsleitung, deren Chef der Oberbefehlshaber der Kriegsmarine, Großadmiral Erich Raeder, war, vorsorglich zwei Panzerschiffe und die einsatzklaren 18 U-Boote auf „Wartestationen“ in den Atlantik geschickt, falls England im bevorstehenden Polenkrieg – entgegen allen Versicherungen Hitlers – doch eingreifen würde. Es war alles, was man im Moment zur Hand hatte, außer zwei alten Linienschiffen, die noch aus kaiserlichen Zeiten stammten, und für den Kampf gegen die polnischen Seestützpunkte Gdingen und Hela vorgesehen waren. Der große Flottenrüstungsplan mit Schlacht- und Panzerschiffen, zwei Flugzeugträgern und 100 U-Booten wurde von den Ereignissen überrollt. Raeder konnte sich des Gefühls nicht erwehren, Hitler habe ihn und die Kriegsmarine hinters Licht geführt. Er hatte immer nur halb mystisch verhüllt von einem möglichen großen Konflikt in den Jahren 1943/45 gesprochen.

Erich Raeder war ein stark historisch denkender Mann. Ihm stand das Bild des letzten Krieges vor Augen, wo schließlich 1918 die Besatzungen der schweren, sorgsam zurückgehaltenen Einheiten gemeutert hatten. Er war sich auch der Tatsache bewußt, daß es in einem zweiten Seekrieg gegen das meerbeherrschende Großbritannien nicht mehr auf die Schlacht zwischen den großen gepanzerten Artillerieträgern ankommen würde, sondern daß die Entscheidung in einem breitangelegten Handelskrieg gegen die britischen Zufahrtswege im Atlantik mit allen Überwasser- und Unterwassereinheiten läge.

*Deutsche Truppen im Kampf in den Straßen von Warschau. Am 27. September war der ungleiche Kampf zu Ende: Die polnische Hauptstadt kapitulierte, 120 000 Mann gingen in die Gefangenschaft.*

*Kapitän Langsdorff, der Kommandant des Panzerschiffes „Admiral Graf Spee", lief nach einem Gefecht mit englischen Kreuzern im Dezember 1939 den Hafen von Montevideo an. Da nur drei Tage Aufenthaltsfrist für die Reparaturen zugebilligt wurden, andererseits der Kommandant einer geheimdiensttechnischen alliierten Kriegslist erlag, nach der das Schiff in See von überlegenen schwersten Einheiten erwartet würde, hatte Langsdorff den ungewöhnlichen Mut, das Leben seiner Besatzung höher zu bewerten, als mit seinem Schiff ruhmreich mit wehender Flagge in einem mit Sicherheit tödlichen Endkampf unterzugehen. Er ließ die „Graf Spee" nach Verlassen der Besatzung auf der Reede von Montevideo sprengen – und suchte selbst an Land den Freitod.*

*Rechte Seite: Das Wrack der „Graf Spee" brannte drei Tage lang. Für Langsdorffs Chef Admiral Raeder bedeutete der Untergang des Panzerschiffs einen starken Prestigeverlust; fortan hatte er Mühe, den Einsatz großer Schiffe vor Hitler zu rechtfertigen.*

Der Neuschöpfer der deutschen U-Bootwaffe seit 1935, Konteradmiral Dönitz, vertrat eine ganz andere Auffassung. Er hatte die Taktik des „Rudel"-Angriffes mit Gruppen von U-Booten, die durch Funk von Land aus geführt wurden, auf die zu erwartenden gegnerischen Geleitzüge zur Versorgung der britischen Insel im Auge. Die Entscheidung mußte weit im Atlantik westlich und nordwestlich von Großbritannien gesucht werden, mit großen, hochseefähigen Booten. Nach Dönitz' Faustregel mußten 100 Boote ständig am Gegner sein, 100 auf dem Marsch in die Operationsgebiete und 100 auf der Rückfahrt zur Auffrischung in den Heimatbasen. Dönitz war todernst gewesen, als er auf seiner Befehlsstelle in Sengwarden bei Wilhelmshaven die Meldung von der Kriegserklärung Englands erhalten hatte. Er rechnete mit einem „siebenjährigen Krieg", war aber felsenfest davon überzeugt, er verfüge über die Methode, mit der man England in einem schwerpunktmäßig geführten Untersee-Handelskrieg im Atlantik „friedenswillig" machen könne. Was dann geschah – so Dönitz – war Sache der politischen Führung.

Vorläufig war all dies Utopie. Die Basen der U-Boote waren auf die deutsche Küste beschränkt, die Flotte saß im „nassen Dreieck" der Nordsee. Mit 18 einsatzfähigen Booten konnte man die „Rudeltaktik" nicht anwenden, schon gar nicht, wenn die Prisenordnung in Kraft blieb. Diese fiel wenigstens im Oktober 1939, auch der Handelskrieg gegen Frankreich wurde freigegeben. Doch die U-Boote mußten sich auf Einzelangriffe wie im Ersten Weltkrieg beschränken. Seit 1917 hatte die damalige kaiserliche Reichsleitung und der Admiralstab darauf gesetzt, man könne mit der – objektiv viel zu schwachen – U-Bootwaffe bei totaler Kriegführung die britische Fernblockade unterlaufen. Kam jetzt die gleiche Situation wieder? England schritt zur zweiten Fernblockade, gedeckt durch das Gros seiner Schlachtflotte. Es gab spektakuläre Einzelerfolge. Am 17. September 1939 versenkte U 29 den britischen Flugzeugträger „Courageous", am 14. Oktober 1939 drang Kapitänleutnant Prien mit U 47 in die scharf gesicherte Bucht von Scapa Flow ein und schickte das britische Schlachtschiff „Royal Oak" auf den Grund. Insgesamt torpedierten in der ersten Phase der Atlantikschlacht zwischen September 1939 und März 1940 deutsche U-Boote 753 803 BRT. Durchschnittlich 14 Boote waren am Gegner, 18 gingen verloren, eine bedenklich hohe Quote.

Der erste Raid mit Panzerschiffen endete tragisch. Vor der Mündung des Rio de la Plata wurde die „Admiral Graf Spee" von drei schweren britischen Kreuzern gestellt und so schwer beschädigt, daß sie sich in uruguayanischen Gewässern vor Montevideo selbst versenken mußte. Die beiden neu in Dienst gestellten Schlachtschiffe „Gneisenau" und „Scharnhorst" unternahmen im November den ersten Ausfall in den Nordatlantik.

Erfolge bis zum März 1940: Versenkung von Handelsschiffen mit insgesamt 63 098 BRT. Größere Erfolge hatte der See-Luftkrieg rund um England mit Minen: 281 154 BRT.

Die Seekriegsleitung arbeitete zielbewußt am Ausbau des Überwasserkrieges, für den auch insgesamt 22 Hilfskreuzer ausgerüstet wurden, dazu eine Flotte unbewaffneter Troßschiffe zur Versorgung in der Hochsee operierender Einheiten mit Treibstoff, Munition und Proviant. Die entscheidende Bedeutung des Groß-Unterwasserkrieges wurde immer noch nicht erkannt. Zum ersten Mal trat der Faktor des „Zu spät" in Erscheinung, der schließlich seine Schatten über die gesamte Wehrmachtkriegführung aller drei Teilstreitkräfte werfen sollte.

Sowohl in England wie in Deutschland hatte man Anfang September mit einem fürchterlichen Bomben-, ja, möglicherweise auch Gaskrieg gegen die Zivilbevölkerung gerechnet. Jeder traute dem anderen Kräfte zu, über die dieser noch nicht oder niemals verfügen sollte. Die Städte, das Land lagen im Dunkel, Luftschutzvorbereitungen wurden fieberhaft vorangetrieben – doch der Luftkrieg blieb aus.

Anfang 1940 flogen indes britische Bombergruppen weit bis über Hannover in den deutschen Luftraum ein und warfen antihitlerische Flugblätter ab. Sie versprachen den Hannoveranern – unter anderem – die Wiederherstellung ihres 1866 von Preußen liquidierten Staates. Luftalarm wurde deshalb nicht ausgelöst. Doch es war, als wollte sich die britische Luftwaffe im Landstrecken-Geschwaderflug üben. Propaganda flog auch die deutsche Luftwaffe über Frankreich mit Material, das auf der Parole „Sterben für Danzig?" beruhte oder antibritische Polemik enthielt, um die Franzosen gegen den unbeliebten britischen Verbündeten aufzustacheln. Und es war seltsam zu sehen, wie sich hier deutsche Antikriegspropaganda mit der kommunistischen deckte. Aber noch waren Hitler und Stalin ja praktisch Verbündete. Aus dem „komischen Krieg" wurde der „makabre Krieg" im Westen.

# Kampf um die Westerplatte

Der erste OKW-Bericht wurde bereits am 1. September veröffentlicht. Er lautete: „Das Oberkommando der Wehrmacht gibt bekannt:
Im Zuge der deutschen Kampfhandlungen aus Schlesien, Pommern und Ostpreußen wurden an allen Fronten schon am Freitag die erwarteten Anfangserfolge erzielt. Die von Süden her über das Gebirge vorgegangenen Truppen haben die Linie Neumark-Sucha erreicht. Südlich von Mährisch-Ostrau wurde die Olsa bei Teschen überschritten. Südlich des Industriegebietes sind die deutschen Truppen in Höhe von Kattowitz im Vordringen. Die aus Schlesien angesetzten Truppen sind in flüssigem Vorgehen in Richtung Tschenstochau, und nördlich davon im Korridor nähern sich die deutschen Truppen der Brahe und haben die Netze bei Nakel erreicht. Dicht vor Graudenz wird gekämpft. Aus Ostpreußen vorgehende Kräfte stehen tief auf polnischem Gebiet im Kampf.
Die deutsche Luftwaffe hat am Freitag in wiederholten Einsätzen die militärischen Anlagen auf zahlreichen polnischen Flugplätzen, so z. B. Rahmel, Putzig, Graudenz, Posen, Plotzk, Lodz, Tomaszow, Radom, Ruda, Kattowitz, Krakau, Lemberg, angegriffen und zerstört. Die deutsche Luftwaffe hat sich damit am Freitag die Luftherrschaft über dem polnischen Raum erkämpft, obwohl starke Kräfte in Mittel- und Westdeutschland zurückgehalten wurden."

*Linke Seite. Oben: Das Linienschiff „Schleswig-Holstein" nimmt die polnischen Befestigungen auf der Westerplatte unter Beschuß. Unten links: Nach tapferer Gegenwehr sahen sich die Verteidiger zur Kapitulation gezwungen. Unten rechts: Über der Westerplatte weht die deutsche Kriegsflagge.*
*Bildleiste rechts: Vom Beobachter eines deutschen Kampfflugzeuges aufgenommen, zeigen die Bilder einen Bombenangriff auf den polnischen Bahnhof Kutno am 6. September 1939. Oben: Das Bahnhofsgelände liegt unter der angreifenden Kampfstaffel (Do 17). Deutlich erkennbar sind Bombenkrater von vorangegangenen Angriffen. Splittergräben und (oben links im Bild) rechts und links der Straße die niedrig fliegenden Jagdflugzeuge des Begleitschutzes. Mitte: Die ersten Bomben sind gefallen. Sie haben in unmittelbarer Nähe des Bahnhofs eingeschlagen. Sprengwolken steigen auf und werfen ihre Schatten auf das Gelände. Unten: Wenige Augenblicke später. Ein Hagel von Bomben ist niedergeprasselt, Sprengwolken hüllen das ganze Bahnhofsviertel ein.*

*Feuernde Geschütze bei der Beschießung von Warschau. Gemälde von Franz Eichhorst, 1939.*

# Luftwaffe greift an

In Spanien, in den Tagen der „Legion Condor", hatte die junge deutsche Luftwaffe Gelegenheit zu kriegsgemäßer Erprobung gefunden. Das gab ihr einen nicht gering zu schätzenden Vorteil gegenüber der ihr auch sonst in keiner Weise gewachsenen polnischen Luftwaffe. Sie schlug schon in den Morgenstunden des ersten Kriegstages blitzschnell zu, und es war keine Übertreibung, wenn bereits der erste deutsche Wehrmachtsbericht meldete, daß die Luftherrschaft über dem polnischen Raum erkämpft sei.

*Linke Seite: Die Narewbrücke bei Ostrolenka ist durch deutsche Fliegerangriffe zerstört (oben); deutsche Pioniere haben sie durch Anlage eines Notsteges schnell wieder befahrbar gemacht und etwas flußaufwärts mit dem Bau einer neuen Brücke begonnen. Unten: Wo polnische Truppenansammlungen festgestellt werden, greift sie die Luftwaffe an.*
*Oben: Bordschütze und Beobachter an dem in Flugrichtung nach allen Seiten schwenkbaren Maschinengewehr eines deutschen Kampfflugzeuges vom Typ He 111.*
*Rechts: Eine Gruppe von sechs deutschen Stukas nach erfolgreichem Angriff auf polnische Ziele.*

# Polens Armeen eingekesselt

Schon im Polen-Feldzug gelang der deutschen Führung das, was im späteren Verlauf des Krieges in immer stärkerem Maße das Ziel großangelegter militärischer Operationen wurde: Einkreisung großer Heeresmassen, ihre Zusammendrängung auf immer enger werdendem Raum, bis den Eingekesselten nur die Wahl zwischen Vernichtung oder Kapitulation blieb.
Zwischen Weichsel und Bzura eingezwängt, streckte, nachdem ein Durchbruchsversuch in Richtung Lowicz nach kleineren taktischen Anfangserfolgen gescheitert war, die Hauptmasse des polnischen Heeres, Teile von neunzehn Divisionen und drei Kavalleriebrigaden am 19. Tag des Krieges die Waffen.

*Linke Seite. Oben: Vormarsch auf staubigen Straßen. Unten: Bunkerbekämpfung mit dem Flammenwerfer.*
*Rechte Seite: So sah es im Kampfraum der Kesselschlacht nach Beendigung der Kämpfe aus. Oben: Eine durch Fliegerbomben vernichtete polnische Panzerabteilung in den Wäldern zwischen Bzura und Weichsel. Unten: Ein Bild chaotischen Wirrwarrs an einer Bzura-Furt. Hier wurden zusammengedrängte Transportkolonnen bei dem Versuch, den Fluß zu überqueren, gefaßt und zerschlagen.*

# Polen besiegt

Mit riskanten Panzerraids ins Hinterland des Gegners, ohne Rücksicht auf ausreichende Flankensicherung, zerschnitt die Wehrmacht die gegnerischen Armeen, bildete riesige Kessel und zerstörte durch geballte Angriffe aus der Luft Transport- und Nachrichtensysteme.

*Linke Seite. Oben: Warschau mit der am rechten Weichselufer gelegenen Vorstadt Praga im Feuer der deutschen Fliegerangriffe. Brände wüten in der Stadt, aber beide Weichselbrücken (rechts die Eisenbahnbrücke) sind noch unzerstört. Unten: Pferde spielten im polnischen Feldzug noch eine relativ große Rolle. Die polnischen Versorgungseinheiten waren nicht motorisiert und polnische Ulanen der Kavalleriebrigade Pomorska attackierten mit blanker Waffe deutsche Panzer…*
*Rechte Seite: Während Hitler im besetzten Warschau den Vorbeimarsch seiner siegreichen Truppen abnahm (oben), übergaben deutsche Offiziere das eroberte Brest-Litowsk an die Russen. Stalins Abgesandte waren gekommen, um wie vereinbart ihr Stück am polnischen Kuchen in Empfang zu nehmen. Die neuen Waffenbrüder feierten die Ablösung mit gemeinsamer Militärparade (unten).*

## „Komischer Krieg“ im Westen

Was sich vom Kriegsbeginn bis zum Mai 1940 an der Westfront zwischen den beiden Verteidigungssystemen, der französischen Maginotlinie und dem deutschen Westwall, abspielte, ging selten über Spähtruppunternehmen hinaus, die lediglich Zwecken der Aufklärung dienten.

*Links: Durch das Vorgelände des Westwalls marschiert eine Ablösung in ihre Stellung. Oben: Am Tor einer Panzersperre aus Betonklötzen, den sogenannten Drachenzähnen. Rechts: Ein Spähtrupp bahnt sich im Niemandsland durch verschneites Gestrüpp und bereifte feindliche Stacheldrahthindernisse den Weg.*

## Der Stier von Scapa Flow

Sechs Wochen nach Kriegsbeginn hatte Deutschland seinen ersten Seehelden. Kapitänleutnant Günther Prien drang mit seinem U 47 in den britischen Kriegshafen Scapa Flow ein und versenkte das Schlachtschiff „Royal Oak". Churchill sprach in grimmiger Anerkennung von der „beachtenswerten Waffentat" Priens; weder er noch die begeisterten Deutschen wußten, wie sehr das Unternehmen durch die fehlerhaften deutschen Torpedos gefährdet war. Der Seeheld und seine Mannen im Unterseeboot mit dem Stier-Emblem überlebten ihre Tat nur anderthalb Jahre: Im März 1941 wurde U 47 nach einer Geleitzugschlacht als vermißt gemeldet.

*Oben: Günther Priens U 47 läuft aus.*
*Links: Die Besatzung von U 47 im Lederpäckchen, der Kommandant im dunklen Mantel.*
*Rechte Seite: Oben links: Günther Prien kehrt mit dem für heimkehrende U-Boot-Fahrer typischen Bart von langer Feindfahrt zurück. Darunter: Ansichten aus dem Innern des U-Bootes.*
*Oben rechts: Der Schlachtkreuzer „Repulse", den Prien irrtümlich versenkt zu haben glaubte.*
*Unten rechts: Priens Opfer, das Schlachtschiff „Royal Oak", war ein Veteran vom Jahrgang 1911.*

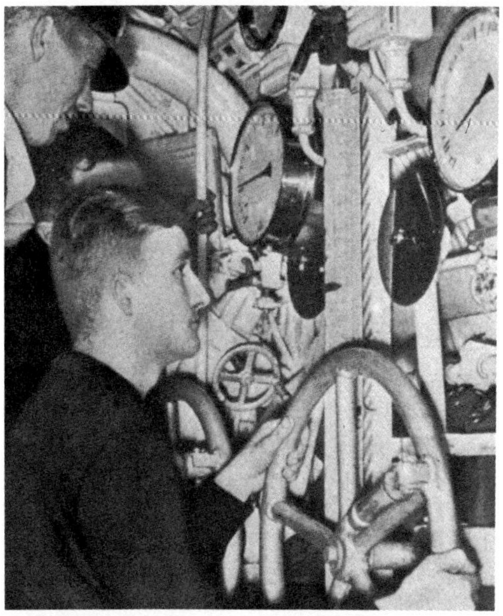

# „Weserübung“ und Aufmarsch im Westen

Suchten die britische Admiralität wie die deutsche Seekriegsleitung die Entscheidung im Blockade- beziehungsweise Zufuhrkrieg, kamen zwangsläufig die beiden Königreiche Dänemark und Norwegen ins Spiel. Bereits im September 1939 erwog die Admiralität in London Pläne, durch den Belt in die Ostsee vorzustoßen, um Polen zu entlasten oder durch eine Intervention in dem befreundeten Norwegen die deutschen Erzzufuhren über Narvik abzuschneiden. Umgekehrt hatte es in der Theorie für die Seekriegsleitung schon 1937 einen „Fall Norwegen“ gegeben. Mit Kriegsplanung und „Verschwörung“ hatte dies gar nichts zu tun. Es geschah abseits aller politischen Überlegungen, weil es Pflicht eines jeden hohen Führungsstabes ist, bereits im Frieden mögliche Kriegslagen zu prüfen. Damals stand ein zweiter Seekrieg gegen England nicht zur Debatte. Wohl aber lag ein Konflikt mit Frankreich und der mit ihm verbündeten Sowjetunion im Bereich des Möglichen. Was geschah, wenn England auf die Dauer nicht neutral blieb? Wider Erwarten von Raeder – nicht dagegen von Dönitz, der schon im Sommer 1939 das Eingreifen Englands für sicher gehalten und vergeblich Hitler aus seiner guten Kenntnis britischen Denkens zu warnen versucht hatte – war der Krieg Wirklichkeit geworden. Wollte man der Blockade mit einem All-Round-Handelskrieg antworten, mußte man einmal die Erztransporte sichern, mußte man zum anderen die Holztransporte aus Skandinavien, die Lebensmittellieferungen aus Dänemark nach England unterbinden.

Am 10. Oktober 1939 informierte der Oberbefehlshaber der Marine und Chef der Seekriegsleitung Großadmiral Raeder Hitler zum ersten Mal über das Problem Norwegen. Wie sich Jahre später aus der schärfsten und letzten Auseinandersetzung zwischen diesem noch ganz im Geist der Kaiserlichen Marine wurzelnden höchsten Seeoffizier und dem aus Österreich stammenden „Führer“ ergab, hatte Hitler eine gefühlsmäßige Abneigung gegen die Marine, die bei den Einigungskriegen 1864, 1866 und 1870/71 gar keine Rolle gespielt und 1918 die rote Fahne der Meuterei gehißt hatte. Es bedurfte einiger Monate, um ihm begreiflich zu machen, was der alte „Fall Norwegen“ bedeutete und daß eine Lösung unumgänglich war. Zufällig fand Raeders Vortrag einen Tag nach der Sitzung statt, in der Hitler sich kategorisch für eine rasche Westoffensive zu Lande im Westen ausgesprochen hatte, um Frankreich und England noch vor Ablauf des Jahres auszuschalten. Die seiner Ansicht nach von ihm geschaffene Wehrmacht mit der modernsten Panzer- und Luftwaffe der Welt konnte jede Lage meistern, glaubte er felsenfest.

Daß Norwegen bei der engen Verbindung zwischen den beiden Königshäusern – König Haakon VII. von Norwegen war der Onkel König Georgs VI. von England – und den engen wirtschaftlichen Verflechtungen eine deutsche Intervention dulden würde, schien ausgeschlossen. Eine britische Intervention hätte die Regierung in Oslo wohl toleriert.

Die Lage in Nordeuropa komplizierte sich, als am 30. November 1939 die Sowjetunion Finnland angriff, bis 1917 Teil des Zarenreiches, das nach Meinung Stalins wieder unter sowjetrussische Botmäßigkeit gehörte und in eine finnische Sowjetrepublik zu verwandeln war. Daß Deutschland – seit 1918, seit der Rettung Finnlands vor dem Bolschewismus durch ein deutsches Expeditionskorps aus Marine und Heer, traditionelle Schutzmacht Finnlands – diesmal keinen Finger rühren werde, dessen war er sicher, und er täuschte sich nicht. Worin er sich täuschte, das war der erbitterte und zunächst erfolgreiche Widerstand der kleinen finnischen Armee. Die Sowjets, deren Kommandeurkorps durch die gnadenlosen „Säuberungen“ Stalins 1937/38 empfindlich geschwächt war, erlitten schwere Niederlagen. Daher begann man in Berlin, den Kampfwert der sowjetischen Armee außerordentlich gering zu bewerten. In Moskau erinnerte man sich plötzlich hochbegabter Offiziere wie der späteren Marschälle Rokossowski und Merezkow, die immer noch im Gefängnis saßen (aus ihnen selbst völlig rätselhaften Gründen) und holte sie heraus – an die Front.

Beide Staaten, Finnland und die UdSSR, waren Mitglieder des Völkerbundes, was Stalin keinen Deut kümmerte, was indes den Völkerbund bewog, im Dezember 1939 mit großer Mehrheit die Sowjetunion als „Aggressor“ hinauszuwerfen. Damit ergab sich für England und Frankreich eine doppelte Chance: Angesichts der Empörung der Weltöffentlichkeit über den Überfall der Bolschewisten auf das kleine Finnland konnte man die Entsendung eines britisch-französischen Hilfskorps für Finnland über Nordnorwegen mit der Sperrung von Narvik für deutsche Erzzufuhren verbinden. Moralische Pflichterfüllung verband sich hier auf das Vortrefflichste mit dem Nützlichen, einem Schlag gegen das „faschistische Deutschland“ – auf neutralem Boden.

In Norwegen gab es, ähnlich wie etwa in den Niederlanden, Gruppen von Sympathisanten mit dem „germanisch geschminkten“ Nationalsozialismus. Mitte Dezember 1939 reiste der frühere norwe-

*Linke Seite: Admiral Raeder, seit 1935 Oberbefehlshaber der Marine, war Verfechter der Überwasserstrategie. Nach Differenzen mit Hitler wurde er am 30. Januar 1943 durch den bisherigen Befehlshaber der U-Boote, Dönitz, abgelöst und auf den einflußlosen Posten des Admiralinspekteurs der Marine abgeschoben. Der Internationale Gerichtshof in Nürnberg verurteilte Raeder zu 10 Jahren Haft, von denen er neun absaß.*

*Mit 303 Gefangenen an Bord, die aus den Kaperfahrten der „Admiral Graf Spee“ stammten, lag das Versorgungsschiff „Altmark“ am 16. Februar 1940 auf dem Weg nach Deutschland im Jössingfjord in Südwestnorwegen, als der britische Zerstörer „Cossack“ in die neutralen norwegischen Hoheitsgewässer eindrang. Die Briten enterten das Schiff, befreiten die Gefangenen und töteten dabei mehrere deutsche Seeleute.*

gische Kriegsminister Hauptmann a. D. Vidkun Quisling, Führer der norwegischen Splitterpartei „Nasjonal Samling“, nach Berlin. Er warnte nachdrücklich vor britischen Plänen, Stützpunkte in seinem Land zu errichten. Im Januar 1940 diskutierten die westlichen Alliierten immer noch über eine sogenannte „Finnland-Hilfe“. Hitler war schneller, indem er sich zu einer Entscheidung aufraffte. Am 27. Januar 1940 wurde eine kombinierte Blitzaktion gegen Norwegen und das Zwischenglied Dänemark beschlossen. Zum ersten und zum einzigen Mal wurde die Planung und Ausführung dem Wehrmachtführungsstab – nicht dem Generalstab des Heeres – übertragen, da Heer, Marine und Luftwaffe hier zusammenwirken mußten. Das ganze Unternehmen erhielt den Decknamen „Weserübung“, um vom wahren Angriffsziel abzulenken. Für die Absichten der Alliierten und die Haltung Norwegens wurden zwei Ereignisse symptomatisch. Am 16. Februar 1940 überfiel der britische Zerstörer „Cossack“ in neutralen norwegischen Hoheitsgewässern das deutsche unbewaffnete Marine-Hilfsschiff „Altmark“. Für die Engländer waren die norwegischen Hoheitsgewässer frei. Am 11./12. März 1940 richteten die Alliierten an Norwegen das offizielle Ersuchen, den Durchmarsch eines Hilfskorps für Finnland durch Nordnorwegen zu gestatten. Der Entschluß kam spät: Finnland, zu Tode erschöpft, schloß Frieden mit Stalin, unter beträchtlichen Gebietsverlusten in Ostkarelien, aber unter Wahrung seiner Souveränität.

Der Alliierte Oberste Kriegsrat hielt indes an seinen Norwegen-Plänen fest, doch wurden alle Maßnahmen mit fataler Umständlichkeit getroffen. Am 5. April 1940 begann die Verminung norwegischer Gewässer durch die Briten, am 7. April 1940 setzte die Verschiffung des britischen Expeditionskorps ein, kam es zum Kopf-an Kopf-Rennen mit den Deutschen.

Hitler, durch vielerlei Berichte gewarnt, von Seiten deutscher Abwehroffiziere wie der Diplomaten, befahl am 2. April 1940 die Auslösung des Falles „Weserübung“ für den 9. April. Die schwache deutsche Kriegsmarine brachte alles, was sie hatte, zum Einsatz: zwei Schlachtschiffe, ein Panzerschiff, zwei schwere und vier leichte Kreuzer, 14 Zerstörer, acht Torpedoboo-

te, 30 U-Boote. Die Zufuhrschlacht wurde unterbrochen. Der U-Booteinsatz erwies sich als katastrophaler Fehlschlag. Der neu eingeführte, nicht völlig durchkonstruierte und -erprobte Magnet-Torpedo zeigte erhebliche Steuerungsfehler.

Die Luftwaffe setzte nur Teilkräfte ein: 345 Kampf-, Sturzkampf- und Jagdflugzeuge und 543 Transporter und Aufklärer. Acht Infanterie- und motorisierte Divisionen unter General Nikolaus v. Falkenhorst mußten nach Dänemark und Norwegen überführt werden. Nur bei schlagartiger Besetzung Dänemarks war der Landmarsch nach Jütland möglich. In den Morgenstunden des 9. April 1940 rollte „Weserübung" an. In Kopenhagen landeten deutsche Einheiten unter General Kaupisch. Das Land war völlig überrascht. Nach kurzem Feuerwechsel mit der Königlichen Garde in ihren roten Röcken wich König Christian X. von Dänemark, in sehr besonnener Einschätzung der Lage, aus. Monarch und Regierung willigten in die Besetzung des kleinen Landes ein, unter der Bedingung, daß die Kontinuität des Staates gewahrt bliebe.

In Norwegen war die Lage, im Hinblick auf die unmittelbar bevorstehende britische Hilfe, anders. König Haakon VII., von Natur ein starrköpfiger Mann, und die Regierung waren entschlossen, Widerstand bis zum Letzten zu leisten. Im Feuer norwegischer Küstenbatterien sank am 9. April im Oslofjord der Schwere Kreuzer „Blücher". Vor der norwegischen Küste gingen die leichten Kreuzer „Karlsruhe" und „Königsberg" verloren. Die Deutschen landeten bei Christiansand, Stavanger, Bergen, Trondheim und Narvik an der Westküste. Ziel war die Aufsplitterung der norwegischen Verteidigung im langgestreckten Küstenbereich.

Am 14. April 1940 setzten die Briten ein Expeditionskorps bei Harstadt nördlich von Narvik an Land. Die vor Narvik liegende deutsche Zerstörerflotille mit 10 Einheiten unter Kommodore Kapitän z. S. Bonte wurde zusammengeschossen und versenkt. Zwischen Namsos und Andalsnes bildeten britische Truppen zwischen dem 15. und 19. April Brückenköpfe. Bei Narvik kämpften auch französische Alpenjäger und exilpolnische Einheiten, die die in Paris sitzende polnische Exilregierung aus nach Rumänien übergetretenen Ein-

*Einschiffung der deutschen Truppen für das Unternehmen „Weserübung". Elf Kriegsschiffgruppen bildeten die Marine für den Angriff von See auf Dänemark und Norwegen. Sie sollten unter anderem Narvik, Trondheim, Bergen, Kristiansand, Oslo, Nyborg und Kopenhagen anlaufen. Dafür und zur Sicherung der Operationen waren 2 Schlachtkreuzer, 3 Schwere und 4 Leichte Kreuzer, 14 Zerstörer, 31 U-Boote und viele kleinere Einheiten eingesetzt. Sie mußten überfallartig auftauchen, da sie einer offenen Seeschlacht mit der britischen Marine keinesfalls gewachsen waren.*

heiten und den Resten der kleinen polnischen Marine formiert hatte.
Scheiterte das ganze kühne Unternehmen, das ursprünglich nicht der Initiative Hitlers entsprungen war? Am 17. April zeigte sich plötzlich, daß Hitler dieser Beweger der Masse, keineswegs über jene innere Souveränität verfügte, wie sie etwa ein Feldherr vom Schlage des älteren Moltke besessen hatte. Er verlor die Nerven und befahl dem in Narvik kommandierenden Generalleutnant Dietl, gegebenenfalls eine Internierung seiner Einheiten in Schweden in Erwägung zu ziehen. Oberstleutnant v. Loßberg, Generalstabsoffizier des Heeres im Wehrmachtführungsstab, hielt den Funkspruch zurück, bis es am Abend gelang, Hitler von der Notwendigkeit zu überzeugen, daß Narvik gehalten werden müsse. Dies was das Verdienst General Jodls, des Chefs des Wehrmachtführungsstabes. Dietl erhielt Befehl, solange Widerstand zu leisten, wie es irgendmöglich war. Die Narvik-Krise muß bei Hitler psychologische Rückwirkungen gehabt haben. Hier liegt sicher der Ausgangspunkt für die spä-

*Die Dänen hatten gar nicht erst den Versuch gemacht, den vordringenden Einheiten der deutschen Wehrmacht Widerstand entgegenzusetzen. Aufzuhalten waren sie ohnehin nicht, Opfer also sinnlos. Die Norweger mochten das nicht so sehen und kämpften mit dem Mut der Verzweiflung gegen die Eindringlinge, immer in der Hoffnung, daß ihnen die Briten rechtzeitig zu Hilfe kämen. Das fürchtete auch die deutsche Führung und wollte das Land so schnell wie möglich in die Hand bekommen. Nicht selten mußten Orte in zähem Häuserkampf genommen werden, bei dem schwere Waffen nicht viel ausrichteten. Infanterie kämpfte sich Straße um Straße voran (Bild).*

*General Erich von Manstein entwickelte den Sichelschnitt-Plan, den Durchbruch massierter Panzerkolonnen im Rücken der französischen Nordarmeen. 1942 wurde er zum Generalfeldmarschall ernannt.*

ter bis zu sinnloser Sturheit ausgebildete Methode, in Krisen Halten bis zur letzten Patrone zu befehlen, auch dann, wenn die Situation, anders als im Fall Narvik, erwiesenermaßen aussichtslos war.

Mit Generalleutnant Eduard Dietl, der Narvik mit einem verstärkten Gebirgsjäger-Regiment und 2100 Mann Marine, dem Rest der Besatzungen der versenkten Zerstörerflotille, hielt, gegen rund 25 000 Mann britischer, französischer, polnischer und norwegischer Truppen, trat zum ersten Mal einer jener mitreißenden deutschen Truppenführer in Erscheinung, die für das Heer im Zweiten Weltkrieg so charakteristisch werden sollten; sicher kein Feldherr, aber ein großer Soldat mit Herz und Geist, für den seine Untergebenen durchs Feuer gingen. Dietl sollte ein steiler Aufstieg und schließlich ein tragisch-sinnloser Tod bevorstehen.

In Süd- und Mittelnorwegen erlosch der Widerstand Anfang Mai 1940, die Alliierten räumten ihre Brückenköpfe bei Namsos und Andalsnes. Bei Narvik aber ging der Kampf weiter. Nachdem ein britisches Schlachtschiff den Hafen und die Stadt bombardiert hatte, zog sich Dietl in die Berge östlich der in eine Ruinenlandschaft verwandelten Stadt zurück, mühsam verstärkt durch zwei Kompanien Fallschirmjäger, die über dem Raum Narvik abgesprungen waren, und drei Bataillone Infanterie. Erst unter dem Eindruck ganz anderer Ereignisse in Frankreich brachen die Alliierten zwischen dem 8. und 10. Juni 1940 das Unternehmen ab. Die norwegische Armee kapitulierte, König Haakon VII., Kronprinz Olav und die Regierung verließen das Land. In London etablierte sich eine norwegische Exilregierung.

Hitler ernannte einen Reichskommissar für Norwegen, zur Enttäuschung des Hauptmanns a. D. Vidkun Quisling und seiner Anhängerschar. Die norwegischen Kriegsgefangenen wurden allerdings sehr bald nach Hause geschickt.

Bilanz der Aktion auf deutscher Seite: 1317 Gefallene, 1604 Verwundete und 2375 Vermißte, Opfer des Seetransportes nach Norwegen, der von britischen U-Booten erfolgreich gestört worden war. Nicht wieder gutzumachende Verluste verzeichnete die Kriegsmarine mit einem Schweren und zwei Leichten Kreuzern, zehn modernen Zerstörern. Die U-Bootwaffe war durch die „Torpedokrise“ geraume Zeit gelähmt: Die Zündung der neu eingeführten Magnet-Torpedos versagte bei der Mehrzahl aller Abschüsse. Im Oberkommando der Marine fanden kriegsgerichtliche Untersuchungen statt. Konteradmiral Riedel vom Marine-Waffenamt erschoß sich. Der Selbstmord fand eine unheimliche Parallele im Freitod des Chefs des Heereswaffen-Amtes, General der Artillerie Professor Dr. Becker, der wegen der heillosen Zerfahrenheit in der Rüstungssteuerung zwischen den drei Wehrmachtteilen (und wohl auch wegen privater Schwierigkeiten) aus dem Leben ging.

Für die Aussichten eines künftigen Groß-U-Bootkrieges bedeutete die Besetzung der westnorwegischen Häfen jedoch eine neue Chance. Zum ersten Mal in ihrer Geschichte erhielt die deutsche U-Bootwaffe Basen außerhalb des „nassen Dreiecks“ der Nordsee und der flandrischen Küste im Ersten Weltkrieg. Das Gleiche galt natürlich für Operationen der schweren Seestreitkräfte im Handelskrieg.

„Weserübung“, der durch den Zufuhrkrieg gegen England unumgänglich gewordene Sprung nach Nordeuropa, ist nur eine Episode im großen Ringen um die Offensive im Westen gewesen: Im Herbst 1939 marschiert das deutsche Heer in drei Heeresgruppen vor der französisch-belgischen Ostgrenze auf, gestaffelt von Süd nach Nord mit der Heeresgruppe C (Generaloberst Ritter v. Leeb) mit zwei Armeen gegenüber der frontal sicher nahezu unüberwindlichen Maginot-Linie, mit der Heeresgruppe A (Generaloberst v. Rundstedt) im Mittelabschnitt mit drei Armeen, einer Luftflotte und später der Masse der Panzerkräfte unter dem General der Kavallerie v. Kleist, schließlich mit der Heeresgruppe B (Generaloberst v. Bock mit zwei Armeen und einer Luftflotte im Nordabschnitt).

Am 9. Oktober 1939 erläßt Hitler die „Führer-Weisung Nr. 6“ für die Westoffensive, den Fall „Gelb“. Zehn Tage später liegt der erste Operationsplan des Oberkommandos des Heeres vor. General Halder entwirft einen im Ziel abgewandelten Schlieffenplan. Er will nicht mehr, wie sein großer Vorgänger Graf Schlieffen zu Anfang des Jahrhunderts durch Belgien hindurch mit starkem rechten Flügel unter Verhalten am Rhein, im Elsaß und Lothringen die Überflügelung der Masse des französischen Heeres weit um Paris herum erreichen. Aufgabe des Heeres soll es sein, mit starkem rechten Flügel durch das – neutrale – Belgien hindurch so rasch wie möglich in breiter Front die belgisch-nordfranzösische Kanalküste zu erreichen, um neue Basen für den Luft- und Seekrieg gegen die britische Insel zu gewinnen. Damit ergibt sich dann, im zweiten Takt, eine Aufrollung der gewaltigen Maginot-Linie von rückwärts. Hitler akzeptiert diesen Plan. Er äußert aber auch sehr früh – im Grunde unfähig, die Bedeutung einhelliger Schwerpunktbildungen zu erfassen – die

*Walter von Reichenau (links) war einer der ersten Generale der Reichswehr, die vorbehaltlos zu Hitler stießen. Im Frankreichfeldzug führte er die 6. Armee.*

Idee, doch bei der Heeresgruppe A mit einer kleineren gepanzerten Gruppe durch die Ardennen hindurch anzugreifen, durch jenes nach Meinung des französischen Generalstabes unpassierbare Naturhindernis. Am 31. Oktober 1939 legt der Chef des Stabes der Heeresgruppe A, Generalleutnant v. Manstein, ohne Zweifel der schärfste strategische Kopf unter der Generation dieser hohen Generalstabsoffiziere, einen ganz anderen Operationsentwurf vor, den er schlicht den „Neuen Plan“ nennt: Grundgedanke – Durchbruch mit der bei A zusammenzufassenden Masse der Panzer- und motorisierten Divisionen durch die Ardennen auf die Kanalküste im Raum Boulogne, Calais, Dünkirchen, damit Abschneidung der vermutlich nach Belgien hineinströmenden britisch-französischen Kräfte von der übrigen französischen Armee. Sein Oberbefehlshaber Generaloberst v. Rundstedt findet die Idee glänzend. Aber – hat es Sinn, mit einem eigenen Operationsentwurf jetzt gegen denjenigen des Generalstabs anzutreten, der diesen wiederum dem „Führer“ unterbreiten müßte? Manstein kann auf andere Menschen sehr hochmütig wirken, im Bewußtsein seiner geistigen Überlegenheit und Könnerschaft. In Brauchitsch und Halder hat er nicht gerade persönliche Freunde.

Mitten im dumpf dahindämmernden „Komischen Krieg“ an der ruhigen Front beginnt hinter den Kulissen auf deutscher Seite ein merkwürdiges Tauziehen. Hitler will die Westoffensive so rasch wie möglich einleiten. Noch vor Weihnachten muß alles zu Ende sein. Als erster Termin wird der 7. November 1939 genannt. Dann wird der X-Tag für „Gelb“ schließlich insgesamt 29 Mal verschoben bis zum 10. Mai 1940. Bei der Heeresgruppe A läßt man einstweilen den Manstein-Plan in der Schublade verschwinden.

General Halder und der ihm nur zögernd folgende Generaloberst v. Brauchitsch wollen im Grunde zunächst gar keine Offensive. Auch die französisch-britische Seite verhält sich ja ruhig. Greift man durch das neutrale Belgien an, möglicherweise auch das sich neutral verhaltende Holland, ergibt sich eine Ausgangslage wie 1914. Das Deutsche Reich wird wieder zum Hauptschuldigen gestempelt werden. Es kommt zu schweren Zerwürfnissen zwischen Brauchitsch und Hitler. Der aristokratisch wohlerzogene Generaloberst ist gegenüber dem „Führer“ immer ein wenig hilflos, er fürchtet unbeherrschte Ausbrüche. Als er Hitler klar zu machen versucht, die Disziplin im Westheer müsse erst wieder gefestigt werden, zeigt sich Hitler maßlos erregt. Er, Hitler, habe in der „Hitler-

*Johann Georg Elser, der Urheber des Bürgerbräu-Attentats vom 8. November 1939, wurde noch am selben Tag an der Schweizer Grenze verhaftet. Nach Ablegung eines Geständnisses als „Sonderhäftling des Führers" ins KZ Sachsenhausen eingeliefert, wurde er um die Jahreswende 1944/45 nach Dachau verlegt und am 9. April 1945 erschossen.*

*Rechte Seite: Zum Gedenken an den Putsch von 1923 pflegte Hitler alljährlich am 8. November vor alten Kämpfern im Münchener Bürgerbräu-Keller zu sprechen (Plakat oben). Darauf baute Elser, gelernter Möbeltischler, seinen Attentatsplan. Zwischen August und November 1939 ließ er sich mindestens 30mal nachts im Bürgerbräu-Keller einschließen und installierte hinter dem Rednerpult eine Sprengladung. Diese detonierte auch zum vorgesehenen Zeitpunkt und brachte die Decke zum Einsturz (Bild unten), traf aber den Diktator nicht, der unerwartet früh seine Rede abgeschlossen und den Saal verlassen hatte.*

jugend" (der Jugendorganisation der Partei) für guten soldatischen Nachwuchs gesorgt. Zustände wie 1917/18 (gemeint waren Auflösungserscheinungen im Ersten Weltkrieg) dürften nicht wieder einreißen. Doch es bleibt bei immer erneuten Terminverschiebungen, teils wegen der ungünstiger werdenden Witterungsverhältnisse, teils wegen der noch unvollständigen Ausstattung der Panzerwaffe mit dem schweren Kanonen-Panzer IV. Generale protestieren bei Hitler gegen die Offensive, darunter General Guderian, auf den Hitler große Stücke hält. Den schärfsten Schritt riskiert im Alleingang der Oberbefehlshaber der 6. Armee, General Walter v. Reichenau, der einzige Generalstabsoffizier, der Hitler als Chef des Stabes im Wehrkreis I Ostpreußen vor 1933 einmal persönlich kennengelernt hat. Hitler hat ihn zweimal, 1934 und 1938, als Oberbefehlshaber des Heeres vorgeschlagen. Einmal ist dies am Widerstand des Reichspräsidenten v. Hindenburg gescheitert, das zweite Mal am Einspruch der älteren Generalität, vertreten durch Gerd v. Rundstedt, die den Reformer Reichenau für unsolide hielt. Der General, Tennisstar, Mitglied des Internationalen Olympischen Komitees, kennt die Welt wie kaum ein anderer unter den meist noch sehr altpreußisch denkenden Generalen. Er sucht Hitler klar zu machen, daß mit der Westoffensive von deutscher Seite der Zweite Weltkrieg endgültig Tatsache wird. Warum läßt man nicht dem Gegner die Vorhand? Hitler wehrt alle Einwände schroff ab. Reichenau gilt fortan bei ihm als „zu politisch".

Der Generalstabschef General Halder hat noch ganz andere Überlegungen im Hintergrund. Eigentlich lehnt er Hitler ab, dem er als Offizier den Fahneneid geschworen hat. Er hat Kenntnis von Plänen seines Vorgängers Generaloberst a. D. Beck und dessen konservativer Freunde, mit England heimlich ins Gespräch zu kommen, um einen Separatfrieden auszuhandeln. Die britische Seite macht die Absetzung Hitlers zur Vorbedingung. Die Frondeure winken mit einem Putsch der Generale, obwohl die meisten gar keine Kenntnis von solchen Plänen haben. Schließlich verliert die britische Seite das Interesse an diesen Kontakten, die zum Teil über den Vatikan in Rom laufen. Die Truppe ahnt nichts von solchen verzweifelten Anstrengungen. Aus der Rückschau ergibt sich die Frage: Gab es damals auch nur einen einzigen Oberbefehlshaber, der seine Einheiten so fest in der Hand hatte, daß er ihnen den Einsatz gegen den siegreichen, ungeheuer populären „Führer" hätte befehlen können? Der alte Rundstedt, als urpreußischer Junker auch kein großer Freund des Parteiregimes, hat die Frage später symbolisch beantwortet: „Der Degen wäre ihm in der Hand zerbrochen, hätte er etwas Derartiges befohlen."

Vielen Deutschen, nicht zuletzt den Soldaten, erschien es so, als stünde Hitler unter einem Glücksstern. Am 8. November 1939 detonierte bei der herkömmlichen Erinnerungsfeier der alten Parteigenossen an den Putsch vom 8./9. November 1923 im Münchener Bürgerbräu-Keller eine Zeitzünderbombe. Ein Einzelgänger, der Tischler Georg Elser, hatte sie gelegt. Doch Hitler hatte – ungewöhnlich früh – bereits den Saal verlassen. Die von ihm oft zitierte „Vorsehung" schien tatsächlich Besonderes mit ihm vor zu haben. Die Gefahr des Ausbruchs der Feindseligkeiten im Westen wuchs unterdessen weiter. Vermittlungsversuche des Königs der Belgier und der Königin der Niederlande zwischen dem Deutschen Reich, England und Frankreich, eine Erkundungsreise des amerikanischen Unterstaatssekretärs Sumner Welles Anfang 1940, ob Präsident Roosevelt als Schiedsrichter auftreten könne, blieben ohne Ergebnis.

Am 10. Januar 1940 verfliegen sich zwei Offiziere der Luftflotte 2 und müssen bei Mechelen in Belgien notlanden. Es sind Stabsoffiziere der 7. Flieger-Division, die den Aufmarschplan für „Gelb" mit sich führen. Die Verbrennung der Papiere gelingt nur zum Teil. In Belgien muß man jetzt erkennen, daß der Gegner wie 1914 das Land als Durchmarschgebiet benutzen wird. Hitler ändert zwar nicht den Plan, erläßt jedoch den „Grundsätzlichen Befehl Nr. 1", demzufolge kein Offizier von einer Geheimen Kommandosache mehr erfahren dürfe, als für seine Aufgabe unbedingt notwendig sei.

Der Plan wird jedoch bald aus ganz anderen Gründen völlig gewechselt. Während eines Besuches bei der Heeresgruppe A in Koblenz entdeckt Hitlers Chefadjutant der Wehrmacht Oberst Schmundt die Existenz des „Neuen Plans" von Manstein und berichtet seinem „Führer" darüber. Manstein wird nach Stettin versetzt, er soll dort als Kommandierender General die Aufstellung eines neuen Infanterie-Armeekorps übernehmen. Am 17. Februar 1940 melden sich neuernannte Kommandierende Generale bei Hitler in der Neuen Reichskanzlei in Berlin. Manstein trägt seine Operationsidee vor. Hitler erkennt sofort, das ist ja seine ureigene Idee, nur in weit ausgedehnterer Form. Er nimmt den „Neuen Plan" gleichsam als seinen eigenen an. Beide, Manstein und Hitler, finden einander recht unsympatisch. Aber Hitler urteilt dann doch über diesen preußischen

Aristokraten, er sei zwar „grauslich“, aber er könne etwas.
Der Manstein-Plan wird zur Grundlage des letzten Aufmarschplanes. In seinem Nachlaß hält General Halder allerdings fest, er selbst habe längst einen verwandten, aber verfeinerten Entwurf vorbereitet. Das kann durchaus möglich sein. Das Kartenbild war für die beiden hohen Offiziere das gleiche, beide waren in der selben Denkschule erzogen. Zumindest Halder war allerdings von einer gewissen Eifersucht auf Manstein nicht frei.
Mit der Übernahme des „Neuen Plans“ wurde die Westoffensive in der Sicht Hitlers zu seiner eigenen Sache, nicht mehr Brauchitsch und Halder führten – wie in Polen – allein. Er selbst maßte sich die Rolle des Feldherrn an. Mit überraschendem Sachverständnis widmete er sich persönlich der genauen Vorbereitung ganz neuartiger Maßnahmen, der Wegnahme der starken belgischen Grenzsperrfestung Eben Emael, der Sicherung der wichtigsten Maasbrücken gegenüber der Heeresgruppe v. Bock, der Überrumpelung der „Festung Holland“ durch Absetzen von Luftlandeverbänden mit Lastenseglern und Fallschirmtruppen. Dafür standen zwei Eliteverbände zur Verfügung, die 7. Flieger- (Fallschirmjäger)- Division unter Generalleutnant Kurt Student und die 22. Infanterie-(Luftlande)-Division unter Generalmajor Graf v. Sponeck.
Am 9. Mai 1940 fällt für „Gelb“ die Entscheidung, nach einem halben Jahr der Terminverschiebungen, der Querelen und Intrigen. X-Tag wird der 10. Mai 1940 – ein Tag, mit dem das deutsche Heer und die Luftwaffe Westeuropa für Jahre hinaus ein neues Gesicht geben werden.
Im Dunkel spielt ein Querschuß noch eine Rolle. Zu den aktivsten Gegnern Hitlers in hohen Berliner Stäben rechnet der Chef der Zentralabteilung der Abwehr, Oberst im Generalstab Hans Oster. Er teilt dem Kgl. niederländischen Militärattaché in Berlin, Oberst Sas, den Angriffstermin mit. Der Oberst gibt die Nachricht nach Den Haag weiter. Man glaubt Oster nicht, man kann sich nicht vorstellen, daß ein deutscher Generalstabsoffizier so handelt, hält alles für „Spielmaterial“. Aber niemand im gegnerischen Lager hat eine Ahnung davon, in welchen Zwiespalt zwischen Pflicht und Gewissen die messianische Erscheinung Hitlers damals deutsche Offiziere treiben konnte. Die andere Frage ist, und bleibt, ob Soldaten mit objektiv verwerflichen Mitteln objektiv Gutes bewirken können. Der Fall Hans Oster stellt einen Alleingang dar. Doch mit der Abwehr, unter ihrem Chef Admiral Canaris, sollte Hitler nie so recht glücklich werden.

# Landung in Skandinavien

„Die Deutschen werden, ganz gleich, was wir tun, bestimmt versuchen, Gewalt anzuwenden, wenn sie glauben, es läge in ihrem Interesse, sich der skandinavischen Halbinsel zu bemächtigen. In dem Falle würde der Krieg nach Norwegen und Schweden übergreifen, und dann wäre kein Grund mehr vorhanden, warum nicht französische und britische Truppen den deutschen Eindringlingen auf skandinavischem Boden entgegentreten sollten, da wir ja die Seeherrschaft besitzen. Jedenfalls könnten wir bestimmt jede Insel und jeden uns genehmen Punkt an der norwegischen Küste besetzen und halten. Die nördliche Blockade Deutschlands würde dann vollständig sein..."
Großbritanniens Marineminister Churchill, der diese Gedanken in einem Memorandum vom Dezember 1939 niederlegte, hatte frühzeitig erkannt, welches Handikap die Neutralität Norwegens für die Alliierten bedeutete. So lange sie bestand, war eine wirksame Blockade Deutschlands unmöglich, und das schwedische Erz aus Norwegens Hafen Narvik stärkte Hitlers Rüstungsindustrie. Churchill wie Hitler waren im Frühjahr 1940 entschlossen, gegen Norwegen vorzugehen. Mit dem riskanten Unternehmen „Weserübung", bei dem Luft- und Seestreitkräfte in großem Rahmen zusammenwirkten, gewann Deutschland den militärischen Wettlauf um eine Nasenlänge. Während die Besetzung Dänemarks ohne nennenswerten Widerstand erfolgte, kam es beim Kampf um Norwegen zu verlustreichen Seegefechten und kritischen Situationen bei den gelandeten Truppen.

*Linke Seite: Ju 52 über Norwegens Fjorden. Der Nachschub an Mannschaft und Munition für die im nördlichen Norwegen kämpfenden Truppen mußte, solange die Landwege nicht freigekämpft waren, angesichts der Gefahren des Seeweges durch Transportflugzeuge erfolgen.*
*Rechte Seite: Bereits im Laufe des 9. April fielen zahlreiche wichtige norwegische Hafenorte in deutsche Hand, unter ihnen Bergen, Stavanger, Trondheim, Narvik und auch die Hauptstadt Oslo. Jedoch kostete die Besetzung Oslos schwere Verluste. Oben: Posten sichern die wichtigen Verkehrspunkte in der norwegischen Hauptstadt. Mitte und unten: Das militärische Schauspiel, das der Einmarsch der deutschen Truppen bietet, findet bei den Einwohnern von Oslo, wenn auch nicht Beifall und Sympathie, so doch auf jeden Fall neugieriges Interesse.*

# Norwegen besetzt

In Hitlers Weisung vom 1. März 1940 für den „Fall Weserübung" waren die militärischen und die politischen Ziele des Unternehmens festgelegt:
„Die Entwicklung der Lage in Skandinavien erfordert es, alle Vorbereitungen dafür zu treffen, um mit Teilkräften der Wehrmacht Dänemark und Norwegen zu besetzen. Hierdurch soll englischen Übergriffen nach Skandinavien und der Ostsee vorgebeugt, unsere Erzbasis in Schweden gesichert und für Kriegsmarine und Luftwaffe die Ausgangsstellung gegen England erweitert werden.
Grundsätzlich ist anzustreben, der Unternehmung den Charakter einer *friedlichen* Besetzung zu geben, die den bewaffneten Schutz der Neutralität der nordischen Staaten zum Ziel hat. Trotzdem auftretender Widerstand ist unter Einsatz aller militärischer Mittel zu brechen."

*Oben: Deutsche Soldaten auf einem Aussichtspunkt oberhalb der norwegischen Schärenküste.*
*Links und rechte Seite: Flaksoldaten in ihren Geschützstellungen.*

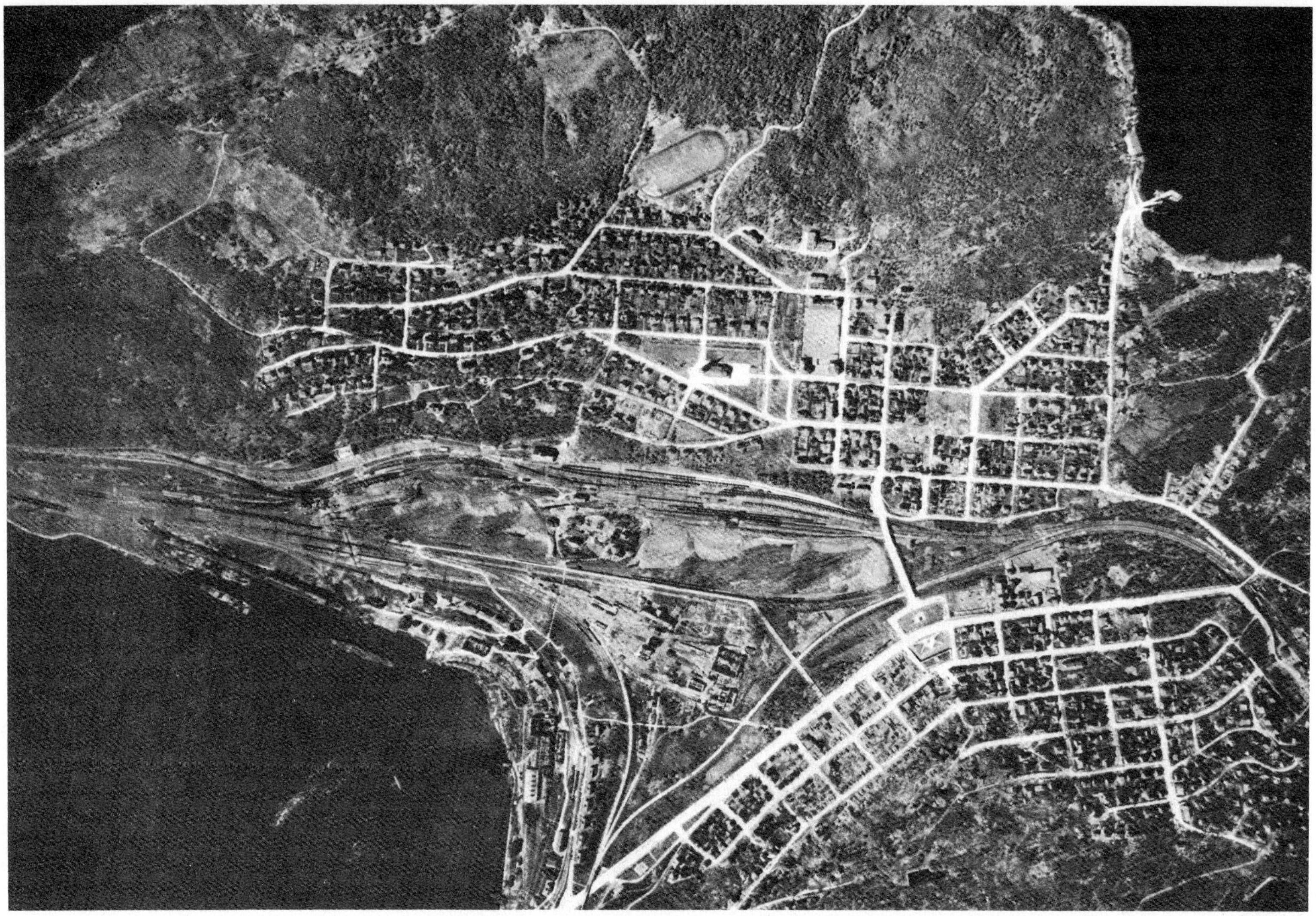

# Narvik

Beim Kampf um Norwegen nahm das wechselvolle Ringen um den Erzhafen Narvik einen besonderen Platz ein. Unter dem General Dietl kämpften 1 800 Gebirgsjäger und 3 000 Matrosen, deren Schiffe verlorengingen, mangelhaft ausgerüstet gegen 20 000 alliierte Soldaten.

*Linke Seite: Schon einen Tag nach dem relativ ungestörten Einmarsch der Deutschen in Narvik veränderte sich die Lage dramatisch. Am 10. und am 13. April erschienen englische Kriegsschiffe und schossen Zerstörer und Frachter im Hafen zusammen. Kurz darauf begann die Landung englischer, französischer und exilpolnischer Truppen, denen sich norwegische Einheiten anschlossen.*
*Oben: Die besondere Wichtigkeit Narviks lag in seiner – auf dem Fliegerbild deutlich erkennbaren – Eigenschaft als Endpunkt der von Lulea über Kiruna führenden Bahnstrecke und damit als Verladehafen für schwedisches Erz.*
*Rechts: Die Erzbahn am Eingang zum Rombaken-Fjord.*

*Flug über Finnland. Das „Land der tausend Seen" trat im Juni 1941 als „Waffengefährte" Deutschlands in den Krieg gegen die Sowjetunion. Ziel war,*

*die im „Winterkrieg“ von 1939/40 verlorenen Gebiete wiederzugewinnen, was auch bis September 1941 erreicht wurde.*

## General Dietl

Als „Held von Narvik" wurde der bayerische Gebirgsjägergeneral Eduard Dietl eine der populärsten Figuren des Zweiten Weltkrieges. Unter seinem Befehl konnten sich die deutschen Truppen gegen einen an Zahl und Material überlegenen Gegner behaupten. Der General, von seinen Soldaten „der Büffel" genannt, galt als General ohne Schema. Im Juni 1944, mittlerweile Generaloberst, kam er bei einem Flugzeugabsturz ums Leben.

*Oben links: Generaloberst Dietl im Jahre 1943 auf dem finnischen Kriegsschauplatz zwischen den Generalen Schörner (links) und Ritter von Hengl.*
*Oben rechts: Auf einer schwankenden Brücke überqueren Gebirgsjäger einen der reißenden Flüsse Nordnorwegens.*
*Mitte links: Militärische Bedeckung eines Eisenbahntransports.*
*Links unten: Im Schutz eines Panzers gehen Infanteristen gegen ein norwegisches Dorf vor. „Pausenloser Vormarsch deutscher Truppen in Norwegen bis zum Endsieg" stand seinerzeit unter diesem Propagandabild. In Wirklichkeit gab es bis zum Abschluß der Operationen zahlreiche Stockungen und manchen Rückzug.*
*Rechte Seite: Der Führer eines Fallschirmjägerbataillons bei der Befehlsausgabe.*

BJØRNFJELL
Ekspedisjon

*„Der Führer im Kampfgelände“ nannte der Maler Konrad Hommel sein Gemälde. Links neben Hitler Göring, zwischen beiden im Hintergrund*

*Keitel; rechts von Hitler der Oberbefehlshaber des Heeres von Brauchitsch.*

# Gegen Frankreich und England

Offiziell wird von Hitler der Öffentlichkeit mitgeteilt, die Alliierten hätten einen Großangriff über Belgien hinweg ins Ruhrgebiet, das Herzstück der deutschen Rüstungsindustrie, vorbereitet. Dem hätte der „Führer“ zuvorkommen müssen. Dies alles geschieht, um die Neutralitätsbrüche gegenüber Belgien und den Niederlanden, die die Überfliegung ihres Territoriums durch britische Flugzeuge nach Deutschland hingenommen hatten, zu bemänteln. Umgekehrt hatte der Oberste Alliierte Kriegsrat sich zuletzt, in Kenntnis des überholten deutschen Operationsplanes seit dem Mechelen-Zwischenfall für die Einnahme einer Auffangstellung an der Linie des Dyleflusses bis zur alten niederländischen Festung Breda entschlossen. Dementsprechend maschieren, als „Gelb“ einsetzt, die nordfranzösische Heeresgruppe des Generals Hervé Bilotte und das britische Expeditionskorps nach Belgien hinein. Der vom deutschen Generalstab als Magier hochgefeierte Generalfeldmarschall Graf v. Schlieffen hätte dies als den größten Liebesdienst bezeichnet, den der Gegner der deutschen Seite erweisen kann. Hitler begibt sich mit einem umfänglichen Stab nach einem vorbereiteten Hauptquartier in der Eifel, dem „Felsennest“ bei Münstereifel. Der Schwerpunkt der Offensive liegt bei der Heeresgruppe A des Generalobersten v. Rundstedt (neuer Chef des Stabes Generalleutnant v. Sodenstern). Ihr sind die Masse der Panzerkräfte mit dem XIX. und dem XXXXI. Panzerkorps unter General Heinz Guderian und Generalleutnant Hans Reinhardt unterstellt. Den Befehl über diese Panzergruppe führt der General der Kavallerie Ewald v. Kleist.

Alles funktioniert mit erstaunlicher Präzision. Luftlandetruppen, die „Sturmabteilung Koch“, nehmen Fort Eben Emael, sichern die Maasbrücken für den raschen Übergang der 6. Armee von Generaloberst v. Reichenau. Fallschirmjäger springen weit hinter den niederländischen Verteidigungslinien ab, um den schwächsten Gegner in der nicht geschmiedeten Allianz zu verwirren. Der erste tragische Irrtum ereignet sich, als ein deutscher Fliegerverband, der Ziele im Raum Dijon in Burgund, hinter der Maginot-Linie, angreifen soll, Freiburg im Breisgau bombardiert. Die deutsche Propaganda schlachtet dies sogleich als Beweis für die verbrecherischen Absichten der Alliierten aus, die deutsche Zivilbevölkerung durch Terrorangriffe einzuschüchtern.

Den Hauptstoß des deutschen Angriffs führt die Panzergruppe v. Kleist im Mittelabschnitt. Sie überwindet die Ardennen und bricht in Richtung auf Sedan durch. Das Kräfteverhältnis ist fast gleich: 119 Divisionen einschließlich einer Luftlande- und einer Kavallerie-Division steht die gleiche Zahl alliierter Divisionen gegenüber. Bei den Panzer- und motorisierten Divisionen beträgt das Verhältnis 10 zu 11. Vergleichbares zur deutschen Fallschirmjäger-Division hat der Gegner nicht. Die deutsche Luftwaffe ist mit rund 3500 Maschinen aller Typen klar überlegen. Dem Sturzkampfbomber hat der Gegner nichts entgegenzusetzen. Die Kombination von durch Funk auf dem Gefechtsfeld geführten Panzergroßverbänden mit Sturzkampfbombern als fliegender Artillerie bewährt sich in einer bislang unerhörten Form, obwohl die Alliierten der Zahl nach über rund 3000 Panzer verfügen, die deutsche Panzerwaffe nur über 2580 Kampfwagen.

Als erster Gegner geht die niederländische Armee unter General Winkelman nach erbittertem Widerstand in die Knie. Das geschieht am 15. Mai 1940. Tags zuvor ereignet sich der nächste tragische Irrtum bei dieser Offensive. Das zur Luftflotte 2 (General der Flieger Albert Kesselring) gehörende Kampfgeschwader 54 hat Auftrag, militärische Ziele im Riesenhafen des von den niederländischen Truppen verteidigten Rotterdam, vor allem die Hafenanlagen, zu bombardieren, um etwaige britische Truppenlandungen zu verhindern. Inzwischen wird Kesselring gemeldet, Fallschirmeinheiten unter Generalleutnant Student, der zu seiner Luftflotte gehört, hätten die Stadt bereits erreicht. Student verhandelt mit dem Bürgermeister über die Übergabe. General Kesselring läßt den Angriff stoppen. Der Befehl kommt nicht durch. Um 15.30 Uhr greift das Kampfgeschwader Rotterdam an, mit verheerenden Folgen. Wie im Fall Freiburg zeigt sich wieder, wie wenig perfekt noch die Zielfindung bei den überhastet aufgestellten Fliegerverbänden ist. Generalleutnant Student und zahlreiche seiner Fallschirmjäger werden verwundet. Für die alliierte Propaganda wird nach „Warschau“ nun auch „Rotterdam“ zum Schulbeispiel für klassische deutsche Kriegsverbrechen.

Eine Sturmabteilung mit Lastenseglern und Fallschirmpionieren unter Major Koch nimmt das wichtige belgische Sperrfort Eben Emael, eine neuartige Bravourtat ersten Ranges. Die niederländische Königsfamilie und die Regierung flüchten nach England, desgleichen die Großherzogin von Luxemburg und ihre Regierung. Ein „Blitz“ rast über Westeuropa.

Der schwerste Stoß trifft das schwache französische Zentrum, zwischen dem nach Belgien hinein marschierten französischem Gros, dem britischem Expeditionskorps

*Rechte Seite: Gesprengte Brücken vermochten den deutschen Stoß nach Holland und Belgien nicht wesentlich zu bremsen. In kurzer Zeit waren wie hier vor einer zerstörten Maas-Brükke Pioniere mit Flößen zur Stelle, um Truppen und Fahrzeuge an das andere Ufer zu befördern.*

und der belgischen Armee, die versuchen, den Angriff der Heeresgruppe B unter Generaloberst v. Bock zu parieren.
Im Zentrum dringt die Panzergruppe v. Kleist mit den Korps Guderian und Reinhardt, gefolgt von den motorisierten Divisionen, in einem atemberaubenden Tempo, nach dem Überschreiten der Maas bei Dinant und Sedan, in Richtung auf die Kanalküste vor. Winston Churchill, seit dem 10. Mai 1940 neuer britischer Kriegspremier, prägt später das Wort vom „Sichelschnitt" durch die eigenen Armeen.
Das Tempo kostet Nerven, weniger diejenigen der Truppe als diejenigen der höheren und höchsten Führung. General der Kavallerie v. Kleist, noch ganz konventionell erzogen, bekommt Bedenken wegen der nur schwach gesicherten, bei solchem Panzerraid sich rasch ausdehnenden Südflanke und läßt Guderian stoppen. Dieser, der jetzt die eigenen neuen Ideen reifen sieht, ist ein zornmütiger Mann. Er ertrotzt sich von Kleist die Erlaubnis zu weiterer „gewaltsamer Aufklärung". Noch nervöser wird im „Felsennest" bei Münstereifel der Oberste Kriegsherr. Halder notiert am 17. Mai 1940 in seinen Tagesnotizen: „Er hat Angst vor dem eigenen Erfolg". Schon bei Narvik wollte er nicht „durchstehen". Die deutsche Panzeroffensive trägt sich weiter, vorauf heulen die Stukas im Sturzflug. Abbeville an der Somme wird erreicht. Am 20. Mai 1940 stehen die deutschen Panzer mit den Spitzen an der Kanalküste. Brauchitsch und Halder ordnen nach dem Plan, den Hitler für seinen hält und den Generalleutnant v. Manstein konzipierte, am 21. Mai das Eindrehen der Panzergruppe nach Nord-Nordost an. Zwischen den Heeresgruppen B in Belgien, die erfolgreich operiert, und A, die die Voraussetzungen für einen riesigen Sieg geschaffen hat, zeichnet sich die Bildung eines gewaltigen Kessels im Artois und in Flandern ab.
Generalstabschef General Halder zufolge war bei der ganzen Planung bisher die Heeresgruppe A im Zentrum der Hammer, die Heeresgruppe B in Belgien der Amboß. Jetzt wird bei der erstrebten Riesenkesselbildung A zum Amboß und B zum Hammer. Daher unterstellen Brauchitsch und Halder die zu A gehörende 4. Armee des Generals v. Kluge dem Oberbefehlshaber B zwecks besserer Koordinierung. Hitlers Nervösität steigert sich. Er glaubt, er habe keinen Überblick mehr und fliegt am 24. Mai 1940 ins Hauptquartier der Heeresgruppe A unter Generaloberst v. Rundstedt nach Charleville. Alle Bewegungen der Panzergruppe v. Kleist werden gestoppt. Nach Hitlers Vorstellung könne sie an der Kanalküste im Raum Dünkirchen in die „flandrischen Sümpfe" geraten, die bei Dünkirchen gar nicht existieren, sondern in jenem Flandern um Ypern, wo Hitler 1914 als deutscher Kriegsfreiwilliger die Feuertaufe erhalten hat. Schlimmer noch, er erfährt von den in eigener Verantwortung erfolgten Umdispositionen Brauchitschs und Halders. Führt er den Feldzug oder führen ihn dieser Brauchitsch, der ihm zu aristokratisch erscheint, und dieser Halder, den er später spöttisch seinen „Studienrat" nennt?
Kostbare Zeit vergeht. Erst am 26. Mai 1940 wird der „Halt-Befehl" vor Dünkirchen wieder aufgehoben. Hitler hat den größten Sieg, der ihm, dank der beispiellosen Leistungen seiner Soldaten, im Leben je hätte beschert werden können, verschenkt. Die Engländer erhalten Gelegenheit, ihre Verbände und auch französische Einheiten, aus dem Kessel herauszuziehen. Die Aktion „Dynamo" beginnt, die Evakuierung von rund 338 000 Mann über den Strand von Dünkirchen nach der britischen Insel, wobei allerdings alles schwere Material geopfert werden muß, oft auch die Handwaffen der Infanterie. Bei den Briten spricht man später vom „Wunder von Dünkirchen". Nach Hitlers Vorstellung soll die Luftwaffe die Evakuierung verhindern. Darüber enthüllt sich eine Faustregel des modernen Land-See-Luftkrieges. Auch die schwersten Luftangriffe können nicht den Enderfolg herbeiführen, wenn ihnen nicht schließlich Bodentruppen folgen, welche den aufgepflügten Boden besetzen.
Am 28. Mai 1940 kapituliert vor Generaloberst v. Reichenau (6. Armee) das belgische Heer mit König Leopold III. an der Spitze. Die belgische Regierung flüchtet nach London. Der König will bei seinen Soldaten bleiben und wird von den Deutschen auf Schloß Laeken bei Brüssel interniert. Im Kessel geraten rund eine halbe Million belgischer Soldaten und rund 200 000 Franzosen in Gefangenschaft, astronomische Zahlen, wie sie im Ersten Weltkrieg niemals erreicht wurden.
In Paris hat im März der als energisch geltende Paul Reynaud die Regierung übernommen, an der Front hat Mitte Mai 1940 der hochangesehene General Maxime Weygand, einst im Ersten Weltkrieg Stabschef des Oberkommandierenden Marschall Foch, anstelle des Zauderers Gamelin den Oberbefehl erhalten. Zu spät!
Am 5. Juni 1940 beginnt „Fall Rot", die Schlacht um Frankreich. Unter dem Zusammenwirken aller drei Heeresgruppen A, B und C wird die moralisch bereits tief erschütterte Dritte Republik überrannt. Es gibt kein Halten mehr. Eine einzige Panzer-Division, die 7., stößt unter General-

*Oben und linke Seite: Panzerkuppeln eines Werkes der verlängerten Maginot-Linie mit den Einschüssen deutscher Artillerie-Granaten. Nach dem französischen Kriegsminister André Maginot (1877–1932) benannt, verlief der Verteidigungsgürtel an der deutsch-französischen Grenze von Longwy bis Basel. 1929 bis 1932 für 2,9 Mrd. Francs errichtet, bestand er aus einem Geflecht von 150 km unterirdischen Gängen mit 39 Wehrgruppen, 70 Bunkern, 500 Infanterie- und Artillerieblöcken, 500 Kasematten, Unterständen und Beobachtungstürmen. Die Maginot-Linie galt als unüberwindlich und führte zu einer fatalen Fehleinschätzung der militärischen Lage Frankreichs. Sie wurde im Westfeldzug 1940 von den Deutschen über Belgien, Holland und Luxemburg zunächst umgangen, danach von rückwärts aufgerollt.*

*Panzergeneral Guderian in seinem Befehlswagen. Guderian hatte als junger Generalstabsoffizier die richtigen Schlüsse aus den Erfahrungen des Ersten Weltkrieges gezogen. Als Hilfswaffe der Infanteriearmeen eingesetzt, konnten hier die Tanks keine operativen Erfolge verzeichnen. Guderian forderte geschlossene Panzerverbände, die in der Lage waren, selbständig zu operieren.*

major Erwin Rommel bis in die Normandie durch.

Am 10. Juni 1940 geschieht etwas, was der gesamten Kriegführung Hitlers in der Folge entscheidende Hemmnisse in den Weg legen wird: Italien tritt in den Krieg ein, wie dies der „Duce des Fachismus", den Hitler gern als seinen einzigen persönlichen Freund feiert, bereits im März zu einem damals noch unbestimmten Termin zugesagt hat. Jetzt will sich Mussolini am Sieg beteiligen. Zynisch sagt er selbst, er brauche ein paar tausend Tote, um sich an den Tisch der Sieger setzen zu können. Die italienische Armee stellt sich zum Angriff auf die französische, nur schwach gesicherte Alpenfront bereit. Ihre militärischen Leistungen in der Folgezeit sind nicht überragend. Dennoch nimmt der Ex-Korporal der Bersaglieri Mussolini wenig später den Rang eines „Ersten Marschalls von Italien" an. Die sehr starke, aber an Treibstoffmangel leidende italienische Mittelmeerflotte bleibt untätig.

Die deutsche Luftherrschaft über Frankreich ist total. Vergeblich drängt die französische Regierung den britischen Premierminister, die vorsorglich in England zurückgehaltenen 11 Jagdgeschwader nach Frankreich zu verlegen. Churchill weiß sehr genau, daß für England die große Stunde der Verteidigung noch kommen wird.

Die französische Regierung flüchtet von Paris nach Bordeaux. Am 14. Juni 1940 marschieren deutsche Truppen in Paris ein, das nicht mehr verteidigt wird, am gleichen Tag setzt die Aufrollung der Maginot-Linie ein. Staatspräsident Lebrun beruft in der Stunde der Not den „Retter von Verdun" im Ersten Weltkrieg – das jetzt ohne große Schwierigkeiten von den Deutschen genommen wird –, den greisen Marschall Philippe Pétain an die Spitze des Kabinettes. Pétain und der Generalissimus Weygand sind im Herzen keine Freunde der untergehenden Dritten Republik. Sie wissen, daß ihnen nur eins bleibt, der Waffenstillstand mit den Deutschen – mit Hitler.

Am 22. Juni 1940 wird zwischen Frankreich und dem „Großdeutschen Reich" der Waffenstillstand geschlossen, nach Hitlers Willen im Walde von Compiègne, in dem gleichen, dort als Museumsstück stehenden Salonwagen des Marschalls Ferdinand Foch, in dem die deutsche Delegation am 10./11. November 1918 die ungeheuer harten Bedingungen des Waffenstillstands im Ersten Weltkrieg unterschreiben mußte. Die Italiener verlangen einen eigenen Waffenstillstandsabschluß. Mussolini vertritt ausschweifende Forderungen, verlangt die Abtretung von Koriska, großer Teile Französisch Nordafrikas, der Riviera, die Auslieferung der französischen Kriegsflotte, auf die Hitler bereits verzichtet hat. Es kostet Hitler Mühe, diese Wünsche behutsam einzudämmen. Die französische Kriegsflotte wird zwar demobilisiert, bleibt jedoch erhalten. Das französische Kolonialreich bleibt intakt – bis zu einem Friedensschluß. Dem neuen französischen Staatschef Marschall Pétain beläßt man eine unbesetzte Zone in Mittel- und Südfrankreich, anfangs sogar eine bescheidene eigene Ordnungstruppe von 100 000 Mann und weitere 150 000 Mann in den Kolonien.

Nach der Unterzeichnung des italienisch-französischen Waffenstillstandsvertrages tritt am 25. Juni 1940 ab 01.35 Uhr offiziell in ganz Frankreich Waffenruhe ein. Die deutschen Verluste in diesem atemberaubenden Siegeszug belaufen sich auf 27 074 Gefallene, 18 384 Vermißte (die man den Gefallenen zurechnen kann) und 111 034 Verwundete.

In London verkündet ein noch junger General, Charles de Gaulle, der vor dem Krieg die Aufstellung einer gepanzerten, motorisierten Elite-Angriffsarmee verlangt und der versucht hat, mit einer einheitlich geführten Panzer-Division den deutschen Vormarsch von der Flanke her zu stoppen, schon am 18. Juni 1940 die Bildung eines „Nationalkomitees der freien Franzosen". Am 28. Juni erkennt Großbritannien de Gaulle als Chef der freien Franzosen an. Nun, nach deutscher Meinung sind dies „Emigrantenspielereien".

Deutschland, nicht zuletzt Hitler selbst, lebt in der Euphorie des schnellen Sieges. Logischerweise muß jetzt noch die Invasion in England erfolgen, der „Sprung" über den Kanal – entgegen stärkster Bedenken bei der Seekriegsleitung und beim Generalstab. Oder aber man erreicht es, daß England sich friedenswillig zeigt. Begreift England nicht – so Hitlers Denkweise –, daß es den Krieg bereits verloren hat?

Am 16. Juli 1940 geht die Führerweisung Nr. 16 hinaus, Vorbereitung einer Landung in England, Deckname „Seelöwe". Im Übrigen ergeht sich alles in Sieges- und in Friedensstimmung. Mit General Halder erörtert Hitler eine Umstellung auf den See- und Luftkrieg gegen England, falls dies nicht, wie er annimmt, verhandeln will. 40 Heeres-Divisionen sollen entlassen werden. Die Vorbedingungen für einen großangelegten Zufuhrkrieg gegen England, ob nun nach der Vorstellung von Raeder oder Dönitz, sind jetzt ideal geworden. Die Luftwaffenführung, die See-

kriegsleitung, der Stab des Befehlshabers der U-Boote sehen sich im Besitz einer Ausfallbasis, die von der Biskaya bis nach Narvik reicht.

Drei Tage nach dem Befehl für „Seelöwe" erfolgt der letzte Appell Hitlers an die „Vernunft". Am 19. Juli 1940 erklärt er vor dem „Großdeutschen Reichstag", es sei nun an England, ob es Frieden schließen wolle oder nicht. Hitler spricht mit rauher, harscher Stimme. Im Geheimen mag er wirklich gehofft haben, daß England einlenkt. Denn im Inneren keimen schon ganz andere Pläne. Ist er nicht im Besitz der besten Armee, der besten und stärksten Luftwaffe Europas? So sieht es in diesem Hochsommer 1940 aus, in dem die Deutschen nach der Verzagtheit beim Kriegsausbruch, nach der Unbill des harten Winters 1939/40 in eine unnatürliche Hochstimmung geraten und Wetten abschließen, wann nun der „Sprung" erfolgt, der Übergang über den Ärmelkanal?

Im übrigen ergeht an diesem 19. Juli ein Beförderungssegen über die siegreiche Armee und Luftwaffe. Göring wird Reichsmarschall – ein Rang, der seit den Zeiten des Heiligen Römischen Reiches nicht mehr verliehen worden ist. Der Chef des Oberkommandos der Wehrmacht, der Oberbefehlshaber des Heeres, die drei Heeresgruppen-Oberbefehlshaber Leeb, Rundstedt und Bock, eine Reihe von Armeeführern, darunter Günther v. Kluge, Walter v. Reichenau und Erwin v. Witzleben werden Generalfeldmarschälle, ebenso die Chefs der beiden Luftflotten 2 und 3 Albert Kesselring und Hugo Sperrle. Manstein, der Schöpfer des „Sichelschnittes", geht natürlich leer aus, Hitlers „Studienrat" Halder wird nur Generaloberst. Romantiker schwelgen in der Vorstellung, der deutsch-englische Frieden werde in Münster verkündet, einer der beiden Städte, in der dem unseligen Dreißigjährigen Krieg ein Ende gesetzt wurde. Doch Churchill ignoriert das deutsche Angebot. Was nicht anders zu erwarten war. Noch hat England den Krieg nicht verloren. Es rüstet zur letzten Schlacht, für den Fall, daß die Deutschen kommen. Aber können sie dies überhaupt?

*Garant des schnellen Sieges über Frankreich war nicht zuletzt die deutsche Panzerwaffe. Von Hitler geradezu revolutionär eingesetzt, ließ sie im Zusammenspiel aller Waffengattungen Frankreich zusammenbrechen. Das Mißtrauen der Generalität gegenüber ihrem obersten Befehlshaber schien endgültig beseitigt zu sein. Generaloberst Keitel feierte Hitler „als den größten Feldherrn aller Zeiten".*

*Der erste Ritterkreuzträger aus dem Mannschaftsstand. „Dem Gefreiten Hubert Brinkforth, einem westfälischen Bauernsohn, wurde vom Führer das Ritterkreuz des Eisernen Kreuzes verliehen. Am 27. Mai 1940, während der Abwehrkämpfe bei Abbeville, brachte Brinkforth auf vorgeschobenem Posten als Richtschütze hinter seinem Pakgeschütz den Angriff eines starken englischen Panzerverbandes zum Scheitern. In zwanzig Minuten vernichtete er elf Panzer, die er trotz heftigen Feuerns bis auf etwa hundert Meter herankommen ließ und dann abschoß.“ (Text und Bild sind der NS-Illustrierten „Signal“ entnommen.)*

Voraussetzung für den „Seelöwen“ ist die Erringung der totalen Luftherrschaft über England. Dafür stehen nun auf günstigen Absprungplätzen die Luftflotten 2 und 3 der Generalfeldmarschälle Kesselring und Sperrle bereit – unbesiegbar wie bisher? Dazu von Norwegen aus die Luftflotte 5. Rund 2500 Maschinen, darunter allein über 1300 Bomber. Die britische Abwehr verfügt über rund 700 Jagdflugzeuge und 500 Bomber.

Am 13. August 1940 ist „Adlertag“. Der Großangriff setzt ein. Am 15./16. August operieren 1786 deutsche Maschinen über England. Der britische Luftmarschall Sir Hugh Dowding, der die „Jagdschlacht“ leitet, behält die Nerven. Plötzlich zeigt sich, daß die britischen Spitfire-Jäger den deutschen Me 109 überlegen sind. Allein zwischen dem 23. August und dem 6. September 1940 werden 385 deutsche Flugzeuge abgeschossen. Noch schwankt die Waage. Am 17. August befiehlt Hitler für Luft- wie Seestreitkräfte die „totale Blokkade“ der britischen Insel und gibt plötzlich, im Angriffsziel (der Vernichtung der britischen Jagdwaffe) unsicher geworden, Luftangriffe auf London frei. Am 5. September wird er noch nervöser: Nun heißt das Ziel: Vernichtung der britischen Wirtschaftskraft und Brechung der Moral der Bevölkerung, das bedeutet einen Terrorkrieg, auf den die deutsche Luftwaffe niemals vorbereitet worden ist.

Dem „Adlertag“ folgt der „Schwarze Tag“, der 15. September 1940, den die Engländer „Battle of Britain-Day“ taufen. Die Luftschlacht über Kent, bei der 56 deutsche Maschinen abgeschossen werden. Bisher hat Hitler jede Schlacht gewonnen. Jetzt hat er über England die erste Entscheidungsschlacht in der Luft verloren. „Seelöwe“ versinkt. Die Termine werden verschoben. Das Fazit der „Luftschlacht über England“ lautet im Oktober 1940: Deutsche Verluste: 1733 Maschinen, britische Verluste: 915.

Schlagartig erweist sich, daß die deutsche Luftwaffe gebaut und ausgebildet worden ist für einen begrenzten Verteidigungskrieg, beziehungsweise eine offensive Defensive auf dem Kontinent. Niemand hat ihr jemals gesagt, daß ein Großluftkrieg über See etwa gegen England im Bereich des Möglichen läge. Schwerer als die materiellen Verluste wiegt die Einbuße an noch friedensmäßig geschultem fliegerischen Personal. Noch schlimmer: Im Hochgefühl des Sieges (den England nur noch nicht begriffen hat!) ordnet der frischgebackene Reichsmarschall einen Entwicklungsstop für die Luftfahrtindustrie an. Das bedeutet nicht, daß man nicht weiter auf dem Reißbrett planen darf. Weitergebaut werden dürfen indes nur die bewährten Typen, – weil der Krieg im Grunde bereits entschieden sei.

Befehlsgemäß fliegt die Luftwaffe weiter Großangriffe auf die britische Hauptstadt, auf Häfen und Industriezentren. England erlebt den härtesten Winter dieses Krieges zwischen dem November 1940 und dem Frühjahr 1941, den „Blitz“ der deutschen Flieger. Die Luftwaffe fliegt nach herkömmlichen Methoden. Von der Taktik des einheitlichen „Teppichwurfes“ exerziermäßig im Massenanflug ausgebildeter Bombermassen, wie sie das britische Bomberkommando seit dem Mai 1942 anwenden wird, hat sie keine Vorstellung. Daß dabei Mitte November während eines beabsichtigten Großangriffes auf Birmingham auch eine für ihre historischen Bauten berühmte Stadt wie Coventry fürchterlich getroffen wird, ist unter diesen Umständen, bei diesem Kampf in Nacht und Nebel kaum vermeidbar. Für die alliierte Propaganda ist Coventry jedoch nach Warschau und Rotterdam das dritte Paradebeispiel für „Nazi-Brutalität.“

Erschüttert dieser Bombenkrieg die Moral der britischen Bevölkerung? Das Gegenteil ist der Fall. Jedermann fühlt sich jetzt aufgerufen zur Verteidigung der eigenen Existenz.

Mit der Gewinnung der west- und nordwesteuropäischen Atlantikküste erhält die Kriegsmarine Aufwind. Der Stab des Befehlshabers der U-Boote Dönitz wird nach Frankreich verlegt. Der Bau großer bombensicherer U-Bootbunker in den westlichen Ausfallbasen beginnt. Zum ersten Mal wird jetzt die „Rudeltaktik“ erprobt. Am 21./22. September 1940 findet die erste Geleitzugschlacht statt. Ein „Rudel“ von fünf U-Booten versenkt aus dem Konvoi HX 72 zwölf Schiffe. Bis zum Frühjahr 1941 versenken U-Boote 2 319 315 BRT feindlichen Schiffsraumes, 7 Hilfskreuzer in Atlantik, Pazifik und Indischem Ozean 480 865 BRT und im Handelskrieg eingesetzte Überwasserkräfte, die Schweren Kreuzer „Admiral Scheer“ und „Admiral Hipper“, die Schlachtschiffe „Gneisenau“ und „Scharnhorst“ 266 486 BRT. England muß den Gürtel enger schnallen. Von einem Sieg zur See oder in der Luft aber kann keine Rede sein, obwohl Kriegsmarine und Luftwaffe alles leisten, was sie geben können.

Im Winter 1940/41 erscheint ungewiß, wie alles weitergehen soll. Oder gibt es bei Hitler ganz andere Vorstellungen? Kommt auf dem Höhepunkt nach schwindelerregenden Siegen die „Uridee“ wieder zum Tragen: Lebensraum für das deutsche Volk im Osten, Vernichtung des „jüdischen Bolschewismus“? Stalin hat die Zeit

*Ramponiert von den deutschen Bombenangriffen tritt Churchill vors Mikrofon und singt den französischen Schlager „Alles geht gut ... Madame la Marquise“ – dies Plakat hing im besetzten Belgien. Nach der Niederlage Frankreichs stand für anderthalb Kriegsjahre Großbritannien den Achsenmächten allein gegenüber. Für sein Volk hatte der Premier (Amtsantritt 13. Mai 1940) die wenig tröstliche Parole: „Ich habe nichts zu bieten als Blut, Mühsal, Tränen und Schweiß.“*

der deutschen Siege im Westen, des erklärten Desinteresses Hitlers am Schicksal des Baltikums gut genutzt. Im Juni 1940 verschwinden die kleinen baltischen Republiken Estland, Lettland und Litauen von der Landkarte. Einst waren sie russisches Territorium. Nun werden sie sozialistische Sowjetrepubliken im Rahmen der UdSSR.
Am 21. Juli 1940 eröffnet Hitler dem Oberbefehlshaber des Heeres, Generalfeldmarschall v. Brauchitsch, man müsse das „russische Problem" anpacken (Verblüffung bei Brauchitsch). Die 18. Armee unter Generaloberst v. Küchler wird nach Polen verlegt. Einst hatte Hitler geschworen, er werde nicht so dumm sein, Deutschland wieder in einen Zweifrontenkrieg zu stürzen. Halder notiert Hitlers Äußerung vom 22. Juli 1940: „Bis Mitte September muß England erledigt sein." Aber laut Halders Notizen von diesem Tag schwankt Hitler noch. England sei zwar in aussichtsloser Lage, setze Hoffnungen auf Rußland; führe England den Krieg weiter, müsse man alle mobilisieren: Spanien, Italien – und Rußland...
Der Kriegszustand zwischen Italien und Großbritannien, das in Gibraltar und Malta starke Stützpunkte am Westausgang und im Zentrum des Mittelmeeres besitzt, muß nun eigentlich zum Einsatz der italienischen Kriegsmarine führen mit einer Reihe schwerer Schlachtschiffe, einer großen Zahl Kreuzern, Torpedobooten und einer beträchtlichen Zahl von U-Booten. Etwa 30 U-Boote werden in der Folge unter Admiral Parona nach Bordeaux an der französischen Atlantikküste verlegt. Sie sind für einen Seekrieg im Mittelmeer konstruiert, nicht für den Hochseekrieg im Atlantik. Sie sind auch nur im Einzelkampf einzusetzen, von der „Rudel"-Taktik von Dönitz haben ihre Kommandanten natürlich keine Ahnung. Die italienische Schlachtflotte aber vermeidet tunlichst eine Seeschlacht mit dem britischen Mittelmeergeschwader, bei einzelnen Gefechtsberührungen weicht sie aus. Es fehlt an Öl, es fehlt am Einsatzwillen, weil die italienischen Admirale eine geradezu abergläubische Hochachtung vor der „Royal Navy" haben.
Dafür schießt am 3. Juli 1940 eine britische Kampfgruppe unter Admiral Somerville die vor Oran an der algerischen Küste liegenden Teile der auf Friedensfuß gesetzten französischen Mittelmeerflotte zusammen. Admiral Somerville weigert sich anfangs, diese Aufgabe auszuführen. Sie stellt ein glattes Kriegsverbrechen dar. Man bedeutet ihm, es handele sich um einen Wunsch des Premierministers. Somerville gehorcht. Churchill treibt die Besorgnis, die Italiener oder die Deutschen könnten sich der französischen Flotte bemächtigen oder der neue „Französische Staat" des Marschalls Pétain müßte sich eventuell auf ein Bündnis zwischen allen drei Marinen einlassen. Die traditionelle Abneigung zwischen französischen und britischen Marineoffizieren ist bekannt.
Aber was will jetzt Hitler? Ironisch könnte man sagen: Wenn er dies nur selbst genau wüßte. Da ist die „Ost-Uridee", schon wie eine Riesenwolke sich über alles Geschehen breitend. Hitler zufolge ist dem deutschen Soldaten jetzt nichts unmöglich. Arme Soldaten, sie ahnen nicht, wie brutal der „Führer", von Generalfeldmarschall Keitel als „größter Feldherr aller Zeiten" gefeiert, ihre Kräfte noch überfordern wird.
Oder soll man Krieg im Mittelmeer führen?! Das bedeutet, im Einklang mit der Luftoffensive gegen England, der sich verschärfenden Atlantikschlacht der U-Boote, die Wegnahme Gibraltars. Zwischen dem 20. August und dem 11. Dezember 1940 geistert das Unternehmen „Felix" herum, die Eroberung der Felsenfestung am Westausgang des Mittelmeeres. Dafür werden Truppen bereitgestellt, ein Gebirgskorps, schwere und schwerste Artillerie. Alles hängt davon ab, ob Spanien deutschen Truppen den Durchmarsch gestattet oder sich sogar selbst an der Aktion beteiligt. Spaniens Staatschef General Franco bleibt verschlossen, auch und gerade nach einem persönlichen Treffen mit Hitler in Hendaye an der französisch-spanischen Grenze am 24. Oktober 1940. Der Generalissimus zeigt sich von Hitlers Überredungskünsten unbeeindruckt. Er wird sich hüten, Spanien knapp einundeinviertel Jahr nach dem Bürgerkrieg von 1936/39 in den Zweiten Weltkrieg zu stürzen, zumal das Land auf westliche Getreideimporte angewiesen ist. „Felix" wird zu den Akten gelegt und damit auch der zweite Plan, das Unternehmen „Isabella" gegen Portugal, das für den Fall entworfen worden ist, daß dort britische Truppen bei einem deutsch-spanischen Angriff auf Gibraltar zur Entlastung landen sollten.
Zum Bild der Überheblichkeit jener Sommertage nach dem „Blitzsieg" über Frankreich gehört die sogenannte Stützpunkt-Denkschrift der Seekriegsleitung. Sie verlangt vorsorglich, bei möglicher Aufteilung des britisch-belgisch-französischen Besitzes in Afrika, Seebasen an der west- und ostafrikanischen Küste bis auf die Inseln im Indischen Ozean – seestrategisch ganz logisch gedacht. Die Seeoffiziere ahnen noch nicht, in welchem Bereich Adolf Hitler das neue „Kolonialreich" suchen wird und wie wenig er von einer globalen See-Strategie versteht.

*„Vergeßt Oran nicht!" fordert das französische Plakat von 1940. Um zu verhindern, daß Frankreichs Kriegsflotte in deutsche Hände fiel, beschloß das britische Kriegskabinett die Operation „Katapult". Am 3. Juli 1940 besetzten englische Soldaten die französischen Kriegsschiffe, die in Portsmouth und Plymouth lagen. In Alexandria wurde der französische Befehlshaber gezwungen, seinen Schiffskanonen die Verschlüsse ausbauen zu lassen. Ähnlich verfuhren die Engländer in Martinique. In den Kriegshäfen von Dakar und Mers-el-Kebir bei Oran stießen sie jedoch auf Widerstand. Es entspannen sich regelrechte Seeschlachten, bei denen die im Hafen liegenden Schiffe von Flugzeugen torpediert und von starken englischen Geschwadern zusammengeschossen wurden. In Mers-el-Kebir gab es dabei 1 297 Tote.*

*Linke Seite: Eingerahmt von seinen beiden künstlerischen Bärenführern, dem Bildhauer Arno Breker (rechts) und dem Generalbauinspektor Albert Speer (links) fuhr und flanierte Hitler durch das leere Paris – hier vor dem Eiffelturm.*

*Über Englands Felsenküste ein zweimotoriger Me 110-Zerstörer. Feindliche Geleitzüge und Häfen waren hier die Ziele der deutschen Jäger und*

*Kampfmaschinen.*

# Eben Emael

Im Morgengrauen des 10. Mai 1940 landete eine deutsche Sturmabteilung auf der Oberfläche des als uneinnehmbar geltenden Forts Eben Emael am Albert-Kanal. Entscheidende Hilfsmittel bei diesem Kampfauftrag waren zwei neue Geheimwaffen: Lautlose Lastensegler vom Typ DFS 230 und 50-kg-Hohlladungen, die Panzerkuppeln von 25 cm zu sprengen vermochten. Das Überrumpelungsmanöver gelang. 1 200 Belgier gingen in Gefangenschaft.

*Linke Seite. Oben: Deutsche Sturmtruppen überqueren den belgischen Albert-Kanal unweit von Hasselt. Unten: Eine gesprengte Eisenbahnbrücke über den Albert-Kanal.*
*Oben: Inmitten der Befestigungswerke gelandete Lastensegler.*
*Rechts: Neun Offiziere der Sturmabteilung Koch empfing Adolf Hitler in seinem Hauptquartier, um ihnen das Ritterkreuz persönlich zu verleihen.*

*Unzählige französische Ortschaften wurden durch Artillerie und Bomben zerstört.*

BOSBAD
CARROSSERIEN

## Rotterdam

Der Angriff deutscher Fallschirmjäger und Luftlandeeinheiten auf Flughäfen und Straßenbrücken bei Rotterdam stieß bei den teilweise vorgewarnten Holländern auf heftigen Widerstand. Drei kritische Tage dauerte es, bis die Bodentruppen Entsatz brachten. Im Verlaufe der Kampfhandlungen kam es durch unglückliche Umstände zum Luftangriff auf Rotterdam, der bis heute in Holland ein Trauma hinterlassen hat.

*Linke Seite. Oben: Deutsche Fallschirmjäger beim Absprung über der „Festung Holland". Um den Besitz einiger Brücken und Flugplätze im Raum Rotterdam entbrannten in den Morgenstunden des 10. Mai 1940 erbitterte Kämpfe. Unten: Die zerstörte Altstadt von Rotterdam. 900 Menschen ließen bei dem Bombenangriff ihr Leben.*
*Oben: Gleich nach der Landung wird ein schweres MG in Stellung gebracht. Um den Zusammenbruch Hollands zu beschleunigen, wurden am 13. Mai 1940 Fallschirmjäger und Luftlandetruppen an Brücken bei und in Rotterdam abgesetzt.*
*Rechts: Fallschirmjäger und Luftlandetruppen beim Sammeln zum Vorgehen auf Rotterdam.*

*Vorausabteilung durchfährt feindliches Dorf. Das Gemälde des PK-Mannes Herbert Schnürpel gibt eine Episode aus dem Westfeldzug 1940 wieder. Mit großen operativen Panzerverbänden an Maastricht, Lüttich und Sedan vorbei tief hinein in die Flanke Frankreichs vorzustoßen, um dann in einer großen Schwenkung nach Norden bis zu den Küsten des Ärmelkanals vorzudringen – das war der Plan, den die deutschen Militärs entwickelt hatten und den Winston Churchill später einmal so anschaulich „den deutschen Sichelschnitt-Plan von 1940" genannt hat. Der Durchbruch der motorisierten Truppen entschied die Schlacht um Frankreich.*

# Unaufhaltsamer Vormarsch

Am 14. und 15. Mai vollzog sich der geplante Durchbruch westlich der Maginot-Linie, zwischen Givet und Carignan (südwestlich von Sedan), in vollem Umfang. Am 16. wurde der Durchbruch so sehr erweitert, daß die Trennung der französischen Hauptstreitkräfte von den in Belgien operierenden Armeen erreicht war. Damit war die erste Phase des Krieges gegen Frankreich klar zugunsten der Deutschen entschieden. Der französische General Gamelin wurde im Oberbefehl durch General Weygand ersetzt. Die Aufgabe, die Weygand am 19. Mai übernahm, war alles eher als dankbar, und in der Tat konnte auch dieser ausgezeichnete Heerführer weder den Vormarsch der Wehrmacht in Belgien noch den Rückzug der Engländer und den deutschen Vorstoß auf die Kanalküste verhindern.

*Oben: Berittene und motorisierte Truppen überwinden Wasserläufe.*
*Links: Nachdem hartnäckiger Widerstand durch Artilleriebeschuß gebrochen ist, rücken Radfahrerabteilungen auf einer schnell geschlagenen Floßsackbrücke in die schwer zerschlagene belgische Ortschaft Haelen ein.*
*Rechte Seite: Einmarsch in Ypern; im Vordergrund Radfahrer mit Dreibein zur MG-Montierung bei Fliegerabwehr.*

*Querschnitt durch eine Bunkeranlage im deutschen Westwall. Nur der Gefechtsturm ragt über die Erdoberfläche.*

## Schlacht um Frankreich

Der Polenfeldzug hatte Hitler die Schlagkraft der deutschen Wehrmacht vor Augen geführt, und zudem hatte er in der Generalität verwandte Geister gefunden, Männer, die sein – politisches – Konzept der Überrumpelung und des raschen Dreinschlagens auf militärischem Gebiet wiederholen konnten. Für Offiziere wie Manstein oder Guderian etwa waren die Erscheinungen des Ersten Weltkrieges, Stellungskrieg und Materialschlacht, Schützengraben und Festungsbau, nur noch Mythen; sie hatten sich vertraut gemacht mit den modernsten Kampfmitteln, Panzer und Stuka, und wußten um deren operative Möglichkeiten.

*Linke Seite. Oben: Mit erhobenen Händen gehen französische Soldaten in deutsche Gefangenschaft. Nicht nur von der Taktik und der Strategie her gesehen, auch was die Kampfmoral anbelangte, waren die deutschen Soldaten den Franzosen überlegen. Unten: Ein Dorf wird erobert.*
*Oben und rechts: Fast unübersehbare Mengen von Waffen und Kriegsgerät fielen den Siegern bei dem überhasteten französischen Rückzug in die Hände. Gesammelt und geordnet türmen sich Berge von Gewehren, sind Geschütze in langen Reihen aufgefahren.*

## Pioniere

Im ersten Büchsenlicht, noch bevor die Panzerspitzen zum Westfeldzug angetreten waren, knackten die Fallschirm-Pioniere auf dem belgischen Fort Eben Emael die ersten Panzerkuppeln. Vor den Angriffsspitzen der deutschen Armeen kämpften Heerespioniere die Werke der Maginot-Linie nieder und erzwangen den Übergang über die Maas. Der Westfeldzug ist das klassische Beispiel dafür, wie Pioniere mit ihrem Einsatz die Voraussetzungen für den operativen Erfolg schafften.

*Wegen der zahlreichen Kanäle und Flußläufe in Holland und Belgien wurde das Schlauchboot zum wichtigen Requisit für das rasche Vorgehen der Infanterie.*
*Oben: Pioniere unter schwerem Artilleriefeuer.*
*Links: Der La-Bassée-Kanal ist erreicht. Unter MG-Feuerschutz setzt das erste Boot über, um einen Brückenkopf zu bilden.*
*Rechte Seite: Flußübergang unter Einsatz von Tarnmitteln.*

# Stukas und Panzer

Neunundzwanzigmal wurde der Angriffstermin im Westen verschoben. Am 10. Mai 1940 um 5.30 Uhr morgens war es soweit. 1,5 Millionen Soldaten der Wehrmacht traten zum Angriff auf Holland, Belgien und Frankreich an. Die größte motorisierte Armada der modernen Kriegsgeschichte setzte sich in Bewegung. Im Zusammenwirken mit Sturzkampfbombern stießen rund 2 500 Panzer tief ins feindliche Hinterland vor.

*Oben: In Brand geschossene englische Panzer.*
*Links: Die Siege in Frankreich flößten den Männern der Panzerwaffe unerschütterliches Selbstvertrauen ein. Guderians Satz „Nichts kann den Siegeszug der jungen deutschen Panzerwaffe hemmen – keine Straßensperre, kein Morast und kein Flußübergang“ traf genau die Stimmung der Truppe.*
*Rechte Seite: „Flieger und Panzer begegnen sich.“ Wie im Polenfeldzug bewährte sich auch im Westen der kombinierte Einsatz der Panzer- und Luftwaffe.*

*Der Flammenwerfer, die gefürchtete Nahkampfwaffe der Pioniere, in Aktion.*

*Deutscher Infanterieposten in einem geräumten Dorf an der französischen Grenze.*

# Dem Sieg entgegen

„Der Vormarsch geht weiter! Man kann einfach nicht umhin, sich zu fragen, wie ist das alles möglich? Knapp vier Wochen Krieg, deutsche Truppen in Paris, die Seine überschritten, das französische Heer vernichtet. Teilnahmslos schauen die Gefangenen; nur einen sah ich neulich, dem die Tränen in den Augen standen." (Brief eines deutschen Soldaten aus dem Westfeldzug 1940.)

*Linke Seite. Oben: Hochländer, die bei La Bersée gefangen wurden, im Kilt, dem nationalen kniefreien Rock der Bergschotten. Unten: Essenholer, die gefüllten, schweren Speiseträger auf dem Rücken, bahnen sich einen Weg durch das chaotische Gewirr des vom feindlichen Feuer zerfetzten Gestrüpps.*
*Oben: Auf dem Flugplatz Bonn-Hangelar trifft der am 19. Mai in deutsche Gefangenschaft geratene Kommandeur der 9. französischen Armee, General Giraud, ein. Es gelang Giraud später, zu entfliehen und über die Schweiz und das unbesetzte Frankreich nach Nordafrika zu entkommen, wo er dann eine führende Rolle bei der Organisation der französischen Widerstandskräfte und der Vorbereitung der Landung der Alliierten spielte.*
*Rechts: Den Kradmeldern fiel die Aufgabe zu, überall, wo Fernsprech- und Funkverbindungen fehlten, für den Nachrichtenfluß zu sorgen.*

# Unter der Tarnkappe

*Linke Seite. Oben: „Tag und Nacht beobachten scharfe Augen jeden Vorgang beim Feind. Gute Tarnung, in Form und Farbe dem Gelände und der jeweiligen Witterung angepaßt, ermöglicht und erleichtert die erfolgreiche Durchführung dieser Aufgabe." Unten links: „Der Augenblick der Ablösung ist immer ein besonders gefährlicher Moment für die Truppe. Er muß besonders behutsam getarnt werden." Unten rechts: „Auf Steinwurfweite hat sich der Beobachter an die feindliche Stellung herangepirscht und beobachtet sie."*
*Oben: „Selbst getarnt, lüftet der Aufklärer die Tarnkappe. Das scharfe Auge seiner Luftbildkamera enttarnt die Täuschungen, die der Gegner versucht."*
*Rechts: „Was sich hinter dieser Matte verbirgt, wird der Feind bald genug erfahren, aber dann ist es zu spät."*
*(Originalunterschriften aus der Zeitschrift „Signal", 1940.)*

## Dünkirchen

Weit über 400 000 Mann waren im Kessel von Dünkirchen eingeschlossen – darunter der Kern der hervorragend ausgebildeten britischen Berufsarmee. Die Hoffnung in London, auch nur einen Bruchteil dieser wertvollen Verbände über den Kanal zu retten, nahm von Stunde zu Stunde ab. Da hielt Adolf Hitler zur Überraschung von Freund und Feind am frühen Nachmittag des 24. Mai 1940 seine schnellen Truppen der Heeresgruppe A an: Die Briten konnten entkommen.

*Linke Seite. Oben: Dünkirchen nach dem deutschen Bombenangriff. Unten: Kilometerweit erstreckten sich die Trümmerhalden von zurückgelassenem Kriegsmaterial im Raum Dünkirchen.*
*Oben: Ein Bild wirrer Verwüstung bot der Hafen mit den durcheinandergeworfenen Wracks englischer und französischer Boote, die Opfer der deutschen Bomben wurden.*
*Rechts: Verwundete britische Soldaten werden mit Rettungsbooten zu den Transportern gebracht.*

*Die Einschiffung des britischen Expeditionskorps in Dünkirchen während der deutschen Bombenangriffe, gesehen von einem Kriegsmaler. Der Befehlshaber des englischen Evakuierungsunternehmens, Vizeadmiral Ramsay, beschlagnahmte alles, was schwimmen konnte – von der Kanalfähre bis zum Themse-Ausflugsschiff, vom Trawler bis zum bewaffneten Enterboot. Im Bombardement der Stukas und der Artillerie verlor er viele Schiffe, aber er rettete seine Truppe.*

## Über den Rhein

Die am Oberrhein stehende Heeresgruppe Ritter von Leeb griff zuletzt von allen deutschen Armeen in den Westfeldzug ein. Am 15. Juni, Punkt 10 Uhr vormittags, begann die bei Breisach massierte deutsche Artillerie aller Kaliber aus allen Rohren über den Rhein zu feuern, Pioniere traten zum Brückenschlag an, Infanterie wurde in Sturmbooten über den Strom geworfen. Schon zehn Minuten nach Beginn des Feuerüberfalls setzten deutsche Sturmtruppen den Fuß auf das andere Ufer.

*Oben: Stuka-Angriff auf einen Bunker der Maginot-Linie.*
*Mitte: Sturmboote preschen über den Rhein.*
*Unten: Das Nebelschießen bei Breisach hat begonnen.*
*Rechte Seite: Ein deutscher Fliegergeneral und ein französischer Offizier nach dem Fall der Linie am Eingang zum Befestigungswerk „Hochwald". Die Maginot-Linie, die den deutschen Angriff aufhalten sollte, wurde erst in der letzten Phase des Feldzuges das Angriffsziel der 1. und der 7. Armee.*

1933
HOCH
REG

## Die Hauptstadt wird nicht verteidigt

Nach der Vertreibung der britischen Streitkräfte vom Kontinent begann am 5. Juni die zweite Phase des Westfeldzuges, die „Schlacht um Frankreich". Durch die schnellen deutschen Erfolge moralisch angeschlagen und militärisch geschwächt, setzten die Franzosen ihre letzte Hoffnung auf die Verteidigung der Weygand-Linie. Doch schon nach wenigen Tagen war der Kampf für Frankreich verloren. Da zu diesem Zeitpunkt die Deutschen die Seine westlich von Paris bereits überschritten hatten, hätte der Versuch, eine Verteidigung in der Seine-Marne-Linie aufzubauen, die Einbeziehung von Paris in die Kämpfe bedeutet. Man entschloß sich, Paris zur offenen Stadt zu erklären und auf eine Verteidigung der Hauptstadt zu verzichten. Inmitten des ungeheuren Flüchtlingsstroms, der sich, jede militärische Aktion lahmlegend, auf den Landstraßen nach Süden wälzte, zogen die Pariser Verteidigungstruppen ab. Am 14. Juni rückten die ersten deutschen Truppen in Paris ein.

*Oben: Infanterie nimmt Deckung vor feindlichem Abwehrfeuer.*
*Links: Kradmelder prüfen ihre Landkarten auf dem Weg nach Paris.*
*Rechte Seite: Blick über die Avenue Foch während der Pariser Einzugs-Parade.*

# Paris

„Außer einigen Polizisten an den Straßenecken gab es kaum eine Seele in dieser Stadt von mehr als vier Millionen Menschen. Alles war vor dem unaufhaltsamen Vormarsch der Deutschen geflüchtet - 70 Prozent in nahegelegene Dörfer und Städte, 30 Prozent in die Zurückgezogenheit ihrer Wohnungen.“ (Reportage des „life“-Korrespondenten in Frankreich, Juni 1940.)

*Linke Seite: Angesichts der aussichtslosen militärischen Lage und der Unmöglichkeit, die Hauptstadt erfolgreich verteidigen zu können, erklärte Frankreichs Armeeführung Paris zur offenen Stadt. Deutsche Truppen ziehen am Arc de Triomphe vorbei, der einst zur Verherrlichung der militärischen Taten Napoleons erbaut worden war.*
*Oben: Deutsche Artillerie vor der im Stil klassischer Tempel erbauten Kirche Sainte Madeleine.*
*Rechts: Deutscher Doppelposten am Portal des Versailler Schlosses. 1871 war hier die Stätte der Bismarckschen Kaiserproklamation, 48 Jahre später war es der Friede von Versailles, der den Ersten Weltkrieg beendete und zugleich den Keim zum Zweiten Weltkrieg legte.*

## Granaten über den Kanal

Im Herbst 1940 brachten die deutschen Zeitungen spektakuläre Bilder vom Einsatz riesiger Eisenbahngeschütze mit ungeheurer Reichweite, die am Kanal aufgefahren sein sollten. Es handelte sich dabei jedoch lediglich um zwei Exemplare, von denen auch immer nur eins betriebsklar war. Aus einem 30 Meter langen Rohr verschoß das Wundergeschütz Granaten vom Kaliber 21 cm, allerdings nicht mehr als zwölf Stück im September und 19 im November 1940. Die Firma Krupp stellte für die Herstellung 1,5 Millionen RM in Rechnung.

*Oben: „Ein Ungetüm taucht aus dem Dunkel auf. Die Batterie, die ihren Feuerauftrag erhalten hat, fährt aus der Bereitstellung in die Feuerstellung."*
*Links: „‚Zugleich!' Auf diesen Ruf setzen zahlreiche Kanoniere gemeinsam das Geschoß mit dem Ansetzer an. Wie schwer und wie groß das Geschoß ist, verrät die Menge der Kanoniere."*
*Rechte Seite: „Eine geballte Wolke über der Mündung. Das Geschoß hat das Rohr verlassen und nimmt seinen Weg auf das Ziel."*
*(Texte aus der Illustrierten „Signal".)*

# Waffenstillstand in Compiègne

Am 5. Juni 1940 hatte die Schlacht um Frankreich begonnen – am 21. Juni hörten sich die Franzosen mit steinernen Gesichtern im Salonwagen im Walde von Compiègne die deutschen Waffenstillstandsbedingungen an. Der Blitzkrieg hatte eine Armee überrollt, die bis dahin als unschlagbar gegolten hatte. Als vier Tage später, morgens um 1.30 Uhr, ein Hornist das Signal „Das Ganze – Halt!“ blies, soll Adolf Hitler gesagt haben: „Es war doch eine große Verantwortung!“

*Linke Seite: Hitler besichtigt das Kampfgelände des Ersten Weltkrieges auf der Vimyhöhe.*
*Oben: Hitler selbst hatte als Ort für die Waffenstillstandsverhandlungen jenen Salonwagen befohlen, in dem 1918 die deutsche Delegation nach dem Ersten Weltkrieg das Diktat des Siegers annehmen mußte.*
*Rechts: Hitlers Freudentanz im Führerhauptquartier unmittelbar nach dem Eintreffen der Nachricht, daß Frankreich die Waffenstillstandsbedingungen unterzeichnet hat.*

*Britische Spitfire – verfolgt von einer deutschen Me 109.*

# Bombardements

„Mister Churchill hat es soeben wieder erklärt, daß er den Krieg will. Er hat nun vor etwa sechs Wochen mit dem Krieg in dem Raum begonnen, in dem er anscheinend glaubt, wohl besonders stark zu sein, nämlich dem Luftkrieg. Ich habe bisher darauf kaum antworten lassen. Aber das soll nun nicht bedeuten, daß dies die einzige Antwort ist oder bleiben wird.
Herr Churchill sollte mir dieses Mal vielleicht ausnahmsweise glauben, wenn ich als Prophet jetzt folgendes ausspreche: Es wird dadurch ein großes Weltreich zerstört werden. Ein Weltreich, das zu vernichten oder auch nur zu schädigen niemals meine Absicht war. Allein ich bin mir darüber im klaren, daß die Fortführung dieses Kampfes nur mit der vollständigen Zertrümmerung des einen der beiden Kämpfenden enden wird. Mister Churchill mag glauben, daß dies Deutschland ist. Ich weiß, es wird England sein.“ (Hitler im Reichstag, 19. Juli 1940.)

*Linke Seite. Oben: Einschläge schwerer Granaten zwischen den Funktürmen von Dover, gesehen durch die Optik einer Fernkamera.*
*Unten: Zerstörtes Tanklager bei Rouen.*
*Oben und rechts außen: Brände im Hafen von Rouen.*
*Rechts: Befestigungen in Le Havre im Bombenhagel.*

# Küstenwacht

„Hinsichtlich England hat die Presse in den kommenden Tagen die Aufgabe, die Kampfstimmung im deutschen Volk aufrecht zu erhalten. Sie hat also die Polemik gegen England fortzusetzen, bis Taten die Polemik ablösen, wobei es unbestimmt ist, wann mit den Taten zu rechnen ist. Die Polemik muß so gehalten sein, daß die Kampfmöglichkeiten gegen England so erörtert werden, daß einerseits dem Gegner der Mut genommen wird, andererseits aber die deutsche Zuversicht gestärkt wird."
(Presseanweisung des Propagandaministeriums vom 24. Juli 1940.)

*Linke Seite: Deutscher Infanterieposten an der Kanalküste.*
*Oben: Eisenbahngeschütz „Langer Bruno" beim Feuern.*
*Rechts: Marineartillerie-Stellung.*

# Hellste Begeisterung

Nicht nur Albert Speer war nach dem schnellen Sieg über Frankreich davon überzeugt, „daß Hitler nun bereits zu einer der großen Gestalten der deutschen Geschichte geworden“ sei.
Bei der Siegesparade in Berlin am 18. Juli mußte die begeisterte Menge zurückgedrängt werden, damit Hitlers Triumphzug passieren konnte. BDM-Mädchen schmückten die siegreich heimgekehrten Soldaten mit Blumen.

*Linke Seite. Oben: Der Saal der Krolloper während der Reichstagssitzung vom 19. Juli, auf dem Balkon die Generalität. Es fällt schwer, unter den Reichstagsabgeordneten jemand zu finden, der nicht die Uniform eines Wehrmachtteiles oder einer Organisation der NSDAP trägt. Unten: Hitlers Auto (hinter dem Fahrer Hitlers Adjutant Schaub, auf dem rechten Rücksitz Generaloberst Keitel) biegt in die Wilhelmstraße ein.*
*Oben: Hitler mit den neubeförderten Marschällen. Von links: die Generalfeldmarschälle Keitel, von Rundstedt, von Bock, Reichsmarschall Hermann Göring, Adolf Hitler, die Generalfeldmarschälle von Brauchitsch, Ritter von Leeb, List, von Kluge, von Witzleben, von Reichenau.*
*Rechts: Jubelnde Menge an der Ecke Voßstraße-Wilhelmplatz vor der Neuen Reichskanzlei.*

*Vernichtung eines einzelfahrenden Frachtschiffes durch deutsche Fernkampfbomber.*

# Unternehmen „Seelöwe"

Hitlers Hoffnungen, England „werde Vernunft annehmen", waren illusorisch. Als er sich das eingestehen mußte, befahl er die Vorbereitung des Unternehmens „Seelöwe", der Invasion in England.

Am 16. Juli 1940 erging aus dem Führerhauptquartier die „Weisung Nr. 16 über die Vorbereitungen einer Landungsoperation gegen England":

„Da England, trotz seiner militärisch aussichtslosen Lage, noch keine Anzeichen einer Verständigungsbereitschaft zu erkennen gibt, habe ich mich entschlossen, eine Landungsoperation gegen England vorzubereiten und, wenn nötig, durchzuführen.

Zweck dieser Operation ist es, das englische Mutterland als Basis für die Fortführung des Krieges gegen Deutschland auszuschalten und, wenn es erforderlich werden sollte, in vollem Umfang zu besetzen.

Hierzu befehle ich folgendes:

1. Die Landung muß sich in Form eines überraschenden Überganges in breiter Front etwa von Ramsgate bis in die Gegend westlich der Insel Wight vollziehen, wobei Teilen der Luftwaffe die Rolle der Artillerie, Teilen der Kriegsmarine die Rolle der Pioniere zufallen wird.

Ob es zweckmäßig ist, vor dem allgemeinen Übergang Teilaktionen, etwa zur Besetzung der Insel Wight oder der Grafschaft Cornwall, zu unternehmen, ist vom Standpunkt jedes Wehrmachtteiles aus zu prüfen und das Ergebnis mir zu melden. Die Entscheidung behalte ich mir vor.

Die Vorbereitungen für die Gesamtoperation müssen bis Mitte August abgeschlossen sein.

2. Zu diesen Vorbereitungen gehört auch, daß diejenigen Voraussetzungen geschaffen werden, die eine Landung in England möglich machen:

a) Die englische Luftwaffe muß moralisch und tatsächlich so weit niedergekämpft werden, daß sie keine nennenswerte Angriffskraft dem deutschen Übergang gegenüber mehr zeigt.

b) Es müssen minenfreie Wege geschaffen sein.

c) Durch eine dichte Minensperre muß die Straße von Dover in beiden Flanken sowie der Westeingang des Kanals etwa in der Linie Alderney – Portland abgesperrt sein.

d) Durch starke Küstenartillerie muß das Küstenvorfeld beherrscht und artilleristisch abgeschirmt sein.

e) Die Fesselung der englischen Seestreitkräfte kurz vor dem Übergang sowohl in der Nordsee als auch im Mittelmeer (durch die Italiener) ist erwünscht,

wobei schon jetzt versucht werden muß, den englischen Seestreitkräften, die sich im Mutterland befinden, durch Luft- und Torpedoangriffe nach Kräften Abbruch zu tun.
3. Organisation der Führung und der Vorbereitungen.
Unter meinem Befehl und nach meinen allgemeinen Weisungen führen die Herren Oberbefehlshaber die von ihren Wehrmachtteilen anzusetzenden Kräfte. Die Führungsstäbe des Ob. d. H., Ob. d. M. und Ob. d. L. müssen sich vom 1. 8. an in einem Umkreis von höchstens 50 km von meinem Hauptquartier (Ziegenberg) befinden.
Zweckmäßig erscheint mir die gemeinsame Unterbringung der engeren Führungsstäbe des Ob. d. H. und des Ob. d. M. in Gießen. Der Ob. d. H. wird daher zur Führung der Landungsarmeen eine Heeresgruppe einschalten müssen.“
Während die Luftwaffe ihre Angriffe gegen England flog, wurden Einheiten der Kriegsmarine und zahlreiche zu Spezialschiffen umgebaute Landungsboote an der Kanalküste zusammengezogen und schwere Fernkampfgeschütze nahe der Küste in Stellung gebracht.
Bei der Ausarbeitung der strategischen und taktischen Pläne ergaben sich jedoch unlösbare Probleme: Abhängigkeit vom Wetter, das im Kanal von einer Stunde zur anderen umschlagen kann, Gefährdung der Angriffstruppen und des Nachschubs durch Luftangriffe und Einwirkung der zum Gegenschlag in den Heimathäfen bereitliegenden englischen Heimatflotte.
Nach wiederholter Verschiebung wurde das Unternehmen am 12. Oktober als zu riskant endgültig abgeblasen. Der „Seelöwe“ lernte das Schwimmen nicht.

*Linke Seite. Oben: Teile einer Waffen-SS-Division üben das Verladen auf Landeprahme. Mitte: Im Duisburger Hafen werden Schleppkähne durch Absägen des Bugs für die Anbringung von Landeklappen hergerichtet. Unten: Zur Bezwingung der britischen Steilküsten waren Gebirgsjäger vorgesehen.*
*Oben: Aus Deutschland und den besetzten Ländern zusammengezogene Schleppkähne, Binnenschiffe, Barkassen und Schlepper wurden zu Landungsfahrzeugen umgebaut. An der französischen Kanalküste üben Pioniere und Marinesoldaten Landungsmanöver.*
*Mitte: Sperrballone und Flak-Einheiten sichern die deutschen Landeübungen an der französischen Kanalküste.*
*Unten: Entlade-Übung an der Küste bei Calais.*

# “Battle of Britain”

*Oben: Szenenbild aus der Luftschlacht um England. Einer englischen „Hurricane“ wurde die linke Tragfläche abgeschossen, der Pilot ist mit dem Fallschirm „ausgestiegen“. „Solange die feindliche Luftwaffe nicht zerschlagen ist, ist es oberster Grundsatz der Luftkriegführung, die feindlichen Fliegerverbände bei jeder sich bietenden Gelegenheit, bei Tag und bei Nacht, in der Luft und am Boden, anzugreifen, ohne Rücksicht auf anderweitige Aufträge“, hieß es in der Weisung des Oberbefehlshabers der Luftwaffe für den Kampf gegen England vom 30. Juni 1940.*

*Rechts: „Battle of Britain 1940“, ein Gemälde des englischen Malers Paul Nash.*

# Luftschlacht um England

Ein Jahr nach Kriegsbeginn galt die deutsche Luftwaffe als die modernste und stärkste Luftstreitmacht, die es je gegeben hatte. Ihre taktischen Aufgaben hatte sie in Polen, Norwegen und im Westen hervorragend erfüllt. Auf einen selbständigen, von anderen Kampfmaßnahmen unabhängigen, operativen Luftkrieg war sie nicht vorbereitet. Doch gerade diese Rolle fiel ihr im Kampf gegen England zu. Das Inselreich schien entschlossenem Zugriff offenzustehen. Zwar hatte es noch Soldaten, aber deren Ausrüstung lag am Strand von Dünkirchen. Und seine Luftabwehr, die Jagdgruppen der Royal Air Force, würden binnen kurzem zertrümmert werden. So versprach es Luftwaffenchef Hermann Göring – und so glaubten es die Menschen in der Heimat, die im August und September 1940 immer neue Nachrichten von immer heftigeren Luftkämpfen über England lesen sollten und in den Monaten darauf von immer stärkeren Bombardements der britischen Städte, bis sich nicht mehr verheimlichen ließ, daß auch die eigenen Verluste immer größer wurden.

*Links oben: Am 12. August richtete die Luftwaffe einen heftigen Angriff gegen den starken Kriegshafen Portsmouth an der englischen Südostküste. Die Luftaufnahme bestätigt die Wirkung; an zahlreichen Stellen im Hafengebiet sind Spreng- und Brandbomben zu sehen.*
*Links unten: Sperrballons werden einsatzbereit gemacht. Sie hingen über Dover, London und anderen Städten Südostenglands, um Tiefangriffe zu vereiteln.*
*Rechte Seite: Starke Angriffe galten den für die Treibstoffversorgung der britischen Insel und ihre Verteidigung wichtigen Tanklagern an der unteren Themse. Die beiden Bilder, aufgenommen von deutschen Fliegern bei dem Angriff vom 9. September, lassen deutlich die wie helle Pilze wirkenden Öltanks erkennen, ebenso deutlich die schwarzen Rauchwolken, die anzeigen, daß Ölbehälter ausbrennen. Die Weisung des Oberbefehlshabers der Luftwaffe für den Kampf gegen England vom 30. Juni 1940 legte als Zielsetzung fest: "... a) durch Kampf gegen die feindliche Luftwaffe, ihre Bodenorganisation und die Luftwaffenindustrie die Voraussetzungen zu schaffen für eine wirksame Kampfführung gegen feindliche Einfuhr und Versorgung und Wehrwirtschaft und damit für den Schutz des deutschen Lebensraumes; b) durch Kampf gegen Einfuhrhäfen und deren Einrichtungen, Einfuhrtransporte und Kriegsschiffe die englische Versorgung zu zerschlagen."*

# Fliegerasse

„Die Bombenangriffe der Engländer auf das Reichsgebiet sind, nachdem die militärischen Aktionen in Frankreich abgeschlossen und alle Blicke ausschließlich auf England gerichtet sind, zum täglichen Gesprächsstoff geworden. Die Berichte der Presse und des Rundfunks haben in den Gebieten, die von den Angriffen nicht betroffen werden, vor allem die Wut gegen England und den Wunsch nach einer ‚wirklichen' Vergeltung im Wege einer Bombardierung englischer Städte auf den Höhepunkt gebracht. Kennzeichnend für den Rahmen, in dem sich diese Erörterungen bewegen, ist insbesondere ein Bericht aus dem Ruhrgebiet (Dortmund). Die allgemeine Stimmung der Bevölkerung sei durch die feindlichen Fliegerangriffe auch jetzt in ihrem Kern nicht beeinträchtigt. Z. T. nehme man sie mit Humor hin, was beispielsweise in dem Abendgruß ‚Ich wünsche Ihnen eine splitterfreie Nacht' zum Ausdruck komme. Daß es den feindlichen Fliegern nunmehr gelinge, auch am Tage in größeren Verbänden durchzustoßen, habe jedoch Verwunderung hervorgerufen.
Die Drohungen der Presse und des Rundfunks, daß dem Feind am Tage ein heißer Empfang bereitet werde, seien gegenstandslos geworden durch die Tatsache, daß englische Flieger lange Zeit über ihren Zielen kreuzten, sich der Flakabwehr entzögen und sich auch gegen deutsche Jäger mit Erfolg zur Wehr setzten. Man will Berichte, in denen die englische Luftwaffe als feige bezeichnet werde, nicht mehr gelten lassen, sondern billige auch dem Feinde zu, daß seine Flieger Schneid besäßen. Verlautbarungen, die in ihrer Grundlinie auf eine Rechtfertigung des Luftschutzes oder eine besondere Anerkennung der Flak hinausliefen, stoßen auf Ablehnung. Die gesamte Diskussion gipfelt schließlich immer wieder in dem Wunsch, endlich mit den längst angekündigten Vergeltungsmaßnahmen gegen England ernst zu machen. Von Kumpels aus dem Ruhrgebiet wird dieser Wunsch immer wieder durch den Satz geprägt: ‚Hermann soll seinen Taubenschlag mal ordentlich aufmachen.'
(SD-Bericht, 4. 7. 1940.)

*Linke Seite: „Einen der Gegner hat der deutsche Jäger erledigt. Schon wendet sich der Blick des Siegers dem nächsten Tommy zu, der Luftkampf geht weiter…" Zeichnung von Hans Liska für „Signal", 1940.*
*Bildleiste rechts: Deutsche Jagdfliegerasse. Von oben nach unten: Werner Baumbach, Adolf Galland, Werner Mölders.*

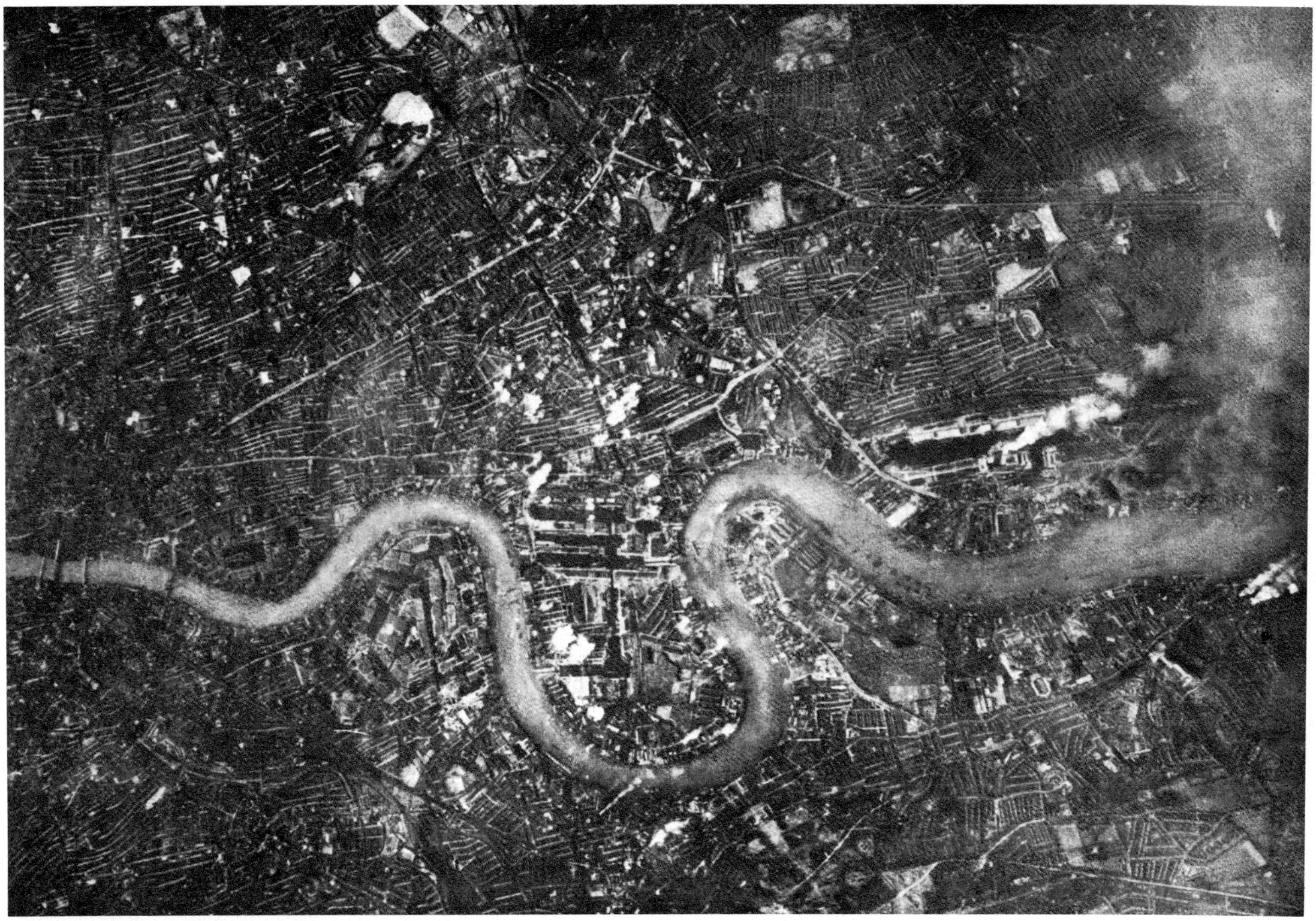

# London

Über 43 000 britische Zivilisten starben im deutschen Bombenhagel, davon fast 30 000 in London. Mindestens 86 000 Menschen wurden schwer, über 151 000 leicht verwundet. Obwohl die britische Zivilbevölkerung jahrelang auf einen Überfall aus der Luft vorbereitet worden war, traf sie der Schock trotzdem hart, als es wirklich losging. Die Rechnung jedoch, die sich Hitler und Göring davon gemacht hatten, ging nicht auf: Das britische Volk wurde nicht demoralisiert, sondern nun erst recht zu einer Kampfgemeinschaft hinter Winston Churchill zusammengebombt.

*Oben: Die ersten Brände im großen „U" des Themsebogens.*
*Links: Die Victoria-Docks in einem Meer von Rauch und Flammen.*
*Rechte Seite. Oben: Gespenstisch wirkt die klargezeichnete Silhouette der Londoner Tower-Bridge vor den brennenden Docks im Hafenviertel an der Themse. Unten links: Durch Trümmer und Schutt bahnen sich die Bewohner der Londoner City den Weg. Unten rechts: Löscharbeiten von der Themse aus.*

EFB

*Die Hawker Hurricane bewährte sich hervorragend als solide Schußplattform bei der Bekämpfung deutscher Bombenverbände.*

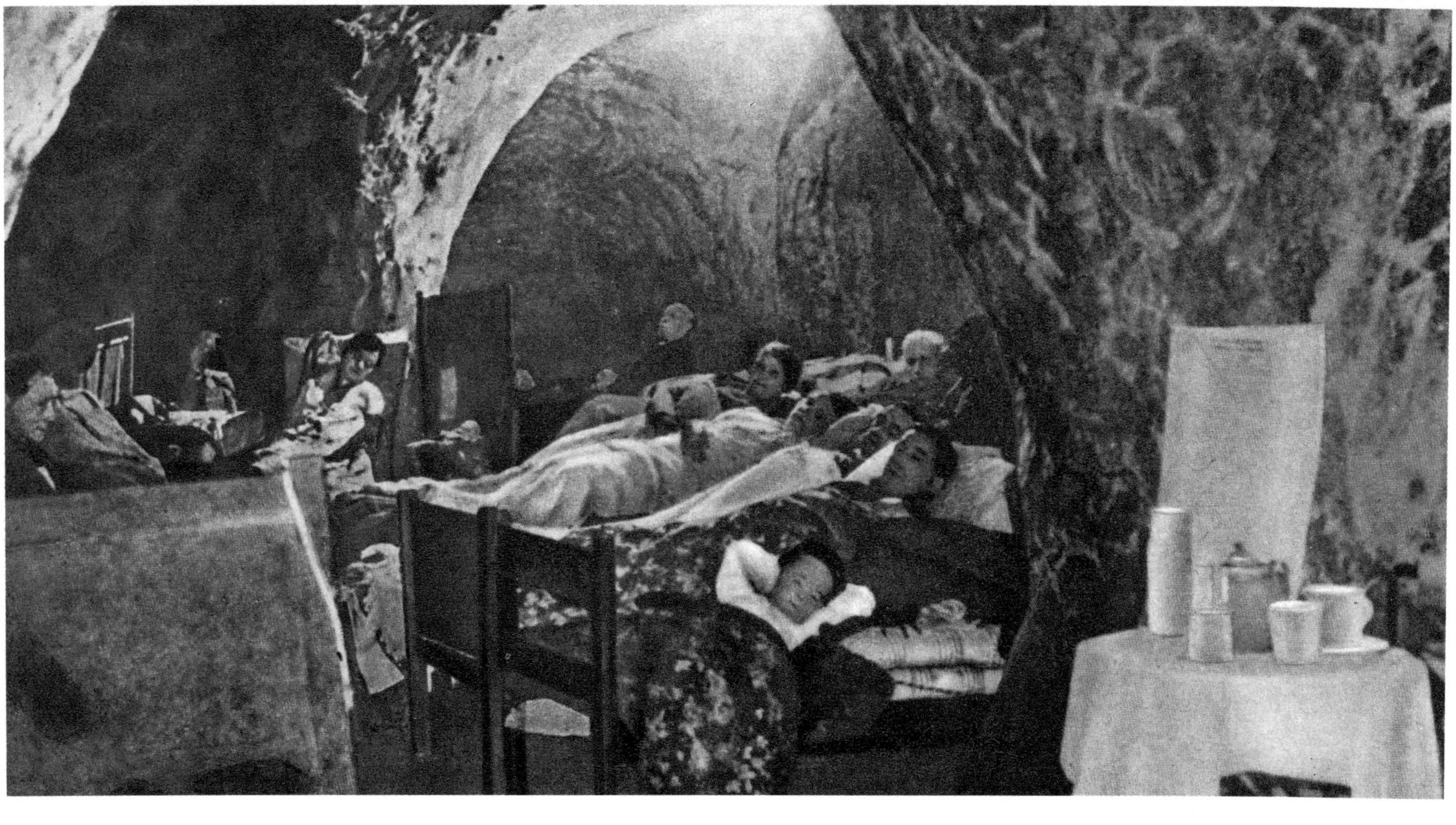

# Bomben auf Coventry

„Die neue Bombardierungstaktik begann mit dem Blitzangriff auf Coventry am 14. November. London war anscheinend ein zu großes und unbestimmtes Ziel für entscheidende Resultate, aber Göring hoffte, die Provinzstädte oder Rüstungszentren könnten tatsächlich ausradiert werden. Der Angriff begann kurz nach Anbruch der Dunkelheit am 14. November, und bis zur Morgendämmerung hatten fünfhundert deutsche Flugzeuge sechshundert Tonnen hochexplosiver Sprengbomben und Tausende von Brandbomben abgeworfen. Alles in allem war dies der verheerendste Angriff, den wir zu erdulden hatten. Das Zentrum von Coventry war in Trümmern, und das Leben der Stadt für eine Zeitlang völlig aus den Fugen geraten. Vierhundert Menschen waren getötet und weit mehr schwer verwundet worden. Die deutschen Sender erklärten, unsere übrigen Städte würden gleichermaßen „coventriert“ werden. Nichtsdestoweniger waren die lebenswichtigen Flugzeugmotoren- und Werkzeugfabriken nicht stillgelegt worden, noch war die Bevölkerung, die bisher von den Prüfungen der Bombardements verschont geblieben war, ihrer Tatkraft beraubt worden. In weniger als einer Woche leistete ein Notstandskomitee Großartiges zur Wiederbelebung der Stadt.“
(Aus Churchills Memoiren.)

*Linke Seite. Oben: Erschöpft und ermüdet sucht die Bevölkerung während der Bombennächte Schutz in den weitverzweigten Schächten des Londoner U-Bahn-Netzes.*
*Unten: In Felshöhlen an der Küste sind Notquartiere eingerichtet.*
*Rechts oben: Heute ein Mahnmal für den Frieden, damals eine Anklage gegen den barbarischen Bombenkrieg: die Kathedrale von Coventry nach der Zerstörung.*
*Rechts: Der britische Premier Churchill bei seinen Piloten. „Selten in der Geschichte haben so viele so wenigen so viel zu verdanken gehabt“, sagte er nach der Schlacht über den Mut und die Opferbereitschaft der Männer der RAF. Bis zu 20 Einsätze am Tag flogen einige von ihnen gegen die Luftwaffe. Manch abgeschossener Pilot segelte per Fallschirm zu Boden, ließ sich zum nächsten Fliegerhorst bringen und stieg erneut auf zur Verteidigung der schwer angeschlagenen Insel.*

# Blitzfeldzüge auf dem Balkan und in Nordafrika

*Rechte Seite: Angriff italienischer Kampfflugzeuge auf die Insel Malta. In zentraler Lage an den Hauptschiffahrtswegen des Mittelmeers gelegen, bildete die britisch besetzte Insel eine ständige Bedrohung für die deutsch-italienischen Streitkräfte.*

*Den Angriffen der Italiener war allerdings so wenig ein dauerhafter Erfolg beschieden wie den später erfolgenden Bombardierungen seitens deutscher Flugzeuge.*

Unterdes entfaltet das italienische „Comando Supremo" (Oberstes Kommando) in Ost- und Nordafrika eine hektische Offensivtätigkeit. Bereits im August 1940 besetzen italienische Truppen von Italienisch-Ostafrika (dem 1936 eroberten Kaiserreich Äthiopien) aus, Britisch-Somaliland – kein Kunststück, denn dort stehen ganz schwache britische Verteidigungskräfte. Die italienische Ostafrika-Armee, kommandiert von einem Vetter zweiten Grades des Königs von Italien und Kaisers von Äthiopien, dem Herzog von Savoyen-Aosta, bereitet eine Offensive gegen den britischen Sudan vor.

Am 13. September 1940 beginnt der italienische Oberkommandierende in Libyen, Marschall Graziani, ein hochbefähigter Soldat, dem das geeignete Instrument fehlt, eine Offensive gegen Westägypten. Letztes Ziel ist der Suezkanal. Ursprünglich sollte der Generalgouverneur von Libyen, Mussolinis heimlicher Rivale, Marschall Italo Balbo, berühmter Ozeanflieger, den großen Schlag führen. Doch die eigene Fliegerabwehr schießt ihn aus Nervosität bei einem Erkundungsflug im Frontraum ab. Es ist kein Glück bei diesen italienischen Unternehmen. Nach fünf Tagen erfolgreichen Vormarsches gegen einen noch schwachen Feind stoppt der vorsichtige Marschall Graziani den Angriff im Grenzgebiet bei Sollum. Das Schlimme ist, daß die Mehrheit des italienischen Volkes den Krieg Mussolinis überhaupt nicht versteht. Es gibt Eliteeinheiten, die sich bis zum Ende vorzüglich schlagen, es gibt Offiziere, die sich im stolzen Kastengeist ihres Korps aufopfern – aber wofür sie fallen, das wissen sie nicht, es sei denn für ihre Ehre.

Unter diesem Aspekt scheinbar glorreicher italienischer Offensiven in Afrika vollzieht sich am 27. September 1940 die Unterzeichnung eines sozusagen unverbrüchlichen Bündnisses zwischen Deutschland, Italien und Japan, des Dreimächtepaktes, dem in der Folge auch deutsche Satellitenstaaten beitreten werden.

In Afrika schlägt das britische Empire, ungeachtet der schweren deutschen Luftangriffe auf die Heimatinsel, ungeachtet der nach Dönitz' Wunsch immer noch nicht mit höchster Intensität geführten Atlantikschlacht der U-Boote, zurück. Australische, indische, neuseeländische, südafrikanische Divisionen, Negerregimenter aus West- und Ostafrika werden mobilisiert. Bis Mitte Mai 1941 ist die italienische Position in Ostafrika überrannt. Am 9. Dezember 1940 treten die Briten unter General Sir Archibald Wavell in Ägypten zur Gegenoffensive an. Schon am nächsten Tag ordnet Hitler vorsorglich die Verlegung des X. Fliegerkorps des Generals Geißler nach Sizilien an, mit etwa 160 Kampfflugzeugen und 20 Jägern – und das während des Schwerpunktangriffs auf England. Malta ist der Pfahl im Fleisch für den gesamten Nachschubverkehr nach Nordafrika. Malta hält unter stetem Bombardement, wie die britische Insel selbst. Es ist das Problem des neuen dreidimensionalen Krieges wie bei Dünkirchen.

In Nordafrika marschiert die 8. britische Armee auf Tripolis, die Hauptstadt Italienisch-Nordafrikas. Hitler bietet deutsche Hilfe an, was die Italiener zunächst ablehnen. Dann aber ergeht der Hilferuf. Libyen ist verloren, wenn nicht deutsche Panzertruppen eingreifen. Eine Niederlage des Bundesgenossen Mussolini in Nordafrika kann sich Hitler nicht leisten. Das „Deutsche Afrika-Korps", ziemlich eilig formiert, greift an einer neuen Landfront im Krieg gegen England ein. Am 12. Februar 1941 trifft der Oberbefehlshaber, Generalleutnant Erwin Rommel, in Tripolis ein. Offiziell ist er dem italienischen Oberkommandierenden General Gariboldi unterstellt, der den geschlagenen Marschall Graziani ersetzt hat. Die deutschen Truppen sollen nur geschlossen eingesetzt werden, das hat Rommel zur Bedingung gemacht. Er ist gerade 50 Jahre alt. Als württembergischer Gebirgsjäger-Offizier hat er sich im Ersten Weltkrieg 1917 bei der Erstürmung des Monte Matajur an der Isonzofront gegen Italiener den Pour le Mérite verdient.

Er ist ein ausgesprochener Sanguiniker. Der Erfolg trägt ihn empor. Was er in der Hand hat, ist zunächst nur die 5. Leichte Division (später 21. Panzer-Division), der langsam die 15. Panzer-Division folgt. Die Sicherung des deutschen Nachschubs über Neapel und Süditalien, deren Schwergewicht bei den italienischen Seestreitkräften liegt, erweist sich als schwierig, solange die Engländer Malta haben.

Trotzdem vollbringt Rommel, mit Hilfe italienischer Infanterie-Divisionen, die sich wieder gefangen haben, geradezu Wunder. Die gesamte Cyrenaika wird zurückgewonnen, britische Truppen halten allerdings die Seefestung Tobruk im Rükken Rommels. Das Afrika-Korps erreicht wieder die westägyptische Grenze, wo sich der britische Widerstand versteift.

Die neue Front in Nordafrika kostet neue, wenn auch begrenzte Opfer. Sie hat zwangsläufig eine Zersplitterung im See- und Luftkrieg zur Folge. Hitler wünscht die Verlegung einer Gruppe von U-Booten ins Mittelmeer zur Bekämpfung britischer Geleitzüge. Dönitz kann sich nicht

*Generalfeldmarschall List am Arbeitstisch in seinem Hauptquartier. Von Juli bis Oktober 1941 führte er als Oberbefehlshaber die Heeresgruppe Südost, danach die Heeresgruppe A in Rußland. Im Oktober 1942 wurde er nach Differenzen mit Hitler über die Beurteilung der Lage entlassen.*

*Rechte Seite: Szene aus dem deutschen Vormarsch in Jugoslawien. Durch den Überraschungsangriff waren die jugoslawischen Truppen schon in den ersten Tagen praktisch ohne einheitliche Führung. 1 500 Offiziere und 224 000 Mann gerieten in Gefangenschaft.*

sträuben, aber vertritt nach wie vor die These, daß nur ein konzentrierter Einsatz aller verfügbaren Einheiten in der Schlacht um die „Western Approaches", die westlichen Zufahrtswege, den Gegner dazu zwingt, allen Schiffsraum in der Versorgungsschlacht einzusetzen. Dann verfügt er auch über keine Tonnage mehr für Truppentransporte nach Nordafrika.

Die U-Bootwaffe hat, noch vor Beginn der deutsch-italienischen Gegenoffensive in Nordafrika, einen „schwarzen Tag." Am 7. März 1941 greift eine Gruppe von vier Booten den Geleitzug OB 293 an. U 47 unter Kapitänleutnant Günther Prien, der als erster Kommandant die 200 000 Tonnen-Versenkungsziffer überschritten hat, taucht niemals wieder auf. U 70 unter Kapitänleutnant Schepke, wiederum einem As der neuen U-Bootwaffe, geht unter. U99 von Kapitänleutnant Kretschmer, das dritte As im Zufuhrkrieg, muß auftauchen. Der Kommandant sprengt das Boot und geht mit der Besatzung in Gefangenschaft, ein seltener Triumph für die britischen Geleitschutzverbände unter Admiral Sir Max Horton.

Insgesamt versenken U-Boote in der 3. Phase der Atlantikschlacht zwischen Frühjahr und Ende 1941 1 528 800 BRT. Am Gegner sind durchschnittlich 30 Boote – ein Drittel der von Dönitz angestrebten Idealziffer von 100 Booten. 21 Boote gehen verloren. Dönitz erweitert den Einsatzraum bis hinunter zum Kap der Guten Hoffnung. Zum ersten Mal gelangen besondere Versorgungs-U-Boote, die „Milchkühe", zum Einsatz, die Einheiten in fernen Operationszonen mit Torpedos, Treibstoff, Verpflegung und Trinkwasser versorgen können.

Dafür bricht die Raedersche Seekriegführung mit den Überwasserstreitkräften völlig zusammen. Am 20. Mai 1941 unternimmt der Flottenchef Admiral Lütjens mit zwei neuen schweren Einheiten, dem Schlachtschiff „Bismarck" und dem Schweren Kreuzer „Prinz Eugen" einen großangelegten Vorstoß in den Atlantik. Vor Island wird das britische Schlachtschiff „Hood" nach kurzem Artillerieduell versenkt. Tief geschockt und zum äußersten entschlossen holen die Engländer zum Gegenschlag aus. Admiral Lütjens entläßt die „Prinz Eugen" aus dem Verband, die den Hafen von Brest erreicht. Nach dramatischer Jagd stellen am 27. Mai 1941 überlegene britische See- und trägergestützte Luftstreitkräfte die „Bismarck". Sie geht nach schwerem Kampf mit dem Flottenchef an Bord unter. Fortan untersagt Hitler, stets um sein Prestige besorgt, solche riskanten Einzelunternehmen. Und in der Folge zerschlagen britische Flotteneinheiten im Juni 1941 die gesamte, für die Überwasser-Raids im Atlantik aufgebaute deutsche Versorgungsorganisation.

Im Mittelmeer versenken 1941 deutsche und italienische Fliegerverbände im Kampf gegen die Versorgung des Gegners an der nordafrikanischen Front 317 Schiffe mit 1 017 422 BRT.

Im Dezember 1941 wird die gesamte Luftflotte 2 unter Generalfeldmarschall Kesselring aus dem Osten nach Italien verlegt. Kesselring wird deutscher „Oberbefehlshaber Süd", im steten Ringen um die Kompetenzverteilung bei der Führung die dritte Instanz. Er untersteht dem Oberkommando der Luftwaffe beziehungsweise dem Oberkommando des Heeres, und das italienische Comando Supremo vertritt die Belange des „Duce".

Im November und Dezember 1941 sieht sich Rommel mit unterlegenen Kräften wieder von der 8. britischen Armee in die Verteidigung gedrängt.

Schließlich können die Engländer, dem geschickt ausweichenden Rommel folgend, Tobruk entsetzen. Rommel verteidigt um die Jahreswende 1941/42 noch die Agedabia-Stellung. Dann fällt er zurück auf die Linie Marada – Mersa Brega. Sie wird gehalten. Im Januar 1942 fliegt die deutsche Luftwaffe 263 Angriffe auf Malta. Die Insel bleibt das Kernproblem. Generalfeldmarschall Kesselring ist davon überzeugt, daß man zunächst mit Fallschirm- und Luftlandetruppen die Inselfestung nehmen muß, bevor Rommel an die geplante zweite deutsch-italienische Offensive herangehen kann. Rommel ist anderer Meinung. Malta hat in seinen Augen zweitrangige Bedeutung. Seine erste Offensive ist ja auch ohne die Kontrolle über die Insel geglückt.

So setzt er am 26. Mai 1942, nachdem Hitler seine Auffassung gebilligt hat, zur zweiten entscheidenden deutsch-italienischen Offensive in Nordafrika an. Das Ziel heißt Ägypten und die Sicherung des Suezkanals. Am 30. Juni 1942 steht die deutsch-italienische Panzerarmee Afrika mit einer deutschen und einer italienischen motorisierten Division, je zwei deutschen und zwei italienischen Panzer-Divisionen und fünf italienischen Infanterie-Divisionen bei El Alamein, 100 Kilometer vor Alexandria. Durch die arabische Welt, die Hitler, den Todfeind der Juden, bewundert, geht ein Beben.

Aber damit ist in Nordafrika der Scheitelpunkt deutscher Siege erreicht. Der Erfolg hat Hitler seit 1939 hoch emporgehoben, von Sieg zu Sieg. Immer droht aber der Augenblick, in dem sich solche Woge bricht.

ORMOŽ km 23
ZAGREB km 125
BUDAPEST km 34

*Mussolinis Weg in den Krieg hatte bereits 1936 begonnen, als er das nahezu wehrlose Abessinien überrannte. Und im März 1939 fiel auch Albanien in italienische Hand. Trotzdem zögerte der „Duce" lange, an Deutschlands Seite in den Krieg gegen England und Frankreich einzutreten. Erst am 10. Juni 1940 erklärte Mussolini den Westmächten überstürzt den Krieg, weil er zumindest noch an der Beute teilhaben wollte. Im Oktober 1940 brach er dann überraschend seinen „Blitzkrieg" gegen Griechenland vom Zaun, weil er meinte, hier sei das Siegen am leichtesten.*

*Rechte Seite: König Boris III. von Bulgarien mit Offizieren seines Heeres. Boris traf im Januar 1941 mit Hitler auf dem Berghof zusammen, zeigte Reserve gegenüber dem Ansinnen, dem Dreimächtepakt beizutreten, tat dies am 1. März 1941 trotzdem und erwarb nach dem Balkanfeldzug große Teile Nordgriechenlands. Boris lehnte aber trotz Drängens der Achsenmächte eine Kriegserklärung an Rußland ab. Sein Tod am 28. August 1943 erfolgte unter rätselhaften Umständen; möglicherweise war Mord im Spiel.*

Ende Oktober 1940 hatte Hitler seine Westreise beendet. Das Gespräch mit dem spanischen Staatschef Franco ist – wie bereits erwähnt – ergebnislos gewesen, ebenso wie ein Treffen mit dem neuen französischen Staatschef Marschall Pétain und dessen listenreichen Ministerpräsidenten Pierre Laval. Was sich die französischen Politiker erhofft haben, ist ein erträglicher Friede für Frankreich, zumindest die baldige Entlassung der Gefangenen. Wahrscheinlich wäre dann der Flottenchef Admiral Darlan – im Hinblick auf den Überfall von Oran – bereit gewesen, die französische Kriegsmarine im Mittelmeer für die deutsch-italienische Kampfführung zu mobilisieren. Doch Hitler hat keine konkrete Vorstellung vom „Frieden in Europa", macht keine Zugeständnisse. Später wird ihm Laval einmal sagen: „ Sie wollen den Krieg gewinnen, um Europa zu schaffen. Warum schaffen Sie nicht Europa, um den Krieg zu gewinnen?"

Auf der Rückreise erreicht Hitler die Meldung, Italien habe am 28. Oktober 1940 Griechenland angegriffen. Er ist außer sich. Nichts kommt ihm weniger gelegen, als dieser Schritt. Mussolini triumphiert. Immer hat ihn Hitler vor vollendete Tatsachen gestellt, im Fall Österreichs, der Tschechoslowakei, Polens, Dänemarks und Norwegens, in Frankreich, Belgien und Holland. Jetzt zahlt er, der „Duce" dem „Führer", mit gleicher Münze heim.

Die von Albanien aus, bei Anbruch des Winters, in den Bergen begonnene italienische Offensive gegen Epirus bleibt nach wenigen Tagen liegen. Die griechische Armee leistet erbitterten Widerstand. Das von König Georg II. eingesetzte Militärregime des Generals Metaxas hegt für die nationalsozialistische Bewegung in Deutschland ausgesprochene Sympathie. Viele Griechen bewundern Hitler. Der Haß gegen die Italiener ist dagegen seit den Tagen der Herrschaft Venedigs am Ausgang des Mittelalters in weiten Teilen Griechenlands tief verwurzelt. Im November 1940 gehen die griechischen Truppen von Epirus aus zur Gegenoffensive über, die italienischen Truppen flüchten zum Teil. Koritza in Albanien wird von den Griechen erobert.

Eine Tragödie zeichnet sich ab. Noch am 29. Oktober 1940 beginnen britische Truppen von Ägypten aus vorsorglich mit der Besetzung der Insel Kreta, unter Informierung der Athener Regierung. Vorläufig lehnt General Metaxas, trotz aller Sympathien des Königs für England, ein Angebot britischer Truppenhilfe gegen Italien ab. Das kann den Zusammenstoß mit dem „Dritten Reich" zur Folge haben, und diesen will er vermeiden. Der Duce ist im Augenblick voll Siegerstolz. Noch steht seine Armee, wie erwähnt, an der Grenze Westägyptens, noch hält die Bastion Italienisch-Ostafrika unter dem Herzog von Savoyen-Aosta. Ein von Hitler hastig erbetenes Gespräch in Florenz bleibt ohne Ergebnis.

Angesichts der englischen Maßnahmen, der Besetzung Kretas, ordnet Hitler am 4. November 1940 Vorbereitungen für einen deutschen Angriff auf Griechenland zur Entlastung der Italiener in Albanien an.

Im Südosten läuft sowieso alles nicht eben erfreulich. Stalin nutzt kaltblütig das Engagement Hitlers im Westen, obwohl ihn der ungeheuer rasche Sieg über Frankreich, das er für sehr viel stärker gehalten hat, mit dem er verbündet war (seit 1935), tief beeindruckt hat. Im Zug der Wiederherstellung des zaristischen Territoriums, der schon die kleinen Republiken Estland, Lettland und Litauen zum Opfer gefallen sind, zwingt Stalin das nach dem Ersten Weltkrieg entstandene großrumänische Königreich zur Abtretung von Bessarabien und der Nordbukowina.

Der Thron der Hohenzollern-Sigmaringen in Rumänien gerät in Gefahr. König Carol II. beruft am 4. September 1940 den General Antonescu, trotz französischer Generalstabsschulung ein Mann, der in dieser Lage entschieden auf Deutschland setzt, als Diktator, dankt zwei Tage später zugunsten seines jungen Sohnes Michael I. ab und verläßt mitsamt Hofschranzen das Land.

Inzwischen akzeptiert Griechenland, angesichts der neuen Entwicklung, britische Truppenhilfe. Anfang März 1941 landen britische Einheiten in Piräus, dem Hafen Athens, und in Volos, was eine fatale Schwächung der Kampfkraft der englischen Armee in Ägypten und Libyen nach sich zieht.

Dann prasselt neues Unheil ganz unerwartet auf Hitler hernieder. Am 25. März 1941 unterzeichnet die jugoslawische Regierung den Beitritt des Königreiches der Serben, Kroaten und Slowenen (Jugoslawiens) zum Dreimächtepakt.

Das serbische Offizierkorps, antideutsch seit den Habsburger Tagen, meutert unter Führung des Luftwaffenchefs General Simović. Der Prinzregent und die Regierung werden verhaftet, der knapp 18-jährige Peter zum König der Serben, Kroaten und Slowenen proklamiert. Der Prinz, nunmehr König Peter II., hat Tränen in den Augen. Die neue Regierung annulliert den Beitritt zum Dreimächtepakt. General Simović und das serbische Offi-

zierkorps, das sich als Traditionshüter eines großserbischen Nationalstaates versteht, kalkulieren falsch. Hitler reagiert blitzschnell, nun schon nervös, weil der Riesenaufmarsch im Osten schon weit gediehen ist. Sein Generalstabschef, der „Studienrat" Generaloberst Halder – in der Rückschau umstritten wegen seiner dubiosen Haltung beim Fall „Gelb" – vollbringt ein Glanzstück, das ihn als letzten großen deutschen Generalstabschef ausweist: Die Improvisation des blitzschnellen Aufmarsches gegen Jugoslawien, wie sie sein „Führer" verlangt.
Die militärische Ausgangslage ist für Serbien von vornherein prekär. In seiner tiefen Ostflanke steht die 12. Armee unter Generalfeldmarschall Wilhelm List in Bulgarien.
Von Norden her setzt Halder die 2. Armee unter Generaloberst Maximilian Freiherr v. Weichs auf Kroatien an.
Am 6. April trifft Belgrad ein verheerender Angriff der Luftflotte 4. Die Putschregierung Simović gerät in Verwirrung. Gleichzeitig setzt die Zangenoperation der 2. und der 12. Armee ein. Am 17. April 1941 kapituliert das Gros der serbischen Armee mit rund 344 000 Mann. Nicht unerhebliche Teile freilich retten sich unter Führung des ehemaligen Kriegsministers General Mihailović in die unwegsamen Bergwälder Südserbiens. Kroatien hat sich schon vorher gegen die serbische Mobilmachung erhoben. Kroatische Truppenteile verweigern den Gehorsam. Der Haß zwischen katholischen Kroaten und griechisch-orthodoxen Serben ist tief eingefressen. Die Kroaten, repräsentiert durch die Bauernpartei, hoffen auf ihre Unabhängigkeit unter deutscher Schirmherrschaft. Der blutjunge serbische König Peter II. und die Regierung flüchten unter britischem Schutz.
Logischerweise folgt nun die deutsche Offensive mit der 12. Armee List gegen Nordgriechenland. Für Griechenland schlägt durch ein Volk, das bei den Griechen stets die größte Hochachtung genossen hat, die letzte Stunde. Im Januar 1941 ist zudem General Metaxas gestorben, der Leiter der Verteidigung gegen die Italiener. Deren 28 Divisionen an der albanischen Front zeigen noch immer wenig Angriffslust. Die Deutschen durchbrechen die „Metaxas-Linie" in Nordgriechenland, trotz tapfersten Widerstandes der in einen Zweifrontenkrieg verwikkelten griechischen Armee. Bereits am 9. April 1941 fällt Saloniki, die zweitgrößte Stadt Griechenlands, in deutsche Hand. Am 21. April vollzieht General Tsolakoglu, Oberbefehlshaber in Nordgriechenland, die Übergabe seiner Verbände.

*Oben: Nach der Unterzeichnung des Dreierpaktes zwischen Deutschland, Italien und Japan am 27. September 1940 verliest von Ribbentrop (stehend) eine Erklärung der Reichsregierung. Neben ihm Adolf Hitler, Graf Ciano, Botschafter Kurusu. In der zweiten Reihe, links neben Ribbentrop, Staatsminister Dr. Otto Meißner, Chef der Präsidialkanzlei unter Ebert, Hindenburg und Hitler.*

Die 12. Armee stößt nach Süden vor. Zum ersten Mal treten hier Verbände der quasi als vierter Wehrmachtteil formierten Waffen-SS, der „schwarzen Garde" des „Führers", mit außerordentlichen Leistungen hervor. Am 24. April 1941 gelingt der Durchbruch durch die Auffangstellung des britischen Expeditionskorps in Griechenland – zwei Infanterie-Divisionen und eine Panzer-Brigade – bei den historisch-berühmten Thermopylen. Die Briten beginnen eilig mit der Evakuierung ihres Expeditionskorps über See, unter schweren Angriffen der Luftflotte 4. Der griechische König und die Regierung flüchten, zunächst nach Kreta, das von britisch-neuseeländischen Einheiten verteidigt wird. Zuvor begeht der griechische Ministerpräsident Koritzis Selbstmord, weil er den Untergang des Königreiches der Hellenen nicht überleben will. Am 27. April 1941 marschieren Verbände des Generalfeldmarschalls List in Athen ein. Mussolini, Gewinner des deutschen Sieges, beharrt auf der Teilnahme italienischer Truppen an der Siegerparade.
Die Division Leibstandarte-SS „Adolf Hitler", die die Thermopylen überwunden hat, übernimmt die Vorhut beim Vorstoß nach Süden bis zur Südspitze des Pelopon-

*Linke Seite. Oben: Unterzeichnung des jugoslawischen Beitritts zum Dreimächtepakt am 25. März 1941. Am Tisch von links nach rechts Jugoslawiens Außenminister Cincar-Marković, Ministerpräsident Cvetković und Reichsaußenminister von Ribbentrop. Unten: Am Morgen nach dem Putsch des Generals Simović (26./27. März) ist Belgrad der Schauplatz aufgeregter Demonstrationen gegen die Achsenmächte.*

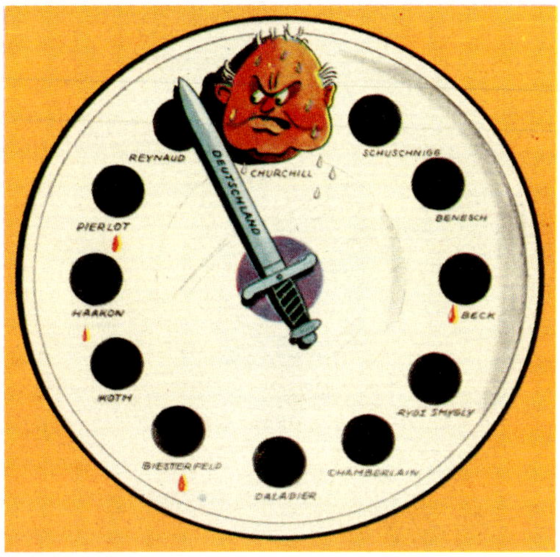


*Elf Gegner Deutschlands hat der scharfe Uhrzeiger schon vom Zifferblatt rasiert. Nun ist der letzte, Churchill, dran. „5 Minuten vor 12“, sagen die „Lustigen Blätter“ dazu.*

*Rechte Seite: „Fröhliche Kameraden. Deutsche Gebirgsjäger lassen sich von einem bulgarischen Soldaten durch das blühende Strumatal fahren.“*
*(Originalunterschrift aus „Signal“.)*

nes. Am 11. Mai 1941 sind die Deutschen, nicht etwa die Italiener, Herr über Griechenland und die griechischen Inseln – bis auf Kreta.
Kann man Kreta nehmen? Man muß dies tun. Das Unternehmen „Merkur“ wird am 20. Mai 1941 eingeleitet: Angriff mit der 7. Flieger-(Fallschirm) Division unter Generalleutnant Süßmann, der mit einem Lastensegler abstürzt. Der Angriff in vier Wellen mit Fallschirm- und Lastensegler-Einheiten, unterstützt vom VIII. Fliegerkorps der 4. Luftflotte, verläuft nicht ohne Krisen. Der Gegner, neuseeländische, britische und griechische Einheiten, verteidigen sich erbittert. Offiziell wird die Eroberung Kretas erst am 1. Juni 1941 als abgeschlossen bezeichnet. Der Gegner läßt 12 245 Mann als Gefangene zurück, 14 500 Mann können evakuiert werden. Die Luftflotte 4 drängt mit allen verfügbaren Kräften die zur Deckung der Räumung Kretas eingesetzte britische Mittelmeerflotte ab. Zwei Kreuzer und drei Zerstörer sinken im Bombenhagel. Zwei Schlachtschiffe, ein Flugzeugträger, drei Kreuzer und vier Zerstörer werden schwer beschädigt. Die deutsche Fallschirm- und Luftlandetruppe bezahlt die Eroberung Kretas mit fast 4000 Gefallenen und Vermißten und 3400 Verwundeten bei rund 20 000 Mann Einsatzstärke.
Für einen Augenblick zeichnet sich eine breitangelegte Kriegführung im Ostmittelmeer, eine deutsch-französische Zusammenarbeit über Luftstützpunkte in Syrien (französisches Mandatsgebiet)zur Unterstützung eines antienglischen Aufstandes im Irak (Mesopotamien) ab.
Hitler aber hat andere Ideen. Der Maitermin für den „Kreuzzug“ gen Osten ist verstrichen. Aber muß er nicht jetzt ein zweites Unternehmen „Merkur“ gegen Malta in Erwägung ziehen? Dies Unternehmen soll „Hercules“ heißen. Wie erwähnt, hält der deutsche Oberbefehlshaber Süd Generalfeldmarschall Kesselring ganz richtig „Hercules“ für den ersten Schritt bei der geplanten Entscheidungsoffensive in Nordafrika. Hitler, von Rommel inspiriert, befindet, es sei der zweite Schritt. Er kommt nie zustande, obwohl die deutsche Fallschirmtruppe und die sehr gute italienische Fallschirm-Division „Folgore“ (Blitz) zur Verfügung stehen. Schwierigkeiten nämlich gibt es bei der italienischen Marine. Sie hat bei einem Vorstoß von Schlachtschiffen und Kreuzern in griechische Gewässer am 28. März 1941 bei Kap Matapan an der Südspitze des Peloponnes eine schwere Schlappe hinnehmen müssen. Das britische Mittelmeergeschwader hat drei Kreuzer versenkt und ein Schlachtschiff schwer beschädigt. Das Unternehmen „Hercules“ wird gestrichen und damit die Voraussetzung für einen entscheidenden Sieg in Nordafrika. Die Engländer behalten die Möglichkeit, den Nachschub Rommels abzudrehen.

England steht 1941 nach der Niederlage in Griechenland und nach den Rückschlägen in Nordafrika noch immer im Existenzkampf. Da landet zur Verblüffung der Briten am 10. Mai 1941 der Stellvertreter des „Führers“, Reichsminister Rudolf Heß, mit einer Messerschmitt-Maschine in Schottland, anscheinend ohne Auftrag seines „Führers“, in selbstgewählter Mission, um mit Hilfe früherer englischer Freunde die britische Regierung zu einem Frieden mit Hitler zu überreden. In Deutschland weckt das Verschwinden von Heß Unruhe und heimliche Zweifel am Regime. Die Engländer sperren den seltsamen Gast ein.
Und noch ein weiteres Wunder erlebt die britische Insel: Am 21. Mai 1941 fliegt die deutsche Luftwaffe den letzten Großangriff auf London. Der „Blitz“ verlischt. Bis zum 31. März 1941 hat er die deutsche Luftwaffe 2840 Maschinen gekostet, gegenüber 915 britischen Totalverlusten. Die deutsche Neubaurate – gemäß dem Entwicklungsstop nur langsam veraltende Typen – beträgt 1941 5507 Flugzeuge. In England fanden 17 000 Menschen den Tod, 40 000 wurden verletzt. Die deutsche Luftwaffe warf über britischen Städten und Luftbasen allein bis Silvester 1940 bei ca. 2000 Einsätzen 43 Millionen Kilo Spreng- und 1,6 Millionen Kilo Brandbomben ab. Der Erfolg? Die britische Bevölkerung, moralisch ungebrochen, wird im eisernen Widerstandswillen bestärkt. Das böse Wort Hitlers von 1940, griffen die Engländer deutsche Städte an, würden die Deutschen ihre Städte „ausradieren“, hatte getrogen.
Aus der Jagdschlacht über England gehen die ersten „Asse“ der neuen deutschen Fliegerei hervor, Männer wie Adolf Galland oder Werner Mölders, mit sagenhaft hohen Abschußziffern. Reichsmarschall Göring, selbst letzter Kommodore des berühmten Richthofen-Geschwaders im Ersten Weltkrieg – mit einer bescheidenen Abschußziffer von 17 Maschinen –, hält es für gut, hochbewährte Jagdflieger aus der Front zu ziehen.
Die deutsche Luftwaffe hat im Ersten Weltkrieg, wo nur der ritterliche Einzelkampf der Flieger herrschte, „Stars“ genug besessen, darunter Boelcke, Immelmann, Richthofen. Aber wie entwickelt sich der Luftkrieg in diesem neuen Krieg? Siegt der Ritter der Luft, oder siegt der exerziermäßig geflogene Massenangriff großer schwerer Bomberverbände?

# Blitzkrieg in Jugoslawien

Jugoslawien, wo nach dem Tod Alexanders der Prinzregent Paul für den minderjährigen König Peter II. regierte, hatte sich vorerst aus den Kriegswirren herausgehalten. Noch war das Königreich in die Kriegspläne Adolf Hitlers nicht einbezogen. Das änderte sich, als der Führer nach seinen Siegen in Ost, West und Nord den Fall „Barbarossa" zum Überfall auf die Sowjetunion aus seinem Geheimsafe holte. Nun wirkte wieder das Balkan- und Slawentrauma des Österreichers in ihm. Er mußte der Serben sicher sein, die im Ersten Weltkrieg mit den Russen gekämpft und gesiegt hatten. Er lud im März 1941 den Prinzregenten nach Berlin, der mit seinem Premierminister Dragischa Cvetković in der Reichshauptstadt erschien. Hitler hatte leichtes Spiel, als er mit den kroatischen Separatisten drohte. Unruhen in Kroatien würden Mussolini zur Intervention gezwungen haben, was den Zerfall des Königreiches bedeutet hätte. Paul und Cvetković versprachen, dem Dreimächte-Pakt beizutreten und ihr Land zum Verbündeten der Achsenmächte zu machen.

Am 25. März 1941 unterzeichnete der jugoslawische Ministerpräsident in Wien den Vertrag, und zwei Tage später war seine Regierung vom eigenen Volk hinweggefegt. In Belgrad waren die Jugoslawen auf die Straße gegangen, und bislang regimetreue Offiziere verhafteten den Prinzregenten.

Hitler zögerte zehn Tage, dann gab er den Angriffsbefehl. Am 6. April 1941 heulten Stukas über Belgrad. Sie warfen ihre Bomben ins Stadtgebiet. Über 1 500 Leichen wurden aus den Trümmern geborgen, während im Großdeutschen Rundfunk die Melodie des altösterreichischen „Prinz-Eugen-Liedes" ertönte.

*Linke Seite. Oben: Motorisierte deutsche Truppen marschieren an einer verlassenen jugoslawischen Nachschubkolonne vorbei. Unten: Der Vormarsch gegen Griechenland begann über Bulgarien. Deutsche Truppenzüge an der bulgarischen Grenze.*

*Rechts oben: Brandbomben fallen in den Morgenstunden des 6. April auf Belgrad.*

*Rechts: Der schwergetroffene Konak, das Belgrader Schloß der jugoslawischen Königsfamilie. Im OKW-Bericht von diesem Tag hieß es: „Die deutsche Luftwaffe griff in den Morgenstunden serbische Flugplätze und mit starken Verbänden die Festung Belgrad an und vernichtete Kasernen sowie militärische und kriegswichtige Anlagen."*

## Sturmboote und Flammenwerfer

Noch einmal demonstrierte das Oberkommando der Wehrmacht hohe deutsche Führungskunst, als Hitler sich gezwungen sah, den bedrängten Italienern auf dem Balkan zu Hilfe zu kommen. Vor allem die Panzertruppe und die Luftwaffe entfalteten eindrucksvoll ihre Macht, so daß auch der Balkan in wenigen Wochen siegreich erobert wurde. Zwar war nun aus dem italienischen „Parallelkrieg" ein deutscher Feldzug geworden, aber erneut mußten die Briten schwere Einbußen erleiden. Dies ließ Hitler verschmerzen, daß Mussolini mit seinem Angriff die Deutschen vor vollendete Tatsachen gestellt hatte.

*Oben: Deutsche Sturmboot-Pioniere beim Flußübergang.*
*Links: Italienische Artillerie.*
*Rechte Seite: Flammenwerfer im Einsatz.*

## Mit unerbittlicher Härte

Das Protokoll einer Besprechung im Führerhauptquartier vom 27. März 1941 hält Hitlers Ziele im Balkanfeldzug fest:
„Führer ist entschlossen, ohne mögliche Loyalitätserklärungen der neuen Regierung abzuwarten, alle Vorbereitungen zu treffen, um Jugoslawien militärisch und als Staatsgebilde zu zerschlagen. Außenpolitisch werden keine Anfragen oder Ultimaten gestellt werden. Zusicherungen der jugoslawischen Regierung, denen für die Zukunft doch nicht zu trauen ist, werden zur Kenntnis genommen. Angriff wird beginnen, sobald die hierfür geeigneten Mittel und Truppen bereit stehen.
Es kommt darauf an, daß so schnell wie möglich gehandelt wird. Es wird versucht werden, die angrenzenden Staaten in geeigneter Weise zu beteiligen.
Politisch ist es besonders wichtig, daß der Schlag gegen Jugoslawien mit unerbittlicher Härte geführt wird und die militärische Zerschlagung in einem Blitzunternehmen durchgeführt wird. Hierdurch

dürfte die Türkei in genügendem Maße abgeschreckt werden und der spätere Feldzug gegen Griechenland in günstigem Sinne beeinflußt werden. Es ist damit zu rechnen, daß bei unserem Angriff sich die Kroaten auf unsere Seite stellen werden. Eine entsprechende politische Behandlung (spätere Autonomie) wird ihnen sichergestellt werden. Der Krieg gegen Jugoslawien dürfte in Italien, Ungarn und Bulgarien sehr populär sein, da für diese Staaten territoriale Erwerbungen in Aussicht zu stellen sind.
Dieser Plan setzt voraus, daß wir alle Vorbereitungen zeitlich beschleunigt treffen."

*Linke Seite. Oben links: Pioniere beseitigen herabgesprengte Felsbrocken, die eine Vormarschstraße sperren. Mitte: Panzerspähwagen sind an einer Bahnlinie aufgefahren. Unten: Spähtrupp auf einem erbeuteten Kontrollwagen der Eisenbahn. Oben rechts: Behelfsbrücke über die Drau.*
*Oben: Jugoslawische Soldaten ergeben sich.*
*Rechts: Ein PK-Fotograf hat das Objektiv seiner Kamera im Sehschlitz eines Panzers installiert.*

# Angriff auf Piräus

Am Abend des 7. April 1941 sorgte die deutsche Luftflotte 4, die am Vormittag die jugoslawische Führung in Belgrad paralysiert hatte, auch auf dem griechischen Kriegsschauplatz für einen wahrhaft großen Knall. Im letzten Licht des Tages wurde ein Angriff auf den Hafen Piräus geflogen.
Der Hafen war vollgestopft mit Schiffen eines britischen Nachschubgeleitzuges, darunter der 12000-t-Dampfer „Glen Fraser", der Sprengstoff und Munition geladen hatte und wegen Unstimmigkeiten zwischen der britischen Marine und den griechischen Hafenbehörden noch nicht vollständig entladen, aber auch nicht sicherheitshalber auf die freie Reede geschleppt worden war.
So lag die „Glen Fraser" mit noch etwa 250 Tonnen Sprengstoff im Bauch am Kai, als die Bomber herandröhnten. Gleich die erste Reihe der niedertorkelnden Bomben erwischte die „Glen Fraser", und im nächsten Augenblick wurden noch im 15 Kilometer entfernten Athen Fenster und Türen eingedrückt. So gewaltig war die Detonation, mit der die „Glen Fraser" in die Luft flog, daß noch zehn weitere Schiffe mit zusammen 41500 Tonnen zerstört und die gesamten Hafenanlagen bis zur Unbrauchbarkeit demoliert wurden. Der britische Admiral Cunningham sprach mit Recht von einem „vernichtenden Schlag" – Piräus war der einzige leistungsfähige Nachschubhafen für das britische Expeditionskorps gewesen.

*Linke Seite: Deutscher Hs 126-Nahaufklärer über einer griechischen Stadt. Die Bombardierung von Befehlszentren und Verkehrsknotenpunkten war die erste Aufgabe der Luftwaffe. Später richteten sich ihre Angriffe gegen Häfen und Schiffsziele.*
*Rechts: Der untergegangene Kreuzer „Kilkis" im Hafen von Salamis. Das Schiff war von den Griechen in Amerika erworben worden. Die deutschen Kriegsillustrierten brachten das Bild seinerzeit mit der Unterschrift: „Ein Wahrzeichen des Verhängnisses aller, die auf England bauen."*

# Untergang Jugoslawiens

Nach der militärischen Niederlage am 17. April 1941 gingen König Peter und die Regierung nach London und bildeten hier eine Exilregierung. Der jugoslawische Staat, der erst 1918 aus zahlreichen Volksgruppen gebildet worden war, wurde aufgelöst und von deutschen und italienischen Truppen besetzt. Im deutschen Militärverwaltungsgebiet Serbien wurde am 30. August 1941 unter dem früheren Kriegsminister General Milan Nedić eine serbische Regierung gebildet, die jedoch keine große Autorität zu erreichen vermochte. Die von ihm aufgestellte „serbische Staatsgarde" konnte den Partisanen nicht wirkungsvoll entgegentreten. An die Spitze von Kroatien setzte sich der nationalistische Kroatenführer Dr. Ante Pavelić und bildete hier eine von den Deutschen unterstützte faschistische Regierung. Seine Diktatur stützte sich einmal auf die „Domobran", die reguläre Armee, und zum anderen auf die „Ustascha", eine Art SS-Formation. Mit ihr betrieb er eine radikale und blutige Kroatisierungspolitik, von der insbesondere die katholischen Serben auf seinem Gebiet betroffen wurden. Dieser ungeheure Terror der Ustascha der serbischen Bevölkerung gegenüber trug mit dazu bei, die Partisanenverbände zu verstärken. „Diese Menschen, die in ungezählten Fällen selbst Zeuge der bestialischen Hinmordung ihrer Angehörigen waren, hatten nichts mehr zu verlieren, konnten, da die Abschiebung auch ohne jede Anmeldung erfolgte, nicht aufgefangen und untergebracht werden und gesellten sich darum in die Wälder und Gebirge … Nach hier vorliegenden Meldungen sind allein in Kroatien rund 200 000 Serben ermordet worden", heißt es in einem Bericht des Gesandten Benzler vom 27. August 1941.

*Linke Seite. Oben: Russen werden auf die deutsche Reichskriegsflagge vereidigt. Nach dem jugoslawischen Zusammenbruch äußerten viele der in Belgrad lebenden russischen Emigranten den Wunsch, in die deutsche Wehrmacht aufgenommen zu werden. Unten: Der Großmufti von Jerusalem, Mohammed Hadschi Amin Al Husseini, schreitet eine Formation der muselmanischen „freiwilligen bosnisch-herzegowinischen SS-Gebirgsdivision Freies Kroatien" ab. Der islamitische Würdenträger entfaltete während des ganzen Krieges eine rege antibritische Tätigkeit.*
*Oben rechts: Ustascha-Führer Ante Pavelić (sitzend) mit Kriegsminister Kvaternik. Im Zuge der Auflösung Jugoslawiens wurde Kroatien zum unabhängigen Staat erklärt.*
*Rechts: Ustascha-Männer in Wehrmachtsuniform.*

# Griechenland

Die griechischen Truppen hatten sich gegen die Italiener überraschend gut gehalten. Angesichts des am 6. April einsetzenden deutschen Vormarsches stützten sie sich auf zwei Hoffnungen. Einmal auf die Stärke der Metaxaslinie, ihrer entlang der bulgarischen Grenze angelegten Verteidigungslinie, zum anderen auf die Waffenhilfe durch das in Griechenland aufmarschierende britische Expeditionskorps des Generals Wavell. In dem einen wie in dem anderen standen ihnen Enttäuschungen bevor. Die Metaxaslinie war trotz großer persönlicher Tapferkeit ihrer Verteidiger auf die Dauer nicht zu halten, zumal die aus Jugoslawien heraus über den Doiran-See und durch das Vardartal vorrückenden deutschen Truppen sie überflügelten. Bereits am 9. April zogen deutsche Panzertruppen in Saloniki ein; am gleichen Tage gelang der Durchbruch durch die Metaxaslinie. Allen Versuchen der griechischen Führung, in Mittelgriechenland neue Verteidigungslinien aufzubauen, blieb der Erfolg versagt. Während im Westen sich bei Janina das Schicksal der gegen Albanien eingesetzt gewesenen griechischen Truppen vollendete, kämpften sich im Osten die deutschen Truppen, wirkungsvoll unterstützt durch die Luftwaffe, in zum Teil mörderischen Gefechten durch Thessalien südwärts vor. Am 21. April wurde in Saloniki die Kapitulation unterzeichnet, derzufolge die Masse der griechischen Streitkräfte den Widerstand einstellte. Die britischen Truppen, die erst verhältnismäßig spät in der Gegend des Olymps in die Kämpfe eingegriffen hatten, gingen auf eine Auffangstellung an den Thermopylen, dem klassischen Engpaß aus der Zeit der Perserkriege, zurück. Am 23. April wurde ihr Widerstand gebrochen, am 27. April rollten deutsche Panzer in Athen ein. Den Briten gelang es, sich in Stärke von 45000 Mann nach Kreta einzuschiffen.

*Links oben: Panzersperren in der Metaxaslinie.*
*Links Mitte: Deutsche Artillerie am Doiran-See zwischen Jugoslawien und Griechenland.*
*Links unten: Deutsche Truppen haben innerhalb der Metaxaslinie die blau-weiße griechische Kriegsflagge mit der Königskrone niedergeholt.*
*Rechte Seite: Kampf an der Metaxaslinie in der Sicht des „Signal"-Zeichners Hans Liska.*

# Auf klassischem Boden

Auch im Balkanfeldzug der Deutschen Wehrmacht bewährte sich die Blitzkrieg-Strategie. Selbst die schwer befestigte Nordgrenze Griechenlands, die sogenannte Metaxaslinie, konnte die deutschen Soldaten nicht aufhalten. Namen, die man bisher nur aus den Geschichts- und Griechisch-Lehrbüchern der Schule kannte, wie Olymp und Thermopylen, erschienen jetzt nach der obligatorischen Siegesfanfare im Wehrmachtsbericht.

*Oben: Mühselig ist der Vormarsch auf den schlechten, durch Regengüsse noch schwieriger gewordenen thessalischen Straßen.*
*Links: Am Fuße des Olymps, des hellenischen Götterberges, künden Soldatengräber von den Kämpfen, die hier getobt haben.*
*Rechte Seite. Oben links: Auf der Akropolis von Athen wird vor dem Parthenon die deutsche Kriegsflagge gehißt. Oben rechts: Generalfeldmarschall List, der Oberbefehlshaber in Griechenland, nimmt die Meldung des Stadtkommandanten von Athen, Generalmajor Schörner, entgegen. Unten: Verlassene britische Artilleriestellung beim schwer umkämpften Lamia, nördlich der Thermopylen.*

# Ein Ruhmesblatt

Nach Abschluß des Balkanfeldzuges pries Hitler in einer Reichstagsrede die Leistungen seiner Soldaten:
„In diesem Feldzuge hat sich die deutsche Wehrmacht selbst übertroffen! Schon der Aufmarsch des Heeres bot ungeheuere Schwierigkeiten. Der Angriff auf die zum Teil stark befestigten Stellungen, besonders an der thrazischen Front, gehörte mit zu den schwersten Aufgaben, die einer Armee gestellt werden können. In diesem Feldzug haben Panzerverbände in einem Gelände gekämpft, das bisher für den Tank als unpassierbar galt. Motorisierte Verbände vollbrachten Leistungen, die für sich das höchste Lob darstellen, für den Mann, sein Können, seinen Mut, seine Ausdauer, aber auch für die Güte des Materials. Infanterie-, Panzer- und Gebirgs-Divisionen sowie die Verbände der Waffen-SS wetteiferten miteinander im rastlosen Einsatz an Tapferkeit und an Hingabe, an Ausdauer und an Zähigkeit in der Erkämpfung der befohlenen Ziele. Die Arbeit des Generalstabes war wieder wahrhaft hervorragend. Die Luftwaffe aber hat ihrem schon geschichtlich gewordenen Ruhm einen neuen besonderen hinzugefügt: Mit einer Aufopferung und einer Kühnheit, die nur der ermessen kann, der die Schwierigkeiten dieses Geländes kennt, hat sie unter tagelangen, oft schlechtesten klimatischen Bedingungen Angriffe geflogen, die man noch vor kurzem für gänzlich unmöglich gehalten hätte.
Über diesen Feldzug kann man daher nur einen Satz schreiben: Dem deutschen Soldaten ist nichts unmöglich!
Die Fahrer der Kampffahrzeuge sowohl als die der Kolonnen, die Fahrer des Nachschubs, der Zugmaschinen der Artillerie- und der Flakwaffe müssen auf diesem Kriegsschauplatz besonders erwähnt werden. Im Kampf gegen die befestigten Stellungen sowie in der Herstellung von Brücken und Straßen haben sich unsere Pioniere ein besonderes Ruhmesblatt verdient. Die Nachrichtentruppen verdienen das höchste Lob. Auf grundlosen Wegen, über gesprengte Straßen, auf Steinhalden und Geröll, in engsten Felspfaden und durch reißende Gewässer, über zerbrochene Brücken, durch himmelhohe Pässe und über kahle Felsenrücken hinweg hat dieser Siegeszug in kaum drei Wochen in zwei Staaten den Krieg gelöscht."

*Links: Rast einer Panzerbesatzung.*
*Rechte Seite: Infanterie auf dem Vormarsch in Griechenland.*

# Verspätete Brückensprengung

Die Briten hatten in die Brücke, die den Kanal von Korinth überspannte, Sprengkammern eingebaut; in der Hast des Abzuges aber war die Sprengung unterblieben. Deutsche Fallschirmjäger erhielten den Befehl, die Brücke zu sichern. Gleichzeitig griffen englische Flugzeuge an, die Sprengmunition wurde getroffen, die Brücke flog in die Luft. 61 Fallschirmjäger fanden den Tod.

*Linke Seite: Einer von ca. 9000 Engländern, die während der Kämpfe auf dem Peloponnes in deutsche Gefangenschaft kamen.*
*Oben: Luftaufnahme des tief in die Landenge von Korinth eingeschnittenen Kanals nach der Brückensprengung. Im Hintergrund das Ägäische Meer.*
*Rechts: Die Sprengung der Brücke über den Kanal von Korinth.*

*Stukas vor der Akropolis. Zum Auftakt der Unternehmung gegen Kreta am 20. Mai flog die Luftwaffe eine Ehrenrunde um das antike Denkmal.*

## Sprung über das Meer

Am 20. Mai 1941 startete das erste große Luftlandeunternehmen der Kriegsgeschichte, der Angriff auf die Mittelmeerinsel Kreta. Die Karten waren verteilt: Die Luftherrschaft lag eindeutig bei den Deutschen, die Engländer hatten die Überlegenheit zur See. Fehlentscheidungen und nicht einkalkulierte Risiken auf deutscher Seite drohten, das Unternehmen scheitern zu lassen.

*Linke Seite. Oben links: Absprung eines Fallschirmjägers. Oben rechts: Eine Pak landet am Schirm. Unten: Eine der in Massen eingesetzten JU 52 ist gelandet; die Fallschirmjäger entsteigen der Transportmaschine.*
*Oben: Ein deutsches Transportflugzeug ist während des Absprungs der Fallschirmjäger in Brand geschossen worden und stürzt über dem felsigen Gelände der Insel ab.*
*Rechts: Die Olivenhaine Kretas wurden zahlreichen deutschen Fallschirmjägern zum Verhängnis. Der Fallschirm hat sich im Geäst verfangen, und der Springer hat dabei den Tod gefunden.*

*Absprung über Kreta. Gemälde aus einer deutschen Kriegsillustrierten.*

## Blutige Kämpfe

Auf Kreta erwartete die deutsche Invasion ein entschlossener und zäh kämpfender Gegner. Unter schweren Verlusten erkämpften Fallschirmjäger und Gebirgstruppen in beispielloser Tapferkeit einen Sieg, der oft genug nur an einem seidenen Faden hing.
Die Reaktion auf das Luftlandeunternehmen von Kreta war merkwürdig: positiv beim Verlierer, negativ beim Sieger.
Churchill befahl, die winzige britische Fallschirmtruppe schleunigst von 500 auf 5000 Mann zu verstärken. Zugleich begannen die Amerikaner mit Hochdruck, eine Fallschirmtruppe aufzubauen.
Hitler dagegen erklärte am 19. August 1941 bei der Verteilung der Ritterkreuze für die Kreta-Kämpfer: „Die Tage der Fallschirmtruppe sind vorüber. Die Fallschirmwaffe ist eine reine Überraschungswaffe und der Überraschungsfaktor hat sich inzwischen abgenutzt.“ Seitdem wurden seine Fallschirmjäger fast nur noch als Edelinfanteristen eingesetzt, zu Fuß.

*Oben: Gebirgsjäger an Bord einer Transportmaschine.*
*Links: Ein Motorrad wird ausgeladen.*
*Rechte Seite. Oben: Aus der Luft ins Gefecht. Auf dieses moderne Konzept war auch die Ausrüstung der Fallschirmtruppe abgestellt. Unten: Ein Fallschirmjäger ist neben einem zerschossenen Lastwagen in Stellung gegangen.*

# „Kreta feindfrei"

Der Erfolg der Deutschen war am Ende äußerlich strahlend: „Auftrag erfüllt, Kreta heute feindfrei!" meldete am Abend des 1. Juni Generaloberst Löhr, der Oberkommandierende der gesamten Aktion, seinem Reichsmarschall. Derweil schnaubte General Student, der den Dingen zweifellos näher war: „Beim Kreta-Einsatz sind schwerwiegende Führungsfehler gemacht worden!"

Richtig ist, zurückschauend, beides: Es war ein wüster Sieg, überhastet und deshalb schlampig vorbereitet, nur erkämpft durch die schier unglaubliche Zähigkeit und Kampfbereitschaft der Fallschirmtruppe, für die Aufgeben – selbst in anscheinend auswegloser Situation – einfach nicht drin war.

Ein erstaunlicher Sieg, erkämpft um einen bösen Blutzoll: An die 4000 Gefallene und mindestens ebensoviele Schwerverwundete und Vermißte waren die Bilanz. Die Fallschirmtruppe hatte mehr als die Hälfte ihrer bestausgebildeten Offiziere und Mannschaften verloren. Das Traurigste daran: Es war ein sinnloser Sieg. Die strategisch wertvolle, blutig erkämpfte Position Kreta wurde nie genutzt.

*Links oben: In kleinen und kleinsten Gruppen müssen sich die abgesprungenen Fallschirmjäger im unwegsamen Gelände der Insel Schritt um Schritt vorkämpfen.*

*Links Mitte: Gebirgsjäger, die in den Kämpfen um Canea verwundet worden sind. Einige von ihnen tragen auf der Feldbluse den von der Verwundetensammelstelle ausgestellten Überweisungsschein mit dem ersten ärztlichen Befund.*

*Links unten: Sie waren die Gegner im Kampf um Kreta: Lt. General Sir Bernard Freyberg, Oberbefehlshaber der alliierten Truppen (links); General der Fallschirmtruppen (später Generaloberst) Kurt Student, Kommandierender General des XI. Fliegerkorps (rechts).*

*Rechte Seite. Oben: Eine bei Rethymnon an der Nordküste Kretas eingeschlossene Kampfgruppe hat nach Ausfall des Funkgerätes keine Verbindung mit der Führung mehr. Aus weißen Steinen und Muscheln sind Buchstaben, deren Größe ein Vergleich mit den langen Schatten der Menschen erkennen läßt, auf dem Strand gebildet worden in der Hoffnung, daß eigene Flugzeuge die auf diesem Wege kundgetanen Wünsche und den Bedarf an Waffen, Verpflegung und so weiter lesen werden. Die weißen Striche nahe dem Meeresufer sind Tücher, die für den Abwurf ausgebreitet wurden. Unten: Maschinengewehr-Posten an der Küste.*

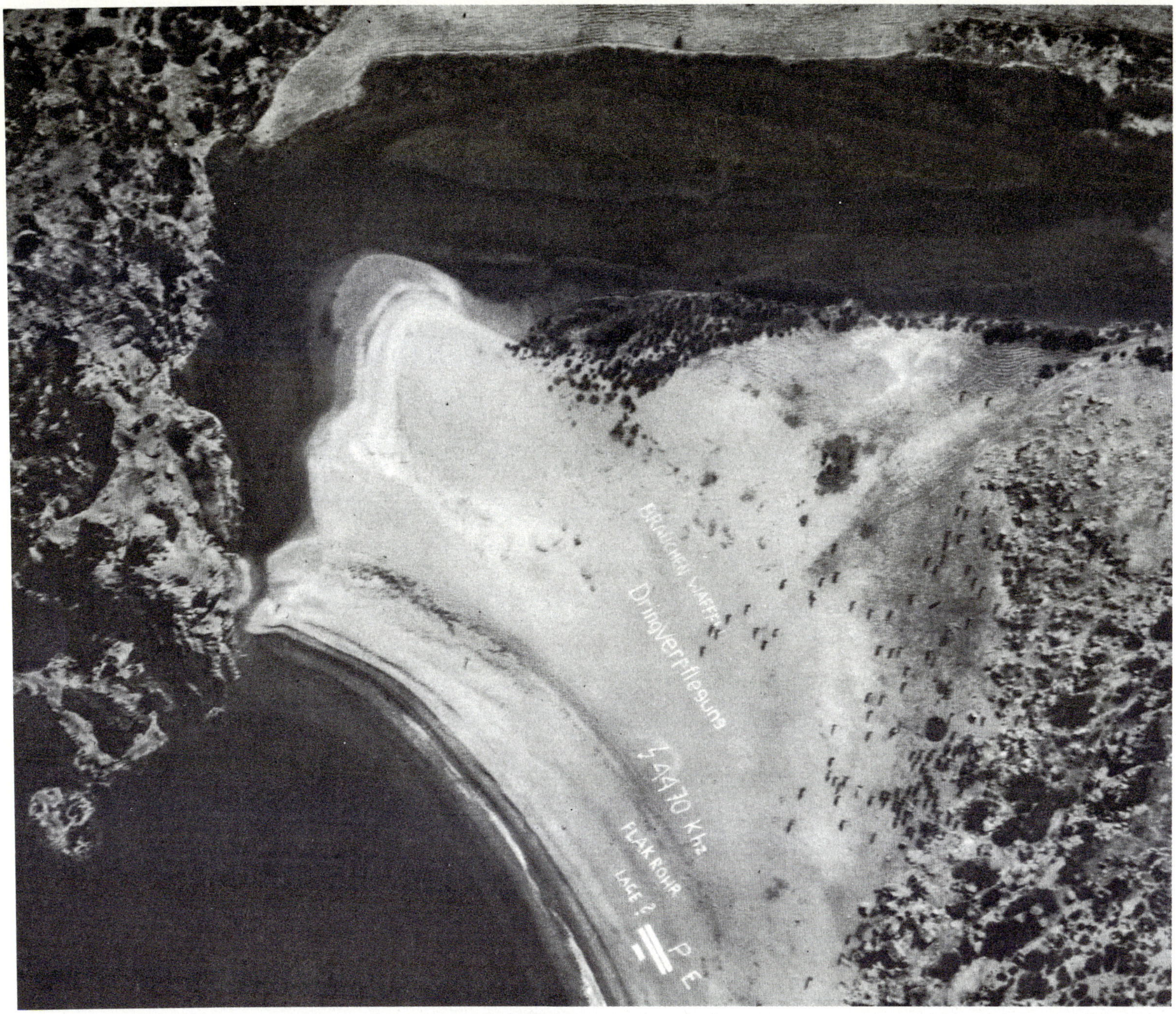
BRAUCHEN WAFFEN
Dringverpflegung
4470 Khz
FLAK ROHR
LAGE ?
P E

# Vorstoß aus der Cyrenaika

Der schnelle Zusammenbruch Frankreichs befreite die Italiener von der Gefahr, die ihrer nordafrikanischen Kolonie Libyen von den in Algerien und Tunesien stehenden französischen Streitkräften drohte. Die Briten andererseits hatten im Vertrauen auf die militärische Stärke der Franzosen verhältnismäßig schwache Streitkräfte in Ägypten versammelt. So konnte der italienische Marschall Graziani im September 1940 einen Vorstoß aus der Cyrenaika über die ägyptische Grenze wagen, der bis Sidi el Barani gelangte. Am 8. Dezember erfolgte der Gegenstoß der britischen Nil-Armee.

*Oben: Bombenangriff italienischer Flieger auf die Reede von Alexandrien und die dort liegenden Einheiten der britischen Mittelmeerflotte.*
*Links: Bei Bardia bewegt sich eine lange Schlange italienischer Kriegsgefangener durch die Wüste.*
*Rechte Seite: Einschlag einer Bombe in einer italienischen Stellung. Der MG-Schütze feuert unverdrossen weiter; ein Kamerad stützt die Waffe mit dem Fuß.*

*Deutsche Zerstörer vom Typ Me 110 fliegen Sicherung für einen Geleitzug vor der afrikanischen Küste.*

# Flugzeugträger Malta

Nur knapp 100 Kilometer südlich Sizilien gelegen, war Malta der Stachel im Fleisch der Achsenmächte, ein „unsinkbarer Flugzeugträger" am Nachschubweg zwischen Italien und Nordafrika.

Britische Luft- und Seestreitkräfte hatten von Malta aus mehr deutsch-italienisches Kriegsmaterial auf den Meeresgrund geschickt, als jemals in Afrika zum Einsatz kam. Und der Weg über das Mittelmeer hatte wohl ebensovielen Soldaten das Leben gekostet wie der eigentliche Kampf im Wüstensand.

Für die Engländer bestand kein Zweifel daran, daß die Invasion kommen mußte; jetzt, im Frühjahr 1942, wo die Deutschen die Luftherrschaft erkämpft hatten. Die Diktatoren in Berlin und Rom würden nicht so hirnverbrannt sein, Rommel in den bevorstehenden Entscheidungskampf ziehen zu lassen, ohne seine Nachschubwege zu sichern. Anderenfalls war die Katastrophe für jedermann absehbar. Hatten nicht schon die Strategen des Altertums die Bedeutung des Felseneilands erkannt? Wer auch immer das Mittelmeer beherrschen wollte, setzte sich darauf fest.

Aber der sprunghafte Mussolini, der übereilt mit einer absolut unzureichend gerüsteten Wehrmacht in den Krieg eingetreten war, um die Verteilung der Beute nicht zu verpassen, schreckte zunächst vor den Risiken eines Landeunternehmens zurück. Und Hitler hatte anderes im Kopf. Nicht einmal später, als er in Weisungen über „Kampf gegen die britische Position im Mittelmeer ... aus Libyen durch Ägypten, aus Bulgarien durch die Türkei und unter Umständen auch aus Transkaukasien durch den Iran" sinnierte, ist ihm die volle strategische Bedeutung der Insel aufgegangen.

*Linke Seite. Oben: Ein britischer Kreuzer nebelt einen Konvoi ein (im Hintergrund), während ein anderer aus allen Rohren seiner 5,25zölligen Buggeschütze auf die den Geleitzug angreifenden italienischen Flotteneinheiten feuert.*
*Unten: Bei einem Angriff auf einen englischen Geleitzug westlich von Malta hat der britische Flugzeugträger „Illustrious" schwere Bombentreffer erhalten. Die Aufbauten an Steuerbord sind weggefegt, das Flugdeck ist aufgerissen, zischend verdampft das Löschwasser auf den rotglühenden Stahlplatten. Trotz der schweren Beschädigungen traf die „Illustrious" sechs Stunden später in Malta ein.*
*Rechts: Sicherungsschiff eines deutschen Geleitzuges im Mittelmeer.*

621
"FL

# Rückschläge für Italien

Am 9. Dezember 1940 begann der britische Oberbefehlshaber in Ägypten, General Sir Archibald Wavell, seine Gegenoffensive in Nordafrika. In einem Überraschungsangriff wurde das Lager Nibeiwa am frühen Morgen erstürmt, der italienische Kommandierende General wurde im Pyjama gefangengenommen. In viertägigen Kämpfen wurde die ganze Sidi-Barani-Stellung aufgerollt. 28300 Italiener gaben sich gefangen. Die britischen Verluste an Gefallenen, Verwundeten und Vermißten betrugen 624 Mann.
Marschall Graziani wollte in einem großen Sprung bis auf Tripolis, die Hauptstadt des italienischen Libyen, zurückgehen. Mussolini verbot dies kategorisch.
Bei Bardia bezogen zwei Schwarzhemden-Divisionen der faschistischen Parteimiliz – laut Mussolini Eliteverbände – und drei Heeresdivisionen in einem riesigen befestigten Lager eine Auffangstellung, nachdem man Sollum an der libysch-ägyptischen Grenze aufgegeben hatte.
Am 3. Januar 1941 überrannten zwei australische Brigaden, unterstützt durch eine Panzergruppe der 7. Panzerdivision und durch die schwere Schiffsartillerie eines Flottenverbandes, auch diese Stellung. Nach zweitägigem Kampf kapitulierten 40000 Italiener. Großbritannien, der Drohung einer deutschen Invasion inzwischen ledig, warf 76000 Mann aus der Heimat nach Ägypten, dazu kamen 50000 Mann aus Australien und Neuseeland. Der Vormarsch an der Küste ging weiter nach Westen, 25000 Italiener streckten in Tobruk die Waffen, der wichtige Hafen mit großen Wasser- und Treibstoffvorräten fiel unzerstört in englische Hand. Marschall Graziani ordnete die Räumung von Bengasi, der Hauptstadt der Cyrenaika, an und rückte mit fünf Divisionen und der Panzerdivision „Babini" auf der Via Balbia in Richtung Tripolis ab. Dabei faßten ihn Panzer der 7. britischen Division weit ausholend in der Flanke. Abermals kapitulierten 25000 Mann italienischer Truppen. Die Libyen-Armee war am Ende ihrer Kraft. Die Stunde der deutschen Waffenhilfe war da.

*Linke Seite: Verladung von Panzern für die deutschen Truppen in Libyen.*
*Rechts oben: Die Generäle Gariboldi und Rommel nehmen im Februar 1941 in Tripolis die erste Parade des Deutschen Afrikakorps ab.*
*Rechts: Motorisierte deutsche Truppen auf dem Vormarsch.*

# Krieg in der Wüste

130 000 Gefangene hatten die Italiener in Afrika auf ihrem Rückzug bis Libyen eingebüßt. Ihre Kampfkraft war gebrochen. Hitler, dem die Vorbereitung des Rußlandfeldzuges wichtiger war, betrachtete Afrika als störenden Nebenkriegsschauplatz. Ein italienischer Zusammenbruch mit seinen negativen psychologischen Auswirkungen mußte jedoch vermieden werden. Der deutsche Sperrverband unter Rommel sollte die italienische Front stabilisieren, vorerst aber nicht offensiv werden.

*Oben: Zu Beginn des Krieges bediente sich die italienische Führung auch eingeborener Kamel-Meldereiter.*
*Links: Libysche Flaktruppen in Erwartung eines Luftangriffs.*
*Rechte Seite. Oben: Ein Panzer des Afrikakorps explodiert bei Bengasi.*
*Unten: Ein englischer Mark IV ist in Brand geschossen. Ein Mann der Besatzung hat sich ins Freie retten können; auf allen vieren kriecht er von dem gefährlichen Panzer weg.*

# Soldatenleben in Afrika

„I. Den in Afrika eingesetzten deutschen Wehrmachtsangehörigen (auch Einzelkommandierten) wird für die Dauer ihrer Anwesenheit auf dem afrikanischen Kontinent eine tägliche Zulage in folgender Höhe gewährt:
Mannschaften 2,– RM
Unteroffiziere 3,– RM
Offiziere 4,– RM
Wehrmachtsbeamte erhalten die Zulage in der ihrem Dienstgrad entsprechenden Höhe.
II. Die Afrikazulage steht nur den auf afrikanischem Boden untergebrachten Wehrmachtsangehörigen zu.
III. Die Afrikazulage stellt eine Urlaubs- und Erholungsbeihilfe dar. Sie ist daher in Afrika nicht auszuzahlen, sondern den Empfangsberechtigten gutzuschreiben und bei Beendigung des Afrikaeinsatzes bzw. bei Beurlaubungen außerhalb Afrikas auszuzahlen.
IV. Bei Dienstreisen, Kommandos und Urlaub innerhalb Afrikas, bei Krankheit und Verwundungen (Revier- oder Lazarettaufnahme in Afrika) wird die Afrikazulage weitergewährt.
V. Für die Dauer von Dienstreisen, Kommandos und Urlaub außerhalb Afrikas, bei selbstverschuldeter Krankheit, bei unerlaubter Entfernung und Fahnenflucht, bei Untersuchungshaft, vorläufiger Festnahme, Dienstenthebung sowie bei Freiheitsstrafen, bei Gefangenschaft, Internierung oder Vermißtsein steht die Afrikazulage nicht zu.
VI. In Afrika nichteingesetzten Wehrmachtsangehörigen steht bei Dienstreisen von außerafrikanischen Gebieten nach Afrika die Zulage nicht zu.
VII. Die Afrikazulage ist steuerfrei und wird auf andere Zulagen nicht angerechnet.
VIII. Im Todesfall ist die bis zum Todestag berechnete Afrikazulage der Witwe, den ehelichen, für ehelich erklärten und an Kindes Statt angenommenen Kindern und den Eltern (in dieser Reihenfolge) ohne Anrechnung auf sonstige Bedürfnisse auszuzahlen.
Sonstigen Hinterbliebenen kann mit Zustimmung des Oberkommandos der Wehrmachtteile die Afrikazulage als Beihilfe gewährt werden."
(Dienstanweisung für das Deutsche Afrikakorps)

*Bildleiste links: Postverteilung, Brotausgabe und Kantinenbetrieb in der Wüste.*
*Rechte Seite: Zwei Angehörige des Deutschen Afrikakorps in der den klimatischen Verhältnissen Nordafrikas notdürftig angepaßten Uniform.*

# Luftwaffe in Afrika

Nicht nur Rommels Panzer wurden in Nordafrika der Schrecken des Gegners, auch die Luftwaffe erwarb sich auf diesem Kriegsschauplatz Lorbeeren. Ihr Zusammenwirken mit den Erdtruppen war von ungewöhnlicher Präzision. Die italienische Luftwaffe unterstützte in Nordafrika ihre deutschen Verbündeten durch Begleitjäger. Ansonsten konzentrierte sie sich mehr auf den Schutz der Geleitzüge im Mittelmeer und die Angriffe auf Malta.

*Oben: Eine Ju 88 wird mit 500-Kilo-Bomben beladen.*
*Links: „Stern von Afrika" nannten sie ihn: Hans-Joachim Marseille, der erfolgreichste Flieger des südlichen Kriegsschauplatzes. 101 Abschüsse zeigt das Leitwerk seiner Maschine. Bis zu seinem Tod am 30. September 1942 erzielte er noch 57 weitere.*
*Rechte Seite: Eine Focke Wulf Fw 190 nach geglücktem Angriff auf ein britisches Fahrzeug.*

## Panzer, MG und Artillerie

*Oben: Eine schwere Batterie beim direkten Beschuß. Bei den schnell wechselnden Situationen im Wüstenkrieg mußten sich die Artilleristen nicht selten Feindpanzer im direkten Beschuß vom Leibe halten.*
*Links: Vorgeschobener Gefechtsvorposten mit einem schweren Maschinengewehr. Das Ausheben der Deckungslöcher im steinigen Boden bedeutete stundenlange harte Knochenarbeit.*
*Rechte Seite: Kettenfahrzeuge des Deutschen Afrikakorps werden verladen. Mit der Ausweitung des Afrikafeldzuges wurde das Nachschubproblem zur Schicksalsfrage. Der Bedarf an Nachschub wuchs, seine Heranschaffung wurde immer schwieriger.*

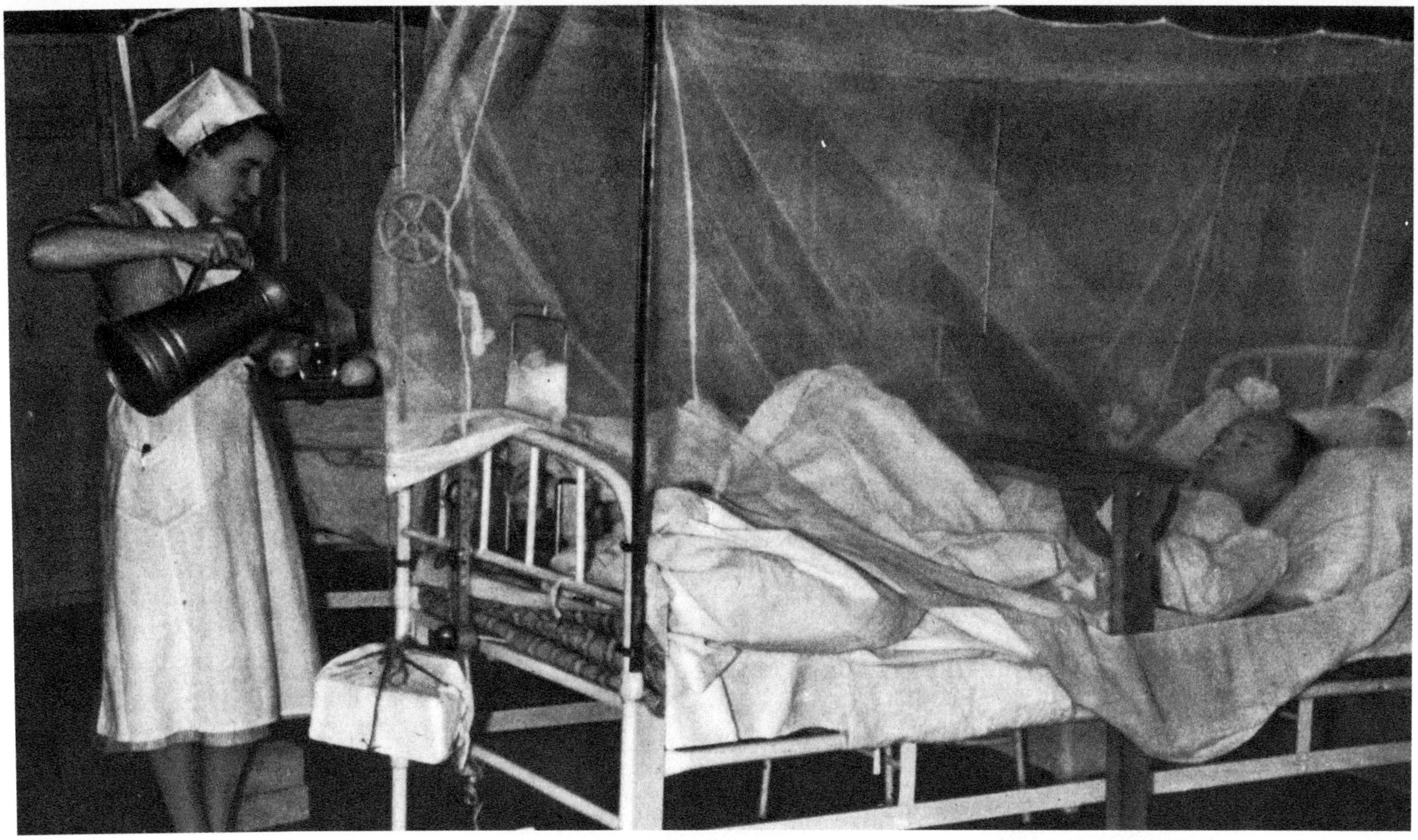

# Gefangene, Verwundete und Tote

Hart war das Los der Verwundeten an allen Fronten. In Afrika kam noch die mörderische Hitze bei Tage und die empfindliche Kälte bei Nacht hinzu. Der quälende Durst konnte zudem nicht immer gelöscht werden, wenn etwa das Kampfgeschehen die Versorgung fast völlig behinderte.

*Linke Seite. Oben: In langer Schlangenlinie bewegt sich eine italienische motorisierte Nachschubkolonne durch die Libysche Wüste. Mitte: Die Zugmaschinen ihrer Pakgeschütze sind mit dem torpedierten Transportschiff im Mittelmeer versunken. Da müssen sich die Fallschirmjäger selbst bemühen, und sie ziehen und schieben. Unten: Der Weg in die Gefangenschaft ist nie angenehm; Sand und Sonne machen ihn für die britischen Soldaten doppelt unerfreulich.*
*Oben: Die Verwundeten des afrikanischen Feldzuges wurden, soweit es eben ging, auf dem Luftweg abtransportiert, zumeist nach Sizilien. In deutschen Lazaretten fanden sie dann, hinter Moskitonetzen, Pflege.*
*Rechts: Kreuze erzählen, daß hier am Rande der afrikanischen Wüste deutsche Soldaten ihre letzte Ruhestätte gefunden haben.*

## Britische Gegenoffensive

Rommels im März 1941 begonnene Offensive hatte sich unerwartet zum stürmischen Vormarsch entwickelt. Mit der Einnahme des Halfaja-Passes stand am 15. April das Deutsche Afrika-Korps unmittelbar an der ägyptischen Grenze. Im Mai eroberten die Engländer den Paß zurück, verloren ihn aber wenige Tage später wieder an die Deutschen. Auch der britische Versuch, beim Unternehmen „Battleaxe" am 15. Juni diese Schlüsselstellung aufzubrechen, scheiterte. Doch weit hinter der deutschen Front hielt sich noch immer die Festung Tobruk. Am 18. Oktober starteten die Briten das Unternehmen „Crusader", es entwickelte sich die „Schlacht am Totensonntag". Am Jahresende stand Rommel wieder in El Agheila, am Ausgangspunkt seiner Offensive.
In der Silvesternacht um 24 Uhr feuerten seine Soldaten kurz aus allen Rohren in den Himmel – und sangen das Deutschlandlied, priesen das „Deutschland über alles", das sie in die Wüste geschickt hatte. Die britische 22. Panzerbrigade funkte nach Kairo: „Das Deutsche Afrika-Korps sang gestern nacht in seinen Feldstellungen die deutsche Nationalhymne. Wir sollten uns nicht darüber täuschen, daß diese von einem ungebrochenen Offizier befehligten Soldaten nicht bereit sind, den Kampf aufzugeben."
Am 17. Januar kapitulierte auch am Halfaja-Paß die ausgemergelte Truppe. Der deutsche Wehrmachtbericht meldete, sie hätte bis zur letzten Patrone gekämpft. Aber Munition war noch da, nur kein Wasser. Der Halfaja-Paß war wieder in englischer Hand. Niemand hätte um diese Zeit geglaubt, daß hier noch einmal deutsche Soldaten auftauchen sollten.

*Links: Flaggenehrung einer Jagdgruppe vor dem Feindflug: Unter der Überschrift „Symbol des Sieges" stilisiert die Propaganda-Illustrierte „Signal" den harten Luftkrieg über Nordafrika auf diesem Foto zur Heldenidylle.*
*Rechte Seite: Im Dezember 1941 begannen die Empire-Streitkräfte ihre zweite Gegenoffensive in Nordafrika, diesmal unter General Auchinleck. Oben: Das von deutsch-italienischen Truppen vergeblich bestürmte Tobruk wird von den Briten besetzt. Unten: Von südafrikanischen Truppen genommene oder in Brand geschossene deutsche Panzer und Fahrzeuge.*

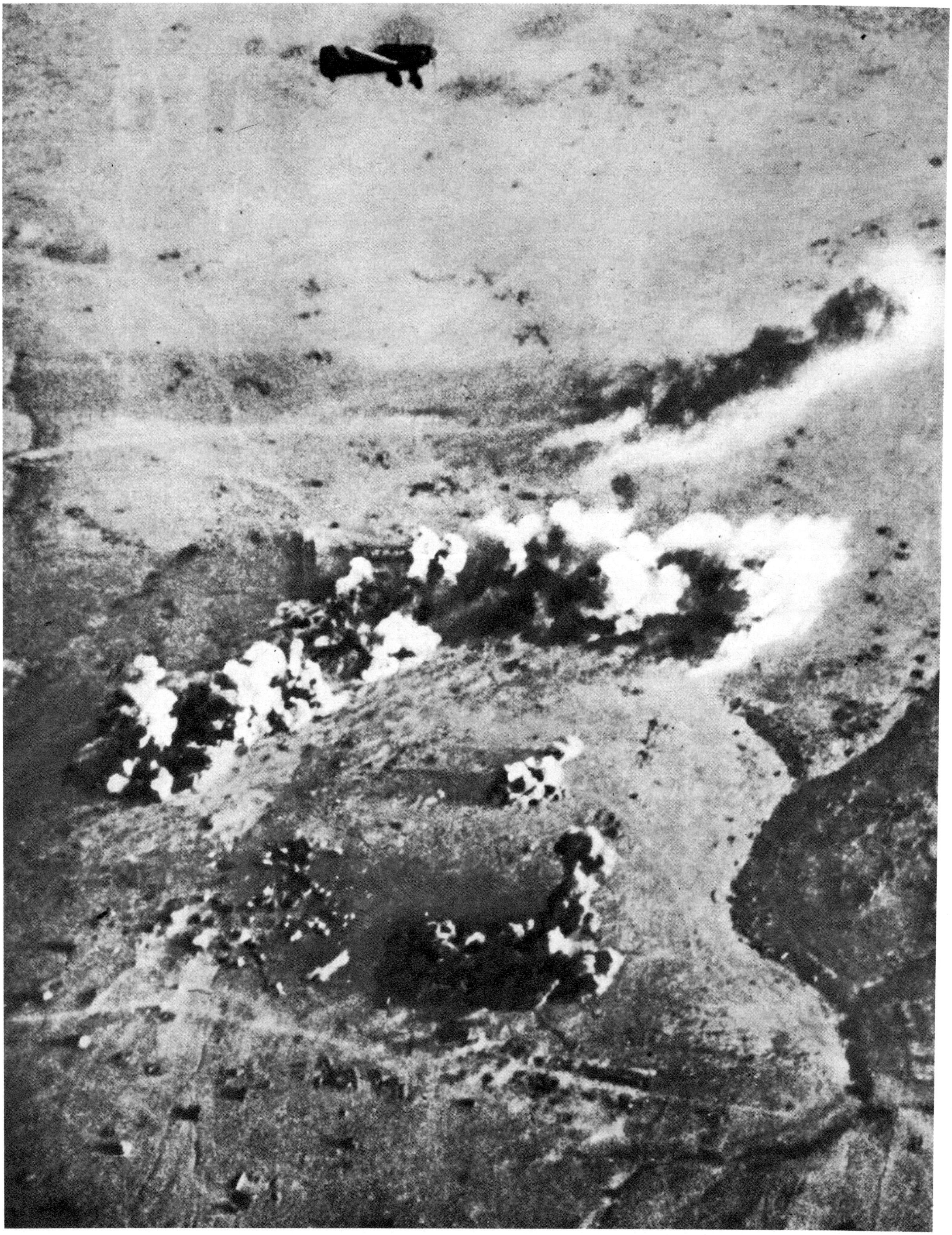

# Um die Cyrenaika

Im Januar 1942 rechneten die Engländer mit einem weiteren Rückzug des angeschlagenen Afrika–Korps. Durch ein großangelegtes Täuschungsmanöver bestärkte Rommel sie in diesem Glauben. Am 21. Januar trat er zum Angriff an, um den britischen Aufmarsch zu stören, und es gelang ihm, dem überraschten Gegner die Cyrenaika ein zweites Mal zu entreißen.

*Linke Seite: Eine Ju 87 bombardiert Tobruk. Dieser wichtige Cyrenaika-Hafen war am 11. April 1941 von den Achsentruppen eingeschlossen worden, hatte sich aber, da er über See versorgt wurde, gehalten und war am 10. Dezember durch Auchinleck entsetzt worden.*
*Oben: Deutscher Stoßtrupp hat sich mit Panzerunterstützung an Drahthindernisse vor Tobruk herangearbeitet.*
*Rechts: Rommel mit Offizieren seines Stabes bei der Angriffsplanung.*

# „Man kann ihn nicht anbinden“

Panzerschlacht in der Wüste. Peitschendes Krachen der Kanonen, schwarzer Qualm steht über brennenden Wracks. Unschlüssig bleibt ein Kampfwagen mit dem deutschen Balkenkreuz stehen, offenbar peilt der Kommandant die Lage. Da staubt von hinten ein Kübelwagen heran, ein junger Offizier springt heraus, eine Brechstange in der Hand. Er drischt dröhnend gegen die stählernen Flanken des Tanks, aus dem auffliegenden Turmluk starrt ein völlig verblüfftes Gesicht. Und im Kübelwagen stemmt sich ein Mann mit gegerbtem Gesicht, geflochtene Schulterstücke auf dem Ledermantel, ruckartig in die Höhe und schreit mit schwäbischem Akzent: „Fahrt's los! Angriffe werden nicht im Stehen gefahren!“ Der Mann im Kübel ist Generaloberst Rommel, die Brechstange schwingt sein Ordonnanzoffizier, Oberleutnant Freiherr von Schlippenbach. Die Brechstange hat in Rommels Fahrzeug, dem Kübel oder seinem Panzerspähwagen „Greif“, für solche Fälle ständig bereitzuliegen. Kein Zweifel, daß nur ein solcher Mann es fertigbringen konnte, die unglaublichen Leistungen aus einer Truppe herauszuholen, die das Deutsche Afrika-Korps vollbrachte. Kein Zweifel aber auch, daß Rommel seinen Ia mehr als einmal an den Rand der Verzweiflung brachte, wenn er für Entscheidungen gebraucht wurde und unauffindbar im Getümmel steckte. Generalfeldmarschall Kesselring verfolgte Rommels Generalstabschef Gause, den ein Artillerieeinschlag gegen einen Panzer geschleudert hatte, einmal bis ins Lazarett: „So geht's nicht! Der Generaloberst ist doch kein Divisions- oder Korpskommandeur mehr. Als Armeeführer muß er erreichbar sein, das müssen Sie ihm beibringen!“ Der geplagte Generalmajor Gause konnte nur die Achseln zukken: „Man kann ihn nun mal nicht anbinden...“

*Linke Seite: Im raschen Tempo des Wüstenkrieges bedurfte es genauer Kenntnis über die Bewegungen des Gegners. Gut getarnte Vorposten sorgten dafür.*
*Rechts oben: Eine vor Marsa Matruk aufgebaute britische Artilleriestellung, die sich als eine aus Attrappen errichtete Scheinstellung erwies. Der Krieg in der Wüste wurde von beiden Seiten mit den Mitteln listiger Täuschung des Gegners geführt.*
*Rechts: Rommels siegreiche Truppen rücken in das bezwungene Tobruk ein.*

# Wettrennen zum Nil

Nach der Eroberung von Tobruk drang Rommel darauf, ohne Zeitverlust weiter nach Osten zu stoßen. Die Verfolgung der geschlagenen Briten wurde zum Wettrennen nach Alexandria. In Kairo wurden bereits Akten verbrannt und Stäbe evakuiert. Vor El Alamein jedoch wurde Rommels zusammengeschmolzene Streitmacht gebremst. Auf britischer Seite hatte Rommel einen neuen Gegenspieler, Montgomery, der ihm an Erfindungsgeist ebenbürtig war.

*Oben: Britische Geschütze in einer Wüstenstellung. Die Artilleristen haben Uniform- und Wäschestücke an Leinen aufgehängt. Bei jedem Schuß stäubt der Sand in dichten Wolken auf.*
*Links: Am Halfaja-Paß, der sich an der libysch-ägyptischen Grenze hinzieht. Im Hintergrund das Mittelmeer.*
*Rechte Seite. Oben: Die Besatzung eines bewegungsunfähig geschossenen deutschen Panzers wird zur Übergabe gezwungen. Unten: General Montgomery (mit Brille) erläutert einem amerikanischen Besucher die Stellungen bei El Alamein.*

*Australische Truppen überrennen im September 1942 eine deutsche Stellung bei Tel el Eisa. Gemälde von Ivor Hele.*

# Die Schlacht von El Alamein

90 Kilometer vor Alexandria, beim Dorf El Alamein, blieben Rommels Panzer in einer Material- und Abnutzungsschlacht von Weltkrieg I-Ausmaß stecken. „Die Deutschen können eine lange Schlacht nicht durchhalten", hatte General Montgomery vor der Schlacht gesagt. „Wir können es." Er sollte recht behalten.

*Oben: Ein hinter der britischen Front gelegenes Munitionslager ist getroffen und geht in die Luft.*
*Links: General Thoma, kurze Zeit Kommandeur des Afrika-Korps, am 4. November bei El Alamein gefangen (rechts), und der ausgesprochen unmilitärisch-zwanglos gekleidete General Montgomery (links). Die Unterredung scheint sich noch in den ritterlichen Formen abzuspielen, die auf diesem nordafrikanischen Kriegsschauplatz von beiden Seiten gewahrt wurden.*
*Rechte Seite. Oben: Hinter einem dichten Nebelschleier gehen australische Truppen zum entscheidenden Angriff auf die gegnerischen Stellungen vor. Unten: Bei dem Versuch, durch die Linien neuseeländischer Empire-Truppen durchzubrechen, ist dieser deutsche Panzer bewegungsunfähig geschossen und die Besatzung zur Ergebung gezwungen worden.*

*Ein Gigant im wahrsten Sinne des Wortes war der sechsmotorige Transporter Messerschmitt Me 323 „Gigant". Das Großraumflugzeug konnte 22 t Nutzlast (= ein Panzer IV oder eine 8,8 cm-Flak mit Zugmaschine oder 130 voll ausgerüstete Soldaten) befördern. Die Spannweite betrug 55 m, die Länge 28,15 m. Die 6 Motoren zu je 990 PS verliehen der Me 323 eine Geschwindigkeit von 170 – 220 km/h. Die Landung erfolgte mit Bremsfallschirmen. Die Normalbewaffnung von 5 x 13 mm MG wurde bei Einsätzen als Flakkreuzer bis auf 16 MG-Stände erhöht.*
*Links: Ein „Gigant" auf einem Flugplatz im Südosten.*
*Oben: Flug über die Gebirgsketten des Balkans.*

## Kriegsmarine in nördlichen Gewässern

Neben Heer und Luftwaffe behauptete die junge deutsche Kriegsmarine in schwieriger Situation ihren Platz. Das Schwergewicht der Seekriegführung lag zweifellos bei den U-Booten; aber auch den anderen großen und kleinen Einheiten war im Krieg mit dem seemächtigen England eine Fülle von Aufgaben zugemessen, die bei der zahlenmäßigen Schwäche der deutschen Kriegsmarine äußerste Anspannung aller Kräfte erforderte. In nördlichen Gewässern war das, zumal im Winter, ein harter Dienst.

*Oben: Schnellboote, eisbedeckt, bei einem Vorstoß in nördliche Breiten.*
*Links: Schneebedeckt liegt das vom Atlantik-Einsatz heimgekehrte U-Boot im Hafen*
*Rechte Seite. Oben: Eisschollen auf dem Deck, Eiszapfen an der Reling, die Geschützüberzüge eisüberkrustet, das ist das winterliche Gesicht des deutschen Kreuzers. Unten: Auch das patrouillierende Vorpostenboot hat der Winter in Schnee und Eis gehüllt.*

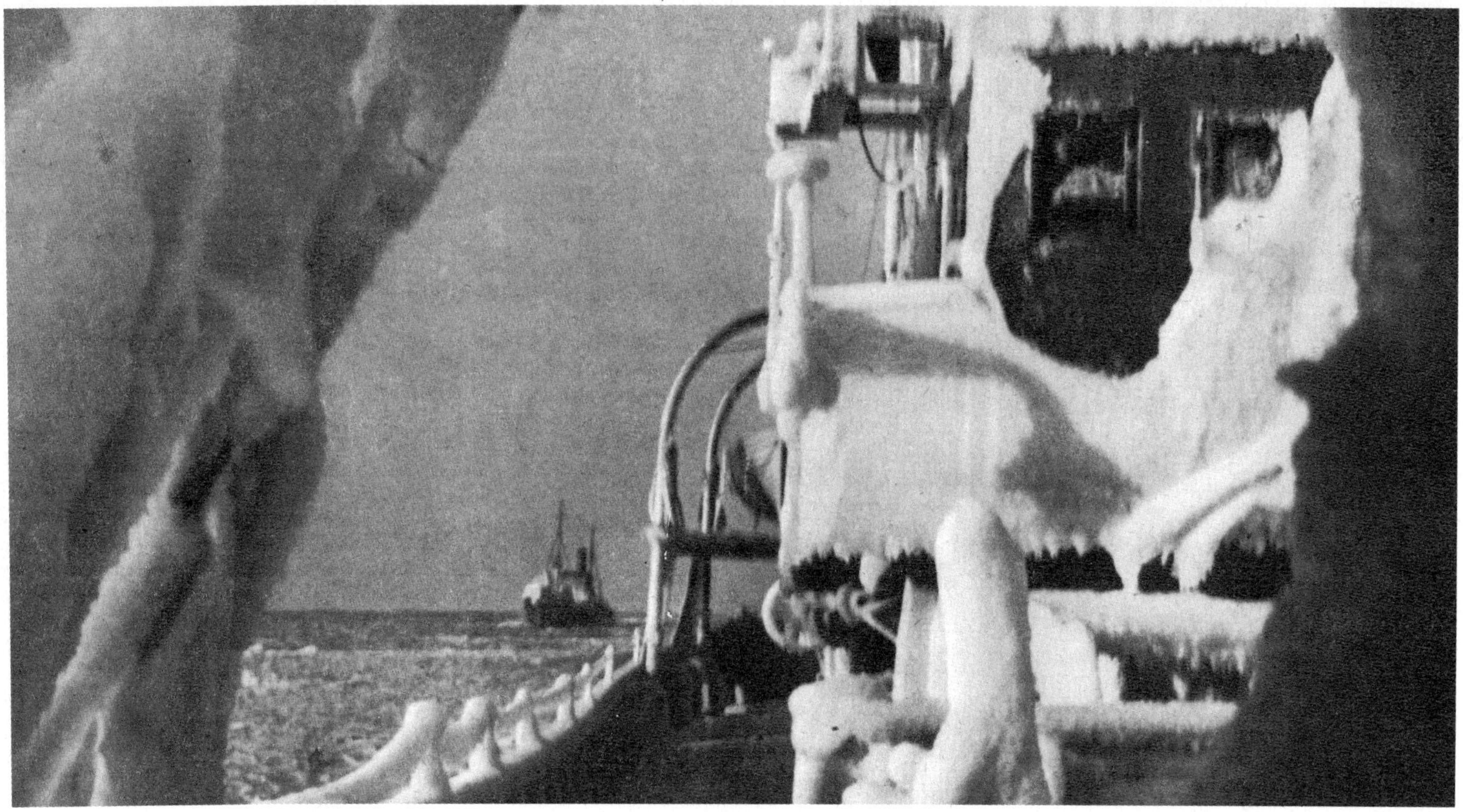

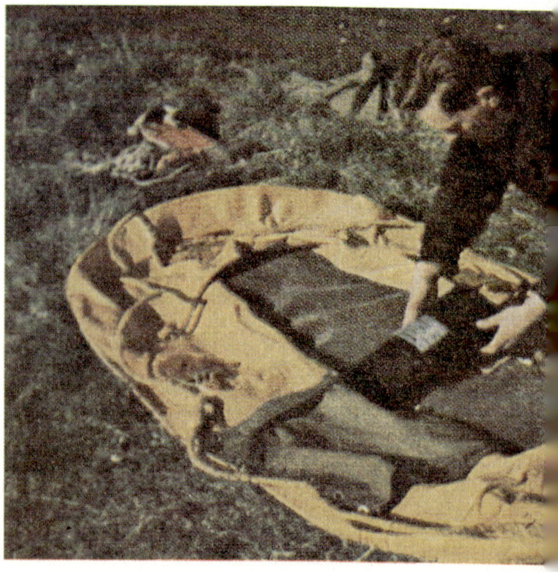

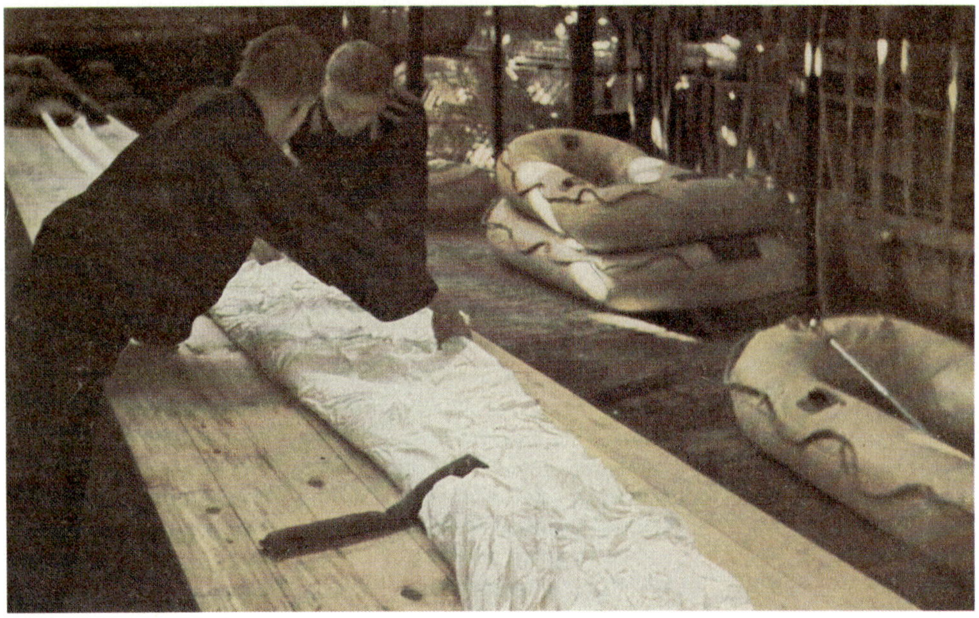

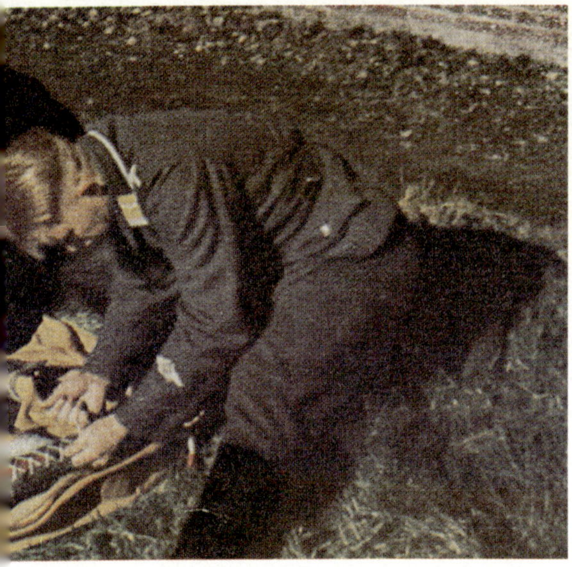

## Seenot-Rettung

*Im Kampf gegen die britische Insel lag das Operationsgebiet der Luftwaffe größtenteils über dem Meere. Sah sich der Flieger gezwungen, über dem Wasser niederzugehen, so geriet er in eine fatalere Lage als bei Notlandung auf festem Boden. Notwasserung bedeutete: sich aus einer Gefahr in die andere retten. Da halfen die mitgeführten Schlauchboote, in die die Flugzeugbesatzung umstieg. Ein regelmäßiger Suchdienst war eingerichtet; patrouillierende Flugzeuge meldeten ihre Beobachtungen durch Funkspruch, und Flugsicherungsboote kamen zu Hilfe.*

## Schlachtschiff „Bismarck“

Zu den großen Tragödien der Marinegeschichte gehört unbedingt die Fahrt des Schlachtschiffes „Bismarck“ im Mai 1941. Ein undeutlicher Kampfauftrag, schlechte Zusammenarbeit mit der Luftwaffe, mangelnde Geheimhaltung – das Schiff wurde von einer verblendeten Führung in ein Unternehmen geschickt, das gar nicht gutgehen konnte. Denn für die Seemacht England bedeutete das Auftauchen des gefürchteten Schlachtschiffes in ihren Gewässern eine tödliche Herausforderung.
Entdeckt und gemeldet beim Ausmarsch, stieß die „Bismarck“-Gruppe (das Schlachtschiff wurde von dem Schweren Kreuzer „Prinz Eugen“ begleitet) vor der Dänemarkstraße auf britische Bewacher, schüttelte diese ab und wurde nach Passieren der Straße vom schnellen Schlachtkreuzer „Hood“ und dem neuen Schlachtschiff „Prince of Wales“ langsam aufgeholt. Die Briten, nicht die bedrängten Deutschen, eröffneten das Gefecht. Nach fünf Minuten flog die „Hood“ in die Luft, die „Prince of Wales“ drehte schwerbeschädigt ab.
Flottenchef Lütjens, dessen Flaggschiff wegen eines Treffers an Fahrt etwas verloren hatte, beschloß, Brest aufzusuchen, um die an sich nicht lebensbedrohlichen, aber behindernden Trefferschäden beseitigen zu lassen. Auf dem Weg nach Brest („Prinz Eugen“ war inzwischen entlassen) erhielt die „Bismarck“ beim Angriff alter Doppeldecker des zur Force H (Gibraltar) gehörigen Trägers „Ark Royal“ einen Zufallstreffer in die Ruderanlage. Die Bismarck war danach stark manövrierbehindert. Im Endkampf, zu dem es am Morgen des 27. Mai 1941 mit dem neuen

Schlachtschiff „King George V.“ und dem älteren Schlachtschiff „Rodney“ ab 08.47 Uhr kam, hatte die „Bismarck“ keine Chance. Mehr oder weniger nur noch Zielscheibe, wehrte sie sich verzweifelt, wurde aber an Oberdeck zum brennenden Wrack geschossen, und – nach dem Befehl, das Schiff (das innerhalb des Panzers völlig intakt und betriebsfähig war) zu verlassen, durch Sprengen des im Durchmesser halbmetergroßen Kühlwassereintrittrohrs selbstversenkt.
Schon vorher hatten die beiden britischen Schlachtschiffe wegen Ölmangels das Gefecht abbrechen müssen und die „Restarbeit“ den Schweren Kreuzern „Norfolk“ und „Dorsetshire“ mit Torpedos überlassen. Die „Bismarck“, zur Stunde das größte und stärkste Schlachtschiff der Welt, sank um 10.36 Uhr. Gerettet wurden nur 115 Mann.

*Linke Seite. Oben: Die „Bismarck“, mit 35 000 Tonnen das größte und modernste deutsche Schlachtschiff. Mitte: In einem norwegischen Fjord bei Bergen wurden die beiden Schiffe vor ihrem Auslaufen mit einem neuen Tarnanstrich versehen. Unten: Ölübernahme auf hoher See, im Vordergrund „Prinz Eugen“, hinten im Schlepp die „Bismarck“. Rechte Seite: Das Gefecht zwischen „Bismarck“ und „Prinz Eugen“ auf deutscher und „Hood“ und „Prince of Wales“ auf englischer Seite, aufgenommen von Bord der „Prinz Eugen“.*
*Oben: „Bismarck“ im Kampf gegen den Schlachtkreuzer „Hood“. Das Mündungsfeuer einer Vollsalve beleuchtet die Aufbauten des deutschen Schlachtschiffes.*
*Rechts und unten: Zielwechsel auf „Prince of Wales“. „Bismarck“ nunmehr hinter dem Schweren Kreuzer.*

# Treibstoffversorgung

Je weiter die deutschen U-Boote ihre Jagdreviere ausdehnten, je mehr ihr Betätigungsfeld aus den Gewässern rund um England in die ferne Weite des Atlantischen Ozeans verlegt wurde, um so brennender wurde die Frage der Treibstoffergänzung. Nur wenn dieses Problem befriedigend gelöst war, konnten wochenlange Fernfahrten durchgeführt werden. Es galt nicht mehr und nicht weniger, als den U-Booten die Unabhängigkeit von der heimischen Operationsbasis in der Brennstoffversorgung zu sichern. Diesem Zweck diente die Errichtung schwimmender Tankstellen mitten im Atlantischen Ozean. Auch sie mußten der Feindsicht entzogen sein; es kamen also nur Untersee-Tankschiffe in Frage. Bei ihnen, über deren jeweiligen Standort sie durch Funksprüche auf dem laufenden gehalten wurden, sammelten sich die ölhungrigen U-Boote, und es waren manchmal ganze Rudel, die sich dort einfanden. Diese Begegnungen in der Wasserwüste des Ozeans boten den einzelnen Kommandanten den weiteren Vorteil persönlicher Verständigung untereinander.

*Oben: An einer U-Boot-„Tankstelle“ im Südatlantik. Von allen Seiten sind die brennstoffbedürftigen U-Boote herbeigeeilt und umlagern den aufgetauchten U-Tanker, um Öl zu „fassen“. Vom Turm des Tankers aus wird durch Winkersignale dafür gesorgt, daß der Verkehr sich in geregelten Bahnen abwickelt.*
*Mitte: Die der Abfertigung harrenden U-Boote haben unterdessen einen Bootsverkehr untereinander organisiert.*
*Unten: Zwischen dem Tanker im Vordergrund (links sein Sehrohr) und dem U-Boot rechts ist die Verbindung hergestellt. Durch die Rohrleitung, deren Verlauf die kugelförmigen Bojen anzeigen, wird der Treibstoff in das U-Boot gepumpt.*
*Rechte Seite: „Ein Kommandant und sein Obersteuermann. Nach erfolggekrönter Feindfahrt lehnen sie nebeneinander am Schanzkleid des Turms. Der Obersteuermann ist dem U-Boot-Kommandanten für die oft sehr schwierige Navigation verantwortlich.“*
*(Originaltext aus „Signal“.)*

# Unternehmen „Cerberus“

Mit allen Mitteln versuchte der Gegner, Brest als Operationsbasis und Reparaturwerft für deutsche Überwasserseestreitkräfte auszuschalten, einmal durch Minensperren, zum anderen durch vermehrte Luftangriffe auf die hier zur Zeit liegenden Schlachtschiffe „Gneisenau“ und „Scharnhorst“, die wegen Bombenschäden nicht in See gehen konnten. Dann traf es auch die inzwischen eingekommene „Prinz Eugen“. Und wieder und wieder die anderen Einheiten und Docks. Was blieb, war nur noch eine schnellstmögliche Verlegung, quasi eine Flucht vor der neuen, bislang nicht einkalkulierten Bedrohung aus der Luft.

Wohl die größte Leistung bei dem meisterhaft gelungenen Kanaldurchbruch dieser drei Einheiten ist seine Geheimhaltung und Tarnung – und das über einen Agenten des AA aus Dublin gefunkte „gute“, d. h. neblig-diesige Wetter. Gesichert von Sperrbrechern, Zerstörern, M-Booten, Räumbooten und Flugzeugen der Luftflotte 3, glückte am 12. Februar 1942 der Ausbruch aus Brest und der Durchbruch durch den britisch-kontrollierten Englischen Kanal. Erst in der Enge Dover-Calais entdeckte man die deutsche Kampfgruppe, die trotz jetzt einsetzender Angriffe aus der Luft und von See her deutsche Häfen erreichte, „Scharnhorst“ allerdings mit zwei, „Gneisenau“ mit einem Grundminentreffer.

Militärisch allerdings war nichts gewonnen. Mit den Schiffen war in Wilhelmshaven genauso wenig anzufangen wie vordem in Brest. Übrig blieb allein der Propagandaknüller vom „Anklopfen an Englands Haustür“.

*Links oben: „Prinz Eugen“ im Hafen von Brest, gegen Fliegersicht getarnt.*
*Links Mitte: Vierlingsflak der „Prinz Eugen“ im Abwehrkampf gegen britische Bombenflugzeuge. Im Hintergrund links „Scharnhorst“ und „Gneisenau“.*
*Links unten: Englische Fliegerbomben fallen in bedrohlicher Nähe der deutschen schweren Einheiten.*
*Rechte Seite: Am 12. Februar 1942 dampften die Schlachtschiffe „Scharnhorst“ und „Gneisenau“ und der Schwere Kreuzer „Prinz Eugen“ durch die Straße von Dover. Eine Serie von Pannen bei den Engländern ermöglichte das Gelingen des Unternehmens „Cerberus“.*
*Das Bild zeigt „Gneisenau“, aufgenommen von „Prinz Eugen“.*

*Vor einem Schnellboot-Wohnschiff bereiten sich S-Boote, im Päckchen nebeneinander vertäut, auf den nächsten Einsatz vor.*

## U-Boote

Deutschland besaß am 1. September 1939 nur 56 U-Boote, von denen gerade 46 verwendbar waren. Im Laufe des ersten Kriegsjahres gingen 28 Boote verloren und genau 28 neue kamen hinzu, die zum größten Teil jedoch mit der Erprobung und der Ausbildung neuer Besatzungen in der Ostsee beschäftigt waren; andere befanden sich in Reparatur.
Von den 27 Front-Booten des September 1940 stand nur die Hälfte am Feind, während die andere Hälfte hin- und zurückmarschierte.

*Oben: Im ersten Kriegsjahr hatten die deutschen U-Boote noch wenig Erfolge. Einzeln fahrend fanden sie in der Weite des Atlantiks oft wochenlang überhaupt nichts, oder sie trafen auf Geleitzüge, mit denen sie allein nicht fertig wurden.*
*Links: BdU Admiral Dönitz, zeichnet eine erfolgreiche Besatzung aus.*
*Rechte Seite. Oben: Ein deutsches U-Boot ist aufgetaucht und hat einen feindlichen Frachter gestoppt. Unten: Ein Tanker brennt. Der U-Boot-Kommandant beobachtet vom Turm aus die Wirkung des Angriffs.*

Fahrtstörungssignale

## Das Unterseeboot in der Kunst

*Oben: Im Turm eines deutschen U-Bootes halten der Kommandant und zwei Besatzungsmitglieder nach Beute Ausschau; Gemälde von Rudolf Hausknecht.*
*Links: Den Untergang eines deutschen U-Bootes hält das amerikanische Kriegsgemälde fest.*

*Ein amerikanischer Geleitzug pflügt durch die stürmischen Seen des Nordatlantik.*

Gesellschafts-Inseln
Phönix-Inseln
Cook-Inseln
Samoa-Inseln
Fidji-Inseln
6
5
4
3
7
8
Neue Hebriden
Salomon-Inseln
Neu-Caledonien
9
2
Bismarck-Archipel
NEU-SEELAND
1
NEU-GUINEA
10
AUSTRALIEN

# Krise des U-Bootkrieges

„Der Grund der augenblicklichen Krisis des U-Boot-Krieges ist die erhebliche Zunahme der Luftwaffe des Gegners. In der Enge Island-Faröer ist durch Horchdienst jetzt an einem Tage die gleiche Zahl von Flugzeugen festgestellt, die noch vor Wochen dort nur innerhalb einer Woche auftraten. Ferner Einsatz von Flugzeugträgern bei den Geleitzügen im Nordatlantik, so daß die gesamten Straßen des Nordatlantik jetzt von der feindlichen Luftwaffe überwacht sind.

Die U-Boot-Krisis würde jedoch durch die Zunahme der Flugzeuge allein nicht erfolgt sein. Das Ausschlaggebende ist, daß die Flugzeuge durch ein neues Ortungsgerät, das auch anscheinend von Überwasserfahrzeugen angewandt wird, in der Lage sind, die U-Boote zu orten und bei tiefer Wolkendecke, Unsichtigkeit oder bei Nacht dann überraschend anzugreifen.

Hätten die Flugzeuge das Ortungsmittel nicht, so würden sie z. B. bei grober See oder bei Nacht keinesfalls das U-Boot erkennen können. Entsprechend verteilen sich auch die Verluste. Der weitaus größte Teil der U-Boot-Verluste ist durch Flugzeuge erfolgt. Der Anteil an Seestreitkräften ist nur gering, obwohl infolge einer besonders unglücklichen Wetterlage (plötzlich eintretender Nebel) bei der Geleitzugoperation am 8. Mai in diesem Monat verhältnismäßig viele U-Boote (fünf) durch Zerstörer überrascht werden konnten. Diese Überraschung im Nebel ist auch wieder nur durch Ortungsgeräte möglich gewesen. Die Verluste sind im letzten Monat von bisher etwa 14 U-Booten, d. h. 13 Prozent der in See befindlichen U-Boote, auf 36, wenn nicht 37, d. h. rund 30 Prozent der in See befindlichen U-Boote, angestiegen. Die Verluste sind zu hoch. Es kommt darauf an, jetzt Kräfte zu sparen, andernfalls würde nur das Geschäft des Gegners betrieben werden..."
(Vortrag des Großadmirals Dönitz vor Hitler, 31. Mai 1943.)

*Linke Seite: Die Kaperfahrt des Hilfskreuzers „Orion" 1940/41.*
*Rechts oben: Ölverschmierter Schiffbrüchiger an Bord eines deutschen U-Bootes.*
*Rechts: Einer der Überlebenden von U 175 ruft im Wasser treibend um Hilfe.*

## Geleitzugschlachten

Das Fahren im Geleitzug brachte der alliierten Schiffahrt nicht nur Vorteile: Die Züge mußten umständlich gesammelt werden, und während der Fahrt wurde das Tempo vom langsamsten Schiff bestimmt. Und wenn es den deutschen U-Booten gelang, in Rudeln an den Zug heranzukommen, verwandelte sich auch der Vorteil des Geleitzugsystems – geschlossenes Fahren als Schutz gegen einzeln angreifende U-Boote – in einen Nachteil: Ein Teil der „grauen Wölfe" beschäftigte die Abwehr, der andere schoß aus dem Dampfergedränge die fettesten Brocken heraus.

*Oben: Ein Tanker, mittschiffs getroffen, geht unter.*
*Unten links: Fangschuß für einen 11 000-Tonnen-Frachter.*
*Unten Mitte: Ein U-Boot-Mann beobachtet den Untergang.*
*Rechte Seite. Oben links: Angeseilt führt der Maschinenmaat eine Ausbesserungsarbeit außenbords aus. Oben rechts: Das auf der Brücke gesetzte Segel meldet, daß das heimkehrende U-Boot mit dem letzten Tropfen Öl gerade noch nach Hause kommt. Unten: Der einzige Überlebende eines britischen U-Boot-Jägers rettet sich im Schlauchtboot in deutsche Kriegsgefangenschaft.*

*Minenräumboote auf hoher Fahrstufe bei Kap Nord. Zu neuem Einsatz marschiert der Verband in die Biskaya.*

# Unternehmen Barbarossa

*Rechte Seite. Oben: Beim Staatsbesuch Molotows in Berlin am 12./13. November 1940 versuchte Hitler, dem sowjetischen Außenminister ein Engagement in Europa auszureden – ohne Erfolg. Unten: Das Zweckbündnis des deutsch-russischen Freundschafts- und Nichtangriffspaktes vom 23. August 1939 war nach knapp zwei Jahren vorbei. Hitler setzte auf Krieg. Am Morgen des 22. Juni 1941 verlas Reichsaußenminister von Ribbentrop im Bundesratssaal des Auswärtigen Amtes vor der deutschen und ausländischen Presse die Note der Reichsregierung an die Sowjetunion, die den Beginn des Krieges bekanntgab.*

Am 22. Juni 1941 kommt zwischen dem Schwarzen Meer und Nordfinnland eine Lawine ins Rollen. Mit über drei Millionen Soldaten, 600 000 Kraftfahrzeugen, 3500 Panzern und 7134 Geschützen aller Kaliber, unterstützt von 2740 Flugzeugen, greift Hitler die Sowjetunion an. Die Wehrmacht, das deutsche Volk erfahren als Begründung für diesen Schritt, Stalin habe einen Großangriff vorbereitet, ihm sei Hitler in letzter Minute zuvorgekommen. Zufällig fällt der Beginn des Angriffs auf den gleichen Tag, an dem Napoleon 1812 mit einer Armee aus fast allen Völkern Europas den Njemen überschritt, um Rußland niederzuwerfen. Wie dieses Abenteuer geendet hat, weiß jedes Schulkind. Ursprünglich war die Ostoffensive für den Mai 1941 geplant. Der Balkanfeldzug hat alle Berechnungen über den Haufen geworfen. Es ist nun schon spät, der Sommer in Rußland ist nicht lang. Aber Hitler verkündet, einen Winterfeldzug im Osten werde es gar nicht geben.

Am 12. und 13. November 1940 war der sowjetische Außenminister W. Molotow mit Hitler in Berlin zusammengetroffen. Hitler verfolgte das Ziel, der Sowjetunion den Beitritt zum Dreimächtepakt schmackhaft zu machen, um sie im Kampf gegen England und das britische Empire im Vorderen Orient einzuspannen und damit von Ost- und Südosteuropa abzulenken. Molotow und mit ihm Stalin bewegten ganz andere Vorstellungen: die Wahrnehmung alter russischer Interessen auf dem Balkan, vor allem die Gewinnung der Meerengen am Bosporus. Die Unterredungen blieben ohne Ergebnis. Am Abend heulten die Luftschutzsirenen in Berlin. Britische Langstrecken-Flugzeuge erschienen über der Reichshauptstadt, um den Sowjets zu zeigen, daß die britische Luftwaffe jedes Ziel in Deutschland erreichen könne.

Am 18. Dezember 1940 erging die „Führer-Weisung Nr. 21“: Vorbereitung des Unternehmens „Barbarossa“ – Angriff auf die Sowjetunion. Der Deckname, der an den ersten großen Stauferkaiser erinnerte, war nicht von ungefähr gewählt. Hitlers Heeresadjutant Major Engel vertraute einem Bekannten an, der sich nach den historischen Vorbildern Hitlers erkundigte, der „Führer“ sähe sich inzwischen als Nachfolger der mittelalterlichen Herrscher des Heiligen Römischen Reiches. Nur wollte er der deutschen Politik eine andere Richtung geben. Im Osten läge die Zukunft für die Deutschen, nicht mehr in Italien. Daß Kaiser Friedrich I. Barbarossa 1190 auf dem ersten Kreuzzug ins Heilige Land einen jähen Tod nach einem zu kalten Bad gefunden hatte, schien seinen selbsternannten Nachfolger nicht zu stören.

Der Aufmarschplan gegen die Sowjetunion, den der Chef des Generalstabes Generaloberst Halder, und sein Stellvertreter, General der Panzertruppen Friedrich Paulus, bearbeiten, sieht als Hauptziel die rasche Eroberung der Hauptstadt Moskau vor. Dementsprechend wird die Heeresgruppe Mitte unter Generalfeldmarschall v.Bock mit der 2., 4. und 9. Armee mit den beiden Panzer-Gruppen (Armeen) 2 und 3 ausgestattet. Die Heeresgruppen Süd (Generalfeldmarschall v.Rundstedt) und Nord (Generalfeldmarschall Ritter v.Leeb) mit drei beziehungsweise zwei Armeen, erhalten jeweils nur eine Panzergruppe. Zu Rundstedt treten zwei rumänische Armeen. Rumänien und Finnland sind – um begrenzter nationaler Ziele willen – bereit, sich am Feldzug zu beteiligen. Hoch im Norden soll das Armeeoberkommando Norwegen unter Generaloberst v.Falkenhorst mit den Gebirgstruppen General Dietls und finnischen Streitkräften den wichtigen Eismeerhafen Murmansk nehmen. Finnische Verbände sollen sich auch an der Einnahme Leningrads beteiligen.

Hitler billigt zwar den Aufmarschplan, vertritt aber ganz entgegengesetzte Ziele. Die Wegnahme Moskaus sei gar nicht das Hauptziel. Wichtig sei die Entscheidung auf den Flügeln, die Eroberung der Ukraine, des erzreichen Donezbeckens des Kaukasus mit seinen Ölrevieren. Vordringlich sei im Norden die Einnahme von Leningrad, der „Brutstätte“ des Bolschewismus. Damit ergibt sich ein Auseinanderklaffen der Operationsziele, was Halder und der sehr vorsichtige, Auseinandersetzungen mit Hitler kaum gewachsene Oberbefehlshaber des Heeres v.Brauchitsch hinnehmen, wohl in der Hoffnung, der Kriegsverlauf werde ihnen bald recht geben. Hitler ist hingegen der Überzeugung, zu gegebener Zeit werde er dem Oberkommando des Heeres schon seinen Willen aufzwingen.

Weit Schlimmeres geschieht. Am 30. März 1941 erklärt Hitler vor den höchsten Offizieren aller drei Wehrmachtteile, im Krieg gegen einen gnadenlosen Feind wie den Bolschewismus müsse man von den alten Vorstellungen von ritterlicher Kampfführung Abschied nehmen. Hier handele es sich um einen Krieg der Weltanschauungen. Die Ansprache Hitlers löst bei vielen hohen Offizieren, bei vielen Generalstabsoffizieren eine zunächst verborgene Gewissenskrise aus. Den Heeresgruppen werden Sonderkommandos des SD, des Sicherheitsdienstes der SS, für „polizeiliche“ Zwecke beigegeben. Sie sind nicht dem

*Totenschädel, Kreuze und Blutlachen gehörten zum Standardrepertoire jeder antisowjetischen Karikatur. Arbeitete die deutsche Propaganda gegen die Alliierten ohnehin schon mit groben Mitteln – im „Weltanschauungskrieg“ gegen den Bolschewismus war ihr das Krasseste und Wüsteste gerade recht.*

Heer unterstellt, sondern dem Reichsführer SS Himmler beziehungsweise dem Leiter des Reichssicherheitshauptamtes Heydrich. Im Frühjahr 1941 ergehen weitere Befehle im Sinn ideologischer Kriegführung gegen das bolschewistische „Untermenschentum“. Die „Kommissare“, das heißt die sowjetischen Politoffiziere, denen die kommunistische Ausrichtung der Truppe, aber auch deren sonstige Betreuung obliegt, sind im Kampf „niederzumachen“ oder bei Gefangennahme auszusondern und den SD-Kommandos zu überstellen. Der sogenannte „Barbarossa“-Gerichtsbarkeitsbefehl hebt die Zuständigkeit der Kriegsgerichte bei Vergehen der Truppe gegen die Zivilbevölkerung auf. Generalfeldmarschall v.Brauchitsch, um die Disziplin seiner Einheiten besorgt, erläßt einen neuen Befehl, der die schärfste Wahrung der herkömmlichen Manneszucht verlangt.

Alle diese internen Konflikte berühren die Truppe wenig oder gar nicht. An Warnern vor dem russischen Abenteuer fehlt es nicht, begonnen bei Reichsmarschall Göring und beim Chef des Oberkommandos der Wehrmacht Generalfeldmarschall Keitel. Hitler wischt alle Bedenken vom Tisch. Als der Oberquartiermeister I im Generalstab, General Paulus, ihn auf das Problem der Ausrüstung der Truppe für einen Winterkrieg anspricht, fährt ihn Hitler an: Es werde keinen Winterkrieg geben, dafür werde er Sorge tragen. Als Generalfeldmarschall v.Reichenau, Oberbefehlshaber der 6. Armee im Südabschnitt, seine Kommandierenden Generale in ihre Aufgaben einweist, erläutert er ihnen auch die Ansicht Hitlers, in wenigen Wochen werde alles vorbei, der Feldzug siegreich abgeschlossen sein. Dies geschieht vor einer großen Karte Rußlands. Der Generalfeldmarschall, das blitzende Monokel fest eingeklemmt, schweigt einen Augenblick. Dann sagt er kurz: „Hoffentlich behält der Führer recht.“

Und der Gegner? Im Süden kommandiert der alte Reitermarschall Budjonny die sowjetische „Südwestfront“ (Heeresgruppe), in der Mitte Armeegeneral Pawlow die „Westfront“. Pawlow verschwindet bald nach den ersten fürchterlichen Niederlagen und wird durch Marschall Timoschenko ersetzt. Im Norden befehligt Marschall Woroschilow die „Nordwestfront“. Budjonny, Timoschenko und Woroschilow sind alte Bürgerkriegskommandeure. Von moderner Großkampfführung haben sie nur begrenzte Vorstellungen. Natürlich haben die Sowjets angesichts des gewaltigen deutschen Aufmarsches, der ihnen ja nicht verborgen bleiben konnte, ihrerseits einen riesigen Sicherungsaufmarsch eingeleitet. Die deutsche Führung kann die Stärke des Gegners nur schätzen. Man rechnet mit 4,1 Millionen Mann, fast 14 000 Panzern, 4600 zum Teil veralteten Bombern und Jägern. Diese Truppenmassen scheinen Hitlers These vom geplanten „Überfall“ zu bestätigen. Aber Stalin verbietet hartnäckig, die Westfront in Kriegsbereitschaft zu versetzen. Er weigert sich, allen Warnungen zum Trotz, an Angriffsabsichten Hitlers zu glauben. Wir besitzen keine Quellen, die erkennen lassen, was er auf lange Sicht gedacht oder was er geplant hat. 1941 will er jedenfalls keinen Zusammenprall mit der deutschen Wehrmacht. Die Vermutung liegt nahe, daß er nach den Erfahrungen des „Winterkrieges“ gegen Finnland glaubte, die eigene Armee könne einer deutschen Offensive nicht standhalten. Außerdem bietet sich eine zweite Frage an: Was konnte ihm als Haupt des kommunistischen Weltlagers lieber sein als ein langer Krieg zwischen den kapitalistischen Westmächten, in dem sich diese selbst ruinierten?

Das deutsche Heer, das am 22. Juni 1941 im Osten antritt, ist bisher in allen Feldzügen Sieger geblieben. Die Truppe glaubt felsenfest an den neuen Sieg in den Weiten Rußlands. Amerikanische Generalstabsoffiziere schätzen damals die Chancen der Roten Armee sehr gering ein. Die deutsche Taktik läuft darauf hinaus, mit Panzerkeilen weit überholend in den Gegner hineinzustoßen und große Truppenmassen einzukesseln. Die Heeresgruppe Mitte mit ihren beiden Panzergruppen erringt auf diese Weise Ende Juni/Anfang Juli 1941 den ersten klassischen Sieg in der Doppelschlacht von Bialystok und Minsk. 300 000 Mann sowjetischer Truppen werden gefangengenommen. Schlachten an der Düna und am oberen Dnjepr folgen, Smolensk wird genommen. Bereits am 3. Juli notiert Generaloberst Halder erleichtert, der Krieg sei gewonnen, aber noch nicht beendet.

Die Kette deutscher Siege reißt nicht ab. Im Baltikum stößt die Heeresgruppe Nord durch Litauen und Lettland auf Estland und schickt sich zum Vorgehen auf Leningrad an. Die Zahl der Kriegsgefangenen steigt. Tausende von Überläufern finden sich bei den deutschen Truppen ein. An vielen Orten empfängt die Bevölkerung die deutschen Soldaten als „Befreier“. Sie ahnt nicht, daß hinter den deutschen Truppen die Zivil- und Wirtschaftsverwaltung der Partei Hitlers naht, daß sie nur einen Tyrannen gegen einen anderen austauscht. Die Sowjetarmee erleidet zwar Niederlagen, aber sie ist nicht besiegt. Stalin, bisher Erster Sekretär des Zentralkomitees, übernimmt selbst den Vorsitz im Rat der

Volkskommissare und den Oberbefehl über die Streitkräfte und proklamiert in einem Appell an den altrussischen Patriotismus den „Großen Vaterländischen Krieg". In Großbritannien schließt Churchill sofort ein Bündnis mit Stalin gegen Hitler und bietet Material- und eventuell auch Truppenhilfe im Kaukasus an. Churchills Motto lautet: Gegen Hitler würde er sich auch mit dem Teufel verbinden. Kriegsmaterial aus Großbritannien nimmt Stalin gern entgegen. Ein Erscheinen britischer Truppen auf sowjetischem Territorium lehnt er mißtrauisch ab. Sowjetische und britisch-indische Truppen zwingen jedoch in einer gemeinsamen Aktion den Schah des Iran, sein Land für Transporte von Kriegsmaterial vom Persischen Golf her zu öffnen.

Durch Europa geht eine Welle antibolschewistischer Kreuzzugsstimmung. Auch in den besetzten Gebieten, in Frankreich, Belgien, den Niederlanden, Dänemark und Norwegen melden sich Freiwillige, nicht um für Hitler, sondern um gegen Stalin zu kämpfen. Italien stellt ein Expeditionskorps von drei motorisierten Divisionen zur Verfügung, die im Spätsommer in der Ukraine eintreffen, die Slowakei schließt sich mit zwei Divisionen und einer Schnellen Brigade den Deutschen an, auch Ungarn, das Königreich ohne König, erklärt sich nach einigem Zögern bereit, ein Korps auf den Ostkriegsschauplatz zu entsenden. General Franco schickt einen Freiwilligenverband, die „Blaue Division", nach Rußland, bei strikter Wahrung der Nichtkriegführung gegenüber dem Westen. Schließlich hat ihn Hitler im Bürgerkrieg mit einer Luftwaffeneinheit, der „Legion Condor", und Lehrtruppen des Heeres unterstützt. Außerdem scheint sich der Sieg rasch Hitler zuzuneigen. Auch der nach dem Zusammenbruch Jugoslawiens geschaffene neue Staat Kroatien beteiligt sich mit Truppen am Ostfeldzug.

In der dörrenden Sommerhitze vollbringen die deutschen Soldaten, die Infanterie wie die Panzer-Divisionen, schier unmögliche Leistungen. Anfang August 1941 muß die Heeresgruppe Mitte, auf halbem Weg vor Moskau stehend, allerdings eine Pause einlegen. Für Hitler ergibt sich folgendes Bild: Während im Zentrum und im Norden die deutsche Offensive im Großen und Ganzen dem Plan entsprechend verlaufen ist, befindet sich die Heeresgruppe Süd noch immer in der Westukraine in schweren Kämpfen westlich des Dnjepr gegen die „Südwestfront" des Marschalls Budjonny. Der Gegner hält hier gewissermaßen einen Frontbogen nach Westen. Wie ist es, wenn man hier zu einer Riesenkesselschlacht ansetzt, Kräfte von der Heeresgruppe Mitte, vor allem Guderians Panzergruppe 2, abzweigt und zur Umfassung Budjonnys vom Rücken her antritt?

Brauchitsch, Bock und Halder halten am Operationsziel Moskau fest. Vor dem Winter muß man die Hauptstadt erreicht haben. Ihrer Überzeugung nach ist dies auch möglich. Auch Guderian ist dieser Meinung. Die lange hinausgeschobene Krise über die Führung des Gesamtfeldzuges kommt zum Ausbruch. Brauchitsch und Halder sträuben sich gegen Hitlers Absichten, sie schicken Guderian vor, damit er Hitler den ganzen Plan der Kesselschlacht ausredet. Guderian fühlt sich von ihnen im Stich gelassen, als er sich bei Hitler meldet – und läßt sich von diesem überzeugen. Erst soll die Kesselschlacht im Raum von Kiew geschlagen werden. Damit gewinnt man den Zugang zur Ostukraine, zum Donezrevier, zum Unterlauf des Don. Dann will Hitler im Zentrum zum Sturm auf Moskau ansetzen. Und was er will, geschieht. Stalin tut ihm sogar den Gefallen, und schiebt Budjonny noch neue Kräfte zu. Am 21. August beginnt die Riesenschlacht um Kiew. Im September schließen die Panzergruppe 1 des Generalobersten v.Kleist und die Gruppe Guderians im Rücken der „Südwestfront" den Ring um die Sowjets. Über 600 000 Mann sowjetischer Truppen geraten in Kriegsgefangenschaft. Stalin hat Budjonny, den er nicht missen will, noch rechtzeitig abberufen. Dessen Nachfolger, Generaloberst Kirponos, findet den Tod.

Muß der Gegner jetzt nicht zusammenbrechen? Er hält weiter. Die Heeresgruppe Nord kann Leningrad zwar einschließen, aber nicht in einem Zug nehmen. Im äußersten Norden verteidigen die Sowjets zäh den Eismeerhafen Murmansk und die Murmanbahn. In der Ukraine weichen sie vor der Heeresgruppe Süd, die auf das Asowsche Meer, auf die Krim, auf das Donezrevier vordringt, aus, leiten aber eine weitgehende Verlagerung von Industrieeinrichtungen in Gebiete jenseits des Ural ein – eine Leistung, mit der man deutscherseits nie gerechnet hat.

Unterdes bahnt sich im Westen eine neue Entwicklung an. Ein aktives Eingreifen der USA in Europa rückt näher. Während sich Hitler und seine Generale über den Marsch auf Moskau oder Kiew streiten, formulieren der amerikanische Präsident Roosevelt und Premierminister Churchill bei einer Zusammenkunft im Atlantik an Bord des amerikanischen Kreuzers „Augusta" die sogenannte Atlantik-Charta, Grundzüge für eine künftige Weltordnung für alle – ausgenommen die Achsenmächte unter ihren gegenwärtigen Regimen. Sie enthält ein Bekenntnis zu einem Dasein

*„Menschenfresser Hitler" soll nicht die ganze Welt verspeisen. Auch die Propaganda der Sowjets griff tief in die Mottenkiste der Greuel. Blut und abgenagte Knochen mußten immer dabeisein.*

*Am 12. August 1941 trafen sich Roosevelt und Churchill an Bord des US-Kreuzers „Augusta“ und des britischen Schlachtschiffes „Prince of Wales“ im Nordatlantik und legten in der „Atlantik-Charta“ die Kriegsziele der Alliierten fest. Dies ermöglichte im weiteren Verlauf des Krieges das immer engere Zusammenwirken der Alliierten und ihrer wirtschaftlichen und militärischen Kräfte an allen Fronten. Als eine Art Antwort auf die „Atlantik-Charta“ verkündete Hitler anläßlich eines Treffens mit Mussolini in seinem Hauptquartier „Wolfsschanze“ in Ostpreußen am 24. August 1941 die „Neuordnung Europas“ nach dem „Endsieg“.*

frei von Not und Furcht, zum Antiimperialismus („Imperialisten“ sind nur die Diktatoren), zu internationaler Zusammenarbeit und zum Verzicht auf jede Gewaltpolitik. Im Januar 1941 haben die ersten geheimen Generalstabsbesprechungen zwischen beiden Mächten stattgefunden. Falls die USA in Europa eingreifen, ist Deutschland das Angriffsziel. Am 11. März 1941 hat der Kongreß das Leih- und Pachtgesetz verabschiedet. Danach ist der Präsident befugt, jedem Land Materialhilfe zu gewähren, dessen Verteidigung er für die USA als lebenswichtig ansieht. Erster Nutznießer ist England. Zweiter Nutznießer wird vom 2. August an die Sowjetunion. Fortan fließt der Strom amerikanischer Waffenlieferungen, Panzer, Lastwagen, Flugzeuge und Kriegsmaterial, über den Persischen Golf durch den Iran oder über die Eismeerroute mit Konvois nach Murmansk – neue Aufgaben für die U-Bootwaffe und die in Norwegen eingesetzte Luftflotte nach sich ziehend.

Admiral Dönitz verfügt gegen Ende des Jahres über 90 frontklare Hochsee-Einheiten, aber 30 von ihnen operieren teils im Mittel- teils im Eismeer, sind abgezogen vom Schwerpunkt der Atlantikschlacht. Der Präsident der USA gibt im Herbst Feuerbefehl für die Marine gegen U-Boote, die westlich einer bestimmten Linie im Atlantik operieren. Amerikanische Truppen lösen die Engländer in der Besetzung von Island ab, das zum Königreich Dänemark gehört. Dafür gelingt der Seekriegsleitung in der Ostsee durch Errichtung einer starken Seesperre zwischen dem Finnischen Meerbusen und den baltischen Inseln die völlige Abriegelung der sowjetischen Ostseeflotte in der Kronstädter Bucht, wo sie unter den Bombenhagel der Luftflotte 1 bei der Heeresgruppe Nord gerät. Doch über dem Atlantik wird der Himmel dunkel.

Noch während der Riesenschlacht um Kiew richtet Stalin ein dringendes Ersuchen an den neuen Verbündeten Churchill, die Engländer sollten eine zweite Front in Westeuropa errichten. Churchill kann das nicht, und er schweigt sich darüber aus, daß eine neue Front im Luftkrieg im Werden ist: 1942 kann das britische Bomberkommando unter Luftmarschall Sir Arthur Harris die ersten Massenangriffe schwerer Bomber starten, denen die Deutschen

nichts, nicht einmal ausreichend Jagdschutz, entgegenzusetzen haben. Die zweite mächtige Fernbomberwaffe ist in den USA im Entstehen.
Noch während der Kesselschlacht von Kiew gibt Hitler, offenbar jetzt wieder getrieben von hektischer Nervosität, am 6. September 1941 die „Weisung Nr. 35“ heraus: Vorbereitung der Schlacht um Moskau.
Guderians 2. Panzerarmee (wie die neue Bezeichnung lautet) wird von Südosten her auf Moskau marschieren. Dem Generalfeldmarschall v.Leeb, der Leningrad belagert, ohne es nehmen zu können, wird die 4. Panzer-Armee des Generaloberst Erich Hoepner genommen. Sie soll von Nordwesten auf Moskau vorstoßen. Im Zentrum wird Generalfeldmarschall v.Bock mit letzter Kraft angreifen. In Hitlers Kopf existieren wüste Vorstellungen: Moskau soll nicht nur genommen, es soll dem Erdboden gleich gemacht werden. Im übrigen verfährt er jetzt mit Panzerarmeen als gehe es um friderizianisches Bataillonsexerzieren. Der Verschleiß von Mensch und Material existiert für ihn nicht. Aber dieser Verschleiß ist spürbar. Alle Verbände haben seit dem 22. Juni Leistungen vollbracht, die kein Mensch für möglich gehalten hätte. Und der Ersatz aus der Heimat fließt spärlich, vor allem was die Nachlieferung von Panzern angeht. Die Versorgung mit Winterbekleidung soll zwar anrollen – so Generaloberst Halder. Doch nun offenbart sich ein Grundfehler in der Planung Hitlers. Er hat die Motorisierung auf dem militärischen wie dem zivilen Sektor im Frieden vorangetrieben und darüber den Ausbau des Schienennetzes vernachlässigt. Jede seiner bisherigen Aufmarschplanungen beruhte noch auf dem Schienennetz. Rußland aber hatte seit Zarenzeiten ein anderes Spursystem als die europäischen Eisenbahnen. Die Reichsbahn, die für den Osteinsatz mobilisiert wird, muß die Gleise auf deutsche Maße umstellen. Jede Vorausberechnung des Nachschubverkehrs wird fehlerhaft. Die Winterbekleidung kommt nicht mehr rechtzeitig heran. Nur die Luftwaffe, die einstweilen noch seit dem 22. Juni die Herrschaft über dem russischen Luftraum, jedenfalls dem Operationsgebiet, hat, ist vorbereitet, dank ihres jungen Generalstabschefs Generaloberst Hans Jeschonnek, der das Vertrauen des Reichsmarschalls besitzt.
Am 2. Oktober 1941, bei strahlendem Oktoberwetter, beginnt das Unternehmen „Taifun“. Stalin soll den Fangstoß erhalten. Am 3. Oktober 1941 erklärt Hitler in einer seiner immer seltener werdenden Großansprachen – diesmal zur Eröffnung des „Winterhilfswerkes“ in Berlin: „Dieser Gegner ist bereits gebrochen und wird sich nie mehr erheben.“ Generalfeldmarschall v.Bock, Oberbefehlshaber Mitte, ist überzeugt, daß der Durchbruch auf Moskau gelingt. In einer neuen Riesen-Doppelschlacht zwischen Wjasma - Brjansk wird die sowjetische „Westfront“ unter Marschall Budjonny zerschlagen. Abermals gehen wie bei Kiew 600 000 sowjetische Soldaten in Kriegsgefangenschaft. Um ein Haar wäre auch der ex-zaristische Dragonerwachtmeister Marschall Budjonny in deutsche Gefangenschaft geraten. Am 7. Oktober verbietet Hitler kategorisch jede Annahme einer Kapitulation von Moskau.
Stalin betraut einen der kommenden großen Soldaten der Roten Armee, Armeegeneral Schukow, mit dem Oberbefehl über die „Westfront“. In Moskau wird der Belagerungszustand erklärt. Die Arbeitermilizen werden aufgeboten, die ausländischen Diplomaten evakuiert. Panik selbst in den Parteibüros. Hohe Behörden „verlagern“ nach Osten.
Die deutschen Verbände setzen – offenbar unaufhaltsam – ihren Vormarsch fort. Deutsche Luftwaffenverbände greifen mit Kampfflugzeugen Moskau an. Jetzt werden schwere Bomber gebraucht. Man hat sie nie gebaut. Die Oktobersonne verlischt. Die berüchtigte russische Schlammperiode setzt ein. „Taifun“, so rasend bei Wjasma und Brjansk begonnen, kommt zum Erliegen. Soll man auf den ersten Frost hoffen? Man muß es tun, aber dahinter lauert für die abgekämpften und nur noch bedingt einsatzfähigen Verbände der grausame russische Winter.
Setzt hier vor Moskau die tödliche Krise ein? Noch nicht! Die Krise beginnt bei der Heeresgruppe Süd. In rastlosen Verfolgungskämpfen nach dem Sieg bei Kiew haben sich Generalfeldmarschall v.Rundstedts Verbände weit zerfasert. Reichenaus 6. Armee nimmt Kiew. General v. Manstein mit der 11. Armee erobert die Krim und die Halbinsel Kertsch, bleibt aber vor der sehr starken See- und Landfestung Sewastopol stecken. Die 1. Panzerarmee Generaloberst v. Kleists und die 17. Armee nehmen Rostow an der Mündung des Don ins Schwarze Meer. Die Sowjets halten, immer unter Niederlagen, ja gehen sogar wieder zum Gegenangriff über. Von der Wegnahme des Kaukasus ist keine Rede mehr. Rundstedt muß Rostow wieder räumen. Für den Winter bleibt nur die Einnahme einer Abfangstellung hinter dem Mius-Fluß. Die Kräfte seiner Verbände sind erschöpft. Hitler reagiert in seinem Bunkerhauptquartier „Wolfsschanze“ bei Rastenburg in Ostpreußen unwillig. Rundstedt wird abgelöst. Nachfolger

*Unter der Propellernase einer Me 109 läßt sich Erhard Milch, Staatssekretär im Luftfahrtministerium (links), von Professor Willy Messerschmitt die Eigenschaften des neuen Flugzeugs erklären. Der ehemalige Lufthansa-Direktor Milch leistete als Görings Stellvertreter Entscheidendes für den Aufbau der deutschen Luftwaffe.*

wird Generalfeldmarschall v.Reichenau, wiederum ein Mann der vordersten Front, für den das Herz der Truppe schlägt. Reichenau, ein völlig souveräner Kopf, weiß sehr gut, wie man mit dem „Führer" umgehen muß. Er kennt ihn ja seit 1932. Er tut, was notwendig ist, nimmt die Heeresgruppe hinter den Mius zurück, ruft persönlich im Führerhauptquartier an und verkündet Hitler, er habe soeben eine Maßnahme ergriffen, welche ganz in des „Führers" Sinne sei: Er habe die Heeresgruppe hinter den Mius-Fluß zurückgenommen. In solchen Fällen ist Hitler perplex. Er murmelt dann irgendetwas: „Ja, Sie führen ja schon gut". Aber diese Methode des Umganges mit dem schwierigen Mann an der Spitze braucht Zivilcourage. Reichenau besitzt sie, ebenso General Model – ein neuer Mann, der bald an der Spitze der 9. Armee ins Spiel kommen wird-, auch Generalfeldmarschall Kesselring in seiner ruhigen, immer gütig wirkenden Art. Manstein, der Stratege, zieht sich dagegen auf das Urteil zurück, mit Diktatoren könne man nicht verhandeln.

Die Krise in den höchsten Kommandostellen des Heeres schwelt weiter. Auch das Oberkommando der Luftwaffe wird von ihr erfaßt. Am 20. November 1941 erfährt die deutsche Öffentlichkeit, der Generalluftzeugmeister Generaloberst Ernst Udet, sei „bei der Erprobung einer neuen Waffe" tödlich verunglückt. Udet, hochdekorierter Fliegeroffizier des Ersten Weltkrieges, darauf Kunstflieger und Filmheld, Schöpfer des „Stuka", des Sturzkampfbombers, hat sich am 17. November in seiner Berliner Privatwohnung erschossen. Er hat gewußt, daß er für die Fehlrüstung der Luftwaffe vor 1939 verantwortlich ist. Aber hat ihm jemals irgendwer gesagt, für welchen Krieg oder daß gar für einen Großluftkrieg gegen England dies dafür erforderliche Instrument gebaut werden müßte. Er hat Hitler und Göring die Zahlen über den Aufbau einer amerikanischen Großbomberwaffe vorgelegt und eine Entscheidung darüber verlangt, ob man nun eine Großjagdwaffe – wie er empfahl – oder eine moderne Fernbomberflotte gegen England bauen solle? Göring hat entgegnet: „Die da drüben kochen auch nur mit Wasser". Hitlers Kommentar: Udet müsse weg, der habe die Nerven verloren ... Der Nachfolger steht bereit, der bisherige Generalinspekteur der Luftwaffe, Generalfeldmarschall Erhard Milch, ein gewandter Manager in Uniform, im Grunde kein Soldat.

Die alten Fliegerkameraden von Ernst Udet rätseln über dessen jähes Sterben. Der Reichsmarschall, ein alter Freund von Udet, hüllt sich in Schweigen. Für das deutsche Ostheer und damit auch für die Luftflotten 1, 2 und 4 beginnt indessen zwischen dem 16. und 17. November die zweite Phase der Schlacht um Moskau. Der Winter setzt in Rußland ein, mit Frost und Schneefällen. Bei Twer (Kalinin) verbeißt sich die Heeresgruppe Mitte in wechselnden Kämpfen. Von Nordwesten her bricht die 4. Panzer-Armee des Generalobersten Hoepner (den seine Leute „den Bullen" nennen) bis zum Wolga-Moskwa-Kanal durch. Von Südwesten her versucht Generaloberst Guderian mit der 2. Panzer-Armee vor Tula, die klassische Waffenschmiede des alten Zarenreiches, weiter voranzukommen. Der Angriff bleibt liegen. Die Kraft der Truppe ist am Ende. Der Winter wird gnadenlos. Aber es ist nicht der „General Winter", über den Marschall Schukow später in seinen Memoiren spotten wird (schließlich hatte die sowjetische Armee den gleichen Winter durchzustehen), – es ist die restlose Überbeanspruchung der deutschen Kräfte durch Hitlers Führungsmethoden, die den Angriff zum Erliegen bringt.

Am 1. Dezember 1941 meldet Generalfeldmarschall v.Bock, bis dato energischer Befürworter der rücksichtslosen Fortführung der Schlacht um Moskau, an das Führerhauptquartier im fernen Ostpreußen, die Truppe sei erschöpft. Seine eigenen physischen Kräfte sind gleichfalls am Ende. Er scheidet bald darauf aus dem Amt und wird durch Generalfeldmarschall v.Kluge ersetzt. An der Front herrschen 30 Grad Kälte. Schneestürme toben. Der Truppe fehlt es an Winterbekleidung (laut Hitler sollte es keinen Winterkrieg geben). Panzer bleiben aus Mangel an Treibstoff liegen, die Munition wird knapp. Das gesamte Nachschubsystem funktioniert nicht mehr. Deutsche Spitzen haben die Vororte Moskaus, 20 Kilometer vom Stadtkern entfernt erreicht.

Stalin hat die Gegenoffensive am 30. November 1941 abgesegnet. Dafür sind die letzten Kräfte (oder die vorläufig letzten?) zusammengefaßt, auch Marine-Einheiten von der in der Kronstädter Bucht blockierten Ostsee- und der Fernostflotte, auch Divisionen aus Sibirien. Neue Namen tauchen unter den sowjetischen Befehlshabern auf, Namen, die noch großen Klang gewinnen werden. Am 5. Dezember 1941 greift der spätere Marschall Konjew mit der „Kalinin-Front" (Heeresgruppe) den Nordflügel von Generalfeldmarschall v.Bock an. Am nächsten Tag, den 6. Dezember, attackiert die reorganisierte „Westfront" unter Schukow den Südflügel Bocks. Marschall Timoschenko mit der „Südwestfront" un-

*Das japanische Kriegsplakat feiert den Angriffsgeist der Söhne Nippons. Japan, das sich in seiner expansiven Außenpolitik durch amerikanische Repressalien behindert sah, hoffte, durch den Eintritt in den Weltkrieg im Dezember 1941 eine günstige Ausgangslage für seine Eroberungspläne im südostasiatischen Raum zu gewinnen.*

*Linke Seite: Inspektion der Mannschaften auf einem deutschen Kriegsschiff. Hitler hatte die Marine immer ein wenig stiefmütterlich behandelt. Ihm, dem einstigen Meldegänger des Ersten Weltkriegs, blieb die See ein fremdes Element. Daher war die deutsche Kriegsmarine im Herbst 1939 noch weniger auf einen Kampf mit der stärksten Seemacht der Erde, England, eingerichtet als die anderen Waffengattungen auf ihre Aufgaben.*

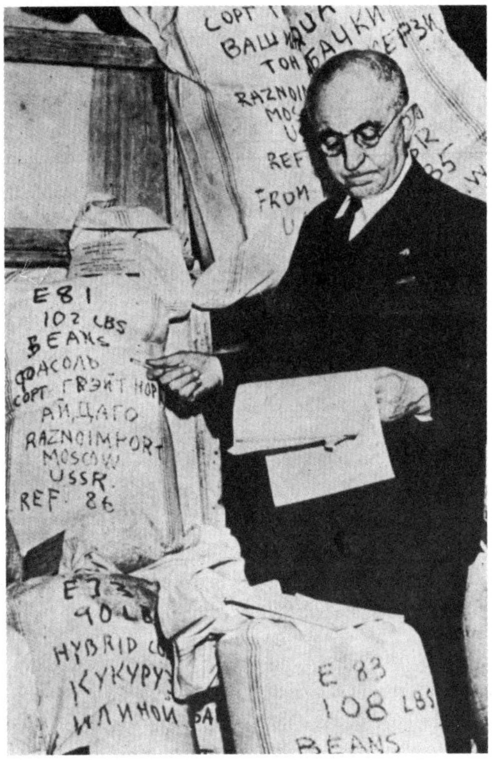


*Ein amerikanischer Beamter inspiziert Lebensmittelsäcke, die an die Sowjetunion geliefert werden sollen. Grundlage der Hilfsaktion war das Leih-Pacht-Gesetz (Lend-Lease-Act) vom 11. März 1941, das den US-Präsidenten ermächtigte, die Staaten mit kriegswichtigen Gütern (Waffen, Schiffe, Fahrzeuge etc.) zu unterstützen, deren Schutz er für die Verteidigung der USA als lebenswichtig ansah. Großbritannien, Staaten des Commonwealth und im Nahen Osten, China und die UdSSR erhielten bis zum September 1946 Güter im Wert von insgesamt 50,6 Milliarden Dollar; davon Großbritannien etwa die Hälfte und die UdSSR rund 11 Milliarden Dollar.*

*Rechte Seite: Holzkreuze als letzte Ehrung für gefallene deutsche Soldaten. Allein in den ersten fünf Monaten des Rußlandfeldzuges verlor das deutsche Heer über 160000 Mann.*

terstützt diese Offensive. Die deutschen Verbände wehren sich verzweifelt, teilweise gibt es auch Versagen, Ausweichen, ja Panik, wenn der „Iwan“ kommt.
Einen Tag nach dem Beginn der für die Rettung Moskaus entscheidenden Offensive Schukows geht eine sensationelle Nachricht über den Rundfunk: Die japanische Flotte hat mit Flugzeugträgereinheiten und Kampfverbänden Pearl Harbor auf Hawaii angegriffen und große Teile der amerikanischen Pazifikflotte versenkt oder jedenfalls schwer beschädigt. Japan bricht aus einem unerträglich gewordenen Druck der USA aus. Eigentlich hätte das Kaiserreich, durch den Dreimächtepakt verpflichtet, Bündnishilfe im Fernen Osten gegen die Sowjetunion leisten müssen. Aber man hatte in Berlin den japanischen Außenminister Matsuoka auf seiner Europa-Reise im Frühjahr 1941 selbstverständlich nicht über die „Barbarossa-Pläne“ informiert. Er hatte einen Nichtangriffspakt mit der UdSSR geschlossen, um den Rücken frei zu haben im nicht enden wollenden Kampf um die endgültige Eroberung Chinas, eine Kampagne, die seit 1937 währte. Außerdem wollte er Japan Handlungsfreiheit gegenüber den USA sichern, die Japans Expansionsdrang zu stoppen versuchten. In Hitlers Sicht war es wiederum wünschenswert (unter der Annahme, mit den Sowjets würde er schon allein fertig werden), daß Japan die Machtpositionen Englands in Südostasien und in Indien angriff. Bündnistreu erklärten jedoch nun Hitler und Mussolini den USA den Krieg, den beide wohl kaum gewollt hatten.
Begleitmusik zur Winter-Tragödie des deutschen Ostheeres vor Moskau. Von der Krim her, wo die 11. Armee Mansteins vor Sewastopol steht, bis hinauf nach Leningrad fällt die deutsche Armee in die Verteidigung zurück. Hitler hat im Fall Narvik, im Fall Dünkirchen schwache Nerven oder Verwirrung an den Tag gelegt. In dieser schweren Stunde trifft er, entgegen dem Rat fast aller Generale, die einzig richtige Entscheidung: Es gibt nur eins: Halten, wo die Truppe steht, oder, in Hitlerscher Manier ausgedrückt, fanatischen Widerstand leisten, sich in den tiefgefrorenen Boden „einkrallen“. Die Generale drängen auf die Zurücknahme ihrer jeweiligen Verbände auf „Winterlinien“. Hitler verbietet dies – und entwickelt daraus die Methode des „Haltens um jeden Preis“, später letzte Weisheit seiner Defensivstrategie.
In dieser Krise wechseln fast alle maßgeblichen hohen Kommandeure an der Front. Rundstedt ist schon abgelöst, Bock geht krankheitshalber. Am 19. Dezember 1941 übernimmt Hitler persönlich den Oberbefehl über das Heer. Der feinnervige – letzte – Oberbefehlshaber des Heeres Generalfeldmarschall v. Brauchitsch, aus alter schlesischer Rittergutsbesitzer- und Generalsfamilie, gibt auf. Er kann Hitler nicht ertragen, Hitler kann ihn nicht ertragen. Herzanfälle haben Brauchitsch wiederholt heimgesucht. Nachdem er die ungeheure seelische Belastung losgeworden ist, erleidet er im Januar 1942 einen schweren Herzinfarkt. Einen Moment war Reichenau als Nachfolger im Gerede. Hitler lehnt ab: Der sei ihm zu „politisch“: „Die Katze läßt das Mausen nicht“.
Am 20. Dezember wird Generaloberst Guderian abgehalftert. Guderian erscheint persönlich im Führerhauptquartier und verlangt die Zurücknahme seiner vor Tula festsitzenden 2. Panzerarmee in gesicherte Winterstellungen. Voll Ingrimm blickt dieser großartige Mann, der mit seinen Soldaten fühlt, die nun in Schnee und Eis den Gegenstoß der Sowjets abfangen müssen, deren Panzerbestände zerschlissen sind, auf die Generalität und die Adjutanten im gut beheizten Hauptquartier und meint, vom Leiden und Sterben an der Front hätten sie keine Ahnung. Zynisch fragt ihn Hitler ob er, Guderian, glaube, daß die Grenadiere Friedrichs des Großen gern für ihren König gestorben seien? Urteil der Adjutanten: Guderians Nerven sind anscheinend verbraucht...
Generaloberst Halder, schwankend zwischen Rücktrittsabsichten und Pflichtgefühl, tröstet sich zunächst mit der Annahme, es ließe sich vielleicht besser mit Hitler direkt arbeiten, ohne das Medium Brauchitsch. Er täuscht sich, zumal Hitler nun in der Kompetenz der Führungsstäbe eine scharfe Trennung schafft: Der Generalstab ist ausschließlich „Gehilfe“ für ihn, den „Führer“, an der Ostfront. Alle anderen Kriegsschauplätze nimmt künftig der Wehrmachtführungsstab unter General Alfred Jodl wahr. Jodl ist ein hochbefähigter Generalstabsoffizier, aber er lebt damals in dem Glauben, daß Hitler tatsächlich der „Größte Feldherr aller Zeiten“ und darum dem traditionellen Generalstab turmhoch überlegen sei. Wie Halder ist auch Jodl bayrischer Offizierssohn. Aber im Gegensatz zu Halder hegt er die Überzeugung, nur Hitlers Person garantiere den Sieg.
Die Führungskrise setzt sich fort, über die Jahreswende hinaus. Generaloberst Hoepner von der 4. Panzer-Armee wird wegen einer mit der Heeresgruppe Mitte abgesprochenen, aus eigener Verantwortung beschlossenen Ausweichbewegung

Uffz. Erich Allhaus
Gefr. Franz Mantler

*Plakate rufen junge Norweger und Dänen zum Eintritt in die Waffen-SS. In Himmlers Vielvölker-Armee stellten das größte Kontingent die Holländer mit rund 50000 Mann. Die Flamen und Wallonen Belgiens brachten je etwa 20000 Mann. Weitere 20000 kamen aus Frankreich. Dänemark und Norwegen lieferten je etwa 6000 Freiwillige, und weitere 1 200 kamen aus Schweden, der Schweiz und aus Luxemburg. Im Verlauf des Rußlandkrieges kamen noch an die 200000 Letten und Esten, Ukrainer und Russen, Kaukasier und Angehörige der Balkanvölker dazu.*

mit Schimpf und Schande aus der Armee ausgestoßen. Generaloberst Strauß (9. Armee), der den schwer zu verteidigenden Rschew-Bogen halten soll und halb aufgegeben hat, legt aus Gesundheitsgründen den Befehl nieder. Im Norden vor Leningrad scheidet Generalfeldmarschall Ritter v.Leeb auf eigenen Wunsch aus, weil er die falsche Führung Hitlers nicht mehr länger verantworten will. Zwei Kommandierende Generale, Förster und Geyer, werden abgelöst wegen eigenmächtiger Rückwärtsbewegungen. Es ist, als besäße Hitler einen sechsten Sinn. Leeb, Hoepner, Geyer waren durchaus keine Freunde des nationalsozialistischen Regimes.

Erstaunlicherweise hält die deutsche Ostfront, von Einzelerscheinungen, lokalem Versagen von Verbänden, die sich weigern, in Schneestürmen und Temperaturen unter minus 30 Grad wieder in den Einsatz zu gehen, abgesehen, bleibt die Moral erstaunlich gut. Der deutsche Soldat fühlt sich noch immer dem „Iwan“ überlegen. Allerdings ist das nach Ansicht des Generalstabs entscheidende Hauptziel Moskau nun für immer verloren. Außenposten wie Rostow an der Mündung des Don in das Schwarze Meer müssen wieder aufgegeben werden. Als auf der Halbinsel Kertsch Generalleutnant Graf v. Sponeck den Rückzug anordnet, um sich drohender Umfassung zu entziehen, verfällt auch er dem Scherbengericht Hitlers und wird zu Festungshaft verurteilt. Sein Oberbefehlshaber v. Manstein von der 11. Armee deckt ihn so wenig, wie Generalfeldmarschall v. Kluge Generaloberst Hoepner gedeckt hat.

Am 16. Dezember 1941 hat Hitler der Heeresgruppe Mitte den Befehl zum „fanatischen Widerstand“ gegeben – den umstrittenen „Halt-Befehl“. Was in diesem Fall – vielleicht als Reaktion auf die eigenen Nervenkrisen bei Narvik und Dünkirchen – objektiv richtig ist, wird später von ihm, wie gesagt, bei dem zu beobachtenden Schwund an geistiger Elastizität, zum widersinnigen Dogma erhoben.

Unter ungeheuren Opfern behaupten sich die deutschen Armeen von der Krim her in Wellenlinien am Mius, am Donez, vor Charkow, bei Orel, im Rschew-Bogen, am Ilmensee und vor Leningrad, das völlig eingeschlossen ist.

Am 3. Juli 1941 hatte der Generalstabschef Generaloberst Halder festgestellt, der Krieg sei gewonnen, aber noch nicht beendet. In seinen Tagesnotizen hat er die – auf innere Nervosität hindeutende – Angewohnheit angenommen, die Tage dieses „gewonnenen Krieges“ seit dem 22. Juni 1941 zu numerieren. Mittwoch, 14. Januar 1942, am 207. Tag, vermerkt er die letzten Verlustmeldungen des Ostheeres: Gefallen sind 7337 Offiziere und 173 455 Unteroffiziere und Mannschaften, verwundet sind 19 564 Offiziere und 628 325 Unteroffiziere und Mannschaften. Vermißt sind 674 Offiziere und 38 611 Unteroffiziere und Mannschaften. Halder berechnet die Gesamtverluste des Ostheeres (Stärke am Berichtstag 10. Januar 1942: 3,2 Millionen Mann) auf 27,12 Prozent. Nicht einbegriffen sind die Kranken, die wegen Frostschäden oder der im Osten auftretenden infektiösen Gelbsucht oder wegen der Ruhr ausfallen.

Dies ist die Bilanz am Ende des Jahres 1941. Hinzu kommt eine weitere Belastung als Folge des Bruches des deutsch-sowjetischen Nichtangriffspaktes durch Hitler. Bislang hat sich die in Moskau sitzende Komintern, die Kommunistische Internationale unter Führung des bulgarischen Exilkommunisten Dimitroff still verhalten müssen, oder sie hat im Falle der Zersetzung der Moral der französischen Armee im Winter 1939/40 sogar indirekt mit dem NS-Regime kooperiert. Deutsche Flieger haben nicht nur deutsches anti-englisches Propagandamaterial, sondern auch kommunistische Flugblätter über Frankreich abgeworfen.

Das hört nun alles auf. Die Komintern hat freie Hand für die antifaschistische Propaganda. Antifaschisten brauchen nicht immer Kommunisten zu sein, unter ihnen finden sich in den von Hitler besetzten Gebieten Konservative, Nationalisten, Demokraten, Sozialisten. Von 1941 an nimmt jedenfalls der „Widerstand“ zunächst in Frankreich, schwächer in Belgien, kaum spürbar zunächst in den Niederlanden, in Dänemark und Norwegen zu. England versucht mit sogenannten Kommandotrupps durch Einzelaktionen, Sabotage und Waffenlieferungen diesen Widerstand zu fördern. Das wiederum erzeugt brutale Reaktionen bei Hitler, der im sogenannten Kommando-Befehl vom 18. Oktober 1942 Terror mit Terror zu beantworten befiehlt und verfügt, Angehörige von Kommandotrupps seien nicht als Kriegsgefangene anzusehen. Immerhin handelt es sich um Soldaten des Gegners, die in einer neuartigen Kampfführung eingesetzt werden. Für manchen deutschen Kommandeur zieht dies neue Gewissenskonflikte nach sich. Dieser Krieg wird zu einer grausamen Schraube ohne Ende. In Serbien nimmt der Partisanenkrieg, der Aufstand gegen die Deutsche Besatzungsmacht im Sommer 1941 sofort schlimme Formen an. Ein in der Weltgeschichte ganz unbekannter Mann taucht auf, ein gebürtiger Kroate namens Josip Broz aus dem Dorf Kumrovec bei Agram (Zagreb), Parteisekretär der winzigen ehemaligen jugoslawischen Kommunistischen Partei. Ohne die Komintern zu fragen, löst er den Aufstand aus. Der Genosse Dimitroff wird erst im Nachhinein verständigt. Für die Deutschen entsteht hier der Kern einer neuen „Bandenfront“. Als deutsche Sicherungskräfte „Tito“, wie der Parteiname von Broz lautet, aus Serbien mühsam hinausdrängen, verlegt dieser das Operationsgebiet in die Herzegowina und nach Montenegro, wo die italienische Besatzung schnell beseitigt wird. Sie kann nur einige wichtige Städte und Häfen halten.

Die Verhältnisse auf dem Balkan, an dem Hitler, obwohl Österreicher, im Hinblick auf seine „Barbarossa“-Planung wenig Interesse gezeigt hat, sind denkbar schlecht geordnet. Zum Leidwesen der Mehrzahl der Kroaten steht der „Unabhängige Staat Kroatien“ nicht unter der Schirmherrschaft deutscher Generale, sondern unter dem Diktat der von Mussolini ausgehaltenen kroatischen faschistischen „Ustascha“-(Aufständischen-)Bewegung des früheren Agramer Rechtsanwaltes Ante Pavelić. Italienische Truppen sichern Kroatien, Dalmatien (das die Kroaten für sich beanspruchen), Montenegro, Albanien, den Großteil Griechenlands, bis auf die deutschen Militärbefehlshaberbereiche Saloniki-Ägäis und Athen-Piräus. Von den Griechen verachtet und abgelehnt, begegnen die Italiener in Kroatien abgrundtiefem Haß. Eine prächtige Ausgangslage für Partisanenbewegungen.

Für das deutsche Ostheer wird in diesem Sinne der 10. Juli 1941 zu einem „dies fatalis“, einem Schicksalstag. Stalin ordnet die Aufstellung eines „Stabes der zentralen Partisanenbewegung“ an. Im „Großen Vaterländischen Krieg“ sollen Partisanen in den von Deutschen besetzten Gebieten dem Gegner jeden möglichen Schaden zufügen, durch Sabotage, Gleissprengungen, Verminung von Nachschubstraßen, durch Überfälle auf deutsche Sicherungskräfte, durch Mord an Mitgliedern der von Hitler eingesetzten NS-Verwaltungsorganisation. Von den Erfolgen der Partisanenbewegung, die durch die verfehlte Hitlerische Besatzungspolitik enormen Auftrieb erhält, wird noch zu reden sein. „Rote Partisanen“ erzeugen in besetzten Gebieten immer auch „weiße Partisanen“, die um der allgemeinen Ordnung willen auf die Seite der Besatzungsmacht treten. Der Bolschewismus ist, dürr gesagt, letzten Endes auch der Vater des Antibolschewismus.

Trotz aller brutalen Kolonialisierungsmaßnahmen der NS-Zivilverwaltung der eroberten Gebiete stellen sich Hunderttausende von Freiwilligen, Russen, Ukrainer, Kosaken, Kaukasier, Turkmenen, Tataren, Kalmücken, für das deutsche Heer zur Verfügung. Sowjetische Generale wie der 1942 in Gefangenschaft geratene Oberbefehlshaber der 2. Stoßarmee Generalleutnant Andrei Wlassow und eine Reihe anderer Generale wollen gegen Stalin – nicht für Hitler – kämpfen. Immer gegen einen widerstrebenden „Führer“ formiert schließlich die deutsche Armee das Kosaken-Kavalleriekorps, die 162. (Turkmenen)-Division und zahllose andere russische oder fremdvölkische Einheiten des Sowjetreiches.

Von 1942 an wird die europäische Anti-Stalin-Freiwilligenbewegung von der Waffen-SS aufgefangen. Divisionsverbände aus Skandinaviern, Niederländern, Flamen, Brigaden aus Wallonen, aus Franzosen entstehen. Dazu kommen zwei lettische und eine estnische Division im Baltikum, bosnisch-islamische, albanische, ukrainische Einheiten, eine Freiwilligen-Armee innerhalb der auf rund 800 000 Mann steigenden Waffen-SS, die im Prinzip ein „Europa“ verkörpert, das niemals Gestalt annimmt. Schließlich haben sich viele Verbände bis zum Tod für eine Heimat geschlagen, die nicht die ihre war, weil sie von der Roten Armee keine Gnade zu erwarten hatten, die Franzosen der Brigade „Charlemagne“ im ostpommerschen Kreis Belgard, in Kolberg und schließlich in Berlin, die Panzer-Grenadier-Division „Wallonien“ bei der Verteidigung der Oderübergänge südlich von Stettin.

Der Krieg der roten gegen die weißen Partisanen beschwor eine Kette von Grausamkeiten herauf. Hitler tat das seinige, scheußliche Gewaltakte auf der „Banden“-Seite mit Geiselerschießungen zu beantworten, die jegliches Maß überschritten, das nach der alten Haager Landkriegsordnung von 1907 vertretbar war.

Dies ist eine der Nachtseiten der Kriegführung um die Jahreswende 1941/42. Das Jahr 1942 soll nunmehr, nach Hitlers Willen das Jahr des schonungslosen, vernichtenden, entscheidenden Angriffes im Osten werden. Er muß die Initiative wieder in die Hand bekommen. Er muß, so drückt er es im Hauptquartier der Heeresgruppe Süd in Poltawa aus, die kaukasischen Ölfelder haben – sonst sei dieser Krieg verloren. Das hat er wahrscheinlich viel ernster gemeint, als dies die Zuhörer, die Generalität der deutschen Südfront, wahrhaben wollen.

Stalin erwartet, von seinem Standpunkt aus ganz logisch gesehen, einen deutschen Angriff auf Moskau. Hitler aber sucht jetzt im Unternehmen „Blau“ die strategische Entscheidung in dem von ihm vertretenen

*An „Ehre“ und „Gewissen“ des Niederländers wendet sich das Plakat der Waffen-SS. Der „Kreuzzug“ gegen den Bolschewismus war Anreiz für die jungen Männer, die sich aus zahlreichen Ländern zur Waffen-SS meldeten. „Sie waren die letzten echten Söhne des Kriegsgottes“, schrieb der Historiker Ernst Nolte über die europäischen Waffen-SS-Freiwilligen.*

*Der Befehlshaber der Unterseeboote, Karl Dönitz, zog die Lehren aus den Erfahrungen des Ersten Weltkriegs. Damals hatte er sich als U-Boot-Kapitän mit den Bewachern der großen Frachter-Konvois herumschlagen müssen und war nie recht zum Schuß gekommen. Sein Konzept der Rudeltaktik stellte Masse gegen Masse: Wenn die anderen geschlossen fahren, müssen wir auch geschlossen angreifen. Dönitz' Taktik, seit 1935 Bestandteil der U-Boot-Ausbildung, feierte im Herbst 1941 die ersten Triumphe.*

Krieg um die Wirtschaftsziele im Süden Rußlands. Als erstes Ziel gilt Stalingrad, die gewaltige Industrie- und Verkehrsmetropole an der Wolga, zweites und oberstes Ziel ist dann die Gewinnung der kaukasischen Ölfelder mit dem Mittelpunkt Baku in Aserbeidschan.

„Blau“ ist für Mai 1942 vorgesehen. Vorerst aber gibt es in diesem letzten Jahr deutscher und dem ersten Jahr britisch-amerikanischer Offensiven ganz andere Großattacken in der Atlantikschlacht zur See und im Luftraum über dem schlecht verteidigten „Dach des Großdeutschen Reiches“. Admiral Dönitz will das Jahr 1942 mit einem Unternehmen „Paukenschlag“ eröffnen. Ein Rudel von zwölf U-Booten soll den Schiffsverkehr vor der ostamerikanischen Küste angreifen. Fünf Boote sind nur verfügbar, infolge der von Hitler ewig auseinandergerissenen Gesamtaufstellung der Untersee-Armada vor den „Western Approaches“ und im Nord- und Südatlantik. Auch mit fünf Booten sind die Anfangserfolge spektakulär. Einen solchen Angriff haben die Amerikaner niemals erwartet.

Die Atlantikschlacht geht in ihrer sogenannten 4. Phase zwischen Januar und Juli 1942 ihrem Höhepunkt entgegen. Im Durchschnitt sind 54 große Boote am Feind. Sie versenken 2 967 178 BRT, bei einem Verlust von 22 Booten im ersten Halbjahr 1942. Die Leistung ist respektabel. Doch im Stab des Befehlshabers der U-Boote hat man Berechnungen darüber angestellt, daß erst eine konstante Versenkungsquote von 800 000 BRT pro Monat – oder mehr – ausreichen würde, um den Nachbau an Frachtern, der in den USA in Serienfertigung auf Hochtouren läuft, und um die Verluste in den Konvoischlachten wettzumachen. Amerikaner und Briten arbeiten fieberhaft an der Verstärkung des Geleitschutzes, an der Bildung besonderer U-Jagdgruppen, am Einsatz von leichten Geleitflugzeugträgern mit U-Jägern an Bord zum Schutz der Konvois. Die Atlantikschlacht bleibt das Jahr 1942 über in der Schwebe. In England hat Churchill durchaus das Empfinden, daß diese Schlacht verloren gehen könnte. Admiral Dönitz hegt die Überzeugung, gewönnen er und seine U-Bootmänner den Zufuhrkrieg, würde sich England friedenswillig zeigen. Aber England ist 1942 nicht mehr das einst meerbeherrschende Großbritannien allein, sondern fährt im Schlepptau der USA, schon seiner ungeheuren Verschuldung halber. Im zweiten Halbjahr 1942, mit Beginn der 5. Phase der Atlantikschlacht, erhöht sich noch die tödliche Bedrohung für die Insel. 102 U-Boote sind ständig im Operationsgebiet, das nun den gesamten Atlantik, die Karibik, die Gewässer um Südafrika umfaßt, bei Errichtung einer U-Bootbasis in Penang auf der von den Japanern besetzten Halbinsel Malakka. Versenkt werden bis zum Frühjahr 1943, 3 857 705 BRT bei 123 eigenen Verlusten. Nur einmal jedoch wird die erwünschte Maximalquote von monatlich 800 000 BRT erreicht. Die Durchschnittsziffer allerdings bleibt bei einer halben Million Tonnen.

Großadmiral Raeders Überwasserstreitkräfte, stark dezimiert, verbuchen am 12./13. Februar 1942 einen Pyrrhus-Sieg. In Brest liegen seit dem Scheitern des „Bismarck“-Raids die Schlachtschiffe „Gneisenau“ und „Scharnhorst“ und der Schwere Kreuzer „Prinz Eugen“ fest. Die Seekriegsleitung will sie herausschleusen, zum Einsatz gegen für die Sowjets bestimmte Konvois im Eismeer. Unter starkem Fliegerschutz der Luftflotte 3 in Frankreich und in Begleitung von 5 Zerstörern sowie 13 Torpedobooten und Minensuchbooten unter Führung von Vizeadmiral Ciliax wird der Verband im Unternehmen „Ceberus“ durch den Ärmelkanal geführt. Eine schwere See-Luftschlacht entwickelt sich. Für die Engländer ist die Beherrschung des Seeverkehrs im Kanal eine Prestigefrage. Vizeadmiral Ciliax bringt die schweren Einheiten durch. Facit: „Prinz Eugen“ beschädigt, „Scharnhorst“ schwer getroffen, aber noch reparabel, „Gneisenau“ so schwer, daß sie ausfällt. Bei Hitler löst diese See-Luftschlacht die Frage aus, wozu eigentlich die schweren Überwasser-Einheiten noch nützlich sein sollen? Allmählich hat er die Bedeutung des U-Bootes erkannt, zum Nachteil der Dönitzschen Konzeption. Hitler will nun U-Boote überall haben, nicht nur im Mittelmeer, im Eismeer, sondern auch im Schwarzen Meer. Dagegen kann sich Dönitz nicht wehren, obwohl Hitler Kräfte von der Zentralschlacht im Atlantik abzieht. Als aber Hitler lauernd fragt, ob es nicht möglich sei, die Besatzungen torpedierter Frachter zu liquidieren (Frachter kann man im Serienbau erzeugen, geschulte Besatzungen sind schwerer zu ersetzen!), lehnt das Dönitz kalt und beherrscht ab: Das verstoße gegen jedes Menschen- und Völkerrecht. Hitler läßt das Thema sofort fallen. Wenn dieser holzschnittartig gerade Mann Nein sagt, dann ist nichts zu machen.

Während „Rudel“ von 10, 15, 17 U-Booten im Atlantik operieren, wobei die größte Schwierigkeit im Auffinden der Konvois in den unendlichen Weiten des Meeres und in der rechtzeitigen Zusammenführung der U-Bootgruppen liegt, weniger im Angriff selbst, geht im Osten die Winterschlacht weiter. Den Sowjets gelingen kleinere und größere Kesselbildungen, die Einschließung der Gruppe Scherer in Cholm, die Einschließung von rund 100 000 Mann im Kessel von Demjansk. Die Luftwaffe, durch die Winterkatastrophe schwer getroffen, fliegt Versorgungseinsätze. Im Fall Demjansk gelingt der Nachschubtransport für eine halbe Armee. All dies wird für Hitlers Entschlußbildung im Spätherbst 1942 noch von weittragender Bedeutung sein. Die größte Überraschung für die Deutschen in der Winteroffensive 1940/41 ist der Einsatz eines in Massenproduktion hergestellten neuen Panzers der Sowjets, des T-34 . Gegen ihn ist die leichte deutsche Panzerabwehr mit der 3,7-cm-Kanone wehrlos, ihm ist der Panzer IV mit seiner langen 7,5-cm-Kanone unterlegen.

Das wirft Rüstungsprobleme auf. Und das bei ohnehin wegen der Eigensüchtigkeit und Rivalität der drei Wehrmachtteile verfahrener Situation. Seit März 1940 gibt es den Reichsminister für Bewaffnung und Munition. Auf diesem Posten zur Koordinierung der Rüstung berief Hitler den Generalmajor der Luftwaffe Dr. Fritz Todt, Schöpfer der „Organisation Todt" (OT), die Hitler für den Bau der Reichsautobahnen geschaffen und die er dann weitgehend für militärische Zwecke eingesetzt hat. Zunächst für die Errichtung des „Westwalles" gegenüber der französischen Maginot-Linie verantwortlich, ist die OT neuerdings beim Bau eines „Atlantikwalles" vor allem an der nordfranzösischen Kanalküste gegen etwaige Invasionsversuche der Westalliierten tätig.

Am 8. Februar 1942 bespricht Todt im Hauptquartier bei Rastenburg mit Hitler ausführlich die miserable Rüstungslage. Wenige Stunden später stürzt er aus nie richtig geklärten Gründen mit seiner Maschine tödlich ab. Nachfolger wird sofort Hitlers Leibarchitekt und Generalbaumeister Albert Speer. Speer, von Natur ein Künstler und kein Techniker wie der Ingenieur Todt, erweist sich als genialer Organisator von großer Energie, von überraschendem militärtechnischem Verständnis und einem immensen Geltungsbedürfnis.

Es gibt, wie gesagt, Probleme ohne Zahl. Speer notiert mit Erstaunen, daß Hitler für die Heimat – während die Soldaten an der Front Unsägliches erdulden – eine Art Scheinfriedensstatus aufrechterhält. Das hängt – so Speer in seinen Memoiren – mit der geradezu pathologischen Angst Hitlers vor einem Popularitätsverlust zusammen. Speer versucht das zu ändern und das kostet ihn erbitterte, nicht immer erfolgreiche Kämpfe. Aber er glaubt, diese Haltung sei er den Frontsoldaten schuldig. Den heftigsten Widerstand findet er bei den Gauleitern und anderen hohen Parteibonzen, die von ihrem Luxusdasein nicht lassen wollen. Existieren überhaupt Aussichten für neue deutsche Waffen ? Durchaus! Nur mangelt es der Rüstungsindustrie zwar nicht an Ideen wohl aber an einer einheitlichen, den drei Wehrmachtteilen übergeordneten Lenkung. Der Entwicklungsstop für die Luftwaffe ist 1941 aufgehoben worden.

Die deutsche Luftfahrtindustrie, die hervorragende Konstrukteure wie Ernst Heinkel, Professor Messerschmitt, Professor Tank besitzt, arbeitet an der Entwicklung eines völlig neuartigen Strahltriebjägers, eines überschnellen Jagdflugzeuges. Auch in der Panzerfertigung werden neue Typen in Angriff genommen, der mittlere Panzer V „Panther", der schwere Panzer VI „Tiger", ein überschwerer Jagdpanzer

*„Reichsappell 1943". In einem Berliner Rüstungswerk spricht Albert Speer zur „schaffenden Jugend". „Wenn ich mir vergegenwärtige", sinnierte Speer nach dem Krieg in seiner Spandauer Zelle, „daß unter meiner Leitung als Rüstungsminister bürokratische Fesseln, die die Produktion von 1942 behinderten, entfernt wurden und daraufhin in nur zwei Jahren die Zahl der gepanzerten Fahrzeuge fast auf das Dreifache, der Geschütze auf das Vierfache stieg, wir die Zahl der Flugzeuge mehr als verdoppelten und so weiter – dann wird mir schwindlig."*

*Die Propaganda feierte den Atlantik-Wall als unüberwindliches Bollwerk. Die Invasion im Juni 1944 aber enthüllte die Wirklichkeit: Die Atlantik-Küste war nur streckenweise gut befestigt, an vielen Stellen dagegen kaum oder gar nicht.*

„Ferdinand“. In der Heeresversuchsanstalt Peenemünde in Vorpommern geht die Entwicklung einer unbemannten Großfernrakete, der A 4, voran. Mit einer Tonne Sprengstoff kann diese Vernichtungswaffe von deutschen Basen aus England erreichen, sofern die Konstruktion frontfähig wird und in ausreichender Zahl erzeugt werden kann. Dieses Jahr 1942 ist für die deutsche Seite voller Hoffnung. Und im Osten gedenkt Hitler, durch eine gewaltige Offensive im Süden den Gegner (der sich angeblich niemals wieder erheben würde) für immer in die Knie zu zwingen. Bevor dies Wirklichkeit wird – oder richtiger: werden soll – geschieht das, was man bei Manövern in der alten preußischen Armee eine „Einlage“ zu nennen pflegte: Eine unerwartete Luftoffensive des britischen Gegners. Die Rache für den „Blitz“ setzt ein, nach langen Jahren des Wartens, der Erprobung, der Rüstung. Im März 1942 greift die britische Luftwaffe Lübeck an, schwere Schäden in der harmlosen, für ihre Kunstschätze berühmten Stadt sind die Folge. Zwischen dem 24. und 27. April 1942 wird Rostock in Mecklenburg von vier schweren britischen Großnachtangriffen mit mehreren hundert Maschinen getroffen. In unmittelbarer Nähe befinden sich die Heinkel-Flugzeugwerke in Marienehe. Schwere Zerstörungen, hohe Menschenverluste, ausgedehnte Brände im Stadtkern, begünstigt durch einen starken, kalten Ostwind sind zu verzeichnen. Hier ist die britische Luftwaffe noch traditionelle Einzelanflüge aus der Kette von drei Maschinen heraus geflogen, die erst Spreng- und dann Brandbomben werden und darauf im Tiefflug auf etwaige Lösch- und Hilfsmannschaften schießen. Die Nacht vom 30./31. Mai 1942 markiert den Wendepunkt im britischen, bald auch im amerikanischen Bombenkrieg gegen das deutsche „Heimatkriegsgebiet“. Ein Verband von 1000 britischen schweren Bombern greift in geschlossener Formation und im „Teppichwurf“ nach einheitlichem Kommando Köln an. Die getroffenen Stadtgebiete verwandeln sich in einen rauchenden Trümmerhaufen.

In den sogenannten 1000-Bomber-Schlägen der britischen Luftwaffe offenbart sich, wie gesagt, fliegerisches Umdenken. Nicht mehr der Einzelkampf, den die deutschen Jagdpiloten gegen die britischen Bomberströme beibehalten, entscheidet den Krieg. Rettung bedeuten nur starke Nachtjagdgeschwader. Die deutsche Luftwaffe besitzt sie nicht. Sie besitzt nur eine große Zahl blendender Nachtjagdpiloten. Die Forderung, man müsse jeweils aus jedem Bomberstrom 20 oder besser 25 Prozent der Maschinen herausschießen, läßt sich nur schwer erfüllen. Die Jagdverteidigung der Luftwaffe muß einen Raum zwischen Nordafrika und dem Nordkap abdecken, zwischen der Biskaya und Südrußland. 1942 kann sie die Luftherrschaft über dem russischen Schauplatz noch halten. Aber die Überdehnung ihrer Kräfte ist offensichtlich. Die Überdehnung aller Kräfte kennzeichnet auch die Planung Hitlers beziehungsweise des Generalstabs des Heeres für die große Sommeroffensive „Blau“ im Süden Rußlands. Das Ostheer hat die Winter-Defensive überstanden. Die Panzerdivisionen, die bereits 1941, um ihre Zahl nach außen gesehen zu erhöhen, halbiert worden sind (statt bisher zwei nur noch ein Panzerregiment und zwei motorisierte Schützenregimenter) sind wieder aufgefüllt worden. Aber die Normalstärke von 120 Kampfpanzern pro Regiment – exklusive Sturmgeschützen, Schützenpanzern und Panzerspähwagen – wird nur selten noch erreicht. Jede Division kann froh sein, wenn sie mit 80 - 100 Panzern in den Einsatz gehen kann.

Die Luftwaffe im Osten, bei der die im Dezember 1941 nach Italien abgezogene Luftflotte 2 durch die neue Luftflotte 6 unter Generaloberst Ritter v.Greim ersetzt worden ist, hat Federn lassen müssen. Geschwader, die in der Winterkrise ihre Maschinen eingebüßt haben, sind für den Erdkampf in sogenannte Luftwaffenfeldeinheiten umgewandelt worden. Reichsmarschall Göring will um keinen Preis Luftwaffenangehörige an das Heer abgeben. Das Ergebnis sind dann später die „Luftwaffenfeld-Divisionen“, die, für den Erdkampf nicht ausgebildet, nur selten hervorragende Leistungen zeigen.

„Blau“ sieht eine Großoffensive in vier Phasen vor, zunächst geführt durch die Heeresgruppe Süd mit dem Hauptquartier in Poltawa. Hier hat am 15. Januar 1942 Generalfeldmarschall v. Reichenau einen schweren Schlaganfall erlitten. Er stirbt auf dem Rücktransport in eine Leipziger Spezialklinik am 17. Januar, ohne das Bewußtsein wieder erlangt zu haben. Seine kurz zuvor fertiggestellte Denkschrift über die Mobilisierung russischer Völkerschaften gegen Stalin gibt sein Nachfolger Generalfeldmarschall v.Bock nicht weiter, sondern legt sie zu den Akten. Von ihm kann Hitler nicht wie im Fall Reichenaus behaupten, er sei „zu politisch“. Fedor v.Bock, aus preußischem Militäradel, will Soldat und nichts anderes sein.

Als Phase I von „Blau“ ist ein Vorstoß nach Norden auf Woronesch vorgesehen, zur Ablenkung von den eigentlichen Absichten. In der zweiten Phase sollen die sowjetischen Streitkräfte ostwärts von Charkow und in der großen Donschleife vernichtet werden. Phase III sieht eine Aufteilung der Heeresgruppe Süd in zwei Heeresgruppen B (v.Bock) und A (List) vor. In einem Zangenangriff von Nordwesten und Südwesten sollen sie Stalingrad an der Wolga nehmen, den zentralen Umschlagplatz für den innerrussischen Schiffsverkehr. Phase IV gilt dem Angriff auf den Kaukasus. Dafür stehen Generalfeldmarschall v.Bock zur Verfügung: Die 11.Armee (Manstein), die Sewastopol auf der Krim nehmen und dann wahrscheinlich in Richtung auf den Kubanfluß marschieren soll, die 2., 6. und 17. Armee sowie die 1. und 4. Panzerarmee unter den Generalobersten v. Kleist und Hoth. Dazu kommen rund 643 000 Mann „Hilfsvölker", wie sie von sarkastischen deutschen Generalstabsoffizieren genannt werden, die 8. italienische, die 3. rumänische und die 2. ungarische Armee, die slowakischen Verbände und kleine kroatische Einheiten. Insgesamt rund 2 Millionen Mann. Die Luftherrschaft über den riesigen Einsatzräumen soll eine einzige Luftflotte, die 4. unter Generaloberst v. Richthofen, sichern.

Parallel zu diesem Plan „Blau", im Hinblick auf die rasante militärische Expansion Japans in ganz Südostasien und den Vorstoß der Japaner gegen Indien, das Herzstück des britischen Empires, präsentiert die deutsche Seekriegsleitung ihren „Großen Plan". Unter der Voraussetzung, daß Rommel mit der deutsch-italienischen Armee in Nordafrika Ägypten überrennt und den Suezkanal erreicht, unter der Annahme , daß die deutsche Armee den Kaukasus überwindet und in den Mittleren Osten auf den Persischen Golf hin vordringen kann, wird das Bild einer deutsch-italienisch-japanischen Zusammenarbeit zur Niederwerfung des britischen Imperiums im Indischen Ozean entworfen. Die Kooperation zwischen den Oberkommandos des Heeres, der Kriegsmarine und der Luftwaffe war indes immer problematisch. Hitler fiel als Koordinator völlig aus. Er wollte keine Zusammenarbeit. Er hetzte vielmehr die verschiedenen Führungsstellen gegeneinander. Nur auf diese Art – so seine absonderliche Staatsweisheit – konnte man aus der Rivalität jede Kommandostelle zu höherer Leistung anspornen. Eine mußte die andere überspielen wollen. Der „Große Plan" der Seekriegsleitung, theoretisch-strategisch eine glanzvolle Konzeption, war in jedem Falle zu breit angesichts der Realitäten.

Im Osten kommt zunächst alles ganz anders, als man es erwartet. Wieder einmal ist die Rechnung ohne den Feind gemacht worden. Der deutsche Riesenaufmarsch im Süden bleibt nicht verborgen. (Dazu bedarf es keiner Spione, über die nach diesem Krieg eine wilde Sensationsliteratur aufblühte, als könnten Spione jemals einen Krieg entscheiden.) Zwischen dem 12. und 19. Mai 1942 versucht die sowjetische Südwestfront unter Kostenko durch eine Offensive auf Charkow in den deutschen Aufmarsch hineinzustoßen. Vor Charkow hält jetzt die 6. Armee, unter dem neuen Oberbefehlshaber, Halders Lieblingsschüler und bisherigem Stellvertreter, General der Panzertruppen Friedrich Paulus, ehedem Reichenaus Chef des Stabes in Polen und Frankreich. Paulus verteidigt Charkow, dank der Fernnachrichtenmittel führt ihn Halder am kurzen Zügel. Die Schlacht endet mit einem deutschen Gegenangriff vom 17. bis 29.Mai. Durch einen umfassenden Panzerangriff von Süden her im Raum Isjum wird den vorgepreschten Russen der Rückweg abgeschnitten. Resultat: 240 000 sowjetische Kriegsgefangene. Doch dies wird die letzte, um eine Lieblingsvokabel Hitlers zu gebrauchen, gigantische Gefangenenzahl im Ostfeldzug bleiben. Die Sowjets taktieren bei Rückzügen wie Vorstößen von nun an vorsichtiger.

*Die englische Fliegeraufnahme zeigt eine Teilansicht der durch Bombenangriffe angerichteten Zerstörungen auf dem Kruppschen Werkgelände in Essen. Außer den Schornsteinen ist nichts heilgeblieben.*

## 22. Juni 1941

„Wenn Barbarossa beginnt, wird die Welt den Atem anhalten“, prophezeite Hitler. Ein OKW-Bericht hatte ihm den Gegner als Koloß auf tönernen Füßen hingestellt: „Quantitätsmäßig: gigantischer Militärapparat; Organisation, Ausrüstung und Führung: mittelmäßig; Befehlsprinzipien: gut; Offizierskorps: zu jung und unerfahren; Verbindungen und Nachrichtenwesen: schlecht; Truppe: ungleich und ohne Initiative; einfache Soldaten: guter Geist, bedürfnislos; Kampfgeist der Truppe: zweifelhaft. Im ganzen gesehen, ist das russische Volk kein Gegner für eine modern ausgerüstete und hervorragend befehligte Armee.“

Mit dem deutschen Angriff auf die Sowjetunion nahm der Krieg eine neue Dimension an. Den 152 deutschen Divisionen und 15 rumänischen Divisionen und Brigaden in ihren Bereitstellungsräumen unmittelbar an der sowjetischen Grenze standen rund 138 sowjetische Infanterie- und Kavalleriedivisionen und 40 motori-

sierte und Panzerbrigaden gegenüber, die bis weit in das Hinterland gestaffelt, vom deutschen Angriff überrascht wurden.

*Linke Seite. Oben: Im Floßsack über den russisch-rumänischen Grenzfluß Pruth. Unten: Deutsche Truppen überschreiten auf einer Pontonbrücke den galizischen Grenzfluß San.*
*Oben: Zerschlagene russische motorisierte Einheit im Waldgebiet der Mittelfront. Die Sowjetunion war auf den deutschen Überraschungsangriff militärisch nicht vorbereitet. Sechs Stunden dauerte es, bis Stalin Befehl zum Zurückschießen gab. Am zweiten Tag standen Panzer der Heeresgruppe Mitte zweihundert Kilometer tief im Feindesland. In den ersten fünf Tagen hatte die sowjetische Luftwaffe 90 Prozent ihrer Flugzeuge eingebüßt, und in den ersten drei Wochen gingen in den westlichen Militärbezirken Rußlands 90 Prozent der Panzer und mehr als die Hälfte ihrer Besatzungen verloren.*
*Rechts: Deutsche Infanterie der Heeresgruppe Mitte auf dem Vormarsch. Die Landser tragen Karabiner und ein MG 34, zu dem ein Patronenkasten und eine Lafette gehören.*

*Am 22. Juni 1941. Linke Seite: Infanterie vor dem Einsatz. Rechte Seite. Oben: Beschießung von Tauroggen. Unten: An der litauisch-russischen Grenze.*

# Bialystok

„Mehr und mehr ist zu übersehen, daß die Vernichtungsschlacht ostwärts Bialystok eine Entscheidung von weltgeschichtlichen Ausmaßen gebracht hat. Ein unvorstellbares Chaos ist über die Sowjetarmeen hereingebrochen, die hier als Stoßkeil bereitgestellt waren, um Deutschland in den Rücken zu fallen und die Brandfackel des Bolschewismus nach Europa hineinzutragen. Noch Wochen können vergehen, bis hinter der Front unserer kühn nach Osten vorstoßenden Angriffsverbände die unermeßliche Zahl an Gefangenen, Kriegsgerät und sonstiger Beute gesammelt und im einzelnen festgestellt sein wird.“ (OKW-Bericht, 2. Juli 1941.)

*Linke Seite. Oben: Die Grenzstellungen sind durchbrochen. Die Spitze einer deutschen Panzerdivision kämpft sich den Weg zum Stoß in das feindliche Hinterland frei. Unten: Ein russischer T 34 ist in den Kämpfen bei Lemberg in Brand geschossen worden. Seine Besatzung ergibt sich.*
*Oben: Das brennende Bialystok.*
*Rechts: Feuer in einem russischen Dorf.*

*Als Beweis dafür, daß die „Soldatenromantik wie einst“ nicht ausgestorben war, wurde dieses Farbfoto in der Kriegsillustrierten „Signal“ angeführt.*

*Deutsche Panzerkampfwagen beim Überqueren eines Flusses auf dem sowjetischen Kriegsschauplatz; Aquarell von PK-Mann Walter Gotschke.*

## Vormarsch

„Endlos sind die Stunden des Vormarsches, 25 oder 30 Kilometer entlang an zerschmetterten und ausgebrannten Panzern, Wagen an Wagen, vorüber an den Gerippen völlig zerschossener und verbrannter Dörfer. Schwarz und gespenstisch ragen einsam die Mauern, und im Gärtchen blühen noch ein paar Feuerlilien ganz unheimlich. Man riecht jenen eigentümlichen Geruch, der für mich wohl ewig an diesem Feldzug kleben wird, dies Gemisch von Brand, Schweiß und Pferdeleichen."
(Brief eines deutschen Soldaten aus dem Rußlandfeldzug.)

*Linke Seite. Oben: Ein ausgebranntes Stadtviertel in Minsk. Unten: Deutsche Truppen ziehen in die brennende Stadt ein.*
*Oben: Zehn Pferde sind nötig, dieses Fahrzeug auf russischen Feldwegen vorwärtszubringen.*
*Rechts: Man mußte schon ein bewährter Geländeprüfungsfahrtenspezialist sein, um seine Beiwagenmaschine in diesen Sandwüsten geradezuhalten und vorwärtszusteuern.*

*Als Beweis dafür, daß die „Soldatenromantik wie einst" nicht ausgestorben war, wurde dieses Farbfoto in der Kriegsillustrierten „Signal" angeführt.*

# Ins Baltikum

Im zaristischen Rußland spielte die deutsche Bevölkerung der baltischen Provinzen eine überaus bedeutsame Rolle. Sie stellte Wissenschaftler, Staatsmänner, Soldaten, denen Rußland Außerordentliches verdankt, und verlor dabei niemals den kulturellen Zusammenhang mit dem Deutschtum im Reich. Nach dem Ersten Weltkrieg wurden aus den baltischen Provinzen, deren deutsche Bevölkerung in jenen Jahren Schweres zu erdulden hatte, die drei Republiken Litauen, Lettland und Estland gebildet. Im deutsch-russischen Geheimabkommen vom 23. August 1939 erklärte sich das Deutsche Reich an den baltischen Staaten (außer an Litauen) desinteressiert. Im Herbst desselben Jahres schloß der Kreml Beistandspakte mit den drei Republiken und ließ sich militärische Stützpunkte einräumen. Zugleich begann die Umsiedlung deutschstämmiger Balten in das Reichsgebiet. Im Sommer 1940 stellte Rußland den drei Staaten Ultimaten; sie wurden von russischen Truppen besetzt und nach Umbildung ihrer Regierungen in Sozialistische Sowjet-Republiken an Sowjetrußland angeschlossen. Bei Kriegsausbruch wurde die Heeresgruppe Nord des Generalfeldmarschalls Ritter von Leeb aus Ostpreußen und Nordpolen in Richtung Nordost angesetzt. Die Panzergruppe Hoepner nahm in schneller Folge am 23. Juni Grodno, am 24. Wilna, am 26. Dünaburg und am 8. Juli Pleskau. Damit waren die im Baltikum stehenden russischen Truppen abgeschnitten, die Säuberung der baltischen Länder durch die nachstoßenden Truppen von Leebs ging planmäßig vor sich.

*Linke Seite. Oben: Deutsche Infanterie im Vormarsch auf einer litauischen Landstraße. Unten links: Die ausgebrannte Nikolaikirche in Riga. Unten rechts: Die zertrümmerte Metallstatue eines Merkurs vor der Ruine des Schwarzhäupterhauses, dem berühmtesten weltlichen Bauwerk der alten Handelsstadt Riga.*
*Rechts oben: Deutsche Truppen dringen in Reval ein.*
*Rechts: Jubelnd begrüßt die deutschstämmige Bevölkerung den Einmarsch.*

## Weitgesteckte Ziele

„Die im westlichen Rußland stehende Masse des russischen Heeres soll in kühnen Operationen unter weitem Vortreiben von Panzerkeilen vernichtet, der Abzug kampfkräftiger Teile in die Weite des russischen Raumes verhindert werden. In rascher Verfolgung ist dann eine Linie zu erreichen, aus der die russische Luftwaffe reichsdeutsches Gebiet nicht mehr angreifen kann. Das Endziel der Operation ist die Abschirmung gegen das asiatische Rußland aus der allgemeinen Linie Wolga-Archangelsk.
(Aus Hitlers Weisung zum „Fall Barbarossa", 18. Dezember 1940.)

*Linke Seite: Kampfpause in einem russischen Dorf.*
*Oben: Diese russischen 42-t-Panzer blieben im Sumpfgebiet des Drut stecken und wurden eine leichte Beute der Heeresgruppe Mitte.*
*Rechts: Die große Brücke über die Welikaya bei Opatschka haben die Sowjets gesprengt. SS-Pioniere schlagen eine Behelfsbrücke.*

## Gegen die Sowjetflotte

Während Leningrad im Norden von den Finnen abgeriegelt, im übrigen von den Truppen der Heeresgruppe Leeb eingeschlossen war, flog die Luftwaffe Angriffe gegen Kronstadt, die Seefestung der einstigen russischen Hauptstadt. Hier lagen die beiden Schlachtschiffe „Marat“ und „Oktoberrevolution“.

*Oben: Stuka Ju 87 in großer Höhe über Kronstadt. Zahllose Sprengwölkchen bekunden die Stärke der den Kriegshafen schützenden Abwehr.*
*Links: Die ständigen Angriffe der deutschen Luftwaffe auf die im Hafen von Kronstadt liegenden Einheiten der russischen Ostseeflotte blieben nicht erfolglos. Eine hoch emporschießende Explosionswolke zeigt an, daß das 23000-Tonnen-Schlachtschiff „Marat“ von Stukas vernichtend getroffen ist.*
*Rechte Seite: Schlachtschiff „Oktoberrevolution“ von deutschen Bomben eingedeckt.*

*Die Panzerabwehrkanone 3,7 cm trug wegen ihrer geringen Wirksamkeit gegen die Sowjet-Tanks den Namen „Panzeranklopfgerät“.*

## Leningrad

Der erste Angriffsschwung hatte die Heeresgruppe Mitte entlang der napoleonischen Route bis nach Smolensk getragen. Die Heeresführung war sich einig: Militärisches Hauptziel war Moskau. Auch Hitler interessierte erst Moskau, dann aber war ihm plötzlich Leningrad wichtiger. Erst wenn Leningrad gefallen war, sollte entschieden werden, ob das nächste Angriffsziel Moskau oder Ukraine hieß. Hitler ordnete Kräfteumgruppierungen an, widerrief sie, und am 23. August 1941 entschied er: Nächstes Ziel ist die Ukraine. Von Eroberung Leningrads war keine Rede mehr.

*Oben: Blick durch das Scherenfernrohr über die Newa auf Werft und Fabrikanlagen von Leningrad. Die am diesseitigen Ufer sichtbaren zylinderförmigen Behälter sind Öltanks.*
*Links: Tagelang brannte dieses im Vorgelände von Leningrad gelegene, von den Bomben deutscher Flieger getroffene Tanklager.*
*Rechte Seite. Oben: Deutsche Infanteristen im Vormarsch. Unten links: Sowjetsoldaten vergraben Minen hinter einer Panzersperre. Unten rechts: Sturmpioniere der Roten Armee benutzen Schlauchgürtel zum Überqueren eines Flusses.*

## Bomben

„Einen gewaltigen und erschütternden Eindruck machte die Rückmarschstraße der von unserer Panzerwaffe und den Stukas zertrümmerten Armee. Immer genau am Straßenrand die riesigen Trichter der Stukabomben, deren Luftdruck die größten und schwersten Panzer in die Luft geschleudert und umgedreht hatte. Unsere Panzer hatten dieser von den Bombern überraschten Armee den Rest gegeben, und so marschierten wir 25 Kilometer entlang an Bildern ungeheurer Zerstörung.“ (Brief eines deutschen Soldaten aus dem Rußlandfeldzug.)

*Oben links: Luftaufnahme einer total zerstörten Ortschaft.*
*Oben: Ein Panzer ist durch einen Stuka-Volltreffer in Stücke gerissen worden.*
*Links: Die Zivilbevölkerung lebte in ständiger Angst vor Bomben und Tieffliegern.*
*Rechte Seite: Eine Kette von Ju 87-Sturzkampfbombern. Das ohrenbetäubende Geheul der niederstürzenden Flugzeuge gehörte für die Bevölkerung im Kriegsgebiet zu den schrecklichsten Erlebnissen.*

## Schwenk nach Süden

Hitlers Weigerung, den ersten Angriffsschwung des Rußlandfeldzuges zur Eroberung Moskaus zu nutzen, hatte weittragende Folgen: Zunächst eine Siegesserie, die alles vorangegangene übertraf, die großen Kesselschlachten von Roslawl, Uman und Kiew. Im Überschwang dieser Erfolge befahl Hitler dann doch noch – im Oktober – den Angriff auf Moskau. Eindeutig zu spät.

*Oben: Der von den Russen gesprengte Staudamm des Kraftwerks von Dnjepropetrowsk.*
*Links: Durch die ukrainische Steppe beförderten Hochspannungsleitungen den in den Kraftwerken des Dnjepr erzeugten elektrischen Strom in das südrussische Industriegebiet.*
*Rechte Seite: Einmarsch deutscher Truppen in Charkow im Oktober 1941.*

# Kiew erobert

Die Siegesserie übertraf alles Vorangegangene. Noch einmal feierte der Blitzkrieg Triumphe. Allein bei der Kesselschlacht von Kiew gerieten 665 000 Rotarmisten in Gefangenschaft. Am 19. September 1941 fiel die Stadt in deutsche Hand.

*Linke Seite: Eine befestigte Stellung wird mit Flammenwerfern ausgeräuchert.*
*Oben: Verkehrsstau auf einer Vormarschstraße im südlichen Rußland. Pferdegespanne und motorisierte Artillerie behindern sich gegenseitig.*
*Rechts: Feuer in der Hauptstraße von Kiew. Beim Einzug der deutschen Truppen wüteten in der ukrainischen Hauptstadt Riesenbrände – angeblich das Werk von Zeitzünderbomben.*

## Märsche

„Der ganze Körper ist naß, über das Gesicht fließen breite Bäche – nicht nur Schweiß, manchmal auch Tränen, Tränen der hilflosen Wut, der Verzweiflung und des Schmerzes, die diese ungeheuren Anstrengungen uns auspressen. Niemand kann mir sagen, daß ein anderer, ein Nicht-Infanterist sich vorstellen kann, was wir hier durchmachen. Denkt Euch die gewaltigste Erschöpfung, die Ihr kennengelernt habt, den brennenden Schmerz offener, entzündeter Wunden an den Füßen – und Ihr habt meinen Zustand nicht am Ende, sondern vor Beginn eines 45-km-Marsches. Erst allmählich, nach Stunden, wird der Fuß unempfindlich für den Wundschmerz bei jedem Schritt auf diesen Straßen, die eher Steinschläge oder Sandstrand sind.“
(Brief eines deutschen Soldaten aus dem Rußlandfeldzug.)

*Oben: Über eine von Pionieren errichtete Notbrücke rollt ein schwerer Panzer.*
*Links: Die zerstörte und die neugeschlagene Brücke bei Staraja Russa.*
*Rechte Seite. Oben: Die Wolchow-Brücke bei Nowgorod ist zerstört. Auch die Ersatzbrücke fällt dem Volltreffer eines deutschen Sturzkampfbombers zum Opfer. Unten: Rastpause erschöpfter Infanteristen.*

# Krieg am Polarkreis

„Unternehmen Platinfuchs" hieß die Operation, mit der General Dietl mit einem halben Dutzend deutscher und finnischer Divisionen versuchte, auf der Halbinsel Kola, bei eisiger Kälte und in unwegsamem Gelände, die Murmanbahn zu unterbrechen. Er erreichte sein Angriffsziel nicht.

Die Russen schickten – während sie gleichzeitig bei Uman, Wjasma, Brjansk, Kiew fürchterliche Schläge hinnehmen mußten – unverdrossen Elite-Truppen an die Murmanskfront: Stalin wußte offenbar besser als die deutsche Führung, worum es dort ging.

Nicht auf die Nickelgruben oder norwegisches Erz war Stalin aus, ihm ging es nur um Hafen und Bahn. Denn er wußte: Aus eigener Kraft würde Rußland die enormen Materialverluste der ersten Kriegsmonate nicht ausgleichen können; er war auf Hilfe aus Übersee, aus den USA, angewiesen. Und nur über den eisfreien Hafen von Murmansk waren kontinuierliche Hilfslieferungen möglich, die Bahn war zum lebenserhaltenden Nabelstrang des Sowjetreiches geworden.

Im April 1942 erstarrte die Front im hohen Norden. Rußlands Nabelschnur blieb intakt, und was das bedeutete, mag man an folgenden Zahlen ablesen: Allein im ersten Jahr des amerikanischen Rußlandhilfsprogramms trafen in Murmansk 19 Geleitzüge ein. Ihre Fracht bestand aus 3052 Flugzeugen, 4048 Panzern, 520000 Kraftfahrzeugen aller Art.

Das war mehr, als der Deutschen Wehrmacht bei Beginn des Ostfeldzugs (1830 Flugzeuge, 3580 Panzer) zur Verfügung stand! Und der ständige Nachschubstrom riß während des ganzen Krieges nie ab. Daß die Sowjetunion ohne diese Hilfslieferungen hätte durchhalten können, ist mehr als zweifelhaft; der Mißerfolg der Operation „Platinfuchs" war für den Ausgang des Rußlandkrieges entscheidender als alle siegreichen Schlachten, die geschlagen waren und noch geschlagen werden sollten.

*Linke Seite: Finnische Soldaten einer Elite-Einheit haben ihre Wehrmachtsstahlhelme mit dem Totenkopf-Symbol „geschmückt".*
*Rechts: Feldmarschall Carl-Gustav Freiherr von Mannerheim führte als Oberbefehlshaber die finnischen Streitkräfte im Winterkrieg 1939/40 und im finnisch-russischen Krieg 1941-44.*

## Eroberung eines Dorfes

*Oben: „Eben ist der Kampf um das sowjetische Dorf Gatnoje beendet. Durch die Straße wälzen sich die Rauchschwaden des beendeten Gefechtes. Sowjetische Panzer haben versucht, die deutsche Infanterie aufzuhalten, aber das deutsche Panzerabwehrgeschütz ist nach vorn an den Dorfausgang gestürmt und hat die gegnerische Panzerartillerie zum Schweigen gebracht."*
*Links: „Die deutschen Infanterie-Geschütze haben die einzelnen Stellungen schon schwer mitgenommen, aber immer noch knallt es aus allen Häusern."*
*Rechte Seite. Oben links: „Wieder meldet sich ein Sowjet-Panzer. Pak nach vorn!" Oben rechts: „Inzwischen säubert die Infanterie Haus für Haus." Unten links: „Der Sowjet-Panzer ist vernichtet." Unten rechts: „Das Dorf ist genommen. Der deutsche Panzer rückt nach." (Original-Texte aus „Signal".)*

221

# Der Ausbrecherkönig

„Mit der Geschwindigkeit eines Rennwagens setzte die Me 109 auf einer Wiese aus Sand und spärlicher Schafgarbe kreischend auf. Nach sechzig Metern lag die Maschine still auf dem Bauch.

Franz von Werra schob die Cockpit-Haube hoch, löste den Gurt. Die Dienstvorschrift ordnete an: Der Flugzeugführer hatte jetzt mit dem Taschenmesser die Benzinleitung anzuschneiden, die Toilettenpapierrolle, die im Cockpit lag, darunterzuhalten, das Klopapier auszurollen und in sicherer Entfernung anzuzünden.

Der Oberbefehlshaber der Luftwaffe hielt das für die todsichere Methode, bei Notlandung im Feindgebiet ein Jagdflugzeug zu zerstören. Gerade, daß Werra noch einen Feldpostbrief seiner Braut Elfi, eine Rechnung aus einem Restaurant in Abbéville und eine Ansichtskarte mit den Sturmstreichhölzern anzünden konnte. Die Dienstvorschrift schaffte er nicht mehr. „Hey! Stop it!“ Keine zehn Schritte entfernt hielt Sergeant Harrington von der Home Guard seinen Karabiner im Anschlag. ‚Hands up!‘ Von einer nahen Scheinwerfer-Batterie kamen Tommys angerannt.“

So schildert ein nach dem Krieg erschienener Tatsachenbericht die Gefangennahme Franz von Werras am 5. September 1940.

Nach zwei mißglückten Fluchtversuchen gelang es ihm als erstem deutschen POW, aus britischer Gefangenschaft zu entkommen. Mit Recht wurde er von seinen Kameraden „König der Ausbrecher“ genannt.

Am 25. Oktober 1941, ein halbes Jahr nach seiner Rückkehr aus alliiertem Gewahrsam, dem er sich auf abenteuerlichen Wegen über Kanada, die USA, Mexiko und Brasilien entzogen hatte, verunglückte er tödlich bei einem Erprobungsflug über der Nordsee.

*Links oben: Nach der Notlandung Werras bewacht ein britischer Posten stolz die erbeutete Messerschmitt.*

*Links Mitte: Offiziersgefangenenlager Swanwick. Im Hintergrund das Gartenhaus, aus dessen Nordflügel von Werra durch einen Tunnel entwischte.*

*Links unten: Die Bahnstation Codnor Park, wo sich der Ausbrecher als angeblicher Captain van Lott von gastfreundlichen Eisenbahnern Tee servieren ließ.*

*Rechte Seite: Nach der Heimkehr zog von Werra wieder die Uniform an. Er kämpfte als Jagdflieger an der Ostfront. Die Propaganda-Illustrierte „Signal“ fotografierte ihn damals vor einem abgeschossenen sowjetischen Bomber.*

## Ziel Moskau

Am 2. Oktober 1941 lief die Offensive an, an deren Ende die Eroberung Moskaus stehen sollte. Wenige Wochen später blieb sie im Schlamm stecken. Mitte November, als der Frost Wege und Gelände wieder passierbar machte, wurde der Angriff fortgesetzt. Anfang Dezember erreichten die deutschen Spitzen den Stadtrand von Moskau.

*Oben: Schier endlose Züge russischer Gefangener bewegen sich westwärts – Ergebnis der großen Kesselschlachten des Jahres 1941.*
*Links: Erschöpfte Infanteristen am Rand der Vormarschstraße. Die stürmischen Offensiven forderten den Landsern das Letzte ab.*
*Rechte Seite: An einer der Straßen, die nach Moskau führen. Deutsche Stukas greifen Feldstellungen des äußersten Befestigungsgürtels an und bekämpfen sie mit Bordwaffen. Ein Hagel von 2-cm-Explosivgeschossen geht auf die vorgeschobenen Sowjetstellungen nieder.*

*An den geschlossenen Einsatz von Panzerverbänden war vor Moskau nicht mehr zu denken. Die Panzerregimenter waren bis auf ein Viertel ihrer Kampfkraft geschrumpft. Die wenigen Kampfwagen wurden zur Unterstützung der Infanterie eingesetzt. In der Nacht vom 5. auf den 6. Dezember 1941 gab Guderian den Befehl: „Angriff einstellen."*

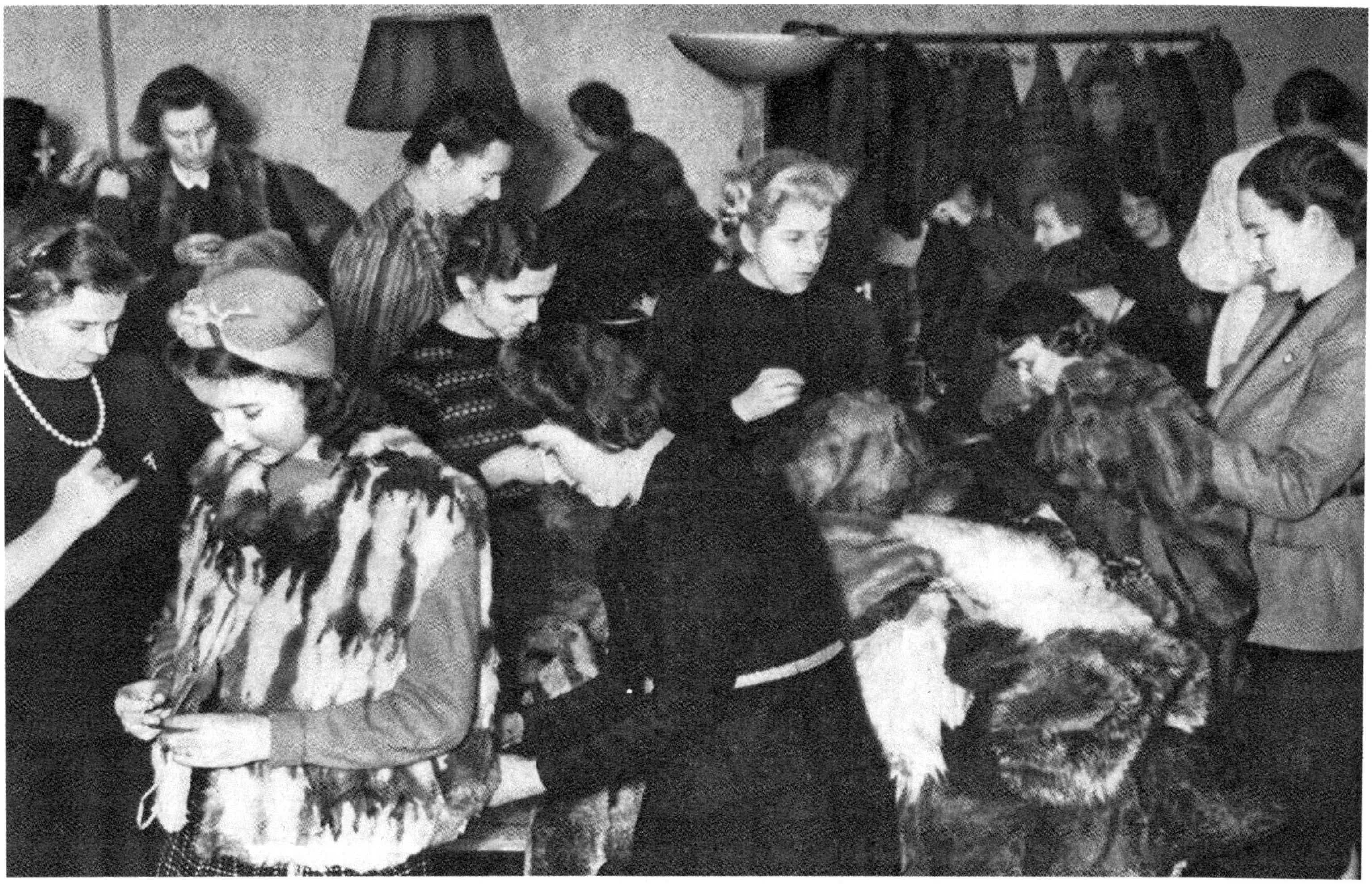

## Spendet Wintersachen!

„Der Führer braucht für seine Soldaten warme Wintersachen. Ich habe euch deshalb für die Hergabe eurer Winterausrüstung gebeten. Jetzt sind schon viele Tausende meinem Aufruf gefolgt. Die Front aber braucht mehr. Es ist angeordnet worden, daß parallel zur Sammlung der Winterkleidung eine Sammlung von Skiern und Skistiefeln erfolgen soll."
(Aufruf des Reichssportführers von Tschammer, 31. Dezember 1941.)

*Linke Seite. Oben: In der Nähstube einer Wintersachen-Sammelstelle wird Pelzwerk für den Frontgebrauch umgearbeitet. Unten: Opferbereit haben sich viele Wintersportler von den geliebten „Brettln" getrennt.*
*Oben und rechts: Auf Lastkraftwagen werden die gesammelten Bekleidungsstücke zu den Zügen befördert, mit denen sie dann nach Osten an die Front abgehen sollen.*

## General Winter

„Von 3/4 6 Uhr bis nachts um 2 Uhr waren wir mit kurzer Unterbrechung draußen im Schneesturm. Durch die Mäntel hindurch näßten die Sachen langsam ein, froren am Körper steif. Alles triefte und klirrte. Um Magen und Darm war einem grenzenlos schlecht. Die Kälte überstieg bald jedes Maß. Der Frost setzte sich in den eiternden Fingern fest. So ging es hinein in die Wälder, bis über die Knie in den Schnee, der die Stiefel füllte. Über gefrorene Sümpfe, die aufbrachen, so daß das eisige Wasser in die Stiefel lief. Meine Handschuhe waren so naß, daß ich sie nicht mehr ertrug. Ich wickelte ein Handtuch um die zerstörten Hände. Brüllen, heulen hätte man können.“
(Brief eines deutschen Soldaten aus dem Rußlandfeldzug.)

*Oben: Ein Motorradfahrer versucht, eine Maschine flott zu machen.*
*Links: Bei 40 Grad Kälte sind die Störungssucher unterwegs, um die durch feindlichen Artilleriebeschuß in Verwirrung gebrachten Fernsprechverbindungen wiederherzustellen.*
*Rechte Seite. Oben: Im eisigen Wintersturm, der über die Weiten Rußlands fegt, rackern sich die Männer dieser Kolonne ab, die hohen Schneeverwehungen beiseitezuräumen. Unten: Beim Ausbau einer Geschützstellung im tiefverschneiten Gelände unweit von Wjasma. Der tiefgefrorene Boden machte das Aufwerfen von Splitterschutz für Geschützbedienung und Munitionsstapel fast unmöglich.*

## Halten um jeden Preis

Im Dezember 1941 ging an der Ostfront zum ersten Mal die Initiative an die Rote Armee verloren. Der Heeresgruppe Mitte drohte nach dem vergeblichen Versuch, Moskau einzuschließen, nun selbst die Einschließung. Hitler verlangte: „Halten um jeden Preis."

*Oben: Die grimmige Kälte macht der Luftwaffe zu schaffen. Durch Zufuhr heißer Luft werden die Flugzeugmotoren vorgewärmt.*
*Links: Der Winter hat seine eigenen Tarnungsgesetze. Die Männer an diesem verkleideten Pakgeschütz tragen Mäntel und Helmüberzüge, die völlig weiß sind.*
*Rechte Seite. Oben: Die Winterkämpfe im Mittelabschnitt waren von unerbittlicher Härte. Vom deutschen Abwehrfeuer hingestreckte Sowjetsoldaten bedecken das Schneefeld bei der Ortschaft Krasnoarmaisk. Unten: Eher schlecht als recht gegen den Winter gerüstet, hocken die Funker auf ihrem Pferdeschlitten.*

*Der Angriff eines Zerstörers Me 110 auf eine sowjetische LKW-Kolonne in der Vision des PK-Zeichners Hans Liska.*

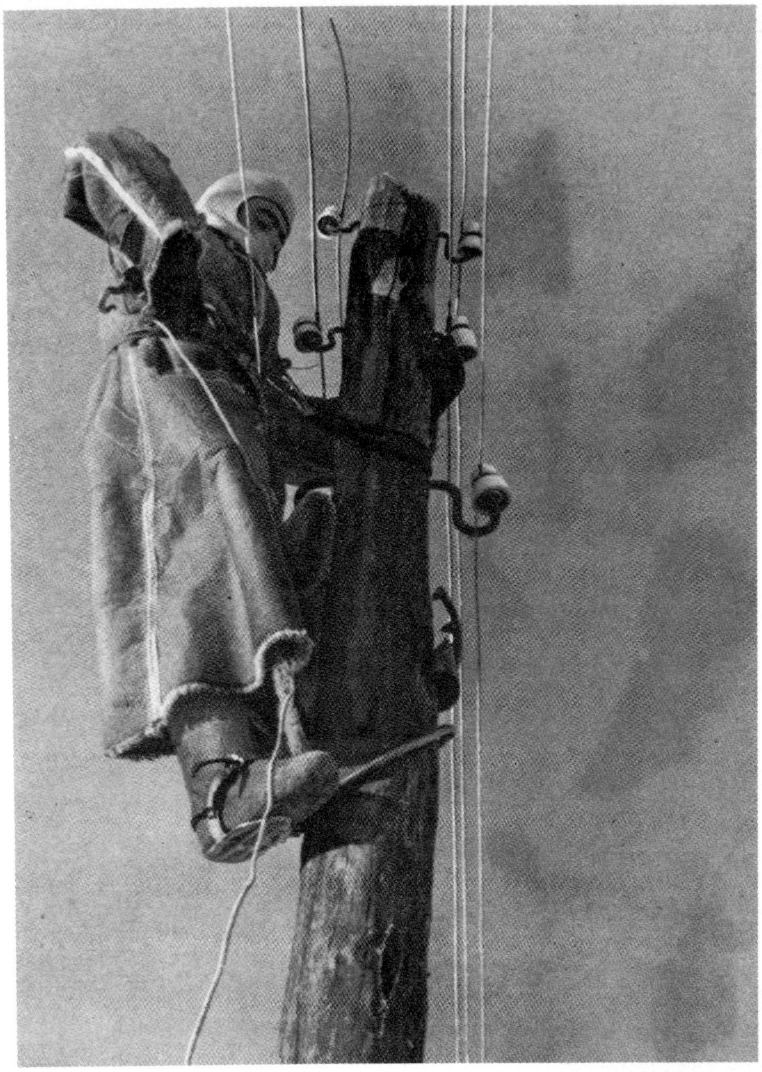

# Im Kessel

Im Winter 41/42 drohte der Deutschen Wehrmacht in Rußland das Schicksal der napoleonischen Armee. Bei Demjansk und Cholm wurden starke deutsche Verbände eingekesselt.

*Linke Seite. Oben: Nächtlicher Feuerüberfall deutscher Artillerie auf die sowjetischen Stellungen. Unten: Durch die Schneefelder der Donezfront bahnen sich Sturmgeschütze den Weg nach vorn, um zur Unterstützung der hart bedrängten Infanterie in den Kampf einzugreifen.*
*Oben: Solange es ging, bediente man sich des zivilen Netzes. Ein Mann vom Fernsprechtrupp ist an einer russischen Telegrafenstange hochgeklettert und bessert die Leitung aus.*
*Oben rechts: 64844 Tonnen Nachschub für Demjansk kamen aus der Luft. Täglich landeten zwischen 100 und 150 Flugzeuge im Kessel. Der Nachschub für den kleineren Stützpunkt Cholm mußte vorwiegend am Fallschirm abgeworfen werden.*
*Rechts: Vom 21. Januar bis 4. Mai 1942 war der Stützpunkt Cholm eingeschlossen. Noch während der Verteidigung wurde seinem Kommandanten Generalmajor Scherer das Ritterkreuz verliehen.*

*Auf dem Weg zur Stellung. Gemälde von Hanns Rossmanet.*

## Krim

Mit sechs Divisionen trat Generaloberst von Manstein im Juni 1942 zum zweiten Mal zum Sturm auf die See- und Landfestung Sewastopol an. Fünf Tage lang lag Sewastopol im Hagel der Bombenflugzeuge und der bis dahin stärksten Artilleriemassierung des Zweiten Weltkrieges.

*Oben: Deutsche Infanterie im Partisanengebiet an der Südspitze der Krim.*
*Links: Fliegerangriff auf ein russisches Stabsquartier im Raum von Perekop. Die Luftwaffe flog gegen Sewastopol täglich 1000 bis 2000 Einsätze. Am ersten Angriffstag warf sie 570 t Bomben.*
*Rechte Seite: Der deutsche 60 cm-Mörser „Thor“, einer der Artillerie-Giganten, die an der Beschießung von Sewastopol beteiligt waren.*

*Panzerwerk „Maxim Gorki", das stärkste Fort von Sewastopol, nach der Einnahme. Zeichnung von Hans Liska. Die Funksprüche aus der Zentrale des Forts sind überliefert. Der vorletzte – nach stundenlangem Kampf im Innern der Anlage – lautet: „Wir sind noch 46 Mann. Die Deutschen hämmern an die Panzertüren und fordern uns zur Übergabe auf. Zweimal haben wir die Luke geöffnet und geschossen. Jetzt geht das nicht mehr." Eine halbe Stunde später dann: „Jetzt sind wir noch 22. Wir bereiten die Sprengung der Zentrale vor. Dies ist der letzte Funkspruch. Lebt wohl!" Von der rund 1000-köpfigen Besatzung des Forts wurden nur 40 Schwerverwundete lebend aufgefunden.*

# Eine Festung fällt

Nach fünftägigem Bombardement durch Artillerie und Luftwaffe traten die Sturmtruppen zum Angriff auf Sewastopol an. Einen Monat später, am 3. Juli 1942, war die Festung erobert. Die Wehrmacht hatte nun den Rücken frei für den Vorstoß zum Kaukasus und nach Stalingrad.

*Oben: Brände wüten in der Stadt. Im Vordergrund die Swernajabucht, die von den deutschen Sturmbooten in einem Nachtangriff überquert wurde.*
*Unten: Rund um Sewastopol gab es zahllose natürliche Felshöhlen, die teils zu Bunkern für den Verteidiger ausgebaut waren, teils als eine Art von Katakomben der Zivilbevölkerung Schutz gewährten.*
*Rechte Seite. Oben: Die schweren Schläge des Mörsers „Thor“ haben die betonierten und gepanzerten Geschützstellungen des Forts „Maxim Gorki“ zerfetzt. Unten: Deutsche Panzer dringen in die zerstörte Stadt ein.*

*Im Kaukasusgebirge fanden die deutschen Truppen ein völlig neues Kampfgelände vor.*

## Sommeroffensive 1942

Die Festung Sewastopol stand kurz vor ihrem Fall, als am 28. Juni 1942 die Wehrmacht zu ihrer Sommeroffensive antrat. Hitler wollte mit ihr erreichen, was er im Winter 41/42 nicht geschafft hatte, die endgültige Vernichtung der Roten Armee.

*Oben: Einer der größten Ströme Rußlands, der Dnjepr, war in verschiedenen Phasen des Ostkrieges heiß umkämpft. Infanterie geht am jenseitigen Ufer gegen einen Bahndamm vor.*
*Links: Deutsche Sturmboote beim Übergang über den breiten Strom.*
*Rechte Seite: Eine der schnell über den Donez geschlagenen Floßsackbrücken, über die die Truppen der Armee Paulus den vorausgeeilten Panzern folgten. Zwischen den breiten Strombarrieren des Dnjepr und der Wolga lag die Schranke, die der Don und sein rechter Nebenfluß, der das Industriebecken von Stalino nach Osten begrenzende Donez, bildeten. In den Julikämpfen des Jahres 1942 überschritt die Panzerarmee Hoth den unteren Donez mit Stoßrichtung Stalingrad.*

## „Fall Blau“

Hinter dem unscheinbaren Decknamen „Fall Blau“ für die Sommeroffensive 1942 verbargen sich weitgesteckte Ziele Hitlers. Mit dem Vorstoß in Richtung Kaukasus, dem Griff nach den Ölfeldern von Baku und der Industrie im Donezbecken sollte der Krieg eine entscheidende Wende erfahren. Die Sowjets aber stellten sich nicht mehr den vernichtenden Kesselschlachten. Den Deutschen fielen nur noch wenige Gefangene und kaum nennenswertes Kriegsmaterial in die Hände.

*Oben: Weit auseinandergezogen ist die Reihe der Panzer und Sturmgeschütze, die zu einem Angriff aufmarschiert sind.*
*Links: Eine Panzerarmee marschiert nach vorne. Während der Troß die wenigen guten Straßen benutzt, rollen die Panzer durch das Gelände.*
*Rechte Seite: Panzer überrollen einen feindlichen Stützpunkt.*

## Rostow

„Der Kampf um den Stadtkern von Rostow war ein Kampf ohne Gnade. Die Verteidiger ließen sich nicht gefangen nehmen, kämpften bis zum letzten Atemzuge, schossen, wenn sie unerkannt überrollt oder verwundet waren, noch aus dem Hinterhalt, bis sie niedergemacht waren. Die eigenen Verwundeten mußten in Schützenpanzerwagen gelegt und bewacht werden; geschah das nicht, fanden wir sie erschlagen oder erstochen wieder."
(Bericht des späteren Generalleutnants Alfred Reinhardt, der im Kampf um Rostow das schwäbische Infanterie-Regiment 421 kommandierte.)

*Oben: Im Sumpfgelände des unteren Don bilden Balken und Bohlen notwendige Hilfsmittel für den Vormarsch.*
*Links: Die schnelle Besitzergreifung unzerstörter Brücken und unbeschädigter Dämme zählte zu den vordringlichen Aufgaben der vorstoßenden deutschen Truppen.*
*Rechte Seite: Wo Fahrzeuge und Lasttiere im Sumpf versinken, müssen die Landser zupacken.*

## Der Gegner wurde unterschätzt

„In der gesamten Lage hebt sich immer deutlicher ab, daß der Koloß Rußland mit der ganzen Hemmungslosigkeit, die totalitären Staaten eigen ist, von uns unterschätzt worden ist. Diese Feststellung bezieht sich ebenso auf die organisatorischen wie auf die wirtschaftlichen Kräfte, auf das Verkehrswesen, vor allem aber auf rein militärische Leistungsfähigkeit. Wir haben bei Kriegsbeginn mit etwa 200 feindlichen Divisionen gerechnet. Jetzt zählen wir bereits 360. Diese Divisionen sind sicherlich nicht in unserem Sinne bewaffnet und ausgerüstet, sie sind taktisch vielfach ungenügend geführt. Aber sie sind da. Und wenn ein Dutzend davon zerschlagen wird, dann stellt der Russe ein neues Dutzend hin. Die Zeit dazu gewinnt er dadurch, daß er nah an seinen Kraftquellen sitzt, wir immer weiter von ihnen abrücken.

So ist unsere auf größte Breite auseinandergezerrte Truppe ohne jede Tiefe immer wieder den Angriffen des Feindes ausgesetzt.“

(Tagebuch-Aufzeichnung des Generalstabschefs Halder, 11. August 1941.)

*Oben: Sowjetischer Panzerzug.*
*Links: Der Hafen von Kertsch mit zahlreichen Wracks zerschossener und zerbombter Schiffe.*
*Rechte Seite: Inmitten sommerlicher Maisfelder kämpft sich eine deutsche Vorhut zu den Anhöhen des Kaukasus durch. Ihr Begleitpanzer gerät auf dieser Gefechtsszene unter Artilleriebeschuß (oben), der Kommandant verschwindet im Turm (Mitte), die Infanteristen erheben sich wieder aus der Deckung (unten).*

1001

1001

1001

## Am Fuß des Kaukasus

*Linke Seite. Oben: Beim Bau dieser Behelfsbrücke über den Kuban wurden auch russische Frauen als Arbeitskräfte eingesetzt. Unten: Zwischen Maikop und Tuapse wechseln dichte Wälder mit der Üppigkeit fruchtbarster Tabakanpflanzungen ab.*
*Oben: Deutsche Flieger haben den Hafen von Tuapse angegriffen und auf einigen Schiffen Treffer erzielt.*
*Rechts: Ein verwundeter Terek-Kämpfer wird von Kameraden aus der Feuerlinie getragen. In der Abgeschiedenheit seines Hauptquartiers war für Hitler der Landser im Sommer 1942 noch derselbe wie zu Beginn des Krieges. Dabei hatte der Vormarsch in die Weiten Rußlands längst alle Kräfte aufgezehrt.*

# Gebirgsjäger

Der Einsatz der Gebirgstruppe begann Anfang September 1939 auf dem Südflügel der deutschen Heeresfront. Aus dem bewaldeten Bergland der Tatra antretend, halfen sie mit, den polnischen Südflügel zu umfassen, was in scharfem Zugriff bei Lemberg gelang.
Im Frühjahr 1940 wurde die Division Dietl zu der schwierigen Aufgabe der Einnahme von Narvik und damit zu einem jahrelangen Kampf in Eis und Schnee nördlich des Polarkreises befohlen, der von den Gebirgsjägern, auch der 2. und 6. Gebirgs-Division, gemeistert wurde.
Ende Mai 1941 erhielten die Gebirgler der 5. Division (Ringel) den Einsatzbefehl gegen Kreta, zusammen mit der deutschen Fallschirmtruppe. Als diese auf der von Engländern und Neuseeländern erbittert verteidigten Höhe 108 bei Malemes in schwerster Bedrängnis war, griffen die „Jäger" mit einem umfassenden Angriff rettend ein. Wenige Tage darauf war die Insel in deutscher Hand.
Der Durchbruch durch die schwer befestigte Metaxaslinie und der weitere Vorstoß über den Olymp und die Thermopylen nach Athen gaben ebenfalls Zeugnis von der kämpferischen Leistung der Gebirgstruppe in schwierigstem Gelände.
Das Schwerste aber kam mit dem Rußlandfeldzug. Über 4000 km marschierten und kämpften die Männer mit dem Edelweiß über Lemberg nach Winniza, über den Dnjepr nach Stalino und Rostow am Don, um von hier aus den Kaukasus bis zu Höhen über 5000 m zu erobern und zum Schwarzen Meer vorzustoßen. Aber dicht vor dem Ziel durch russische Überlegenheit zur Umkehr gezwungen, endete für sie der Krieg auf dem Balkan im Kampf mit den Partisanen Titos.

*Linke Seite: Zeltlager im urwaldähnlichen Dikkicht am Rande der Suchumer Heerstraße, zehn Kilometer oberhalb von Suchum im Klischtal.*
*Rechts: Zwei Soldaten der Gebirgstruppen. Generalstabschef Halder sagte über sie: „Die deutsche Gebirgstruppe war nicht nur eine Elite im Kampf, sondern auch im Herzen."*

## Bis nach Asien

Ein letztes Mal stießen die deutschen Truppen weit vor. Sie betraten den Boden Asiens, sahen das Kaspische Meer und hißten ihre Flagge auf dem Elbrus. Strategisch gesehen waren diese Unternehmen aber schon eine Verlegenheitslösung. Da die russischen Armeen sich der Entscheidungsschlacht entzogen, blieben in der zweiten Hälfte des Jahres 1942 als Kriegsziel nur noch Wirtschaftsobjekte übrig: Ölquellen, Industriereviere, Transportwege, Kohlegruben.

*Oben: Drahtseilbahn auf der Höhe des Kluchorpasses, mit der Munition, Verpflegung und auch Verwundete transportiert werden.*
*Links: Die schlechten Straßen im Hochgebirge forderten ihren Zoll.*
*Rechte Seite. Oben: Gebirgsartillerie auf dem Marsch vom Kluchorpaß zum Klischtal. Unten: Inmitten der Hochgebirgswelt mit ihren schneebedeckten Berggipfeln ist dieses Geschütz in Stellung gegangen.*

# Auf dem Elbrusgipfel

Ihren Einsatz im Kaukasus nutzte eine Gruppe von Gebirgsjägern zu einer sportlichen Extratour: Sie bestiegen am 21. August 1942 den höchsten Gipfel dieses Gebirges, den 5629 Meter hohen Elbrus – und zogen dort die Reichskriegsflagge auf.

Die Meldung über die Flaggenhissung ging über den Rundfunk und durch die ganze Welt. Adolf Hitler aber geriet in Wut. Albert Speer, damals Reichsminister für Rüstung und Munition, berichtete: „Oft habe ich Hitler wütend gesehen; selten aber brach es so aus ihm heraus wie bei dieser Nachricht. Stundenlang tobte er, als sei sein gesamter Feldzugsplan durch das Unternehmen ruiniert worden. Noch nach Tagen schimpfte er unablässig bei jedem über ‚diese verrückten Bergsteiger', die ‚vor ein Kriegsgericht gehörten'. Mitten im Krieg liefen sie ihrem idiotischen Ehrgeiz nach, meinte er empört, besetzten einen idiotischen Gipfel, obwohl er doch befohlen habe, daß alles auf Suchum konzentriert werde. Hier sehe man deutlich, wie seine Befehle befolgt würden."

Seine Armeen, so schrie Hitler, sollten den Ehrgeiz haben, die Russen zu schlagen, nicht aber den Ehrgeiz, auf die höchsten Berge zu klettern. Die Klettertour der 110 Mann der Hochgebirgskompanie hat den Feldzug gewiß nicht beeinflußt, doch Hitlers Zorn richtete sich nun gegen den Generalfeldmarschall List, den Oberbefehlshaber der Heeresgruppe A, der zudem noch Bayer war. General Jodl – ebenfalls Bayer und Gebirgs-Artillerist – nahm List in Schutz. Zum ersten Mal zielte Hitlers Zorn nun auch gegen Jodl, den Chef des Wehrmachtführungsstabes beim Oberkommando der Wehrmacht.

Einige Tage später löste Hitler den Generalfeldmarschall List von seinem Posten ab und versetzte ihn in die Führerreserve. Hitler hatte sich außerdem mit Keitel, Jodl und Halder überworfen und den Generalstabschef Halder seines Amtes enthoben. Speer: „Er gab ihnen weder die Hand zum Gruß noch nahm er an der gemeinsamen Tafel teil. Von jetzt an ließ er sich bis zum Kriegsende das Essen in seinem Bunkerraum servieren... Das Verhältnis Hitlers zu seiner militärischen Umgebung war für immer zerbrochen."

*Linke Seite: Die Reichskriegsflagge weht auf dem Gipfel des Elbrus (5629 Meter).*
*Rechts: In der Gebirgstruppe gediehen knorrige und eigenwillige Gestalten. Mitten im Krieg einen Fünftausender zu ersteigen – das war genau das Passende für sie.*

## Partisanen

Je länger der Rußlandfeldzug dauerte, um so mehr sonderbare Eintragungen fanden sich auf den Landkarten der deutschen Heeresgruppen: schraffierte Felder mit dem Vermerk „von Partisanen kontrolliertes Gebiet“ dehnten sich im Rücken der Front und vergrößerten sich ständig. Mit den Partisanen wurden die deutschen Truppen nicht fertig.

*Oben: In Minsk haben lettische SS-Verbände Partisanen neben einer Hauptstraße aufgehängt. Auf der Tafel, die Getöteten umgehängt wurde, ist zu lesen: „Wir sind Partisanen und haben auf deutsche Soldaten geschossen.“*
*Links: Eine Brückensprengung wird vorbereitet.*
*Rechte Seite: Der Alltag des Partisanen: Schulung in einem Waldlager.*

# Landserleben

„Ich bin in ein kleines sauberes Haus geraten, um mir den Staub der Straße herunterzuspülen, und es hat mir so gut gefallen, daß ich nun bereits zum zweiten Male darin Quartier bezog. Man hat es zwar zuerst nicht sehr gern getan, aber bald ist ein zaghaftes, kleines Lächeln aufgeblüht, und nun haben wir schon Vertrauen zueinander, die stille, scheue Frau, die verrunzelte Babuschka und die kleine Panjenka von vierzehn Jahren. Es ist leicht, wenn man ein wenig behutsam ist, ein wenig freundlich zu den Menschen und versucht, den Krieg auszulöschen. Ich verstand den Offizier nicht, der mir vor einigen Tagen sagte: ‚Wir haben uns nicht um Gefühle der Zivilisten zu kümmern, wir haben Krieg zu führen.'"
(Brief eines deutschen Soldaten aus dem Rußlandfeldzug, 1942.)

*Linke Seite: Ferntrauung – ein junger Obergefreiter gibt sein Ja-Wort der tausende von Kilometern entfernten Braut in der Heimat.*
*Oben: Soldatenkino. Die Waffen sind vorher zu entladen.*
*Rechts: Der Brief, das Band zwischen Front und Heimat.*

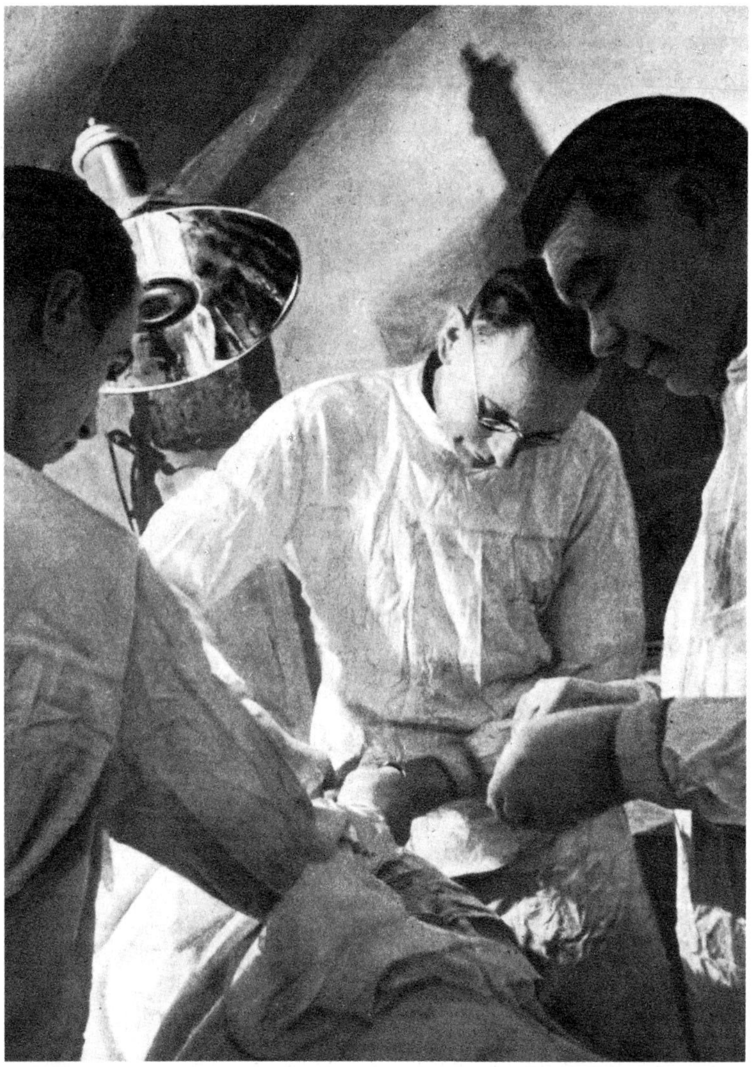

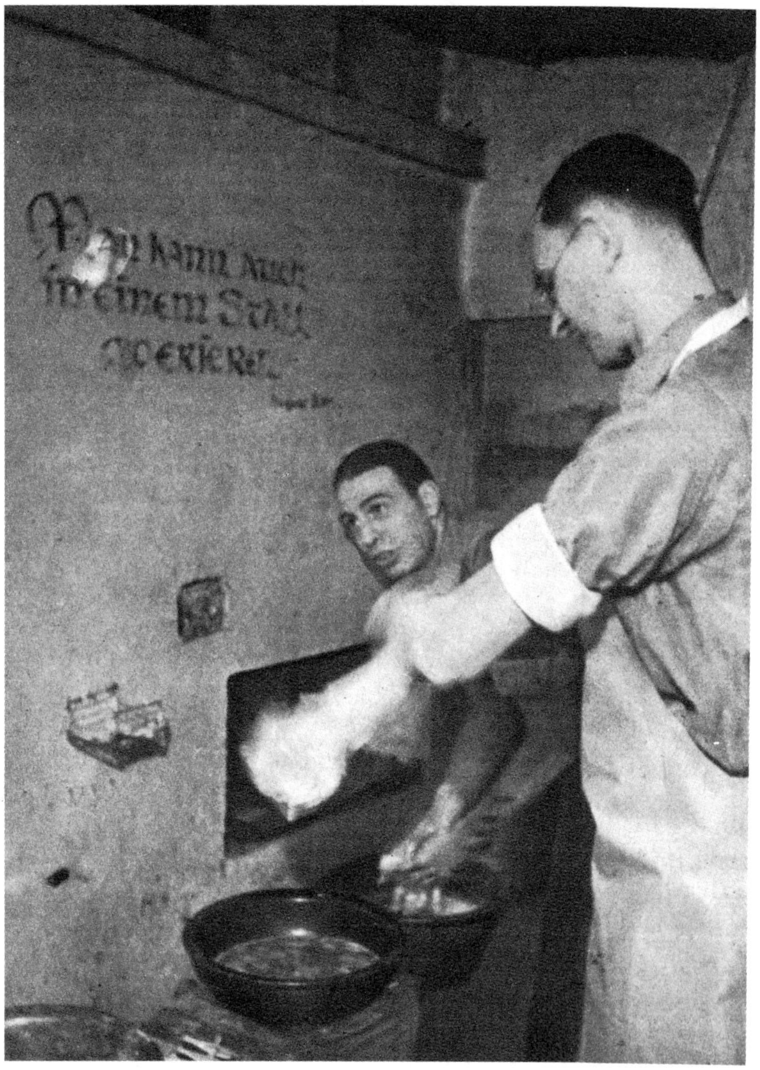

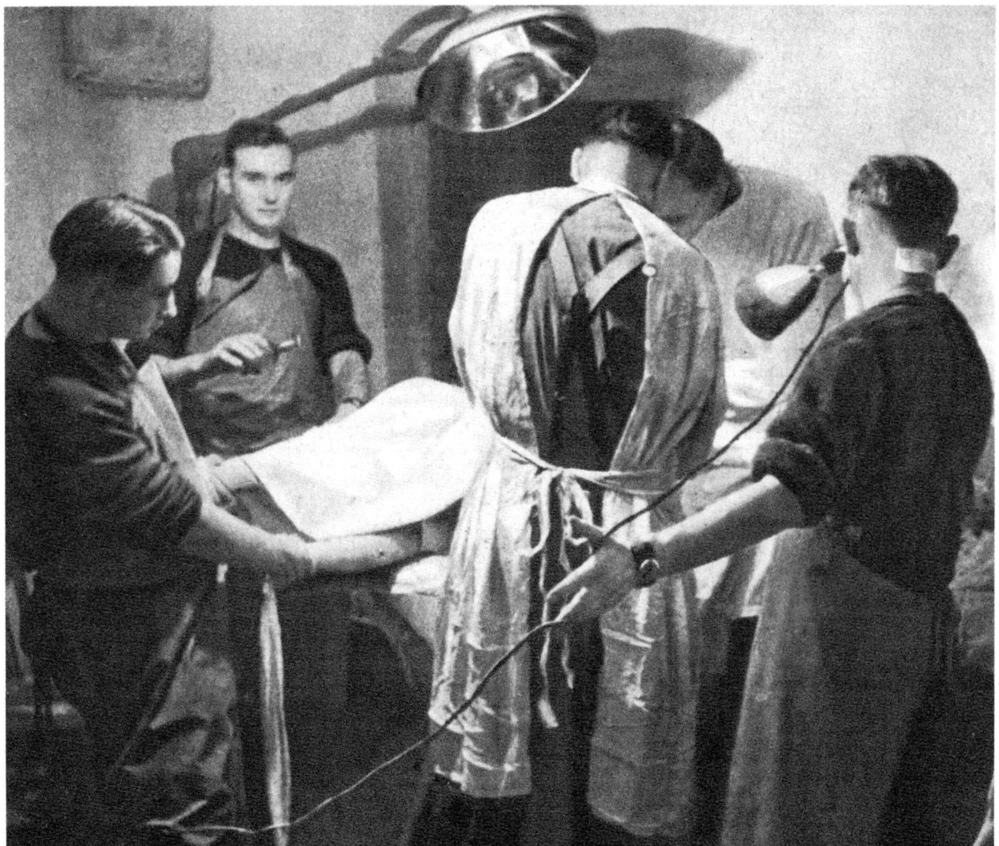

# Sanitätswesen

In einer Zeit, in der es vaterländische Pflicht schien, Wunden zu schlagen, vollbrachten Soldaten der Sanitätstruppe und Krankenschwestern große humanitäre Leistungen.

*Oben und links: Operationen in Behelfsräumen, nach dem Wandspruch: Man kann auch in einem Stall operieren!*
*Rechte Seite. Oben: Auf dem Hauptverbandplatz einer deutschen Sanitätskompanie wird ein Sowjetsoldat versorgt. Unter dem Pflegepersonal befindet sich auch eine in Gefangenschaft geratene russische Krankenschwester. Unten: Krankentransport mit einer Ju 52.*

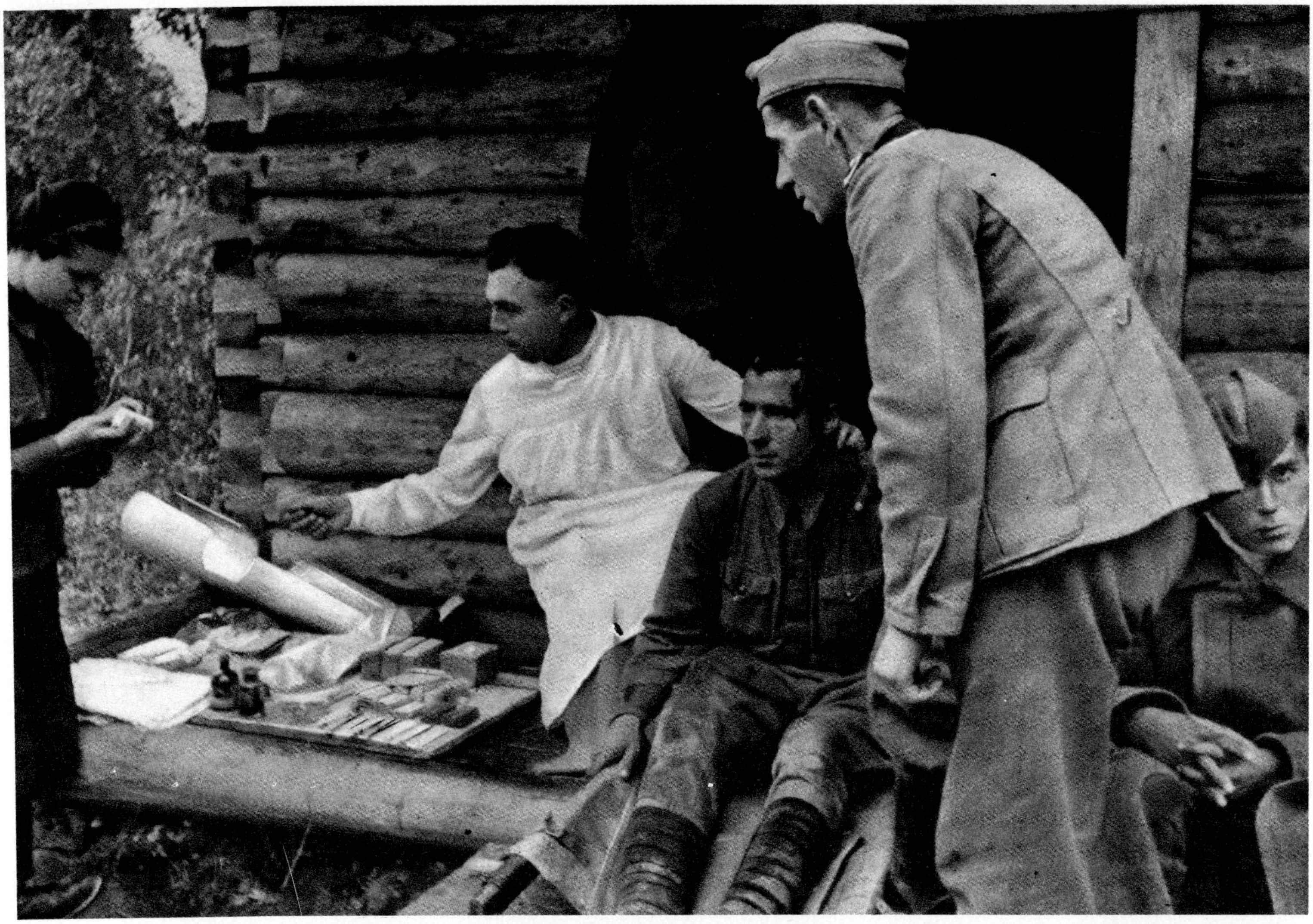

## Martialische Kunst

Einer der bekanntesten PK-Männer war der Illustrator Hans Liska, dessen heroisierend-brutale Darstellungsweise stilbildend für eine ganze Generation von Pressezeichnern wurde. Von ihm stammen die hier versammelten Bilder.

*Oben: „Der motorisierte Krieg. Unvorstellbare Massen seelenloser Maschinenmenschen rennen von Osten her gegen Europa an. Ihnen gegenüber steht der zahlenmäßig weit unterlegene, dafür aber mit den modernsten motorisierten Waffen ausgestattete Einzelkämpfer.“ Links: „Der Winter. Das Klima des Ostens stellte das deutsche Heer vor Verhältnisse, denen der Mitteleuropäer kaum gewachsen sein konnte.“ Rechte Seite. Oben: „Die Materialschlacht. Gegen den T 34 den Tiger, gegen die starken Felsfestungen schwerste Eisenbahngeschütze, gegen die Stalin-Orgel die Werferbatterien – so hatte der deutsche Soldat immer die Waffen, um in der dreijährigen Materialschlacht zu bestehen.“ Unten: „Der Nachschub. Die Verkehrswege im Osten, für europäische Maßstäbe ohne jeden Vergleich, türmten vor den deutschen Soldaten ungeheure Schwierigkeiten auf.“ (Originaltexte aus „Signal“, 1943.)*

# Stalingrad

*Rechte Seite: Eine Sturmgeschützabteilung auf dem Marsch. Ihre Waffe ist die 7,5 cm-Kampfwagenkanone L/48. Die Sturmartillerie gab der angreifenden Infanterie Schwung und Selbstvertrauen, bereinigte Krisensituationen und war das gepanzerte „Mädchen für alles“.*

Stalin, unfehlbar wie er nun mal ist, rechnete damit, daß die Deutschen am 22. Juni, dem ersten Jahrestag ihres Überfalls auf die Sowjetunion, Moskau angreifen. Was anderes sollten sie vernünftigerweise tun? Von Hitlers noch genialerer – ebenfalls unfehlbarer – Rechnung mit „Blau“ hat er keine Ahnung. Am 19. Juni 1942 unternimmt der I. Generalstabsoffizier der 23. Panzer-Division des XXXX. Panzer-Korps, Major Reichel, mit einem Fieseler Storch, einem leichten Erkundungsflugzeug, einen Flug über das Niemandsland im Norden der deutschen Front. Leichtsinniger-, unnötiger- und verbotenerweise führt er die Pläne für die Phase „Blau I“ mit sich: Angriff nach Norden auf Woronesch. Sowjetische Flakartillerie holt die Maschine herunter, sowjetische Soldaten erschießen den notgelandeten Generalstabsmajor. Die Pläne geraten in sowjetische Hand. Schlußfolgerung beim sowjetischen Oberkommando, der „Stawka“ in Moskau: Der Gegner wird von Süden her auf Moskau vorgehen. Eilig nimmt man Truppenverschiebungen vor. Konsequenz auf deutscher Seite: Hysterische Entrüstung. Reichel ist tot. Man kann ihn nicht zur Rechenschaft ziehen. Dafür werden der Divisionskommandeur Reichels, Generalleutnant v. Boineburg-Lengsfeld, und der Kommandierende General des XXXX. Panzer-Korps, General der Panzertruppen Stumme, abgelöst. Stumme kommt vors Reichskriegsgericht. Mühsam läßt sich eine Rehabilitierung erreichen. Der Fall Reichel wirft erneut ein seltsames Licht auf Hitlers Führungsprinzipien. Aber – die Soldaten, die Öffentlichkeit erfahren natürlich kein Sterbenswort davon. Der Schaden, den man dem gefallenen Generalstabsmajor anlastet, wird sich grotesker Weise als Schaden für die „Stawka“ in Moskau erweisen. Hier rechnet man, wie gesagt, mit einem Angriff auf Moskau.

Noch vor dieser „Katastrophe“ Reichel, hatte am 7. Juni 1942 Generaloberst v.Manstein mit der 11. Armee den Generalangriff auf die Seefestung Sewastopol auf der Krim begonnen. Die Krim, in der tiefen Flanke der Generaloffensive im Süden, mußte genommen werden, bevor „Blau“ begann. Zur Bezwingung (Unternehmung „Störfang“) der gut ausgebauten Festungsanlagen verfügte die 11. Armee über schwere Eisenbahnartillerie, zwei Sondergeschütze vom Kaliber 60 cm und das fabulöse „Dora“-Geschütz von 80 cm Kaliber. Die Riesenkanone, laut Manstein ein „Monstrum“, erforderte 60 Eisenbahnwagen zum Transport. Es handelte sich um ein ursprünglich zur Überwindung der Maginot-Linie gedachtes Geschütz, das 1940 nicht mehr zum Einsatz gekommen war. In derartigen Spitzenleistungen brillierte die deutsche Rüstung fast den ganzen Krieg über. Der Gegner setzte auf die Massenproduktion handlicher Panzer Geschütze, Raketenwerfer, Fernbomber. Behielt er recht, oder siegte der Erfindungsreichtum der deutschen Industrie?

Am 1. Juli 1942 nimmt Manstein Sewastopol. Hitler ernennt ihn zum Generalfeldmarschall. Ein großer Tag, gewiß, doch nicht für die inzwischen schon angelaufene Offensive „Blau“. Hitler, bar jeden Gefühls für militärische Kräftekonzentration am entscheidenden Punkt, zieht die 11. Armee nach Norden ab. Die alte Idee der Entscheidungssuche auf dem wirtschaftlichen oder „ideologischen“ Felde – Ukraine, Kaukasus und Leningrad – taucht wieder auf.

Unterdessen hat der Angriff der Heeresgruppe Süd am 28. Juni 1942 begonnen. Die Phase I verläuft erfolgreich. Am 5. Juli fällt Woronesch am Don in deutsche Hand. Hitler hat ein vorgeschobenes Hauptquartier „Werwolf“, eine Barackenanlage in den Kieferwäldern bei Winniza in der Westukraine, bezogen, um den Ereignissen in Südrußland näher zu sein. Vier Tage nach der Eroberung von Woronesch ordnet er die Spaltung der Gruppe Süd an, unter Protesten von Generalfeldmarschall v.Bock. Nach Rundstedt und Leeb scheidet nun auch der letzte Heeresgruppenbefehlshaber der Blitzoffensive von 1940 aus dem Amt, weil er Hitlers Kriegführung nicht mehr versteht. Den Befehl über die neue Heeresgruppe B übernimmt Generaloberst v.Weichs, die südliche Gruppe A erhält Generalfeldmarschall List. Im Staub und Sonnenglast des südrussischen Sommers marschieren die Deutschen durch die Steppe auf die große Donschleife, auf Rostow, das List zurückerobert. Der Gegner erleidet eine Niederlage nach der anderen, Krisenerscheinungen bei den sowjetischen Verbänden werden erkennbar. Aber es gibt keine großen Gefangenenzahlen mehr, eine Tatsache, die General Paulus und sein Chef des Stabes, Generalmajor Schmidt, mit Besorgnis notieren. Hitler dagegen bildet sich wieder einmal ein, die Kraft des Feindes sei endgültig gebrochen. Niemand weiß, daß Stalin östlich der Wolga ein Reserveheer von 1,5 Millionen Mann versammelt hat. Niemand schätzt die Bedeutung der gewaltigen amerikanischen Materiallieferungen richtig ein.

Angesichts der dauernden Erfolge – ohne irgendeinen entscheidenden Sieg, etwa eine der spektakulären Kesselschlachten des Vorjahres – reißt Hitler mit der „Weisung Nr. 45“ vom 23. Juli 1942 den eigenen Plan auf und gibt die Stufenfolge preis. Jetzt scheint alles möglich zu sein. Weichs

*Das deutsche Plakat für die besetzte Sowjetunion prangert den politischen Kommissar der Roten Armee als Mordknecht an. In Hitlers berüchtigtem „Kommissarbefehl" vom 6. Juni 1941 heißt es: „Die Urheber barbarisch asiatischer Kampfmethoden sind die politischen Kommissare… Sie sind aus den Kriegsgefangenen sofort, d. h. noch auf dem Gefechtsfelde, abzusondern… Diese Kommissare werden nicht als Soldaten anerkannt… Sie sind nach durchgeführter Absonderung zu erledigen."*

soll mit seiner Heeresgruppe Stalingrad nehmen, List, dem die beiden Panzer-Armeen zur Verfügung gestellt werden, soll den Kaukasus überrennen und die Linie Batum-Baku zwischen dem Schwarzen und dem Kaspischen Meer erreichen. Damit wird – bei objektiv zu schwachen Kräften – über tausende von Kilometern hinweg eine exzentrische Operation mit weit auseinanderklaffenden Zielen eingeleitet. Und der Gegner, Stalin und die „Stawka", mit zwei hochbefähigten Generalen an der Spitze, Schukow und Wassilewski? Stalin zieht aus der strategischen Reserve die 62. und 64. Armee zur Verteidigung von Stalingrad heran. Zunächst erhält Marschall Timoschenko den Befehl über die neue „Stalingrad-Front"; als dessen Feldherrnkünste nicht mehr auszureichen scheinen, kommt der General Gorodow zum Zug, der für Grobheit berühmt ist. Am 26. Juli befiehlt Stalin, angesichts des Strebens vieler Verbände, nicht nur über den Don, sondern auch noch hinter die rettende Wolga auszuweichen, kategorisch: „Keinen Schritt zurück. Hinter der Wolga gibt es für uns kein Land mehr." Stalingrad, Schlüsselpunkt des russischen Wasserstraßensystems, darf auf keinen Fall in Hitlers Hand geraten.

Am 30. Juli 1942 ändert Hitler wieder die Kräfteverteilung. Im Grunde genommen sind jetzt beide Diktatoren nervös. Dem einen geht alles nicht schnell genug, der andere fürchtet eine tödliche Niederlage an der Wolga. Die 4. Panzer-Armee unter Generaloberst Hoth soll von Süden her auf Stalingrad vorgehen und wird der Heeresgruppe B unterstellt. Lists geschwächte Einheiten dringen über den Kuban hinweg in das Vorgelände des Kaukasus vor. Am 9. August nehmen sie das Gebiet von Maikop mit dem ersten kleinen Ölfeld. Die Sowjets weichen aus, haben aber für Unbrauchbarmachung der Förderung gesorgt. Für solche Fälle stehen jedoch auf deutscher Seite sogenannte Ölbau-Brigaden bereit. Am 21. August 1942 hissen deutsche Gebirgsjäger auf dem Elbrus, dem höchsten Berg des Kaukasus die Reichskriegsflagge, eine alpinistische Meisterleistung ohne sonderlichen militärischen, höchstens propagandistischen Wert. Durch die Bergvölker des Kaukasus, die immer die russische Herrschaft gehaßt haben, geht die Hoffnung auf Befreiung von der Herrschaft der Bolschewiki, wenn die Deutschen kommen.

Für kurze Wochen zeichnet sich die Möglichkeit einer überdimensionalen Zangenbewegung ab. Rommel wird den Suezkanal nehmen und die britische Nahostposition über den Haufen werfen. Lists Armeen werden über den Kaukasus in den Mittleren Osten vorstoßen. Die türkische Regierung wartet voller Spannung auf den weiteren Verlauf und trifft in Ostanatolien und dem türkischen Armenien militärische Vorsichtsmaßnahmen. Batum, eines der deutschen Angriffsziele, ist alte türkische Interessensphäre. Mussolini fliegt nach Afrika, mitsamt einem besonders schönen Schimmel. Hoch zu Roß erklärt er sich, ein Schwert in der Hand, zum Schirmherrn des Islam, eine theatralische Geste, die Hitler (der Pferde und die Reitkunst haßt) als höchst unangemessen empfindet. Den deutschen Soldaten wird indessen das Unmögliche zugemutet.

Nach dem Übergang über den Don gibt General Paulus der 6. Armee am 19. August 1942 den Befehl zum Angriff auf Stalingrad. Ein vernichtender Luftangriff trifft die riesige, kilometerweit am Westufer der Wolga sich hinziehende Industriemetropole. Tags darauf, am 20. August, greift Hoth mit seinen Panzern und Schützenpanzern von Süden Stalingrad an – und kommt zunächst nicht sehr weit. Erst nach drei Tagen erreicht er den Westteil der Stadt. Die Verteidiger haben gewechselt. Stalin hat zwei „Fronten" zur Behauptung Stalingrads formiert: Die „Stalingrad-Front" unter einem neuen Mann, General A.I. Jeremenko, und die „Südost-Front". Unfähige Befehlshaber wie General Gorodow, oder der in Stalingrad befehligende General Lopatkin, der die Nerven verliert und kapitulieren will, verschwinden von der Bildfläche. Stalin hält verzweifelt Ausschau nach einer „Zweiten Front" im Westen. Die Frage läßt ihn niemals los, ob hier die Angloamerikaner wirklich eine Offensive planen oder ob sie ihn hinters Licht führen wollen, damit die Vormacht des Kommunismus im Kampf gegen Hitler verblutet. Alles, was die Engländer im Moment tun, besteht in einem breitangelegten Kommando-Unternehmen gegen Dieppe am 19. August 1942, um die Stärke und Reaktionsfähigkeit der Deutschen bei Invasionsversuchen zu erproben. Die deutsche Seite erweist sich als überraschend kräftig und elastisch. Das Landemanöver scheitert schnell, allerdings erbeuten die Briten eines der kostbaren Marine-Ortungsgeräte. Das Triumphgeschrei der deutschen Propaganda übertrifft die militärische Bedeutung des Abwehrerfolges bei weitem.

Ende August 1942 haben Paulus und Hoth Stalingrad zum Teil besetzt, aber nicht erobert. In der Stadt übernimmt die später legendär werdende 62. Armee unter General Tschuikow die Verteidigung. Im Häuser- und Straßenkampf, im Ringen um einzelne Stadtteile oder in Festungen verwandelte riesige Industriewerke frißt sich der Kampf fort, für zwei und zweidrittel

Monate. Stalingrad wird zum „Verdun“ des Zweiten Weltkrieges, zu jener Gürtelfestung, bei der 1916 die deutschen Angreifer wie die französischen Verteidiger verbluteten. Der Großteil des Stadtgebietes fällt zwar schließlich in deutsche Hand, aber die Sowjets behaupten zäh einen Brückenkopf auf dem Westufer der Wolga. Es ist ein halber Sieg für Hitler. Im Kaukasus zeichnet sich dafür eine halbe Niederlage ab. Beim Vormarsch in das Gebirge, auf das erste Hauptziel, den großen Ölhafen Batum am Schwarzen Meer, bleiben die Gebirgsjäger-Regimenter der 17. Armee stecken. Für die Panzer und motorisierten Einheiten der 1. Panzer-Armee ergeben sich bei der Eroberung der Ölgebiete groteske Treibstoffschwierigkeiten. Der Nachschub über die riesig gedehnten Versorgungslinien stockt.

Schließlich müssen Kamelkarawanen Betriebsstoff für die Panzer heranbringen. Der Oberbefehlshaber der Luftflotte 4, v.Richthofen, ein äußerst rücksichtsloser Mann, kämmt die Etappenbestände seiner Fliegergeschwader aus und stellt Lastkraftwagen-Kolonnen zusammen, um der Heeresgruppe zu helfen.

Generalfeldmarschall List fordert die Einstellung der gesamten Offensive. Das versetzt Hitler in heftige Erregung. Vor den höchsten Offizieren der Heeresgruppe Süd hat er in Poltawa vor Beginn des Sommerfeldzuges erklärt, wenn es nicht gelinge, sich in den Besitz der kaukasischen Ölfelder zu setzen, sei der Krieg verloren. Mit Generaloberst Halder, der Lists Ansichten teilt, ist Hitler schon seit langem zerstritten. So gibt er Mitte September 1942 – zum ersten Mal – der Bitte General Jodls statt, des Chefs des Wehrmachtführungsstabes, zu List und zur Front vor Tuapse fliegen zu dürfen, um die Lage zu prüfen. Sonst waren solche „Frontausflüge“ gerade Jodl streng verboten. Jodl kehrt nach Winniza zurück und gibt List recht. Es geht nicht mehr weiter. Die Meldung löst bei Hitler eine Empörung aus, die nur zu begreifen ist, wenn man annimmt, daß sich dahinter die Ahnung verbirgt, daß dieser Krieg überhaupt nicht mehr zu gewinnen ist.

List wird ins Hauptquartier „Werwolf“ zitiert und ersucht selbst um seine Ablösung, da er die Forderung Hitlers, die Offensive fortzusetzen, nicht mehr verantworten will. Sein Nachfolger wird Generaloberst v.Kleist von der 1. Panzer-Armee, der das Unmögliche noch einmal versucht. Hitler geht in seinem Zorn noch weiter. General Jodl soll seines Postens enthoben und durch General Paulus ersetzt werden, den „Sieger“ von Stalingrad. Die gemeinsame Mittags- und Abendtafel im Führerhauptquartier mit Generalen, Generalstabsoffizieren, Adjutanten und hohen Funktionären wird aufgehoben. Hitler glaubt sich von allen verlassen und betrogen und vergräbt sich völlig in die Probleme der Kriegführung, die er doch nicht mehr meistern kann.

Noch vor der Kaukasuskrise kommt die Nachricht, daß der letzte Versuch Rommels, mit der deutsch-italienischen Panzer-Armee, am 31. August 1942 über die El Alamein-Stellung hinaus nach Osten anzugreifen, am 2. September gescheitert ist. Es geht auch hier nicht mehr weiter. Rommel tritt aus Gesundheitsgründen einen Kur-Urlaub in Deutschland an. Hitler empfängt ihn im Führerhauptquartier in Ostpreußen. Der Generalfeldmarschall, den der Propagandaminister Goebbels jetzt als „Volksmarschall“ feiert, sucht Hitler klar zu machen, es wäre am Vernünftigsten, wenn man die ganze nordafrikanische Front aufgäbe und die dort eingesetzten Verbände rechtzeitig in einem geordneten „Dünkirchen“-Unternehmen nach Italien zurücknehme. Mit den vorhandenen Kräften seien die gestellten Aufgaben auf die Dauer nicht zu bewältigen. Hitler lehnt ab. Das kann er dem italienischen Bundesgenossen nicht zumuten. In Westägypten tritt für den Augenblick trügerische Ruhe ein. Die Schlacht um den Kaukasus, um Stalingrad, die U-Boot-Schlacht im Atlantik gehen weiter. Alle Außenpositionen sollen um jeden Preis gehalten werden – laut Hitler Ausgangsstellungen für 1943. Am 24. September 1942 (460. Tag des Ostfeldzuges) vermerkt Generalstabschef Halder in seinen Notizen: „Verabschiedung durch den Führer. (Meine Nerven verbraucht, auch seine nicht mehr frisch.) – Wir müssen uns trennen.“ Halder ist der letzte deutsche Generalstabschef, der noch große Operationen planen konnte. Der Nachfolger, General der Infanterie Kurt Zeitzler, 1940 Chef des Stabes der Panzergruppe Kleist, dann des Oberbefehlshabers West, kennt den Osten nicht, kann Hitler schwer einschätzen, darf im Endeffekt nur noch unmögliche „Halt-Befehle“ durchsetzen (oder versuchen, sie abzuschwächen oder aufheben zu lassen) und Rückzüge leiten.

Halder hat Hitler in den Septemberwochen 1942 vergeblich vor der gefährlichen Lage bei Stalingrad und am Rand des Kaukasus gewarnt. Die Situation der 6. Armee und der 4. Panzer-Armee, die sich im Ringen um die Wolga-Metropole verbissen haben, läd die Sowjets geradezu zu einer großräumigen Zangenoffensive ein.

Aber zunächst bricht das Unheil über die deutsch-italienische Panzer-Armee in Westägypten herein. Rommel befindet sich

*„Folge dem Beispiel dieses Arbeiters, produzier mehr für die Front!“ fordert das sowjetische Kriegsplakat von 1942.*

*Generalfeldmarschall Albert Kesselring (1885–1960) war seit Dezember 1941 als Oberbefehlshaber Süd Führer der deutschen Luftstreitkräfte im Mittelmeerraum und Nordafrika. 1943 wurde er Wehrmachtbefehlshaber auf dem südlichen Kriegsschauplatz. 1947 in Venedig von den Engländern zum Tode verurteilt, wurde er zu lebenslänglicher, dann zu 20jähriger Haft verurteilt und kam 1952 frei.*

noch immer auf Urlaub in Deutschland. Sein Vertreter an der Front bei El Alamein ist General der Panzertruppen Stumme geworden, angeblich der Verantwortliche für die Reichel-Affäre, der Afrika überhaupt nicht kennt. Am 23. Oktober 1942 tritt die 8. britische Armee unter einem neuen Oberbefehlshaber, Generalleutnant Sir Bernard Montgomery zur Offensive an, mit 7 motorisierten Brigaden, 4 Panzer-Brigaden und 7 selbständigen Panzer-Regimentern. Er verfügt über 1200 Panzer, darunter 470 schwere Kampfwagen. Die britische Luftüberlegenheit ist erdrückend. Trotz gut ausgebauter Stellungen, trotz verdrahteter Minenfelder, gelingt Montgomery am 2. November der Durchbruch. Die 280 italienischen Panzer sind zu leicht für solchen Großkampf, die 220 deutschen Panzer können das Schicksal nicht wenden. Ebensowenig wie Rommel selbst, der eilends nach Nordafrika zurückgeflogen ist, nachdem sein Vertreter General Stumme im Brennpunkt der Kämpfe plötzlich einem Herzschlag erlegen ist. Sehr bald geben die italienischen Infanterie-Divisionen auf.

Hitler schickt am 3. November den nun schon stereotypen Befehl: Halten um jeden Preis. Rommel kümmert sich nicht darum, sondern leitet am 5. November unter steter Abwehr der nachdrängenden Briten den Rückzug ein. Die Schlacht um Ägypten ist verloren. Für ihn stellt sich die Frage, ob Libyen überhaupt noch zu halten sein wird. Reserven stehen nicht zur Verfügung.

Um das Maß voll zu machen, landen die Angloamerikaner am 7. und 8. November 1942 unter dem Schutz starker Flottenverbände und Luftstreitkräfte mit 120 000 Mann unter General Dwight D. Eisenhower an der Küste Westmarokkos und im Raum Oran in Algerien. Die Problematik des deutschen U-Bootkrieges tut sich auf. Der Seekriegsleitung, den U-Boot-Rudeln von Dönitz, den zu schwachen deutschen Fernaufklärern der Luftwaffe sind die riesigen Konvois nach Nordafrika entgangen. Eilends werden U-Boot-Gruppen an die Landestreifen vor Casablanca beordert. Sie holen in kurzer Zeit aus 4 Konvois jeweils 12 - 15 Frachter heraus. Der Monat November bringt die höchste, jemals in der Atlantikschlacht erreichte Versenkungsquote von 864 000 BRT. Für den endgültigen Sieg ist es zu spät.

Französische Truppen der Marokko-Armee leisten zunächst, soweit ihre Kräfte reichen, erbitterten Widerstand gegen die angloamerikanische Invasion mit dem bezeichnenden Decknamen „Torch“ (Fakkel). Auch die französische Marine greift ein. Hitler bietet plötzlich Marschall Pétain – zwei Jahre zu spät! – ein Bündnis an, läßt jedoch gleichzeitig ganz Frankreich besetzen, unter Zuhilfenahme italienischer Verbände an der Riviera und in Südfrankreich. Angesichts dieser Entwicklung stellen die französischen Einhciten am 12. November der Widerstand in Marokko und Algerien ein.

Um Rommels Rücken zu decken, errichtet der deutsche Oberbefehlshaber Süd, Generalfeldmarschall Kesselring, in aller Hast einen Brückenkopf in Tunesien. Alle Kräfte, die er aufbieten kann, werden über die Meerenge zwischen Sizilien und dem französischen Protektorat geworfen: Fallschirm-Einheiten, einige Abteilungen mit dem Panzer VI „Tiger“, 8,8 cm-Flakartillerie, Ersatz-Bataillone aus Istrien und Griechenland sowie italienische Regimenter. Obwohl an der Ostfront jeder Mann, jeder neue Panzer, jedes Flugzeug gebraucht werden, muß Hitler in Tunesien die 5. Panzer-Armee einsetzen, die Luftwaffe muß ein ungeheures Transportunternehmen starten. Zunächst gelingt es unter äußersten Anstrengungen, Tunesien zu halten und den deutsch-italienischen Brückenkopf zu erweitern. Noch verteidigt sich Rommel in Libyen. Aber das Ende des deutsch-italienischen Afrika-Feldzuges ist nurmehr eine Frage von Monaten. So sieht es Ende 1942 aus. Die westlichen Alliierten haben ihre erste „Zweite Front“ an dem Punkt gebildet, an dem die vielgerühmte „Achse“ Berlin-Rom am schwächsten ist, an der afrikanischen Mittelmeerküste. Fällt Nordafrika, wird auch bald Italien fallen.

Im Kaukasus ist die Offensive der Heeresgruppe A am Terek zum Stehen gekommen. In Stalingrad geht die Auszehrungsschlacht weiter. Die Flügel der 6. Armee und der 4. Panzer-Armee sichern im Süden die neu eingetroffene 4. rumänische Armee, im Norden und Nordwesten die 3. rumänische und die 8. italienische Armee am Don. Beabsichtigt ist, hier aus den deutschen und rumänischen Verbänden eine neue Heeresgruppe Don zu bilden. Ihren Befehl will der rumänische Staatsführer Marschall Antonescu persönlich übernehmen, zum Mißbehagen Hitlers. Beide halten sich in schöner Einmütigkeit gegenseitig für militärisch völlig unfähig.

Die Entwicklung verläuft ganz anders als erhofft. Alle Einsichtigen auf deutscher Seite haben längst die tödliche Bedrohung der schwach gesicherten Flanken des deutschen Angriffskeiles in Stalingrad erkannt. Selbst Hitler ist das nicht verborgen geblieben, und er hat alles Erdenkliche befohlen, unter anderem den Ausbau von Panzerabwehrriegeln bei den Verbündeten, die Zulieferung schwerer panzerbrechender Waffen. Nur hat er niemals gefragt, ob das auch alles möglich sei.

Am 19. November 1942, morgens um 7.30 Uhr greifen bei Nebel, Schnee und Eis starke Verbände der sowjetischen „Südwest-Front" des Generalleutnants Watutin und der „Donfront" des Generalleutnants Rokossowski mit 3 Panzer-, 2 Kavallerie-Korps und etwa 41 Schützen-Divisionen die 3. rumänische Armee in der Nordwestflanke von Paulus an. Stalins lange vorbereitete Gegenoffensive läuft an. Die mit schweren Waffen nur unzureichend ausgerüsteten Rumänen können den Sowjets nicht stand halten. Die einzige Eingreifreserve, das XXXXVIII. Panzer-Korps aus einer deutschen und einer rumänischen Division, kommt nicht recht zum Zuge, zumal Hitler fern vom grünen Tisch aus noch persönlich per Funk sich in die Handhabung eines Gegenstoßes eingeschaltet. Sowjetische Panzer, zum Teil mit aufgesessener Infanterie, brechen bis in die Tiefe des Schlachtfeldes durch und verbreiten Panik.
Tags darauf erfolgt der zweite verheerende Stoß im Süden. Generaloberst Jeremenko greift mit der „Stalingrad-Front", 2 Panzer-Korps und 9 Schützen-Divisionen, Hoths 4. Panzer-Armee und die 4. rumänische Armee an. Die Rumänen werden in die Steppe gejagt, Hoths Armee auseinandergerissen. Teile werden nach Norden zur 6. Armee abgedrängt. Ohne einen klaren Überblick über die Lage bei seinen Einheiten zu haben, erscheint Generaloberst Hoth im Kraftwagen bei der vorgesetzten Heeresgruppe B in Starobelsk. Um ein Haar gerät er dabei in Gefangenschaft. Die sowjetischen Panzerkräfte schwenken nach Südwesten und Südosten ein. Ihr Ziel ist die große, für den deutschen Nachschub lebenswichtige Donbrücke bei Kalatsch.
Die Möglichkeit einer Umfassung der 6. Armee und von Teilen der 4. Panzer-Armee in einem riesigen Kessel im Raum Stalingrad zeichnet sich ab. General Paulus und sein Chef des Stabes Generalmajor Schmidt halten in dieser Situation theoretisch einen Ausbruch nach Südwesten für richtig. Um aber nicht vom Gegner in der völlig unübersichtlichen Lage überrannt zu werden, müssen sie sich zunächst einmal „einigeln", wie der im Ostfeldzug aufgekommene Fachausdruck lautet. Diese Maßnahme bedeutet, daß Teile der 6. Armee, die sich noch westlich des Don befinden, Marsch- und Ersatz-Bataillone, fast alle Versorgungs- und Instandsetzungsdienste, außerhalb des künftigen Kessels bleiben.
Hitler befindet sich zu dieser Zeit noch auf dem Obersalzberg zur Erholung von den Strapazen des ukrainischen Sommers. Er ernennt sofort Generalfeldmarschall v.Manstein zum Oberbefehlshaber der projektierten Heeresgruppe Don und befiehlt der 6. Armee das „Einigeln". Am 22., nach sowjetischer Lesart am 23. November 1942 ist der Einkreisungsring um die deutschen Einheiten im Raum Stalingrad geschlossen. Unter den Kommandierenden Generalen der 6. Armee bricht eine heftige Diskussion aus. Soll man jetzt ausbrechen oder nicht ? Paulus und Schmidt, im vollen Besitz aller Nachrichtenverbindungen, lehnen jede eigenmächtige Handlung ab, für die vor allen Dingen der sehr eigenwillige General v.Seydlitz vom LI. Armee-Korps plädiert. Seydlitz, der an der Nordfront von Stalingrad kommandiert, nimmt sogar eine seiner Divisionen eigenmächtig bereits zurück. Er läßt

*Erich von Manstein (1887–1973) entwarf 1939/40 den Operationsplan für den Westfeldzug, der unter dem Beinamen „Sichelschnitt" Berühmtheit erlangte. Als Oberbefehlshaber führte er 1941/42 die 11. Armee im Rußlandfeldzug. 1942 zum Generalfeldmarschall ernannt, war er 1942–44 Oberbefehlshaber der Heeresgruppe Don, später Süd. Am 30. März 1944 entließ ihn Hitler wegen Meinungsverschiedenheiten. „Die Zeit des Operierens ist vorbei", sagte er dazu, „ich brauche jetzt nur noch Steher."*

1939
1939

durch seinen Chef des Stabes, Oberst im Generalstab Clausius, eine Denkschrift über die Notwendigkeit zum Handeln auf eigene Faust ausarbeiten.

Alle Beteiligten – außer Seydlitz – wollen indes nur handeln, wenn der „Führer“ den Ausbruch genehmigt. Der Generalstabschef Zeitzler sucht Hitler dafür zu gewinnen. Dieser sagt gegenüber Zeitzler weder Ja noch Nein. Inzwischen haben ihm der Reichsmarschall und der Generalstabschef der Luftwaffe, Generaloberst Jeschonnek, versichert, die Luftwaffe könne die eingeschlossene Armee – etwa 260 000 Mann – auf dem Luftweg versorgen, eine Tagesleistung von 300 Tonnen Munition, Treibstoff, Lebensmitteln sei denkbar. Paulus und Schmidt haben die Luftversorgung zur Vorbedingung für das Halten des gewaltigen Kessels von etwa 48 mal 30 Kilometern in der eisigen Steppe gemacht, obwohl alle im Kessel befindlichen Luftwaffenkommandeure gewarnt und solch enorme Luftransportaktion als Utopie bezeichnet haben.

Hitler, wieder in die „Wolfsschanze“ nach Ostpreußen zurückgekehrt, trifft am 24. November 1942 die letzte Entscheidung: Die 6. Armee hält Stalingrad, bis Entsatz eintrifft, und wird aus der Luft versorgt. Am 25. November überreicht Seydlitz dem Armee-Oberbefehlshaber seine Denkschrift. Paulus zeigt ihm Hitlers Befehl, mit dem ausgerechnet Seydlitz dem „Führer“ persönlich dafür verantwortlich gemacht wird, daß die Nord- und Ostfront des Kessels nicht verändert werden. Bei einem Ausbruch hätten sie zuerst in Bewegung gesetzt werden müssen. Seydlitz‘ Kommentar: Dies sei ein „Führerbefehl“.

Am 27. November übernimmt Manstein den Oberbefehl über die Heeresgruppe Don – für Paulus wie Schmidt eine große Beruhigung. Zu Manstein haben sie volles Vertrauen. Bei den Landsern im Kessel geht der Slogan um: „Haltet aus – der Manstein haut Euch raus.“

Manstein muß sehr bald erkannt haben, welch entscheidende Bedeutung zunächst darin liegt, daß die 6. Armee hält, obwohl die Luftversorgung ganz ungenügend ist und im Durchschnitt bei 90 Tonnen am Tag bleibt. Zwischen Don, Tschir und Nowotscherkask besteht seine Heeresgruppe großenteils aus Resten der bisherigen Armeen. Stalingrad bindet sehr starke gegnerische Kräfte. Aber die Gefahr droht, daß die Sowjets zum zweiten Schlag ausholen und bis zum Schwarzen Meer durchbrechen. Damit wäre dann die Heeresgruppe A am Rand des Kaukasus abgeschnitten – ein neues Superstalingrad wäre die Folge. Versuche, die Heeresgruppe A nach Norden abzuziehen, verbietet Hitler.

Gleichwohl will Manstein mit dem Unternehmen „Wintergewitter“, für das die in Frankreich aufgefrischte 23. Panzer-Division mit 160 Panzern und Sturmgeschützen zur Verfügung steht (sowie eine zweite Panzer-Division, die abgekämpft ist) von Süden aus der Kalmückensteppe heraus Stalingrad entsetzen. Paulus soll der Panzergruppe unter Hoth, wenn diese auf etwa 40 Kilometer an den Kessel herangekommen ist, mit einer gepanzerten Ausbruchsgruppe entgegenstoßen. Hitler aber will nur eine „Schneise“ durch die Steppe schlagen lassen, um den Kessel zu Lande versorgen zu können. Paulus und zunächst auch Manstein hoffen, auf „Wintergewitter“ werde „Donnerschlag“ folgen, der Gesamtausbruch der nur noch teilweise mobilen 6. Armee. Am 12. Dezember 1942 rollen Hoths Panzer an. Sie erreichen bis zum 21. Dezember den Myschkowa-Fluß, etwa 48 Kilometer südlich des Kessels. Paulus‘ gepanzerter Verband hat nur noch für etwa 20 Kilometer Treibstoff. Paulus ist trotzdem der Ansicht, wenn Manstein zustimmt, wolle er „Donnerschlag“ riskieren.

Manstein gibt ihm keine Handlungsfreiheit, kann ihm gar keine mehr geben. Der Entsatzvorstoß muß abgebrochen werden. Am Don haben die Sowjets in einem neuen

*Im Beisein des Kompaniechefs verleiht Hitler einem Obergefreiten das Ritterkreuz. Diese Auszeichnung, eine Stufe des Eisernen Kreuzes, die es im I. Weltkrieg nicht gegeben hatte, wurde durchaus sparsam verliehen. Von den rund 15 Millionen deutschen Soldaten erhielten das Ritterkreuz nur 7200. 26 Prozent der Ritterkreuzträger waren Unteroffiziere und Mannschaften, 26 Prozent waren Leutnante, und nur 7 Prozent waren Generäle und Marschälle.*

*Linke Seite: Das Eiserne Kreuz von 1939. Oben: Das Großkreuz des Eisernen Kreuzes. Mitte links: Das Ritterkreuz des Eisernen Kreuzes mit Eichenlaub. Mitte rechts: Das Ritterkreuz des Eisernen Kreuzes. Unten links: Die Spange zum Eisernen Kreuz II. Klasse. Unten Mitte: Das Eiserne Kreuz I. Klasse, darüber die Spange zum EK I. Unten rechts: Das Eiserne Kreuz II. Klasse.*

Großangriff die 8. italienische Armee überrannt und sind in die Tiefe eingebrochen. In der Folge fallen die großen Luftbasen nahe dem Kessel, Morosowskaja und Tazinskaja, in ihre Hand. Die Luftversorgung der eingeschlossenen deutschen Korps und Divisionen, bei denen sich auch zwei rumänische Divisionen und ein Regiment Kroaten befinden, wird noch schwieriger, als sie es bereits war.
Um Weihnachten 1942 weiß man bei der 6. Armee, daß man jetzt ausharren muß, bis in einer nicht abschätzbaren Zeit Entsatz kommt. Der Silvesterabend des Jahres 1942 ist trübe, der Krieg scheint endlos zu werden.

Zur Jahreswende 1942/43 versenkt eine Gruppe von 17 Booten in dreitägigen Angriffen aus dem Nordatlantikkonvoi ON 154 14 Frachter mit über 69 000 BRT. Ein U-Boot geht verloren. Dafür scheitert infolge zu zaghafter Führung in der sogenannten „Silvesterschlacht" der Angriff einer Gruppe von Überwasserstreitkräften mit dem Schlachtschiff „Scharnhorst", einem Kreuzer und sechs Zerstörern auf den Eismeerkonvoi JW 51 B. Der Verbandsführer Admiral Kummetz sowie die Seekriegsleitung sind durch Hitlers Weisung verunsichert, unnötige Risiken zu vermeiden.
Der Konvoi wird nicht vernichtet, und Hitler glaubt daraus den Schluß ziehen zu müssen, daß Großadmiral Raeders hochgeschätzte „Dickschiffe", die schweren Überwasserstreitkräfte, zu nichts mehr taugen. Er ordnet ihre Außerdienststellung und Abwrackung an. Die schwere und mittlere Bordartillerie (bei Licht besehen, einige Dutzend Geschütze) sollen zur Armierung des Atlantikwalles verwendet werden. Großadmiral Raeder protestiert, die Admiralstabsoffiziere der Seekriegsleitung begreifen einen derart unsinnigen Befehl überhaupt nicht, fragen sich aber vergeblich, was sie dagegen tun können. Natürlich beharrt Hitler auf seiner Weisung. Großadmiral Raeder zieht die Konsequenz und bittet Hitler um seine Ablösung. Sie wird sofort gewährt, mit allen Ehren. Offiziell bleibt der Großadmiral Generalinspekteur der Kriegsmarine. Für Hitler steht der Nachfolger fest: Befehlshaber der U-Boote, der Leiter der Atlantikschlacht, Admiral Karl Dönitz, damals 52 Jahre alt. Mit dem 30. Januar 1943 übernimmt dieser Seeoffizier energisch das Oberkommando der Kriegsmarine und wird zum Großadmiral ernannt.
Während der Streit um die „Dickschiffe" der Marine noch hinter den Kulissen tobt, halten Premierminister Churchill und Präsident Roosevelt zwischen dem 14. und 25. Januar 1943 in Casablanca, sozusagen auf „frisch befreitem" französischen Boden (obwohl der Landesherr, der Sultan von Marokko, unter französischer Schutzherrschaft steht), eine Konferenz ab, die zum Gericht über die Achsenmächte wird. Stalin ist geladen, erscheint aber nicht, vielleicht wegen der gespannten Frontlage im Süden der Ostfront, wo über den abzusehenden Fall von Stalingrad hinaus noch größere Siege zu reifen scheinen, möglicherweise aber auch deshalb, weil er den beiden „kapitalistischen" Vertretern des Westens zutiefst mißtraut.
Präsident Roosevelt schlägt vor, für die drei Mächte der Achse Berlin-Rom-Tokio dürfe als Endziel nur eine Formel gelten: „Unconditional Surrender" – Bedingungslose Kapitulation. Diese hatten die amerikanischen Nordstaaten im Bürgerkrieg 1861–1865 von den rebellierenden Sklavenstaaten des Südens verlangt. Eine solche „bedingungslose Übergabe" bedeutet: Die totale Kapitulation der bewaffneten Macht – keine Verhandlungen mit irgendeiner Regierung in den „Rebellenstaaten" – also Ausschaltung aller politischen Lösungen. In Deutschland hat das wahrscheinlich Hitler am ehesten begriffen. Mit ihm würde niemand mehr verhandeln. Viele Generale und hohe Generalstabsoffiziere, die ihm danach in den Ohren liegen, er solle doch endlich eine „politische Lösung" suchen, haben den tödlichen Ernst dieser Formel, welche Winston Churchill ausgezeichnet findet – und der dann auch Stalin zustimmt –, niemals begriffen.
Präsident Roosevelt gelingt noch ein Kunststück in Casablanca. Er vermittelt zwischen General de Gaulle, dem Führer der Freien Franzosen, und dem aus deutscher Gefangenschaft auf der sächsischen Feste Königstein entkommenen General Giraud. Giraud, im Bewußtsein, daß er als ehemaliger Armee-Oberbefehlshaber ranghöher ist als der Brigadegeneral Charles de Gaulle, der aus Frankreich in der Stunde der Not geflüchtet ist, verlangt den Oberbefehl über alle französischen Truppen in Afrika und über die dort eingesetzten alliierten Streitkräfte. Der Präsident mit seinem diplomatischen Charme bringt Giraud zum Verzicht. Das neue Frankreich, das kommen wird, repräsentiert künftig Charles de Gaulle. Der aber wird den Amerikanern niemals ihren Schiedsspruch verzeihen. Niemand in Deutschland kann damals erkennen, was dies einmal in der Zukunft bedeuten wird. Noch hat man jetzt ganz Frankreich unter Kontrolle. Aber es wächst bereits in stiller Rivalität zwischen „Weißen" und „Roten" der Widerstand.

*Großadmiral Erich Raeder, seit 1928 Oberbefehlshaber der Marine, hatte beim Aufbau der Seestreitkräfte mit den größten Schwierigkeiten zu kämpfen. Die beschränkte Rohstofflage machte es der Führung des Reichs unmöglich, zugleich das Heer, die Luftwaffe und die Marine aufzurüsten. So waren bei Kriegsbeginn gerade die Schlachtkreuzer „Scharnhorst" und „Gneisenau" vorhanden, drei Panzerschiffe – „Deutschland", „Admiral Scheer", „Admiral Graf Spee" –, dazu die Schweren Kreuzer „Admiral Hipper" und „Blücher", sechs Leichte Kreuzer und 22 Zerstörer. Unter diesen Verhältnissen war die Seekriegführung naturgemäß eine einzige Improvisation.*

*Linke Seite: Im Schatten eines Wagens sucht ein Landser Schutz vor der grimmigen Kälte. Wer den ersten russischen Winter überlebte, bekam die „Ostmedaille", den „Gefrierfleischorden", wie diese Auszeichnung vom Landser bezeichnet wurde. „General Winter" ließ Menschen, Fahrzeuge und Waffen im wahrsten Sinne des Wortes erstarren und machte den Kampf in Rußland zu einer besonderen Qual.*

*Glaubt man der Propaganda, so entstand bereits im Kriege ein politisch, wirtschaftlich und geistig geeintes Europa. In Plakaten, Broschüren, Illustrierten wurde immer wieder dieses Idealbild beschworen. Kraß stach dagegen die Wirklichkeit ab. Vorerst war deutsche Europapolitik nichts anderes als harte Besatzungspolitik mit Unterdrückung und Ausbeutung.*

Der erste entscheidende Schritt, den Dönitz tut, besteht darin, daß er zu Hitler geht, um ihm die Unsinnigkeit der Abwrackung der großen Überwassereinheiten klar zu machen. Vor Übernahme des Oberkommandos hat er, ohne Einzelheiten zu kennen, angenommen, Hitlers Befehl könne vielleicht der U-Bootwaffe dienlich sein. Dann rechnen ihm die Offiziere des Stabes der Seekriegsleitung vor, daß die Abrüstung der großen Schiffe nur Nachteile bringt, den Einsatz von Werftpersonal, Millionenkosten, eine Neuausbildung der Besatzungen für die Küstenverteidigung – und im Endeffekt ein paar 38-, 28- und 15-cm-Geschütze für den Einsatz von Land aus. Dönitz liebt klare Entscheidungen. Auch an Zivilcourage fehlt es ihm nicht. Er trägt seinem „Führer" seine Bedenken rückhaltlos vor und sagt dann so ungefähr, ob er damit des „Führers" Genehmigung habe, die „Scharnhorst" demnächst wieder in den Einsatz zu schicken? Hitler – hohen Offizieren dieses Kalibers niemals gewachsen – stimmt zu.

Der 30. Januar 1943 ist der 10. Jahrestag der sogenannten Machtergreifung, genauer gesagt der Ernennung Hitlers zum Reichskanzler der Weimarer Republik an der Spitze eines konservativ-nationalsozialistischen Reichskabinettes durch den Reichspräsidenten v.Hindenburg. Hitler, auf dessen rauhe, harsche, aber Millionen faszinierende Stimme auch Millionen deutscher Soldaten warten, schweigt an diesem Tag.

Warum? Der Brückenkopf in Nordafrika zwischen Libyen und Tunesien verengt sich. Der Norden und der Mittelabschnitt der Ostfront, wo die Sowjets vor allem im Spätsommer eine starke Entlastungsoffensive gegen den von Generaloberst Model mit der 9. Armee geschickt und unerschütterlich verteidigten Rschew-Bogen nördlich der großen Heerstraße nach Moskau gerichtet haben, hat erstaunlich gut gehalten. Im Süden ist es um die Jahreswende 1942/43 – nüchtern gesagt auch auf Grund des Ausharrens der 6. Armee in Stalingrad – Mansteins Kunst gelungen, durch Formierung neuer Armee-Abteilungen aus zusammengerafften Resteinheiten seine Front wieder zu stabilisieren und unter Aufgabe weiter Räume die Sowjets am Durchbruch zum Schwarzen Meer zu hindern. Erleichtert wird ihm dies durch die von Hitler endlich Ende Dezember 1942 genehmigte Zurücknahme der Heeresgruppe A vom Kaukasus. Deren Auftrag geht nun dahin, zunächst den Kuban-Brückenkopf zu halten.

Indessen gehen die Verbände der 6. Armee bei versagender Luftversorgung dem Untergang entgegen. Ihre Kräfte sind erschöpft. Hat Hitler sie „verraten" ? Das kann man so nicht behaupten. Hitler bereitet die Aufstellung eines SS-Panzer-Korps mit den Divisionen „Leibstandarte", „Das Reich" und „Totenkopf" vor. Es soll Stalingrad entsetzen. Nur geht alles entsetzlich langsam, die Auslieferung der neuen Panzer VI „Tiger", die Bereitstellung des Nachschubs über Tausende von Kilometern hinweg. Generaloberst Paulus, ein sehr sorgsam wägender Mann aus bescheidenen bürgerlichen Verhältnissen, klammert sich jetzt an die Überzeugung, die 6. Armee müsse ausharren bis zum Entsatz – oder bis zum Tod. Am 8. Januar 1943 fordern ihn die Sowjets zur Kapitulation auf. Paulus lehnt ab. Am 10. Januar 1943 beginnt die Operation „Ring“, die Aufspaltung des Kessels in zwei Teile. Bis Mitte Januar gehen nach sowjetischen Angaben etwa 16 500 Mann in Gefangenschaft. Um den 20. Januar herum gibt Generalfeldmarschall v. Manstein – in der Sicht von Paulus der maßgebliche Vorgesetzte – unbedingt zu verstehen, nunmehr sei das „Opfer“ der 6. Armee nicht mehr erforderlich. Der Chef des Generalstabes der 6. Armee, Generalmajor Schmidt und viele Generale raten Paulus, Schluß zu machen, zu kapitulieren. Paulus lehnt wieder ab. Das Ende zieht herauf, unvermeidlich! Viele Truppenteile im Kessel sind bereits zerfallen, ganze Divisionen verschwunden. Es gibt Elend, Verzweiflung, Marodeure. Und später – nach der Niederlage von 1945 wird eine Welle von Elendsliteratur über Stalingrad anrollen. Nach dem Ersten Weltkrieg hat der britische Premierminister Lloyd George einmal gesagt, man könne den Charakter eines Volkes danach beurteilen, wie es mit seinen Soldaten nach einer Niederlage umgehe....

Zum 30. Januar 1943 – wie gesagt 10. Jahrestag der „Machtergreifung“ – ernennt Hitler die Generaloberst en Friedrich Paulus (in Stalingrad), Maximilian Freiherr v.Weichs zur Wenne (Heeresgruppe B), Paul Ludwig Ewald v.Kleist (Heeresgruppe A) und Wolfram Freiherr v.Richthofen (Luftflotte 4) zu Generalfeldmarschällen. Am gleichen Tag spricht der immer korpulenter werdende, ordensübersäte Reichsmarschall Göring zum Zehnjahrestag. Er hat eine scharfe, metallische Stimme in solchen erhebenden Momenten, von pseudopreußischem Schneid. Auch in den Lazaretten, Bunkern, Kellern, Unterschlüpfen der vergehenden oder noch immer kämpfenden 6. Armee gibt es noch Radiogeräte. Der Reichsmarschall feiert die Kämpfer von Stalingrad als jene Helden, die einst in den Perserkriegen 480 v.Chr. unter dem Spartanerkönig Leonidas bei den Thermopylen gefallen sind. Unter den Soldaten der 6. Armee löst dies Hohn, Empörung und Verbitterung aus. Der Reichsmarschall hat sie abgeschrieben.

Am 31. Januar 1943 kapitulieren der soeben neu ernannte Generalfeldmarschall Paulus und sein Chef des Stabes im Keller eines Warenhauses auf ihrem letzten Gefechtsstand. Der Südkessel hört auf zu bestehen. Den Nordkessel hält Generaloberst Strecker (XI. Armee-Korps) noch zwei Tage länger bis zum 2. Februar. Von der 6. Armee gehen zwischen Mitte Januar und dem 2. Februar 1943 rund 107 500 Mann in Gefangenschaft. 42 000 Mann sind ausgeflogen worden, solange die Luftversorgung noch funktionierte. 35 000 Schwerverwundete und 7000 Mann so genanntes Schlüsselpersonal, vom Generalstabsoffizier bis zum Schirrmeister einer Panzer-Division. 111 000 Mann fielen in der monatelangen Kesselschlacht oder starben an Krankheiten, Hunger, Kälte. Hitlers Reaktion in der Mittagslagebesprechung am 31. Januar 1943 war bezeichnend. Er war empört, daß Paulus sich nicht erschossen, sondern sich den Sowjets übergeben hatte. Weitschweifig verbreitete er sich über die Möglichkeiten problemlosen Selbstmordes, als sei er mit solchen Gedanken wohl vertraut.

*Reichsmarschall Göring hält am 30. Januar 1942 im Reichsluftfahrtministerium der 6. Armee in Stalingrad die Leichenrede, später „Thermopylenrede“ genannt wegen des Vergleichs mit dem spartanischen Heldenmythos: „Es wird einmal in der Geschichte heißen: Kommst du nach Deutschland, so berichte, du habest uns in Stalingrad kämpfen sehen, wie das Gesetz es befohlen hat. Die Kämpfer von Stalingrad mußten stehen, das Gesetz befahl es so, das Gesetz der Ehre und der Kriegführung.“*

# Um Stalins Stadt

Als Wende des Ostfeldzuges, wenn nicht gar des ganzen Krieges, wird die Schlacht von Stalingrad oft bezeichnet. Die Militärs urteilen nüchterner: „Ein Unentschieden war danach immer noch denkbar." Allerdings hatten beide Seiten dafür gesorgt, daß das Militärische zurücktrat und Stalingrad zum Symbol wurde: Stalin verteidigte seine Stadt, die er 1918 für die Bolschewiken gerettet hatte. Und Hitler inszenierte planmäßig den Untergang der 6. Armee als Beispiel für „heldenhaftes Ausharren".

*Oben, links und rechte Seite: Luftbombardements auf Stalingrad. Als Industriezentrum war die Stadt an der Wolga bereits im Herbst 1942 ausgeschaltet. Im danach monatelang tobenden Kampf ging es nur noch um den Besitz eines Ruinenfeldes.*

Pioniere aus Aserbeidschan

*Pioniere der Aserbeidschanischen Legion. Über 300 000 Russen dienten in den Freiwilligenverbänden der deutschen Wehrmacht.*

# „Bis zur letzten Patrone"

„Wir werden Stalingrad halten oder dort sterben", sagte ein russischer General im September 1942. „Die Armee hält ihre Position bis zur letzten Patrone", befahl Hitler im Januar 1943. Fünf Monate liegen zwischen diesen beiden Sätzen, die fünf Monate der grausamsten Schlacht des Zweiten Weltkrieges.

*Oben: Die Angreifer. Deutsche Infanteristen mit Panzerunterstützung am Stadtrand von Stalingrad.*
*Links: Die Verteidiger. Sowjetsoldaten im Straßenkampf.*
*Rechte Seite: Holzhütten vor Werkshallen – solche Kontraste prägten das Stadtbild Stalingrads. Die Industrie hatte hier erst in den dreißiger Jahren Fuß gefaßt.*

1417

*Straßenkämpfe in Stalingrad. Gemälde von Herbert Schnurpel.*

# Das Ende im Kessel

„... In Stalingrad die Frage nach Gott stellen, heißt sie verneinen. Ich muß Dir das sagen, lieber Vater, und es ist mir doppelt leid darum. Du hast mich erzogen, weil mir die Mutter fehlte, und mir Gott immer vor die Augen und die Seele gestellt. Und doppelt bedauere ich meine Worte, weil es meine letzten sein werden und ich hiernach keine Worte mehr sprechen kann, die ausgleichen könnten und versöhnen. Du bist Seelsorger, Vater, und man sagt in seinem letzten Brief nur das, was wahr ist oder von dem man glaubt, daß es wahr sein könnte. Ich habe Gott gesucht in jedem Trichter, in jedem zerstörten Haus, an jeder Ecke, bei jedem Kameraden, wenn ich in meinem Loch lag, und am Himmel. Gott zeigte sich nicht, wenn mein Herz nach ihm schrie. Die Häuser waren zerstört, die Kameraden so tapfer und so feige wie ich, auf der Erde war Hunger und Mord, vom Himmel kamen Bomben und Feuer, nur Gott war nicht da. Nein, Vater, es gibt keinen Gott. Wieder schreibe ich es und weiß, daß es entsetzlich ist und von mir nicht wiedergutzumachen. Und wenn es doch einen Gott geben sollte, dann gibt es ihn nur bei Euch, in den Gesangbüchern und Gebeten, den frommen Sprüchen der Priester und Pastöre, dem Läuten der Glocken und dem Duft des Weihrauchs, aber in Stalingrad nicht."
(Brief eines deutschen Soldaten aus Stalingrad.)

*Linke Seite. Oben Links: Sowjetsoldaten füllen die Straßen nach Bekanntgabe der Kapitulation. Oben rechts: Generalfeldmarschall Paulus entsteigt nach der Kapitulation dem Kraftwagen, der ihn ins russische Hauptquartier gebracht hat. Unten: Paulus meldet sich mit dem Chef seines Stabes, Generalleutnant Schmidt, zum Verhör.*
*„Die haben sich da absolut formgerecht übergeben", tobte am nächsten Tag Hitler in seinem Hauptquartier und zog die groteske Konsequenz: „In diesem Krieg wird niemand mehr Feldmarschall."*
*Rechts: Sowjetsoldaten in den Trümmern von Stalingrad. „Der Kampf hatte mittlerweile irrationale Formen angenommen. Es standen sich nicht zwei Heere gegenüber, die nach den Regeln militärischer Logik vorgingen, vielmehr stürzten sich hier zwei Feinde in entfesseltem Fanatismus aufeinander." (Raymond Cartier)*

*Militärischer Verband oder politische Armee? – Noch heute schwankt das Bild der Waffen-SS in der öffentlichen Meinung.*

# Europäische Freiwillige

Die Waffen-SS, eine Truppe, die 1939 etwa 18000 Mann gezählt hatte, entwickelte sich während des Krieges zu einer Riesenarmee von schließlich 38 Divisionen. Sie wurde auch das Auffangbecken für die vielen ausländischen Freiwilligen, die sich weniger für Adolf Hitler als für den gemeinsamen Kampf gegen den Bolschewismus meldeten. Auf sonderbare Art repräsentierte die Waffen-SS zuletzt gewissermaßen eine „europäische Armee".

*Linke Seite: Bildleiste oben: Drei junge Soldaten der Waffen-SS. Unten: Sturmpioniere bei einer Boot-Übung.*
*Oben: Zwei Flamen am MG, möglicherweise Angehörige des SS-Regiments „Westland", das später in der „Wiking"-Division aufging.*
*Rechts: Ein 17jähriger Freiwilliger aus Norwegen am Rad eines Geschützes.*

*Mit leichten Pak-Geschützen vom Kaliber 3,7 cm oder 5 cm war den sowjetischen T 34-Panzern nicht mehr beizukommen. Schwere Kaliber wie diese 7,5-cm-Pak hingegen lernten sie bald respektieren.*

## Bundesgenossen

Hitler schätzte seine Bundesgenossen mit Ausnahme von Mussolini nie besonders hoch ein. Einmal, weil er zunächst glaubte, mit seiner Wehrmacht allein alle Aufgaben lösen zu können. Zum anderen war er der Meinung (hier gab ihm das Jahr 1944 recht), daß nicht wahre Freundschaft die Bundesgenossen auf seine Seite gebracht hatte, sondern die Tatsache, daß er die stärkste Macht in Mitteleuropa war. Mit dieser stärksten Macht konnten und wollten alle kleineren Staaten Europas sich nicht anlegen. Der innere Wert der Treuegelöbnisse der Bundesgenossen – Ungarn, Slowaken, Rumänen, Bulgaren, Kroaten, Spanier und Finnen – war deshalb von Anfang an problematisch.

*Linke Seite und oben: Bilder vom Einsatz der slowakischen Schnellen Division an der Ostfront.*
*Rechts: Der Kommandeur der slowakischen Schnellen Division, General Turanec (rechts), mit dem deutschen Korpskommandeur General Kirchner bei einer Lagebesprechung.*

# Kämpfer für ein neues Europa?

Nach dem Kriege durften viele nicht wieder in ihre Heimatländer; sie galten als Verräter, die ausländischen Freiwilligen der Waffen-SS. Ein niederländischer SS-Soldat schildert seine Motive zum Eintritt in den deutschen Verband und die Hoffnungen, die er und seine Kameraden mit dem Kampf gegen den Bolschewismus verknüpften.

„Als nun der Krieg zwischen Deutschland und Rußland ausbrach, schienen wir als einzige in unseren Völkern begriffen zu haben, daß das nur der Anfang zu der großen, endgültigen Auseinandersetzung zwischen Europa und dem Bolschewismus sein konnte und daß Europa nun geteilt und uneins antrat. Was lag näher, als die Deutschen zu bestürmen, den zuvor besiegten Völkern jede nur erdenkliche Freiheit zu belassen, um sie zum gemeinsamen Kampf zu gewinnen?

Wir, die wir die schale Atmosphäre eines nur verdienenden und brotverteilenden Nationalstaates kannten und schon immer darüber geklagt hatten, daß sich unsere Völker aus der Geschichte zurückgezogen und abgedankt hatten, sahen auf einmal eine Aufgabe, der wir unsere ganze Liebe und unsere ganze Kraft zuwenden konnten: die Gründung eines wahrhaft umfassenden Reiches, das allein den sozialen, politischen und geistigen Ansprüchen des Abendlandes gerecht werden konnte. Und so kam es, daß wir uns „Deutschland" in die Arme warfen, daß wir zu den Meldestellen liefen und mit unsäglichem Stolz den Waffenrock anzogen, um mit unserem Blut und Leben das zu verwirklichen, was wirklich unser würdig war – ein neues, der Zukunft zugewandtes Europa."

*Linke Seite: Zwei Männer der Französischen Legion.*
*Rechts oben: Spaniens Diktator Franco revanchierte sich für die deutsche Waffenhilfe im Bürgerkrieg mit der Entsendung des Freiwilligenverbandes „Division Azul" (Blaue Division) an die Ostfront.*
*Rechts: Soldaten der Indischen Legion. Sie bestand aus ca. 2000 ehemaligen Kriegsgefangenen vom nordafrikanischen und italienischen Kriegsschauplatz. Bei ihrer Aufstellung waren weniger militärische als vielmehr propagandistische Ziele bestimmend.*

## Polizei im Fronteinsatz

1938 hatte Reichsführer-SS Heinrich Himmler die Erlaubnis bekommen, 50000 Mann der Allgemeinen SS als sogenannte „Polizeireserve“ einzuberufen, die dann in der Wehrmacht nicht zu dienen brauchten.
Noch 1939 formierte der Generalmajor der Polizei, SS-Brigadeführer Karl Pfeffer-Wildenbruch aus Polizisten die danach auch benannte SS-Polizeidivision (später: 4. SS-Polizei-Panzergrenadierdivision). Und der SS-Gruppenführer Theodor Eicke, bisher Oberster Chef der Wachverbände der Konzentrationslager, machte aus Teilen seiner Totenkopfverbände und aus Polizisten die Totenkopf-Division (später 3. SS-Panzerdivision „Totenkopf“).

*Oben: Appell eines Polizeibataillons, das zur Belagerung Leningrads abkommandiert ist.*
*Links: Nur das Abzeichen an der Mütze unterschied den Polizisten im Fronteinsatz von den Angehörigen der Wehrmacht.*
*Rechte Seite. Oben: Ein Polizeiwachtmeister am MG. Unten links: Mit dem Grabenspiegel wird der Gegner beobachtet.*
*Unten rechts: Eine Polizeieinheit geht im Schutze des hohen Grases vor.*

11

*Zur Partisanenjagd im unwegsamen Gelände wurde die Reiter-SS, ansonsten ein ziemlich unzeitgemäßer Verband, eingesetzt.*

*Rekrutenvereidigung in Potsdam. Die Traditionen der preußischen Armee wurden auch in Kriegszeiten weitergepflegt.*

## Erschöpft bis auf jede Reserve

„Neben der Vormarschstraße liegen die Trümmer von vielleicht 200 zerschmetterten, ausgebrannten, umgestürzten Panzern schwerster wie leichtester Panzerung, Geschützen, Lastkraftwagen, Feldküchen, Motorrädern, Pak-Geschützen, ein Meer von Waffen, Helmen, Ausrüstungsgegenständen aller Art, Klavier und Radio, Frontfilmwagen, Sanitätsausrüstungen, Munitions- und Bücherkisten, Granaten, Decken, Mänteln, Tornistern. Dazwischen die sofort schwarz angelaufenen Leichen. Fürchterlich vor allem die Pferde, völlig zerfleischt, aufgedunsen, die Gedärme herausquellend, die Schnauze blutig weggerissen, strömen sie über vom Geruch der Verwesung – zwischen Schlächterei und Fäulnis in grauenhafter Mitte –, der sich lähmend auf unsere Kolonnen legt. Das Schlimmste war ein Schwein, das mit Genuß schmatzend an einer solchen Pferdeleiche nagte, so daß wir die Gewißheit hatten, daß dieses Pferdefleisch auf einem Umwege auch Menschen, auch mir schmecken würde. Dieses Schwein von Suraz wird klassisches Repertoire meiner Erinnerungen.
Zum Schlafen kamen wir weiter nur wenig. Als wir endlich einmal gutes Quartier in einer Scheune hatten, da mußte unsere Gruppe die Sicherung stellen, und wir lagen wieder die ganze Nacht in einer nassen Wiese. Auch der nächste Tag war sehr anstrengend, am Nachmittag einige Stunden Ruhe, dann abends Abmarsch. 44 Kilometer, dabei wurden wir um Mitternacht bei der Rast angeschossen und gingen deshalb mit freigemachtem Gerät – d. h. für mich ein 30pfündiger Munitionskasten – querfeldein 2 3/4 Stunden im Angriff vor, ohne doch den Gegner zu stellen. Nur seitlich auf der Straße flammten die Panzer und Brennstofftanks in roten Feuern vom Nachthimmel. Die Anstrengungen dieses Angriffs mit seinem raschen Vorgehen waren sehr groß, und als nun im Morgengrauen die zweite Hälfte der 44 Kilometer kam, war ich völlig ausgepumpt, erschöpft bis auf jede Reserve."
(Brief eines deutschen Soldaten aus dem Rußlandfeldzug.)

*Links oben: Verwundete auf dem Weg zum Verbandsplatz.*
*Links: Den beiden Landsern hat ein Bauer einen Topf Sauermilch geschenkt.*
*Rechte Seite: Unermeßlich waren die Strapazen der Infanteristen im Rußlandfeldzug.*

# Landser

„Landser" – so wurde der deutsche Soldat genannt, wie der Amerikaner „G. I.", der Franzose „Poilu" und der Engländer „Tommy". Marschieren, marschieren, das war das Los des Landsers vor allem in den Weiten des Ostens. Die Millionen Feldgrauer waren nach Meinung des bekannten britischen Militärkritikers Hart „als Einzelkämpfer ihren Gegnern im allgemeinen überlegen … die alliierten Angriffe haben selten Erfolg gehabt, es sei denn, daß unsere Truppen eine zahlenmäßige Überlegenheit von mehr als 5 zu 1 hatten". Die Opfer der Feldgrauen waren allerdings sehr hoch, das beweist eine Zusammenstellung der Ausfälle vom Dezember 1941 bis Februar 1942 des Generalstabes des Heeres. In diesen drei Monaten betrugen die Verluste und Ausfälle 357200 Mann, die Kopfstärke des herangeführten Ersatzes betrug 129600, so daß sich an nicht gedeckten Verlusten die Zahl von 227600 Mann ergab.

*Linke Seite. Oben: Im bitterkalten Winter in der Tiefe des Westwalles marschiert eine Kompanie zu einer Geländeübung. Eine Aufnahme von 1939. Unten: Die Diszipliniertheit der Truppe wird bei dem Aufmarsch einer Infanteriekompanie in den Straßen von Paris im Herbst 1941 besonders deutlich.*
*Rechts oben: Die Marschleistungen waren ungewöhnlich. Bereits am 6. Oktober 1941 marschierte eine Infanteriedivision in der Südukraine in das 5. Tausend der auf Straßen Südost- und Osteuropas zurückgelegten Kilometer hinein.*
*Mitte: Im Schneesturm auf dem Marsch durch die südrussische Steppe. Hart gefroren ist der Boden. Ein schneidender heftiger Wind bläst den Schnee ins Gesicht und in die Kleider. 4000 km trennen die Landser von der Heimat. Ihre Ausrüstung ist für die Strapazen des Winters kläglich, aber sie marschieren und kämpfen, sie schlafen in mühsam ausgehobenen Schneelöchern und hungern und dürsten, kämpfen und marschieren. Wer den erbarmungslosen Winter überlebte, bekam einen Orden an einem Band mit dünnen schwarzen und weißen, aber dicken roten Streifen zum Anheften an die Feldbluse. Offiziell hieß diese Auszeichnung „Ostmedaille", die Landser aber sagten dazu „Gefrierfleischorden".*
*Bild unten: Panzer auf dem Vormarsch. Solange die Temperaturen nicht extreme Tiefen erreichten, war der Panzer „in Schuß". Aber bei minus 40 Grad blieb er „eingefroren" liegen.*

*Von der sowjetischen Mannschaft verlassen, ragt ein durch Rohrkrepierer unbrauchbar gewordenes Flak-Geschütz in den Himmel.*

*Motorisierte und bespannte Kolonnen auf dem Vormarsch durch die unendlichen Weiten Rußlands.*

# Weltanschauungskrieg

„Hinsichtlich des Verhaltens der Truppe gegenüber dem bolschewistischen System bestehen vielfach noch unklare Vorstellungen.

Das wesentliche Ziel des Feldzuges gegen das jüdisch-bolschewistische System ist die völlige Zerschlagung der Machtmittel und die Ausrottung des asiatischen Einflusses im europäischen Kulturkreis.

Hierdurch entstehen auch für die Truppe Aufgaben, die über das hergebrachte einseitige Soldatentum hinausgehen. Der Soldat ist im Ostraum nicht nur Kämpfer nach den Regeln der Kriegskunst, sondern auch Träger einer unerbittlichen völkischen Idee und der Rächer für alle Bestialitäten, die deutschem und artverwandtem Volkstum zugefügt wurden.

Der Kampf gegen den Feind hinter der Front wird noch nicht ernst genug genommen. Immer noch werden heimtückische, grausame Partisanen und entartete Weiber zu Kriegsgefangenen gemacht, immer noch werden halb uniformierte oder in Zivil gekleidete Heckenschützen und Herumtreiber wie anständige Soldaten behandelt und in die Gefangenenlager abgeführt.

Fern von allen politischen Erwägungen der Zukunft hat der Soldat zweierlei zu erfüllen:

1. die völlige Vernichtung der bolschewistischen Irrlehre, des Sowjet-Staates und seiner Wehrmacht,
2. die erbarmungslose Ausrottung artfremder Heimtücke und Grausamkeit und damit die Sicherung des Lebens der deutschen Wehrmacht in Rußland."

(Armeebefehl Generalfeldmarschalls von Reichenau, 10. Oktober 1941.)

*Links oben: Erschlagen und ausgeplündert fand das vorübergehend zurückgenommene Bataillon eines deutschen Schützenregiments im Juli 1941 bei Dubno (Wolhynien) nach erfolgreichem neuem Vorstoß die verwundet oder gefangen dort zurückgelassenen Kameraden.*
*Links: Solche Fotos legte die Verteidigung während der Nürnberger Prozesse vor. Es handelt sich um deutsche Soldaten, die in sowjetischem Gewahrsam gefesselt und ermordet wurden.*
*Rechte Seite. Oben: Erschießung von Partisanen. „Freischärler", so der Befehl für das Unternehmen „Barbarossa", „sind durch die Truppe im Kampf oder auf der Flucht schonungslos zu erledigen." Unten: Nach dem Rückzug der Sowjets aus Lemberg wurden die Leichen zahlreicher Einwohner ukrainischen Volkstums entdeckt.*

# Tod auf der Krim

„Dieter war mit seinem Zug weit vorn am Hang in Stellung gegangen. Wie mir sein Kompanieführer versicherte, war er mit großem Mut hierher vorgedrungen und hatte einen entscheidenden Anteil an der Abwehr des Feindes. Schon im beginnenden Dämmern, als die vordere Linie auf die Höhe zurückgenommen wurde, traf ihn die tödliche Kugel. Beim Einpacken seines Gerätes durchschlug sie ihm den Hals und tötete ihn auf der Stelle. Er hat sich nicht zu quälen brauchen. Am folgenden Abend, als das Infanteriefeuer nicht mehr auf der Höhe lag, habe ich ihn nach langem Suchen selbst mit hereingeholt. Seine Züge waren ruhig. Schmerz hat er nicht mehr verspürt. Er fiel am 16. Mai, keine 500 Meter von meiner Bereitstellung entfernt. Heute besuchte ich mit seinem Kompanieführer sein Grab."
(Brief eines deutschen Soldaten, der seinen Eltern den Tod des Bruders meldet.)

*Linke Seite: Landser. Eine Porträtstudie aus „Signal".*
*Oben: Von Stukas und Artillerie zerstörtes Kriegsmaterial der Sowjets an der Donezfront.*
*Rechts: Am Strand von Kertsch auf der Krim türmen sich die Leichen.*

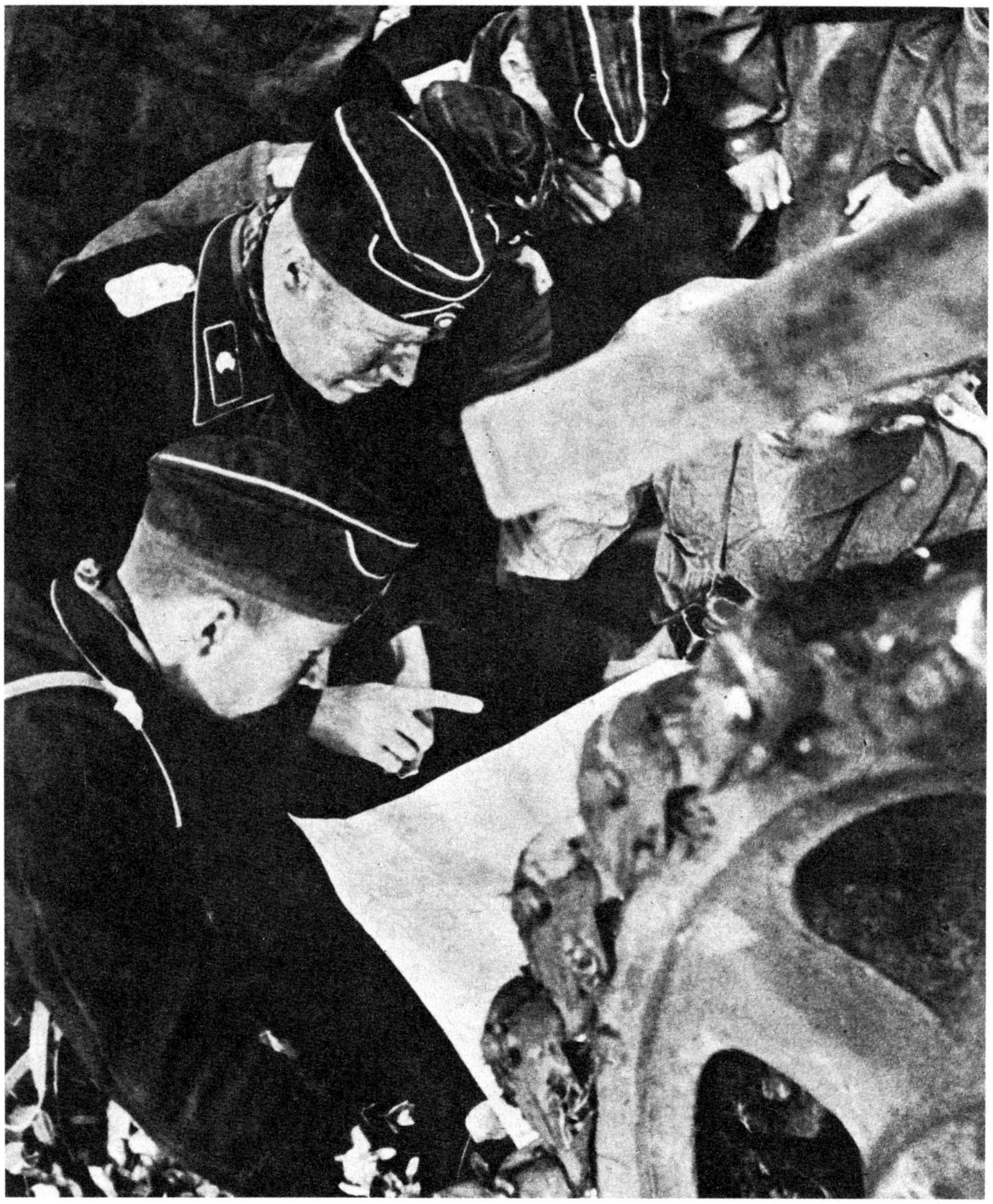

## Zusammenwirken der Waffen

Während in den ersten Kriegsjahren der Angriff die vorherrschende Kampfform war, kämpfte man später vorwiegend in der Abwehr. Die Panzer- und Panzergrenadierdivisionen waren aber für den Angriff geschaffene Kampfverbände. Die stärkste Waffe in ihnen waren die Panzer. Sie hatten die Spitze zu übernehmen, alle anderen Waffengattungen hatten sie zu unterstützen. Falls die Umstände, Wälder und Ortschaften oder Dunkelheit den Einsatz „Panzer voraus" verboten, hatte sich der Schwerpunkt auf die Grenadiere zu verlagern. Die Elemente des Kampfes blieben: Feuer und Bewegung. Der Grundsatz hieß: Keine Zersplitterung der Verbände und Sicherstellung des Zusammenwirkens der Waffen. Nur so ließen sich die Schwächen des einen mit den Stärken des anderen ausgleichen.

*Oben: Mit dem Kurzstartflugzeug Fieseler „Storch", auch genannt „fliegender Kübelwagen", wird die Verbindung zu den Spitzen der Panzerverbände gehalten.*
*Links: Panzerführer bei der Einsatzbesprechung.*
*Rechte Seite: Auf das Zeichen des Kommandanten im vordersten Wagen setzt sich die Panzerschlange in Bewegung. Lastwagenkolonnen folgen.*

*„Feuer frei!" hat das Kommando gelautet. Ein Flammenring hüllt das Geschütz ein.*

*„Volle Deckung!" Nach dem Granateinschlag hat sich der Infanterist zu Boden geworfen.*

*Eine wirksame und nachhaltige Methode zur Zerstörung der Brücken wandte die Rote Armee auf ihren Rückzügen an: Sie wurden in Brand gesteckt.*

## Verwundet

„Neben mir liegt ein Unteroffizier aus Bromberg mit schwerem Bauchschuß. Der Oberarzt sagte, er würde bald nach Hause kommen, aber zu dem Sanitäter sagte er: „Länger als bis heute abend macht er es nicht mehr, laß ihn solange liegen." Der Oberarzt ist doch ein guter Mann. Auf der anderen Seite, neben mir an der Wand, liegt ein Landser aus Breslau, der einen Arm ab und keine Nase mehr hat, und er sagte mir, daß er jetzt keine Taschentücher mehr gebrauchte. Als ich ihn gefragt habe, was er machte, wenn er weinen müßte, gab er mir die Antwort, alle hier, auch du und ich, kommen gar nicht mehr zum Weinen. Um uns werden andere bald weinen."
(Brief eines deutschen Soldaten aus dem Rußlandfeldzug.)

*Oben: Ein durch Bauchschuß und schwere Oberschenkelverwundung Verletzter wird auf einem primitiven Wagen entlang des Bahndamms zum Verbandsplatz gefahren.*
*Links: Erste Hilfe im Schützenloch.*
*Rechte Seite: Wehrmachtskolonne auf dem Vormarsch im Osten.*

WH
WH
09750

# Wunschkonzert

Wenn sich jeden Sonntagnachmittag Heinz Goedecke über alle deutschen Sender mit dem „Wunschkonzert", der Ätherbrücke zwischen Heimat und Front, meldete, dann wurden viele Augen naß – bei den Daheimgebliebenen in Berlin, Breslau und Bonn nicht weniger als bei den Soldaten draußen.

*Linke Seite. Oben: Luise Ulrich, Hannes Stelzer, der später den Fliegertod starb, und Magda Schneider, Romy Schneiders Mutter, singen gemeinsam ein Terzett in die Mikrophone. Unten: Sari Barabas trägt Lieder aus ihrer ungarischen Heimat vor, und die Frau Viktor de Kowas, die gebürtige Japanerin Michiko Tanaka, singt ein Liebeslied aus dem Reich der aufgehenden Sonne.*
*Oben: Josef Sieber, Heinz Rühmann und Fritz Brausewetter versprechen zu dritt: „Das kann doch einen Seemann nicht erschüttern."*
*Oben rechts: Ein Mädchenterzett aus Finnland.*
*Rechts: Die Schauspielerin Sybille Schmitz als Zugpferd bei der Spendenaktion des Winterhilfswerks. Daneben: Eine Karte von England wird groschenweise „vernagelt", den Erlös kassiert das WHW.*

EH

## Tarnung

„Tarnung, das Anpassen von Truppenstellungen oder Anlagen an das Gelände, um für Erd- und Luftbeobachtungen schwer erkennbar zu werden, ist heute für alle Truppen von größter Wichtigkeit und muß ständig mit aller Sorgfalt betrieben werden. Zur Tarnung gehört der buntfarbige, unregelmäßige Anstrich von Fahrzeugen, das Aufstellen unter Bäumen oder wenigstens im Schatten, das Verkleiden von Geschützen und Bauten, sogar der Stahlhelme mit Gras, Stroh oder Zweigen, das Unkenntlichmachen von Marsch- und Wegespuren, das Vermeiden von hohen Aufzügen und Schlagschatten bei Erdarbeiten, das Überkleiden von Schützenlöchern und Schützengräben mit Zeltbahnen oder Netzen aus Maschendraht oder Stoffstreifen."
(Króners „Militärisches Wörterbuch" von 1941.)

*Linke Seite. Oben: Erdfarben angestrichener Zerstörer Me 110. Unten: Eine schwere Haubitze rollt in Feuerstellung.*
*Oben und rechts: Ein schwerer deutscher Panzer verschwindet, bei kurzer Rast auf einer Lichtung, unter einem dichten Dach von schnell herbeigeschafften und umsichtig ausgebreiteten und befestigten Zweigen.*

# Das Ende des Warschauer Ghettos

Der Warschauer Ghetto-Aufstand im Frühjahr 1943 bedeutete für die Juden den Abschied von einer zweitausendjährigen Geschichte klaglos ertragenen Leidens. 29 Tage lang boten sie den Truppen des SS-Generals Stroop Widerstand.

Nach dem Sieg ließ dieser ein Fotoalbum anlegen mit dem Titel: „Es gibt keinen jüdischen Wohnbezirk in Warschau mehr!"

Im Nürnberger Prozeß wie auch im Verfahren gegen den ehemaligen SS-General in Warschau war der „Stroop-Bericht" dann eines der wichtigsten Anklage-Dokumente. Wie Stroop vorging, als die Räumung des Warschauer Ghettos (Ziel der Aktion: „Umsiedlung" nach Treblinka) auf den Widerstand bewaffneter jüdischer Kampfgruppen stieß, das zeigen Auszüge aus seinem Bericht:

„Ich entschloß mich, nunmehr die totale Vernichtung des jüdischen Wohnbezirks durch Abbrennen sämtlicher Wohnblocks ... vorzunehmen... Es war nicht selten, daß die Juden in den brennenden Häusern sich so lange aufhielten, bis sie es wegen der Hitze und aus Angst vor dem Verbrennungstod vorzogen, aus den Stockwerken herauszuspringen ... mit gebrochenen Knochen versuchten sie, dann noch über die Straße in Häuserblocks zu kriechen, die noch nicht oder nur teilweise in Flammen standen... Auch der Aufenthalt in den Kanälen war schon nach den ersten acht Tagen kein angenehmer mehr. Zahlreiche Juden, die nicht gezählt werden konnten, wurden in Kanälen und Bunkern durch Sprengungen erledigt... Nur durch den ununterbrochenen Einsatz sämtlicher Kräfte ist es gelungen, insgesamt 56065 Juden zu erfassen und nachweislich zu vernichten. Dieser Zahl hinzuzusetzen sind noch die Juden, die durch Sprengungen, Brände usw. ums Leben gekommen sind, aber zahlenmäßig nicht erfaßt werden konnten."

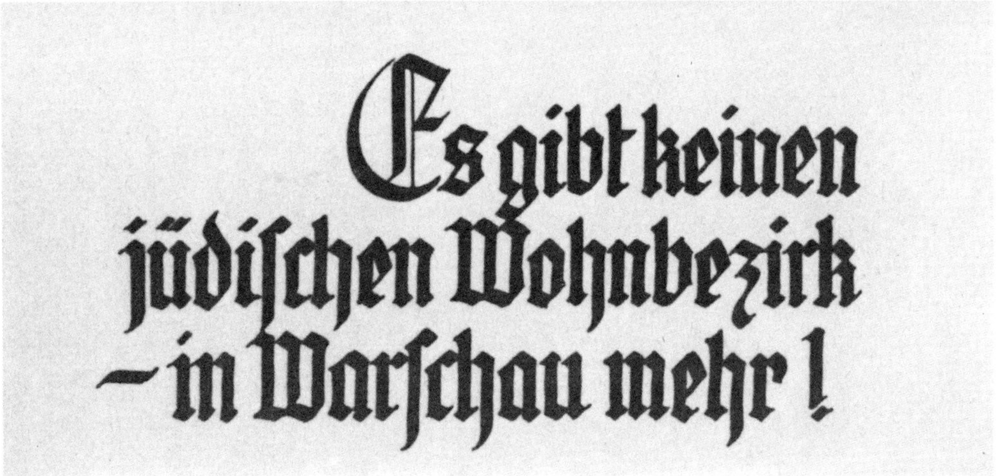


*Linke Seite: Aus den brennenden Häusern des Warschauer Ghettos stürzen Menschen als lebende Fackeln in den Tod.*
*Rechts oben: Gefangengenommene Ghettokämpfer werden zur Hinrichtung geführt.*
*Mitte: SS-Brigadeführer Jürgen Stroop (Bildmitte) befehligte das Vernichtungswerk im Ghetto.*
*Unten: Das Titelblatt des „Stroop-Berichtes".*

*„Mit Gewalt aus Bunkern hervorgeholt" heißt die Original-Unterschrift unter diesem Bild, das einen Moment aus der Vernichtung des Warschauer Ghettos 1943 festhält und das, seit es zum erstenmal publiziert wurde, in der scharfen Gegenüberstellung von verzweifelter Angst bei den Opfern und überlegener Ruhe bei den Siegern jedem Betrachter unvergeßlich bleibt. Das Bild fand sich, zusammen mit einer ganzen Reihe Aufnahmen aus Warschau, sorgsam beschriftet, in einem Band vom Aussehen eines Familienalbums, betitelt „Es gibt keinen jüdischen Wohnbezirk in Warschau mehr!", den Soldaten der 7. amerikanischen Armee nach Kriegsende erbeutet hatten. SS-Brigadeführer Jürgen Stroop, SS- und Polizeiführer im Distrikt Warschau, hatte ihn anlegen lassen, um vor seinem Chef Himmler mit dem „erfolgreichen Abschluß" der Ghetto-Aktion zu glänzen.*

## Endlösung

Während die Ächtung und Entrechtung der Juden in aller Öffentlichkeit stattfand, wurde ihre systematische Vernichtung streng geheimgehalten. In einem vertraulichen Rundschreiben an die Reichs- und Gauleiter der NSDAP verbot Bormann im „Auftrag des Führers" jede Erwähnung einer „künftigen Gesamtlösung". Öffentlich sei nur davon zu sprechen, „daß die Juden geschlossen zu zweckentsprechendem Arbeitseinsatz herangezogen werden". Durch diese Politik der Geheimhaltung wurden auch die Juden über ihr Schicksal getäuscht. Bei aller Drangsalierung seit der Machtergreifung konnten selbst sie sich nicht vorstellen, bis zu welch grauenvoller Konsequenz Hitler seinen Rassismus treiben würde.

*Oben: Im Vernichtungslager Auschwitz erfolgten 1942 die ersten Vergasungsversuche im Zuge der „Endlösung der Judenfrage".*
*Links: Selektion an der Rampe.*
*Rechte Seite: Seit September 1941 mußten Juden einen gelben Stern an ihrer Kleidung aufgenäht tragen.*

*Panzerschlacht. Gemälde von Rudolf Lipus. In der Zeitschrift „Kunst dem Volk" hieß es seinerzeit zu diesem Bild: „Noch ringen die deutschen Heere Schulter an Schulter mit ihren zur Verteidigung Europas aufgestandenen Verbündeten um die große Kriegsentscheidung, noch hallt die Welt wider vom Dröhnen der Waffen; aber in der Stille des Ateliers wuchsen inzwischen neue Kunstwerke heran, die einer kommenden Zeit Zeugnis ablegen werden vom ungebrochenen künstlerischen Schaffenswillen des Großdeutschen Reiches. Und es sind nicht nur Werke aus stillen Arbeitsstunden im weltabgewandten Atelier, die hier vor den sinnenden Betrachter hintreten, Anteilnahme und Mitgehen zu erwecken; auch in die Bezirke der verklärenden Kunst hallt noch das Brausen der weltgeschichtlichen Entscheidungen hinein."*

## Mit Russen gegen Stalin

Sie kämpften hart und leidenschaftlich gegen den Bolschewismus. Kosaken, Ukrainer und andere Volksstämme, sowie zahlreiche Kriegsgefangene schlossen sich der deutschen Wehrmacht an, um ihre Heimat zu befreien. Nach der Niederlage wurden sie ihrem Erzfeind ausgeliefert.

*Linke Seite: 60000 gefangene Sowjets steckten in dieser Gefangenensammelstelle im Kaukasus.*
*Oben: In provisorischen Getreidelagern wird die Ernte der gewaltigen Weizenfelder in der Ukraine und dem Kubangebiet gesammelt.*
*Rechts: General Wlassow besichtigt Verbände der russischen Befreiungsarmee vor ihrem Ausmarsch an die Front. Von Himmler als „Metzgergesell" und „gefährlicher Bolschewist" zunächst abgelehnt, wurden Wlassow und sein Plan, Rußland mit Russen zu erobern, erst ernstgenommen, als es bereits zu spät war.*

CV

# Eckpfeiler Finnland

In einem Vortrag „über die strategische Lage am Anfang des fünften Kriegsjahres", den der Chef des Wehrmachtführungsstabes, Generaloberst Jodl, am 7. November 1943 hielt, wurde auch die Bedeutung Finnlands als Kriegsschauplatz gewürdigt. Die Vortragsnotizen nennen folgende Stichpunkte:

„Finnische Front nördlicher Eckpfeiler des europäischen Verteidigungssystems. Äußerster Flügel der Ostfront, zugleich Rückendeckung der norwegischen Front. – Gesamtfrontlänge etwa 1400 km (= 2/3 der Gesamtlänge der Ostfront) – in weiten Strecken stützpunktartig besetzt.

Gelände: Südosten: Wald und Sumpf; Nordosten: baumlose, teils felsige Tundra.

Witterung: Im Gesamtbereich sehr unterschiedlich (Temperaturen 1. 11. von plus 8 bis minus 18 Grad!), im Norden lange Polarnacht, Schlammperiode unwesentlich.

Wehrwissenschaftlich: Wichtiges Nickelwerk Kolosjoki bei Petsamo (32 Prozent der europäischen Gesamtförderung).

Gesamteinwohnerzahl: 3,8 Millionen.

Operationsmöglichkeiten: Durch Unwegsamkeit Operationen großen Stils unmöglich. Leistungsfähige Verkehrswege zum Nähren einer Offensive fehlen (nur eine Bahn in Nord-Süd-Richtung bis Rovaniemi, Stichbahn nach Osten (Kandalakscha) erst im Bau. Nur eine leistungsfähige große Nord-Süd-Straße Helsinki-Petsamo). Demgegenüber auf russischer Seite leistungsfähige Murmanbahn.

Kampfführung: daher im wesentlichen Stoßtruppentätigkeit und Unternehmen von Jagd-Kommandos, Kampf an den Flanken und um Straßen von besonderer Bedeutung. – Dennoch infolge Frontausdehnung starke eigene Kräfte gebunden, bestes Menschenmaterial, der Natur des Landes gewachsen. Eigene Divisionen kampfkräftig, voll ausgestattet, friedensmäßig ausgebildet, gute Offiziers-Stellenbesetzung."

*Linke Seite. Oben: Ein deutscher Aufklärer hat eine Meldung über der vorrückenden Truppe abgeworfen. Während der Beifahrer auf der Suche nach der Meldung der Rauchfahne nacheilt, orientiert sich der Fahrer schnell nach einer Geländeskizze in der ewigen Gleichförmigkeit der finnischen Tundra. Unten: Seltsame Begegnung einer Rentierherde mit einem deutschen Kurierflugzeug auf einem finnischen Feldflugplatz.*

*Rechts: Im Sitzgestell einer provisorischen Drahtseilbrücke überquert der Gebirgsjäger einen reißenden Fluß.*

# Erfolgreiche Flieger

*Linke Seite: „Ehren-Parade für den Jüngsten. Der 21jährige Feldwebel Müller, Jagdflieger an der Murmanskfront, hat nach 41 Luftsiegen das Ritterkreuz erhalten und ist damit der jüngste Ritterkreuzträger der Luftwaffe geworden. Nach der Verleihung schreitet er hier die Front der Jagdtruppe ab, die zur Ehren-Parade angetreten ist." (Originaltext aus „Signal".)*
*Bildleiste oben: Drei Asse des „Immelmann-Geschwaders". Von links nach rechts: Gruppen-Kommandeur Major Dr. Ernst Kupfer, Staffelkapitän Oberleutnant Martin Thiede, Gruppenkommandeur Hauptmann Bruno Dilley.*
*Rechts: „Der kaum 25jährige Staffelkapitän Hauptmann Martin Möbus ist einer der erfolgreichsten Stukaflieger. Bis September 1942 versenkte er durch schneidige Angriffe ein Schlachtschiff, einen Kreuzer, einen Zerstörer und einen Truppentransporter vor der norwegischen Küste, der nach Aussagen von Gefangenen etwa 10000 Tonnen groß und mit über 15000 Soldaten des britischen Expeditionskorps für Norwegen besetzt war. Obwohl der Hauptmann sehr lange Zeit als Stuka-Lehrer nach Deutschland kommandiert war, um seine wertvollen Erfahrungen jungen Besatzungen mitzuteilen, hat er bereits über 400 Feindflüge in seinem Flugbuch verzeichnet und vom Führer das Ritterkreuz des Eisernen Kreuzes verliehen bekommen." (Originaltext aus „Signal".)*

# Totaler Krieg

Nach drei Jahren, in denen Sieg auf Sieg gefolgt war, hatte das Ostheer die erste schwere Niederlage erlitten. Aber die Moral der Truppe, der Angriffsgeist, waren noch längst nicht gebrochen. Von den Einzelheiten der letzten Wochen, vom Elend, vom Zerfall vieler Einheiten im Kessel erfuhr überdies die Truppe nichts. Über die „Helden von Stalingrad" wurde wohlweislich ein Schleier des Schweigens gebreitet. Dies hat sicher viel dazu beigetragen, daß der Kampfwille der Verbände Mansteins ungebrochen blieb.
In der Heimat sucht Propagandaminister Goebbels die Meldung von der schweren Niederlage als Ansporn für vermehrte Kriegsanstrengungen auszunutzen. Sogenannte Luxusrestaurants und Bars werden geschlossen. Goebbels inszeniert Nationaltrauer und verlangt am 18. Februar 1943 auf einer Massenkundgebung im Berliner Sportpalast ein Bekenntnis zum „totalen Krieg". Zehntausende von Berlinern stimmen ihm zu. Sie ahnen nicht, daß die Reichshauptstadt noch im gleichen Jahr diesen „totalen Krieg" selbst erleben wird. Verheerende Folgen für das Prestige Hitlers wie der deutschen Armee hat allerdings die Niederlage bei den Verbündeten des „Dritten Reichs". Italien, das ohnehin unter dem niederschmetternden Eindrükken der Ereignisse in Nordafrika und dem Untergang der 8. Armee am Don steht, rät Hitler vorsichtig zu einem Sonderfrieden mit Stalin. Japan bietet seine Vermittlung für einen solchen Schritt an. In Budapest und Bukarest sucht man nach eigenen Wegen, um heimlich Kontakt mit den Angloamerikanern aufzunehmen.
In der Ukraine muß Generalfeldmarschall v.Manstein mit der Heeresgruppe Don (wieder in „Süd" umgetauft) zunächst im Februar 1943 eine neue Großoffensive der Sowjets abfangen. Zum ersten und zum einzigen Mal schlägt er hier eine Schlacht nach seinem eigenen Konzept. Jenes SS-Panzer-Korps, das Stalingrad hat entsetzen sollen, steht ihm jetzt zur Verfügung. Er will den Gegner in die Tiefe durchbrechen lassen, um ihn dann durch „Schlagen aus der Nachhand", wie er es nennt, mit den auf seinem westlichen Flügel zusammengefaßten Panzerkräften zu überraschen. Hitler selbst fliegt angesichts der bedrohlichen Lage mit großem Gefolge, bis zum Leibkoch für seine Diät, ins Hauptquartier Mansteins nach Saporoschje. Charkow ist verloren gegangen, das Donezrevier, in Hitlers Augen künftig unersetzlich für die deutsche Rüstungsindustrie, ist in Gefahr. Am 17. Februar 1943 erläutert ihm Manstein die Lage und seine Absichten. Hitler versteht ihn nicht und verlangt die sofortige Rückgewinnung von Charkow. Am nächsten Tag nähern sich sowjetische Panzerspitzen bis auf 10 Kilometer dem Flugfeld von Saporoschje, das Gros steht etwa 50 Kilometer vor dieser ukrainischen Fabrikstadt. Hitlers Umgebung wird nervös, Manstein überredet ihn zum Abflug. Nun hat er freie Hand. Die dritte Schlacht um Charkow wird gewonnen. Das II. SS-Panzer-Korps unter SS-Obergruppenführer (General) Hausser nimmt die Stadt. Die sowjetische Großoffensive ist gescheitert, die Niederlage von Stalingrad noch einmal ausgewetzt worden. Doch in der Öffentlichkeit bleibt das Bewußtsein von der Niederlage weit stärker als die Einsicht, daß bei Charkow ein Sieg errungen worden ist, der einstweilen allen sowjetischen Gegenangriffen Einhalt gebietet.
Hört mit der dritten Schlacht um Charkow die Kette der Rückschläge auf? In der Nacht vom 5./6. März 1943 trifft ein schwerer britischer Bombenangriff die Krupp-Werke in Essen. Ihre Produktion ist zunächst gelähmt. Zwischen dem 16. und 20. März 1943 findet die bislang größte Geleitzugschlacht im Atlantik statt. 42 U-Boote greifen die Konvois SC 122 und HX 229 an. 21 Frachter mit 140 942 BRT sinken, ein eigenes U-Boot geht verloren. Noch immer schwankt im Zufuhrkrieg die Waage.
In Nordafrika verschlechtert sich die Situation. Ende Januar 1943 hat Generalfeldmarschall Rommel Tripolis räumen müssen. Libyen ist verloren. Die deutsch-italienischen Kräfte im Brückenkopf Tunis geraten zwischen der 8. britischen Armee und den von Westen her angreifenden Verbänden General Eisenhowers in die Zange. Im März 1943 ruft Hitler Rommel in die Heimat zurück, offiziell aus „Gesundheitsrücksichten". Sein Nachfolger in Tunis wird Generaloberst v.Arnim, letzter Oberbefehlshaber der nun in der „Heeresgruppe Afrika" zusammengefaßten deutsch-italienischen Divisionen. Im Grunde ist ihr Schicksal besiegelt. Hitler, der vermeiden will, daß noch ein deutscher Generalfeldmarschall in Gefangenschaft gerät (und womöglich wieder nicht Selbstmord begeht!), empfängt Rommel, damals sicher der berühmteste deutsche Soldat. Rommel sagt ihm unverblümt, der Krieg sei verloren, Hitler müsse versuchen, Frieden zu schließen. Hitlers Antwort ist düster. Daß der Krieg verloren sei, das brauche ihm Rommel nicht zu sagen, das wisse er selbst. Aber nun führe er den Krieg „bis zum Ende".
Im Osten befiehlt Hitler eine neue Offensive, das „Unternehmen „Zitadelle", einen Zangenangriff auf den im Raum Kursk-Belgorod vor den Heeresgruppen Süd und Mitte weit nach Westen vorsprin-

*Linke Seite: Die Siege in Polen und Frankreich hatten den Männern der Panzerwaffe unerschütterliches Selbstvertrauen eingeflößt. Guderians Satz „Nichts kann den Siegeszug der jungen deutschen Panzerwaffe hemmen – keine Straßensperre, kein Morast, kein Flußübergang", traf auch im Rußlandfeldzug genau die Stimmung der Truppe.*

*Russische Partisanen bereiten unweit von Moskau eine Gleissprengung vor. Der Feldzug gegen die Sowjetunion sei anders als alle sonstigen Feldzüge, hatte Hitler seinen Soldaten immer wieder eingehämmert, Rücksicht sei fehl am Platze. Kein Wunder daher, daß der „Kreuzzug gegen den Bolschewismus" nicht bloß Stalins Soldaten als Gegner fand, sondern sein Volk: Im Rücken der vordringenden deutschen Truppen entstand eine gefährliche Partisanenbewegung, die auf einen festen Rückhalt in der Bevölkerung bauen konnte.*

genden Frontbogen der Sowjets. Dafür wird der zu schwer zu behauptende Rschew-Bogen, den Generaloberst Model mit der 9. Armee das ganze Jahr 1942 hindurch verteidigt hat, planmäßig und ohne Verluste geräumt. Möglichst noch im April 1943 soll Manstein mit der Heeresgruppe Süd den Kursker Bogen von Süden, Model mit der 9. Armee von Norden her angreifen. Ziel ist die Vernichtung der hier konzentrierten sowjetischen Truppenmassen, um den Gegner an einer eigenen großen Sommeroffensive zu hindern,

Dafür muß zunächst die völlig abgewirtschaftete Panzerwaffe erneuert werden. Im Führerhauptquartier erinnert man sich Guderians. Der Generaloberst wird zum Generalinspekteur der Panzerwaffe ernannt, erhält neue Vollmachten, unter anderem die Einsetzung eigener Panzeroffiziere bei allen Armee-Oberkommandos, und vollbringt tatsächlich ein Wunder. Die Panzer-Divisionen erholen sich, erhalten neues Material, darunter die modernen Modelle „Tiger" und „Panther", den schweren Jagdpanzer „Ferdinand" und eine technische Neuheit, kleine ferngelenkte Sprengpanzer mit der ironisch gemeinten Bezeichnung „Goliath". Sie sollen, den Panzern voraufkriechend, die sowjetischen Stellungssysteme im Kursker Bogen aufpflügen.

Nach dem Krieg hat man viel darüber orakelt, ob das Unternehmen „Zitadelle" von vornherein durch einen geheimnisvollen Agenten der Sowjets im Führerhauptquartier verraten worden sei. Aber die Sowjets bedürfen gar keiner Spione, um die umfangreichen Vorbereitungen der Deutschen für diese Zangenoffensive zu erkennen. Nicht nur der Truppen-, vor allem der sehr schwerfällige Versorgungsaufmarsch mit Straßen- und Knüppeldammbauten, mit der Anlage von Treibstoff-, Munitions- und Vorratslagern lassen deutlich erkennen, was Hitler hier plant. Der Offensivtermin muß infolge dieser Vorbereitungen immer wieder verschoben werden. Die Sowjets haben genügend Zeit zum Ausbau eines tiefgestaffelten Systems von Minenfeldern, Panzersperriegeln, Artilleriestellungen. Darüber vergehen der Mai und der Juni 1943.

Der Mai wird in anderer Hinsicht zum „schwarzen Monat" für die deutsche Gesamtkriegführung. Am 13. Mai 1943 kapituliert Generaloberst v. Arnim mit 252 000 Mann deutscher und italienischer Truppen in Tunis, darunter Elite-Einheiten der deutschen Fallschirm- und Panzertruppe. Der Brückenkopf ist eingedrückt, der Nachschub versagt, zuletzt infolge der alliierten Luft- und Seeherrschaft, völlig. Und am 24. Mai 1943 ordnet Großadmiral Dönitz die Einstellung der U-Bootschlacht im Atlantik an. Seit dem 1. Mai sind 38 deutsche U-Boote versenkt worden. Die Engländer und Amerikaner haben den Einsatz von Geleitflugzeugträgern erheblich verstärkt, ihre U-Jagdflugzeuge sind mit neuen Ortungsgeräten ausgerüstet, die das Auffinden der Boote auch im getauchten Zustand ermöglichen. Die große Zeit der U-Boot-Rudel ist vorbei. Dönitz muß wieder zur Einzeljagd wie vor 1940 übergehen. Es gilt, neue U-Bootypen mit neuen Ortungsanlagen zu entwickeln, die unter Wasser nicht nur kämpfen, sondern auch marschieren können. Dies braucht Zeit. Eine völlige Einstellung des U-Booteinsatzes will der Großadmiral vermeiden, um die Freisetzung der gewaltigen See- und Luftarmada, die die Alliierten für den Geleitschutz geschaffen haben, zu blockieren. Der Groß-U-Bootkrieg war zu spät begonnen worden. Zum Faktor des „zu spät" gesellt sich jetzt ein zweiter. Das Tempo bestimmen jetzt die Alliierten, jedenfalls im See- und Luftkrieg.

Nach dem Sieg in Tunis ist die Invasion der Alliierten in Italien zu erwarten. Der Sprung über die Meerenge nach Sizilien scheint angesichts ihrer Überlegenheit zur See und in der Luft nicht allzuschwer. Damit tritt im Sommer 1943 eine unheilvolle Verstrickung aller Ereignisse im Mittelmeer und in Rußland ein. Vorerst beginnt endlich am 5. Juli 1943 das Unternehmen „Zitadelle“, die Schlacht im Kursker Bogen. Dafür sind, angesichts der Winterkatastrophe, wieder beträchtliche Panzerkräfte bereitgestellt, Manstein verfügt im Süden über etwa 1150 Panzer- und Sturmgeschütze, Model mit der 9. Armee im Norden über wahrscheinlich 600 - 700 Panzer (genaue Zahlen sind nicht erhalten). Guderian, der neue Generalinspekteur der Panzerwaffe, hat vor dem Beginn von „Zitadelle“ lebhaft gegen das ganze Unternehmen protestiert. Die soeben aufgefrischten und wieder mit Material einigermaßen gut ausgerüsteten Panzer-Divisionen würden sofort wieder in eine Schlacht geworfen, deren Ausgang zumindest als höchst zweifelhaft gelten müsse. Ist es nicht klüger, die Offensive der Sowjets abzuwarten und sie dann, nach Mansteinschem Rezept während der dritten Schlacht um Charkow durch einen Angriff aus der Rückhand abzufangen, um so auf feindlichem Boden allmählich die Angriffskraft des Feindes zu erschöpfen?

Bei Hitler zählt längst nicht mehr das Gebot der Klugheit. Das besetzte Riesenterritorium in Rußland ist in seiner Sicht Kolonialboden, den man nutzbar machen muß, und nicht bloßes Operationsfeld. Ihn treibt eine fatale Hektik, als sähe er insgeheim die eigene Lebenskraft schon schwinden. Anzeichen eines schweren organischen Nervenleidens haben sich seit dem Glutsommer in der Ukraine vermehrt.

Die Panzer-Korps der 9. Armee Generaloberst Models hatten auf 50 Kilometer Breite ein bis zu 40 Kilometer tiefes sowjetisches Stellungssystem zu überwinden, besetzt mit außerordentlich starker Artillerie, Panzerabwehr-Einheiten und Werfer- (Raketen-) Verbänden. Model war kein Freund dieser Offensive gewesen, hatte immer neue Kräfte angefordert, um das von seiner Armee ziemlich gut erkundete sowjetische Verteidigungssystem durchbrechen zu können. Wie beinahe zu erwarten war, fuhr sich der Angriff der 9. Armee im Nordabschnitt am schnellsten fest. Die Klein-Wunderwaffe „Goliath“ erwies sich als Niete. Die automatischen Sprengpanzer litten vor allem unter Steuerungsfehlern und wurden vom Gegner leicht unschädlich gemacht oder explodierten vor den feindlichen Stellungen.

Von Süden aus kam Manstein weit besser voran. In der mit sanften Hügeln durchzogenen, staubüberwehten Steppenlandschaft entwickelten sich die – letzten – großen Panzerduelle in diesem Krieg im Osten. Der „Tiger“ mit einer langen 8,8-cm-Kanone erwies sich den Sowjetpanzern als überlegen. In den ersten Tagen von „Zitadelle“ beherrschte die Luftflotte 6 unter Generaloberst Ritter v. Greim wieder den Luftraum und konnte den Angriff der Panzergeschwader wirksam unterstützen. Dann lähmte Treibstoffmangel alle Aktivitäten. Die Schwäche des Ostheeres trat wieder zu Tage. Im Hinterland löste der „Zentralstab“ der Partisanen große Bandenaktionen gegen die überlangen Nachschubwege aus, Gleissprengungen, Überfälle auf Eisenbahnzüge. Jede Tonne an Versorgungsgütern mußten die Deutschen, um die Lager im rückwärtigen Gebiet zu füllen, über Tausende von Kilometern heranschaffen, vom Treibstoff bis zu Munition und Materialreserven oder Marketenderwaren und Sanitätsmitteln.

Am 10. Juli 1943 platzt mitten in das Ringen um den Kursker Bogen für die deutschen Kommandostellen die Nachricht, daß die Alliierten, die 8. britische Armee und die 5. US-Armee, auf Sizilien gelandet seien. Binnen zwei Tagen fallen Augusta und Syrakus. Die hier stehenden italienischen Divisionen, meist sogenannte Küstenschutz-Einheiten, erweisen sich als unzuverlässig, strecken sofort die Waffen. Es gibt Offizierkorps, die Festtafeln dekken lassen, um die „Befreier“ zu begrüßen. Eine einzige Infanterie-Division, „Pavia“, folgt noch der Pflicht.

Dem weit nach Westen vorspringenden

*Ein russischer Partisan wird aus einem Bahnwärterhaus herausgeholt. Lange Zeit kannte man im Partisanenkrieg auf deutscher Seite nur ein Rezept: Gewalt. Partisanen und alle, die als Helfer gehalten, wurden erschossen.*

*Prophetisch nimmt die sowjetische Kriegskarikatur das klägliche Ende der Achse Rom-Berlin voraus: Feldherr Hitler steckt eingeklemmt im Kursker Bogen, während Diktator Mussolini samt seinen Großmachtplänen im Mittelmeer versinkt.*

*Rechte Seite: Die Besatzung eines im Schlamm steckengebliebenen russischen Panzers geht in die Gefangenschaft.*

sowjetischen Kursker Bogen entspricht im Norden der weit nach Osten vorgeschobene Orel-Bogen, besetzt von der 2. Panzer-Armee, die freilich keinen einzigen Panzerverband mehr besitzt, sondern Infanterie-Korps. Ihr Oberbefehlshaber befindet sich auf Urlaub in Deutschland. Am 12. Juli greifen die Sowjets mit voller Wucht den Orelbogen an. Ihr Ziel ist die Stadt Orel selbst, die zentrale Nachschubbasis für die 2. Panzer-Armee und für Models 9. Armee. Bei der 2. Panzer-Armee zeigen sich in einzelnen Fällen Panikerscheinungen, wenn der Schreckensruf „der Iwan kommt" ertönt. Generaloberst Model sieht, angesichts der Bedrohung im Rücken, keine andere Möglichkeit, als den Angriff im Kursker Bogen zu stoppen und Kräfte nach Norden zur Rettung im Orelbogen abzuzweigen. Mit der ihm eigenen Durchschlagskraft erreicht er beim Oberbefehlshaber Mitte, Generalfeldmarschall v. Kluge, und bei Hitler, daß ihm auch die – verwaiste – 2. Panzer-Armee unterstellt wird. Er meistert die Panik.

Am 13. Juli 1943 befahl Hitler, das Unternehmen „Zitadelle" einzustellen. Die Schlacht tobte im Mansteinschen Südabschnitt noch immer und näherte sich einem Höhepunkt, der nach Mansteins Überzeugung wie nach Befürchtungen der sowjetischen Kommandeure die Niederlage für Stalin hätte bringen können. Manstein war überzeugt, trotz allmählichen Materialverschleißes seiner Panzer-Einheiten, er könne bis Kursk durchbrechen, wenn wenigstens Model hielte. Warum Model dies bei gleichzeitiger sowjetischer Großoffensive in seinem Rücken nicht mehr konnte, begriff man wohl im Stabe Mansteins zunächst nicht ganz. Die Schlacht im Kursker Bogen, die letzte deutsche Angriffsschlacht, war nicht entschieden, als Hitler sie abbrechen ließ. Mit Recht haben sowohl Marschall Schukow wie der „Steppenfront"-Kommandeur und spätere Marschall Konjew diese Schlacht – und nicht etwa Stalingrad – als den entscheidenden Wendepunkt im „Großen Vaterländischen Krieg" betrachtet. Die deutsche Angriffskraft hatte einen empfindlichen Stoß erlitten, Konjew sprach vom „Schwanengesang" der deutschen Panzerwaffe. Er urteilte richtig. Das im Kursker Bogen verlorene Material ließ sich zwar mühsam und tropfenweise ersetzen, aber im Kursker Bogen fiel die Elite jener Panzerkommandeure und Besatzungen, die einst Westeuropa und dann die Hälfte des europäischen Rußlands erobert hatten.

Und wieder zog Italien Hitler in seinen unheilvollen Bann. Angesichts des Versagens der 6. italienischen Armee auf Sizilien und der Bindung des Gros der deutschen Kräfte in Mittelrußland schickte Hitler zunächst dem Oberbefehlshaber Süd Generalfeldmarschall Kesselring nur das Generalkommando des (nach Stalingrad) wieder formierten XIV. Panzer-Korps mit einigen Divisionen für Sizilien unter General Hans Hube zu Hilfe. Hube, Schulkamerad von Model, erwies sich als einer der bedeutendsten Truppenführer dieses Krieges. In Stalingrad hatte er schon einmal ein XIV. Panzerkorps kommandiert, das untergegangen war. Hube war Ende 1942 von Paulus zu Hitler entsandt worden, um diesen über die wahre Lage im Kessel zu unterrichten. Was Hube auch tat – mit soviel Erfolg, daß Hitler ihm den Rückflug in die Hölle nicht mehr erlaubte. Hube war in seinen Augen zu brauchbar, um ihn dem möglichen Untergang zu überantworten.

Mit Infanterie und Fallschirmjägereinheiten lieferte Hube auf Sizilien ein Musterbeispiel hinhaltender Verteidigung und vollbrachte schließlich im August das zweite Meisterstück, die geordnete Rückführung seiner Verbände über die Straße von Messina auf das italienische Festland, nach Kalabrien.

In Italien begann sich nun die lange verhohlene Opposition gegen Mussolini und sein Bündnis mit Deutschland zu regen. Es gab sie sowohl im Faschistischen Großrat, dem höchsten Gremium der Partei, als auch am Hofe König Viktor Emanuels III., der ein Gegner des Kriegseintrittes Italiens im Jahre 1940 gewesen war. Führende Faschisten verlangten von Mussolini, er solle einen Separatfrieden mit den Alliierten oder jedenfalls sofort Waffenstillstand schließen. Bei einer Begegnung in Feltre in Oberitalien am 19. Juli fand Mussolini nicht den Mut, dies Hitler zu sagen. Nach 21 Jahren der Herrschaft, nach dem Scheitern des Traumes vom neuen „Imperium Romanum" im Mittelmeer fühlte er sich alt und verbraucht. Ein alliierter Luftangriff auf Rom – bei dem einer der Haupttreiber der königlichen Verschwörung gegen den „Duce", der Generalkommandant der Karabinieri, General Hazon, ums Leben kam, erschütterte die Moral des Faschistischen Großrates noch zusätzlich. In der Nacht vom 24./25. Juli 1943 wählte der Großrat Mussolini als „Duce" ab, was nach der faschistischen Verfassung durchaus in seiner Kompetenz lag.

Am nächsten Tag, den 25. Juli, begab sich Mussolini zum König, um ihm das Ergebnis der Sitzung mitzuteilen. König Viktor Emanuel III. ließ ihn verhaften und durch Karabinieri in einem geschlossenen Sanitätswagen mit unbekanntem Ziel abtransportieren. Mussolini blieb verschwunden, sein Regime brach wie ein Kartenhaus zusammen. Der König setzte ein Militärkabi-

*Heinz Bär war mit 16 Luftsiegen am Steuer der Me 262 der erfolgreichste Düsenjägerpilot des Zweiten Weltkrieges.*

nett unter seinem alten Vertrauten, dem Marschall Badoglio, dem früheren Generalstabschef, ein, welcher ostentativ sofort erklärte, an der Bündnistreue Italiens ändere sich gar nichts. Aber nun war Hitler alarmiert. Von der Ostfront, aus Frankreich wurden Truppen nach Oberitalien geschickt, das Wort vom „Verrat" des italienischen Königshauses ging um.

Das Führerhauptquartier, wo man am liebsten in einer Blitzaktion den italienischen König und womöglich auch noch den Papst festsetzen lassen möchte, und die Weltöffentlichkeit starren gebannt auf Rom. Die Deutschen blicken nach Hamburg, über dem sich eine riesige Flammen- und Rauchwolke erhebt. Die erste große Angriffsserie im Bombenterror der angloamerikanischen Luftwaffe gegen das deutsche Heimatkriegsgebiet hat begonnen. Zwischen dem 24. und 30. Juli 1943 fliegen Verbände der britischen Luftwaffe in einer Stärke zwischen 726 und 740 Maschinen drei Nachtangriffe auf die Elbmetropole, die 8. US-Luftflotte zwei Tagesangriffe. Gewaltige Flächenbrände entstehen, über 30 000 Menschen finden den Tod. Mit kaum zu überbietender Selbstgerechtigkeit geben die Alliierten diesem Massenmordunternehmen den Decknamen „Gomorrha" – Gottesgericht! Die deutsche Flak-Artillerie wird durch das Abwerfen von Hunderttausenden von feinen Metallplättchen gelähmt, ihre Zielgeräte können nicht arbeiten.

Auf der Konferenz von Casablanca haben die Amerikaner und Engländer die sogenannte „kombinierte Offensive" vereinbart. US-Bomber, die „Fliegenden Festungen", fliegen Tagesangriffe auf die deutschen Rüstungs- und Wirtschaftszentren, die Briten setzen bei Nacht mit Flächenwürfen die Terrorangriffe auf die deutschen Städte fort.

In der Nacht vom 17./18. August 1943 trifft der nächste schwere britische Bomberschlag die Versuchsanstalten des Heeres und der Luftwaffe in Peenemünde an der Ostsee. Hier arbeitet ein Team von Zivilexperten und Offizieren unter Leitung von Wernher v. Braun und Generalmajor Dornberger fieberhaft an der Entwicklung der Großfernrakete vom Typ A 4. Neuerdings ist die Luftwaffe dazu gekommen, sie will nach Plänen der Fieseler-Werke eine kleinere unbemannte, billiger herzustellende Flugbombe, die Fi 103 in den Kampf werfen. Die Fabrikations- und Versuchsanlagen werden nicht beschädigt, aber es entstehen schwere Verluste an Menschenleben. Die Alliierten haben schon lange die wunderlichen Anlagen und Arbeiten in Peenemünde beobachtet, doch selbst intensiver Agententätigkeit ist es nicht gelungen, das V-Waffen-Geheimnis, V steht für „Vergeltung", zu lüften. Im Zweifelsfall, so hat man sich gedacht, zerbombt man am besten die Anlagen, ehe dort Gefährliches produziert werden kann.

Am 19. August erfährt die deutsche Öffentlichkeit, der Chef des Generalstabes der Luftwaffe, Generaloberst Hans Jeschonnek, sei infolge seiner „Überlastung" einer schweren Krankheit erlegen. In Wahrheit hat sich Jeschonnek am 18. August 1943 im Luftwaffenhauptquartier „Robinson" bei Goldap in Ostpreußen erschossen. Er hat geahnt, daß man ihn nach den Niederlagen über Hamburg und Peenemünde, nach dem Scheitern der Luftversorgung für Tunis und Stalingrad zum Sündenbock für alle Fehlschläge stempeln wird.

Im August 1943 greifen US-Bombergeschwader – noch von Nordafrika aus – bislang für absolut „luftsicher" gehaltene Räume an, das rumänische Ölrevier in Ploeşti, das Industriezentrum in der Wiener Neustadt. Das Verteidigungsfeld der deutschen Jagdgeschwader dehnt sich weiter aus. Die Tag- und Nachtjagdwaffe verfügt über glänzende Flieger mit hohen und höchsten Abschußziffern, über die „Asse" wie Gordon Gollob, Günther Rall, Hannes Trautloft, Johannes Steinhoff, den Prinzen zu Sayn-Wittgenstein und viele andere. Bei den britischen Einflügen von 1941/42 konnte die Jagdwaffe noch große Erfolge verbuchen. Gegenüber den Bombermassen von 1943 muß sie zurückstecken, trotz aller Tapferkeit im Einsatz. Was diese kühnen Flieger brauchen, sind moderne, überschnelle Jagdflugzeuge. Aber werden sie diese jemals bekommen?

Nur selten gelingt es der Jägerführung, bei einem Großangriff rechtzeitig Jagdverbände in genügender Stärke zu versammeln. Paradebeispiel für solchen Fall wird die Luftschlacht über Schweinfurt. 291 US-Bomber wollen die Stadt mit ihren wichtigen Kugellagerwerken anfliegen. Etwa 300 deutsche Jäger attackieren den Verband. Ergebnis: 77 Bomber werden abgeschossen, 121 kehren beschädigt mit Toten und Verwundeten an Bord zu ihren Basen in England zurück. Verluste von 60 und 70 Prozent pro Angriff könnte selbst die 8. US-Luftflotte auf die Dauer nicht verkraften.

Aber der deutsche Sieg über Schweinfurt bleibt eine Ausnahme. Und die Amerikaner bereiten überdies den Einsatz von Langstreckenjägern vom Typ „Mustang" vor, die die Bomberpulks begleiten sollen. Kommen die „Mustangs", sind die deutschen Flieger mit ihren konventionellen Maschinen ohnmächtig.

Die „kombinierte Offensive" geht weiter.

Im Oktober 1943 erscheinen zum ersten Mal 378 viermotorige US-Bomber über Danzig und Gdingen (Gotenhafen). Danzig ist eines der Zentren des U-Bootbaues. Verbände der 15. US-Luftflotte greifen von Italien aus Ziele auf dem Balkan und in Österreich an. In der Nacht vom 18./19. November 1943 starten die britischen Bomber ihre „Schlacht von Berlin". Der erste verheerende Großangriff trifft die Reichshauptstadt. Die „Battle of Berlin" wird bis weit in den April 1945 anhalten.
Dem neuen Generalstabschef der Luftwaffe, dem als sehr tatkräftig und ideenreich geltenden Generaloberst Günther Korten, der die gesamte Luftwaffe reorganisieren will, sind im Grunde genauso wie seinem Vorgänger Jeschonnek die Hände gebunden infolge der Trägheit seines Oberbefehlshabers Reichsmarschall Göring und des völligen Unverständnisses Hitlers für die wirklichen Probleme und Sorgen dieses dritten Wehrmachtteils.
Und dabei erhält die deutsche Jagdwaffe jetzt die größte Chance ihrer Geschichte: Im Oktober/November 1943 können die Messerschmitt-Werke mit dem ersten, frontreifen Strahl-(Düsen-)jäger der Welt aufwarten, der Me 262. Mit diesem überschnellen Flugzeug ausgerüstet, wären die Jagdgeschwader in der Lage, den alliierten Bombermassen schwere Verluste zuzufügen. Sie wären selbst Langstreckenjägern überlegen. Professor Messerschmitt präsentiert die Me 262 dem Reichsmarschall. Dieser denkt nur noch an sich, an sein gewohntes Schlemmerdasein und an den Zorn Hitlers über seine „Faulheit" und Untüchtigkeit. Er fragt sofort, ob dies Flugzeug auch Bomben tragen könne. Messerschmitt bejaht, ohne die Hinterhältigkeit dieser Frage zu begreifen. Die Me 262, konstruiert als rassiger Blitzjäger, kann natürlich auch eine leichte Bombe übernehmen.
Der Reichsmarschall berichtet dem „Führer" von dem neuen Jäger. Hitler kennt die Probleme der Jagdverteidigung nicht. Um die Leiden und die Opfer, um die Durchhaltefähigkeit von Millionen Deutscher, von Männern, Frauen, Kindern und Greisen in den zerbombten Städten kümmert er sich nicht. Niemals besucht er eine Großstadt nach einem Großangriff. Er will die Wahrheit nicht sehen. So befindet er jetzt, die Me 262 solle in einen „Blitzbomber" für Vergeltungsangriffe gegen England umgebaut werden. Strahljäger, erklärt er, seien nicht so wichtig.
Die Kommodore der Jagdgeschwader, die Jagdfliegerführer, sämtlich hochdekorierte Offiziere mit hundert oder zweihundert eigenen Abschüssen, verlangen die Me 262. Umsonst. Hitler bleibt starrsinnig, Generaloberst Korten ist ohnmächtig, weil er nicht wie Dönitz den rechten Ton gegenüber seinem „Führer" zu finden vermag. Kostbare Zeit verrinnt. Der Umbau der Me 262 kostet viel Zeit, die Verwandlung in Großbombenträger widerspricht im Grunde der Konstruktionsidee. Göring hofft dafür, daß der „Blitzbomber" sein ramponiertes Bild bei Hitler in neuem Glanz erstrahlen lassen wird. Am 29. Mai 1944 verbietet er kategorisch jede weitere Diskussion über Strahljäger oder Blitzbomber. Keiner von ihnen ist bislang an die Front gelangt. Die alliierten Bomberströme, von „Mustangs" gesichert, beherrschen den Luftraum über Mittel-, Süd- und Südosteuropa. Das „Dach der Festung Europa" ist zerborsten. Es nutzt auch wenig mehr, daß man in Deutschland an einem kostspieligen Programm arbeitet, um wichtige Industrien unter Tage zu verlegen. Zuviel Zeit ist verspielt worden. Die Amerikaner beginnen systematisch mit der Lähmung deutscher Hydrier-Werke zur Erzeugung synthetischen Treibstoffs aus Kohle.
Das Kriegsjahr 1943 hat mit einem schweren Rückschlag bei der Kriegsmarine begonnen. Es geht auf See mit einer neuen Niederlage zu Ende. Während der Weihnachtsfeiertage 1943 greift das Schlachtschiff „Scharnhorst" mit 5 Zerstörern unter Konteradmiral Bey im Eismeer den Konvoi JW 55 B an. Dabei wird die „Scharnhorst" von weit überlegenen britischen Deckungsstreitkräften zusammengeschossen und sinkt.

*Bereits 1939 waren die Entwicklungsarbeiten für die Me 262, den ersten Düsenjäger der Welt, abgeschlossen. Doch Hitler verzögerte immer wieder die Serienfertigung dieses „Wunderjägers", der mit seiner Geschwindigkeit von über 900 km in der Stunde allen feindlichen Jagdflugzeugen überlegen gewesen wäre. Erst als die Alliierten die Luftherrschaft über Deutschland schon gewonnen hatten und Deutschlands Städte in Schutt und Trümmer sanken, standen der Luftwaffe zwei mit der Me 262 ausgerüstete Jagdgeschwader zur Verfügung.*

*Schwer bepackte Landser brechen mit einer Pak und einem bespannten Feldgeschütz in ihre neue Gefechtsstellung auf.*

## Auf der ganzen Front zurück

Während und nach der Katastrophe von Stalingrad gelang es der Wehrmacht im Winter 42/43, durch planmäßige Absetzbewegungen und Gegenschläge die Front zu begradigen und die Lage zu stabilisieren.

*Oben: Auf mühevoll geschaufelten Wegen bewegt sich der Troß der deutschen Verbände durch die tiefverschneite Steppe. „Vorwärts Kameraden, wir müssen zurück“, lautete die bissige Parole bei den Absetzbewegungen im Osten.*
*Links: Auch die dort heimischen Kamele werden beim Rückzug aus der Kalmückensteppe als Transporttiere verwendet.*
*Rechte Seite: 40 Grad Kälte bei Sytschewka im mittleren Frontabschnitt. Den Panzern, die im Schneegestöber den befohlenen Stellungswechsel vornehmen, bereiten die vereisten Wege größte Schwierigkeiten. Nur auf Streusand kommen sie vorwärts.*

# Kursker Schlacht

Im Juli 1943 trat die Wehrmacht zum Angriff auf den russischen Frontvorsprung bei Kursk an. Mit 33 Divisionen, davon 16 Panzerdivisionen, unterstützt von 1800 Kampfflugzeugen, wollte Hitler noch einmal das Kriegsglück wenden. Es kam zur größten Panzerschlacht der Geschichte. Der sowjetische Generalleutnant Rotmistrow schildert ein Panzergefecht, bei dem die beiden berühmtesten Panzer des Zweiten Weltkrieges, Tiger und T 34, aufeinander treffen.

„Das II. Bataillon der 181. Panzerbrigade des XVIII. Panzerkorps, das am linken Ufer des Psjol angreift, stößt auf eine Gruppe Tiger, die das Feuer auf die sowjetischen Panzer aus dem Halt eröffnet. Die starken und weitreichenden Kanonen der Tiger sind sehr gefährlich, und die sowjetischen Panzer müssen so schnell wie möglich die Entfernung verkürzen, um diesen Vorteil des Gegners auszuschalten. Der Bataillonskommandeur Hauptmann P. A. Skripkin befiehlt: ‚Vorwärts, mir nach!' Die erste Granate des Kommandeurpanzers durchschlägt die Seitenwand eines Tigers. Sogleich eröffnet ein anderer Tiger das Feuer auf Skripkins T 34. Eine Granate durchschlägt die Seitenwand, und ein zweiter Treffer verwundet den Bataillonskommandeur. Der Fahrer und der Funker ziehen ihren Kommandeur aus dem Panzer und bringen ihn in einem Granattrichter in Deckung. Als ein Tiger direkt auf sie zurollt, springt der Tankist Alexander Nikolajew wieder in seinen angeschossenen, schon rauchenden Panzer, wirft den Motor an und stürmt dem Gegner entgegen.

Wie ein lodernder Flammenball jagt der T 34 über das Feld. Der Tiger stoppt. Aber es ist zu spät. Der brennende Kampfwagen fährt in voller Fahrt gegen den deutschen Panzer. Eine Detonation läßt den Boden erbeben."

*Links: Irgendwo in der weiten Steppe hält die Panzerspitze. Der Nahaufklärer funkt seine Meldung über die Stellung des Gegners herunter.*

*Rechte Seite: Der Panzer 633 hat eine sowjetische Panzerabwehrkanone außer Gefecht gesetzt.*

633

## Gescheiterte Offensive

So war das Unternehmen „Zitadelle“, die Schlacht im Kursker Bogen, geplant: Mit einer riesigen Zangenbewegung sollten die vorgeschobenen sowjetischen Kräfte abgeschnitten, eingekesselt und vernichtet werden. Doch die kühn geplante Operation entwickelte sich anders: Nach geringem Geländegewinn brach die deutsche Offensive zusammen. Im Gegenschlag trieben die Sowjets die Deutschen weiter hinter die Ausgangsstellungen zurück.

*Oben: Nach jedem kleinen Geländegewinn tote oder verwundete Kameraden.*
*Links: Für die Grenadiere hieß es in den Tagen vor der Offensive: Endlich wieder einmal vorwärts!*
*Rechte Seite: Große Hoffnungen galten dem neuen deutschen Tiger-Panzer, der bei der Offensive gegen Kursk erstmals eingesetzt wurde. Sie erfüllten sich nur zum Teil. Ein in der Panzerschlacht südlich Orels von der sowjetischen Abwehr in Brand geschossener Tiger.*

## Abwehrkämpfe

*Oben: Aus zerschossenen Häusern werden überlebende deutsche Verteidiger herausgeholt. Im Vordergrund links ein russischer Maschinengewehrschütze am Leichten MG mit dem tellerförmigen Magazin.*
*Links: Zermürbt, enttäuscht, verbittert – das war die seelische Verfassung, in der mancher deutsche Soldat am Ende seiner tapferen Pflichterfüllung das bittere Los der Kriegsgefangenschaft auf sich nahm.*
*Rechte Seite: Der 5-cm-Granatwerfer 36 (Spitzname: „HJ-Kanone") war zunächst je Schützen-Kompanie in einer Gruppe mit drei Werfern zusammengefaßt, später gehörte ein Werfer zu jedem Zug. Seine Reichweite lag bei 500 Metern, die Wirkung der Munition entsprach etwa der einer Handgranate. Seine Leistungen waren jedoch ungenügend.*

# Urweltvögel aus Sperrholz

Für die geplante Invasion in England wurden Lastensegler mit großer Transportkapazität entwickelt. Erste Muster bauten die Messerschmitt-Werke unter der Typenbezeichnung Me 321 „Gigant“ und die Gothaer Waggonwerke (Typ: Go 242). Für die Fertigung (Sperrholz) zog man u. a. Möbelfabriken heran.

*Oben: Zwei Lastensegler Go 242 im Schlepp einer Me 110.*
*Mitte: Das auf dem Flugplatz von Dnjepropetrowsk aufgenommene Bild vermittelt eine Vorstellung von der Größe der Lastensegler.*
*Unten: Ausgeklinkt setzt eine Go 242 zur Landung an.*
*Rechte Seite: Pakgeschütze werden in eine Me 323 verladen.*

# Luftwaffe überbeansprucht

*Linke Seite: Die Luftwaffe stand an der 1600 km langen Ostfront unter Dauerstreß. Die Stuka-Geschwader spielten immer mehr die Rolle einer „fliegenden Feuerwehr", die von Brennpunkt zu Brennpunkt eilte. Oben: Die vordere Ju 87 geht in scharfer Kurve über die linke Tragfläche in den Sturzflug über. Unten: Bei dieser Ju 87 erkennt man die unter der linken Tragfläche angebrachte Einzelbombe. Die Kondensstreifen rühren von begleitenden Jagdflugzeugen her.*

*Oben: Zweiundzwanzig „im Dienst der deutschen Luftwaffe stehende Flugzeugmuster" verzeichnete das offizielle Jahrbuch 1941 des Reichsluftfahrtministeriums – für eine rationelle Schwerpunktbildung viel zu viele. Ein Beispiel für die langjährige Verzettelung von Entwicklungs- und Produktionskapazitäten war der Nahaufklärer Blohm & Voss BV 141. Diese Maschine erregte als erstes asymmetrisches Flugzeug der Welt Aufsehen, erwies sich aber für den Fronteinsatz als untauglich.*

*Rechts: Beim Vormarsch und Rückzug im Osten traten die fliegenden Verbände überwiegend als Hilfswaffe des Heeres in Aktion. Hier legt die Bodentruppe bei einer Angriffsoperation in der russischen Steppe ein Sichttuch für die eigenen Flieger aus.*

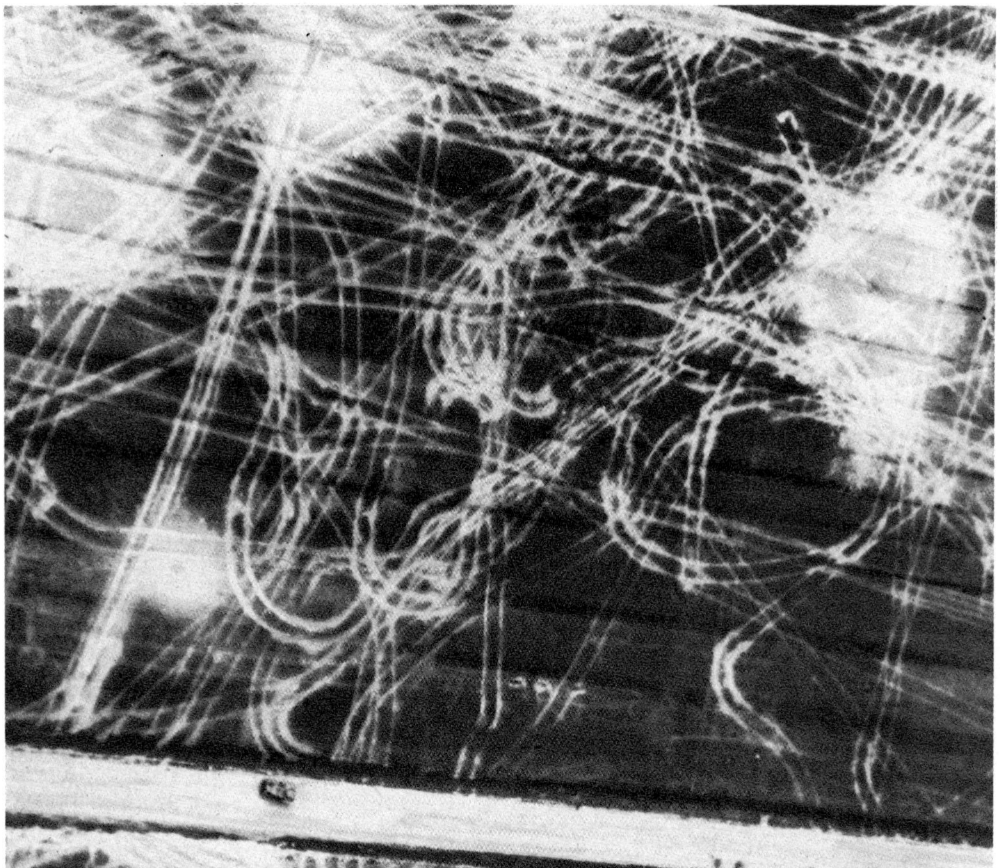

# Im Hinterland

*Oben: Mit Tarnung und Täuschung wurde auf allen Kriegsschauplätzen gearbeitet, in besonderem Ausmaß im Osten. Die Russen hatten es darin zu unbestrittener Meisterschaft gebracht; aber auch auf deutscher Seite griff man im späteren Verlauf des Krieges nicht ungern zu solchen Listen. Das Bild zeigt, wie man, um die sowjetische Luftaufklärung zu täuschen, ausgefallene Geschütze mit Baumstämmen komplettierte, die zur Not sehr wohl für Geschützrohre angesehen werden konnten.*
*Links: Die Luftaufnahme macht die Spuren deutlich, die eine Panzerschlacht hinterlassen hat. Bombentrichter bekunden, daß auch die Luftwaffe sich in den Kampf der Panzer einmischte.*
*Rechte Seite. Oben. Landser erklettern einen Urlaubszug. Unten links: Schilderwald an einer Nachschubsstraße. Unten rechts: Helferinnen vom Roten Kreuz sorgen für Stärkung und Erfrischung.*

Pz.Str. N
Armawir
Woroschilowsk
Mineralnyje Wody
607
B23
Budenowsk
Prochlatnaja
Grosnyj
Baku
II/52
LAAD
Nowasawedenskoj.
Appollonskaja
Nowogrigorjewskaja
Soldatskaja
Prachladnyj
Kranken-
Sammelstelle
J.K.179
Grossny
Str. N

## Rückzüge

Nach verlorener Schlacht im Kursker Bogen galt es für die Wehrmacht, Auffangstellungen zu bilden. Man mußte Zeit gewinnen, denn das Unternehmen „Zitadelle“ hatte die letzten Reserven gefressen. Doch Hitlers Denken war für Rückzüge offensichtlich nicht eingerichtet. Anders nämlich lassen sich seine unentwegten „Halten!“-Befehle nicht erklären. Nur mühsam konnte ihm Generalfeldmarschall von Manstein Kompromisse abringen. Ein letztes Mal stabilisierte sich die Front.

*Linke Seite: „Die Batterie eröffnet das Feuer und geht nach dem Einschießen zum vernichtenden Feuerschlag über.“*
*Oben: „Blutrote Flammen schlagen aus dem Gehöft empor, das die Sowjets zum Stützpunkt in der Mulde ausbauten.“*
*Darunter: „Gefangene werden nach hinten geschickt, die Gefangenen der Grenadiere und – der Artillerie.“ (Originaltexte aus „Signal“.)*

A.Stelle
No 1
WH-965 396

# Abnutzungskrieg

„Der monatliche Abgang beim Heer allein war in normalen Zeiten – Großkampf ausgenommen – durchschnittlich 150000 bis 160000 Mann; davon konnten aber nur 90000 bis 100000 Mann ersetzt werden. Das Feldheer verringerte sich also monatlich um 60000 bis 70000 Mann. Es war ein einfaches Rechenexempel, wann die deutsche Front erschöpft war."
(Aus den privaten Notizen des Generalfeldmarschalls Keitel, Frühjahr 1942.)

*Linke Seite. Oben: Eine rumänische Fahrzeugkolonne nähert sich dem Kubandelta. Im Vordergrund ein deutscher Wehrmachts-PKW. Unten: Das Eis ist geborsten; Soldaten und Bevölkerung bemühen sich um ein eingebrochenes Gespann. War schon der Vormarsch durch die unwirtlichen Landstriche Rußlands strapaziös, so wurde der Rückzug zur Qual. Der russische Winter war in dieser Lage eine schwere Zusatzbelastung.*
*Oben und rechts: Während der Schlammperiode waren die Wege im Kubandelta nahezu unpassierbar. Diese Belastung wurde aber von den deutschen Truppen nicht ungern in Kauf genommen; was ihnen so Schwierigkeiten machte, gereichte ihnen auf der anderen Seite zum Vorteil: Der Kubanbrückenkopf war durch diese Geländeschwierigkeiten zu einer natürlichen Festung geworden.*

*Instandsetzungszüge und Werkstattkompanien bei den Panzereinheiten entschieden wesentlich über die Gefechtsstärke ihrer Einheiten. Während des*

*Rußlandfeldzuges gab es zeitweilig mehr Mangelausfälle als Ausfälle durch Feindeinwirkung.*

# Räumung des Kuban-Brückenkopfes

Beim Rückzug der 17. Armee aus dem Kaukasus wurden vom 7. September bis 9. Oktober 1943 über die Straße von Kertsch auf die Krim transportiert: 239669 deutsche und verbündete Soldaten (50139) und Hilfswillige (28486), 16311 Verwundete, 27456 Zivilisten, 115477 t Wehrmachtsgut (davon 27670 t Munition), 21230 Kraftfahrzeuge, 74 Panzer und Sturmgeschütze, 1815 Geschütze und 74657 Pferde mit 27741 bespannten Fahrzeugen. Durch Transportflieger wurden außerdem 15661 Soldaten und 1154 t Material abtransportiert.

*Linke Seite. Oben: Sehr gut bewährten sich die bei der Evakuierung des Brückenkopfes eingesetzten Doppel-Siebelfähren. Unten: Bereits im Frühjahr 1943 unternahmen sowjetische Einheiten Landungsversuche bei Noworossisk, dem Schwarzemeerhafen, der die rechte Flanke des Kubanbrückenkopfes deckte. Die Versuche scheiterten und kosteten die Angreifer wertvolles Material.*
*Oben: Schon während des Rückzugs auf das Kubandelta wurde ein Teil der deutschen Truppen zur Krim übergesetzt.*
*Rechts: Russische Flieger belegen das Steilufer der Taman-Halbinsel mit Bomben.*

## Die Amerikaner greifen ein

Es dauerte fast ein ganzes Jahr, bis sich in Nordafrika der Kriegseintritt der USA bemerkbar machte. Dann aber mit voller Wucht: Ein nicht abreißender Strom wertvoller Nachschubgüter, Waffen, Transportgerät traf bei Montgomerys 8. Armee ein. In Marokko und Algerien landeten US-Truppen.

*Oben: An Algeriens Küste weht das Sternenbanner. Amerikanische Infanterie marschiert unweit Orans landeinwärts. „Torch" (Fackel) nannten die Amerikaner ihr Landungsunternehmen.*
*Links: Adlerschwingen rauschen über Amerika. Im Besitze ungeheurer Materialfülle gingen die Amerikaner optimistisch in den Krieg.*
*Rechte Seite. Oben: Im Hafen von Bougie eröffnen französische Batterien das Feuer auf alliierte Transporter. Unten: Im Morgengrauen des 8. November haben Landungsboote den Strand von Fort Sidi Ferruch bei Algier erreicht. Das Fort und Algier wurden kampflos übergeben.*

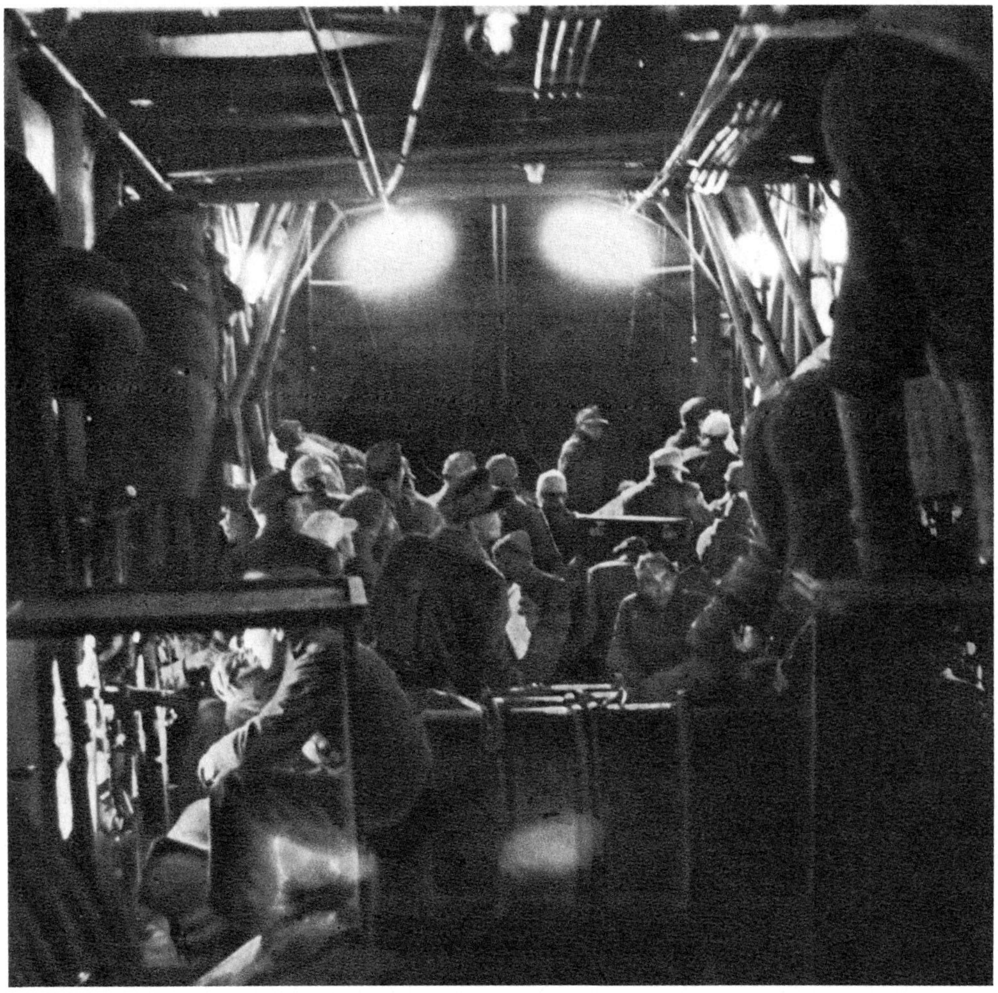

# Gesetz des Kräftemangels

Alle deutsch-italienischen Operationen gegen Ägypten standen, bei weitgesteckten Zielen, unter dem Gesetz des Kräftemangels und der Tatsache, daß die Truppe niemals in vollem Umfang jene Versorgung erhielt, deren sie zum Angriff oder dann in der Verteidigung bedurfte. Mit der Landung einer amerikanischen Expeditionsarmee in Marokko und dem Flankenstoß von Westen her wurde die Lage um die Wende 1942/43 hoffnungslos. Im Grunde hatte das Deutsche Afrika-Korps immer einen Kampf um Zeitgewinn geführt, bei dem die primitivste Voraussetzung für Erfolge auf längere Sicht, die Sicherung des See- oder Luftnachschubs, ihm versagt worden war.

*Oben: Deutsche Landetruppen gehen auf einem sizilianischen Feldflughafen an Bord eines abflugbereiten „Gigant"-Transporters.*
*Links: Im Innern einer Me 323 „Gigant" während des Fluges über die schmale Straße von Sizilien.*
*Rechte Seite. Oben: Auf tunesischen Feldflugplätzen leisten eingeborene Kamelreiter den Achsenfliegern gute Dienste als Polizei- und Ordnungstruppe. Unten: „Panzer rollen in Afrika" – jetzt auch vorbei an den Palmen und den hellen Bauten tunesischer Wüstenstädte.*

# Tunesien

Eingekeilt zwischen Amerikanern im Westen und Briten im Osten bezog die Heeresgruppe Afrika ihre letzte Verteidigungsstellung in Afrika: Tunesien. Hitler hatte die Evakuierung verboten. Ein zweites Stalingrad bahnte sich an.

*Linke Seite: Zwei Männer von Rommels Afrika-Korps auf Vorposten in der Wüste. Ihr Feldherr sagte im November 1942: „Der Feldzug ist verloren. Afrika ist verloren. Wenn man das in Rom und Rastenburg nicht einsieht und rechtzeitig Maßnahmen zur Rettung meiner Soldaten einleitet, dann wird eine der tapfersten deutschen Armeen in die Gefangenschaft wandern."*

*Oben: Auf den Bergstraßen Tunesiens rücken deutsche Panzer in ihre Stellungen in der Abwehrlinie ein.*

*Rechts: Das tropische afrikanische Klima brachte auch tropische Risiken für die Landser mit sich. Ohne Mückenschleier wurde der Einsatz selbst ohne Feindberührung stellenweise zur Qual. Auch der Tropenhelm gehörte zur Ausrüstung.*

## Beweglichkeit

Vor fast unlösbare Probleme stellte die Wüste anfangs die deutschen motorisierten Einheiten. Erstaunlich rasch aber lernten die Landser den Umgang mit Wind, Sand und Steinen. Ihrer Improvisationsgabe war es zu danken, daß das Afrika-Korps seine volle Beweglichkeit ausspielen konnte.

*Oben: Die Bemannung eines deutschen Kübelwagens begrüßt den von einem Aufklärungsflug heimkehrenden Fieseler-Storch.*
*Links: Ein Oberfeldwebel prüft den Motor einer He 111 und zieht eine Schraube nach. Am Rumpf des Kampfflugzeuges das dem Wüstenkriegsschauplatz angepaßte Staffelzeichen: der gefährliche Skorpion.*
*Rechte Seite. Oben: Bei Tagesanbruch sendet der Funkwagen die Angriffsbefehle. Der ausgefahrene Antennenmast des Wagens wird durch Verspannungsdrähte gehalten. Unten: Italienische Panzer in der Wüste. Die Kolonne ist eingehüllt in dichte Wolken aufstiebenden Sandes.*

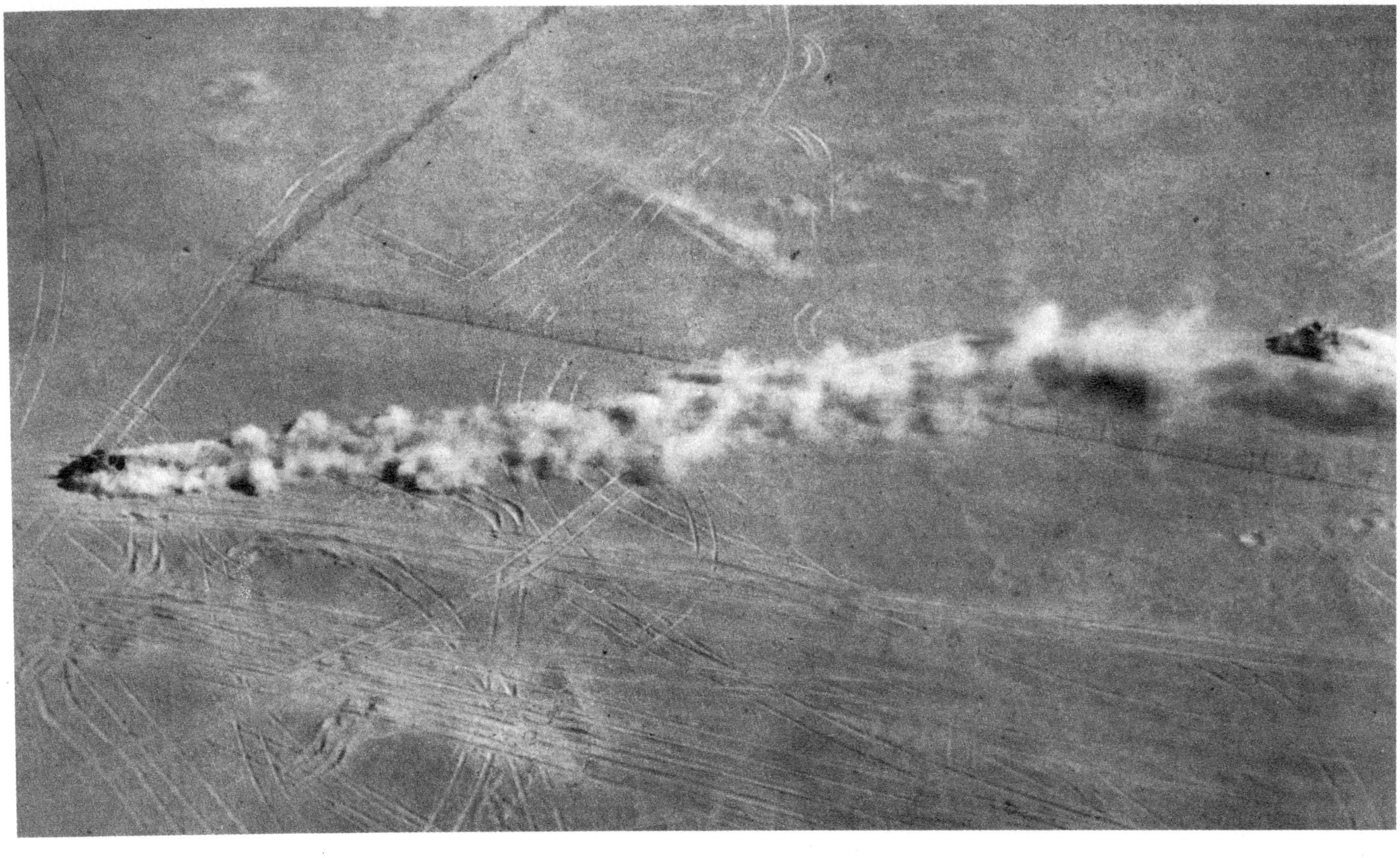

## Expedition in die Sahara

Eine bizarre Episode im nordafrikanischen Wüstenkrieg war der Erkundungsvorstoß einer motorisierten deutschen Aufklärungsabteilung tief in das Innere der Sahara. Zweck der nach der Landung der Alliierten erfolgten Expedition war, Feststellung zu treffen, ob und in welchem Umfang etwa von Süden her feindliche Vorstöße zu erwarten seien. Für den Krieg in Nordafrika waren die Ergebnisse dieses Erkundungsvorstoßes, der den 23. Breitengrad kreuzte, praktisch wohl bedeutungslos; den Beteiligten aber blieb das Bewußtsein, daß sie „Deutschlands südlichste Soldaten" im Zweiten Weltkrieg gewesen sind, zumindest soweit es sich um geschlossene Einheiten des deutschen Heeres oder der deutschen Luftwaffe handelte. Die Luftwaffe hielt die Verbindung der „einsamen Wüstenwanderer" zur Front im Norden aufrecht, und ihre Flugzcuge sorgten für Nachschub an Treibstoff, Wasser und Verpflegung.

*Oben: Die motorisierte Kolonne hat zu Füßen eines bizarren Felsengebildes am Nordrand der Sahara haltgemacht.*
*Mitte: Flugzeuge regeln die Versorgung. Ein Lastensegler im Schlepp einer Hs 126.*
*Unten: Zwischen den Sanddünen der Sahara reitet eine Patrouille eingeborener Kamelreiter der Meharistentruppe.*
*Rechte Seite: Englische Soldaten in deutscher Gefangenschaft.*

## Selbstversenkungen

Auf die Landung der Alliierten in den französischen Kolonialgebieten Marokko und Algerien antworteten die Achsenmächte mit der am 11. November 1942 beginnenden Ausdehnung der Besetzung auch auf das bisher unbesetzte Südfrankreich. Festung und Kriegshafen Toulon sowie die dort liegende französische Flotte blieben zunächst von dieser Maßnahme unberührt. Angesichts der immer undurchsichtiger werdenden Lage aber rückten am 27. November deutsche Einheiten auch in Toulon ein. Es war zu spät: im Morgengrauen hatte der größere Teil der in Toulon liegenden französischen Kriegsschiffe sich durch Selbstvernichtung dem deutschen Zugriff entzogen.

*Oben: Das Luftbild, aufgenommen von der Royal Air Force, zeigt Toulon mit den vielen im Außenhafen, in den inneren Hafenbecken und im Trockendock liegenden großen und kleinen Einheiten einige Tage vor dem 27. November.*
*Links: Qualmwolken über dem Hafen von Toulon künden vom Untergang der französischen Flotte.*
*Rechte Seite. Oben: Der schwer beschädigte Schlachtkreuzer „Strasbourg". Mitte und unten: Wracks und Brände im Hafen von Toulon.*

# Endkampf in Afrika

Sechs Wochen sah der alliierte Operationsplan für die Eroberung Nordafrikas vor. Sechs Monate wurden es. Mit dem Mute der Verzweiflung stemmte sich die deutsch-italienische Heeresgruppe Afrika gegen den vielfach überlegenen Gegner. Sie verlor die letzte Schlacht in Tunesien schließlich wie so viele andere an der Nachschubfront. Aus Munitionsmangel und ohne Sprit mußte sie oft ohne Gegenwehr weichen und sogar ihre letzten kostbaren schweren Geschütze sprengen. Die Bilanz nach fast drei afrikanischen Kriegsjahren: Die Achsenmächte verloren 7600 Flugzeuge, 6200 Geschütze, 2550 Panzer, 70000 Lkw, 624 Schiffe.

*Oben: Hinter den Häusern eines Vororts von Tunis steigen dicke Rauchwolken auf. Sie künden von einem alliierten Großangriff auf den Flughafen.*
*Links: Ein am Stadtrand von Tunis abgeschossener amerikanischer Bomber geht in Flammen auf.*
*Rechte Seite. Oben: Deutsche Soldaten vor dem Wrack eines US-Kampfflugzeugs. Unten: Bei den erfolgreichen Operationen in den Bergen Tunesiens sind zahlreiche Anglo-Amerikaner in deutsche Kriegsgefangenschaft geraten.*

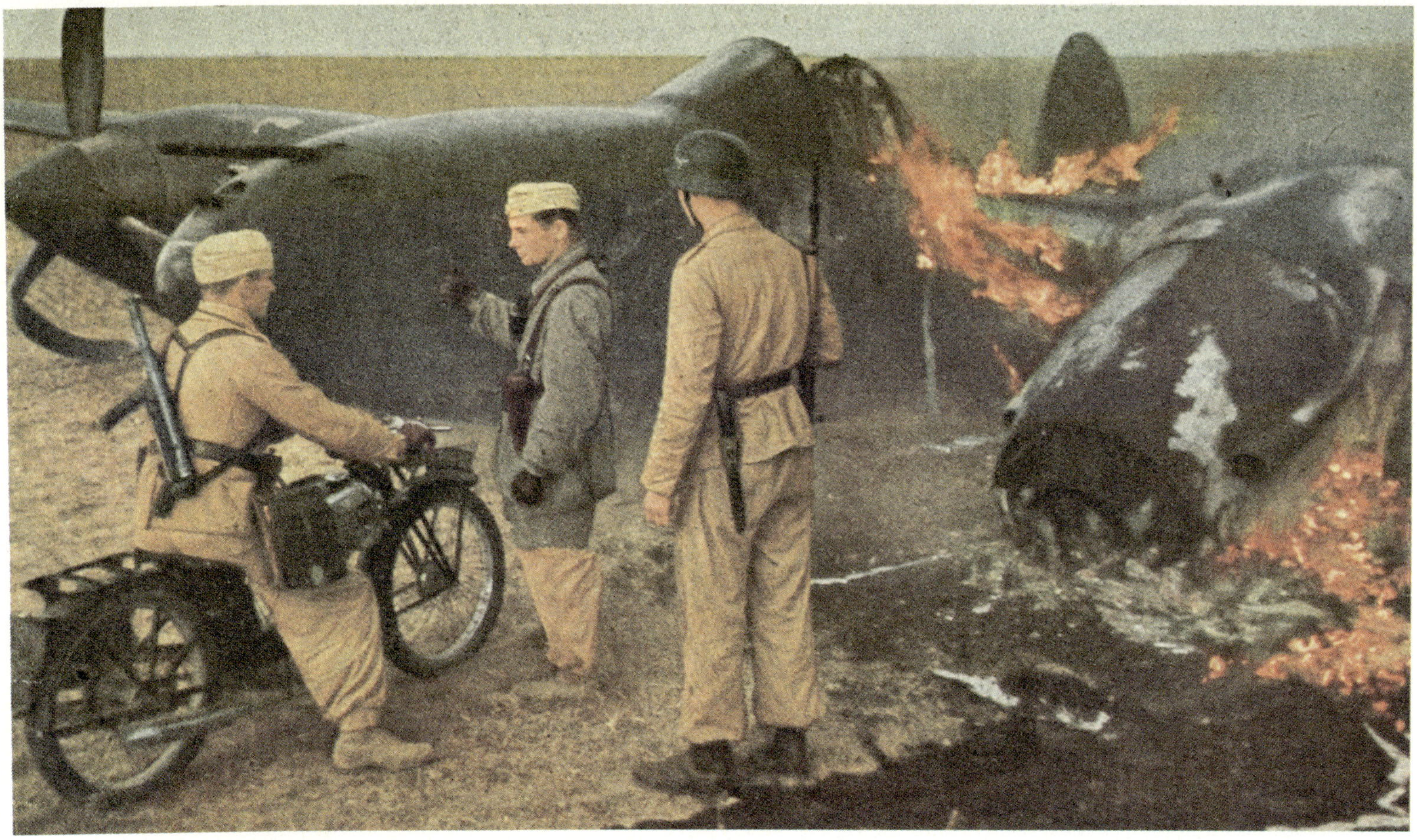

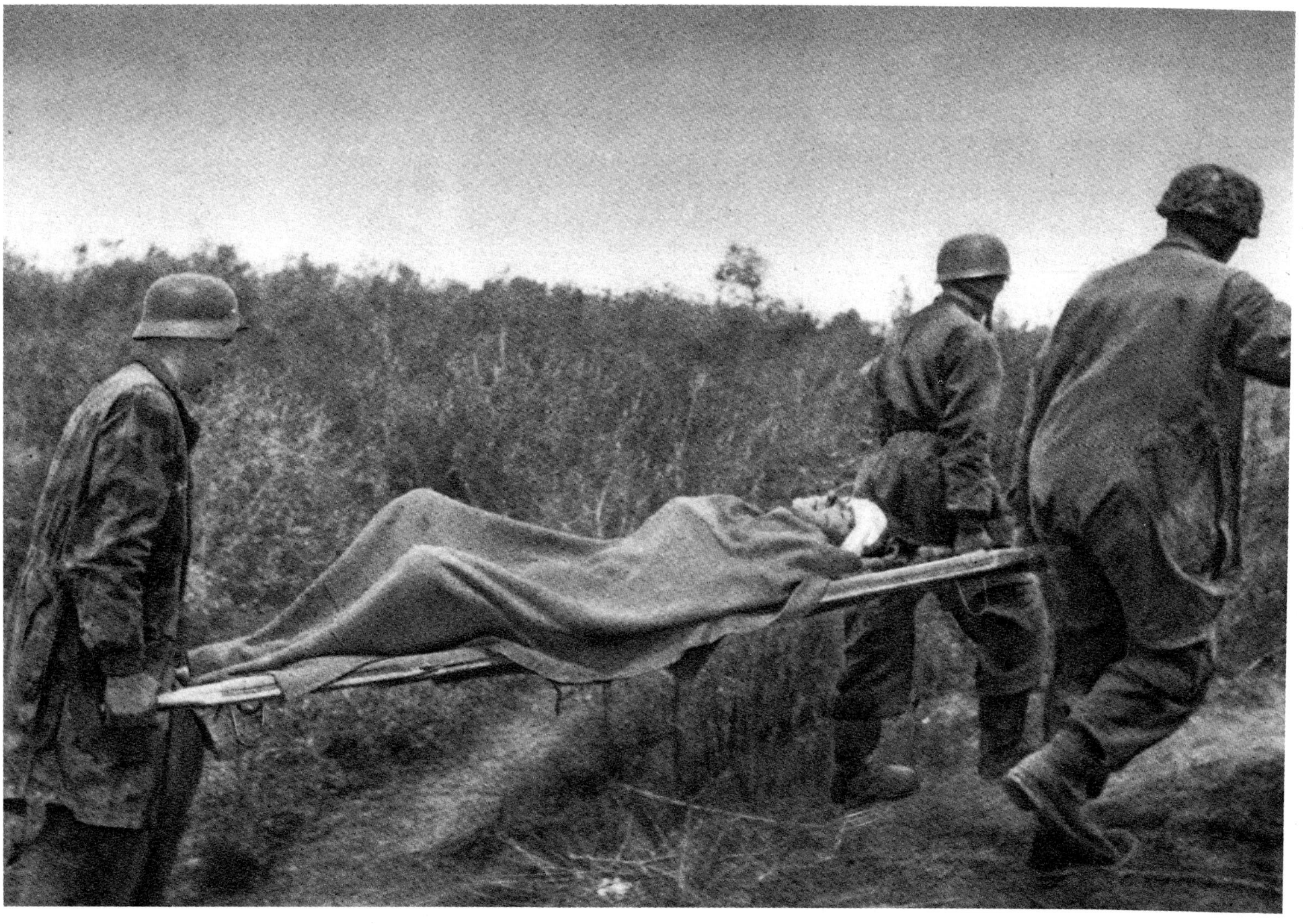

# Zusammenbruch

Am 6. Mai 1943 traten die alliierten Truppen zum Endangriff an. Der Kampf dauerte bis zum 13. Mai. Einheit auf Einheit verfeuerte die letzte Munition und streckte die Waffen. Als der letzte Schuß abgefeuert war, hatten rund 100000 Soldaten aller Nationen auf dem afrikanischen Kriegsschauplatz ihr Leben verloren. 130000 deutsche und 180000 italienische Soldaten marschierten in die Gefangenschaft.

*Linke Seite. Oben: Zusammengeschossene deutsche Panzer. Im März 1943 begannen die Kämpfe um die Mareth-Stellung, die den Zusammenbruch in Tunesien einleiteten. Unten: Auf einer Tragbahre schaffen deutsche Tunesienkämpfer den am Kopf verwundeten Kameraden aus dem Feuerbereich.*
*Oben: Anglo-amerikanische Pak im Kampf um Mareth.*
*Rechts: Generaloberst von Arnim entsteigt dem Flugzeug, das ihn ins Hauptquartier der Alliierten gebracht hat. Nachdem am 7. Mai Tunis und Biserta von den Alliierten genommen worden waren, kapitulierten am 13. Mai 1943 die letzten, auf der Kap-Bon-Halbinsel kämpfenden Truppen Arnims. Der Krieg in Nordafrika war beendet.*

T
14627

*Britische Infanteristen kampieren im Schatten der Bäume. Ein Bild vom tunesischen Kriegsschauplatz.*

*Die 2-cm-Flak bewährte sich in Afrika im Erdeinsatz wie in der Luftabwehr.*

# Die „Achse" zerbricht

*Rechte Seite: Auch mit der deutschen Herrschaft in Südosteuropa ging es zu Ende. Aus Kreta, dem entferntesten Vorposten, wurden Soldaten ausgeflogen, die hier geruhsame Jahre seit dem deutschen Sieg Ende Mai 1941 verbracht hatten. Sie wurden nach Griechenland verlegt (Bild: Sturmgeschütz vor der Akropolis), von wo aus der Rückmarsch nach Deutschland begann. Immer gefährdet von alliierten Fliegern und kecker werdenden Partisanen, erreichte das Gros der Heeresgruppe E die deutschen Linien. Am Ausgang der Kämpfe in Jugoslawien und Ungarn konnte sie natürlich auf Dauer nichts ändern.*

Am späten Nachmittag des 8. September 1943 kehren Generalmajor Westphal, der Stabschef Kesselrings, und ein anderer deutscher General von einer Besprechung mit italienischen Generalen vom Comando Supremo über Rom zum deutschen Hauptquartier nach Frascati zurück. Die Straßen sind von jubelnden Menschenmassen erfüllt, die Regierung Badoglio hat den Waffenstillstand mit den Alliierten bekannt gegeben. Die Römer glauben, der verhaßte Krieg sei zu Ende. Niemand beachtet die beiden Offiziere im offenen Wagen, die eigentlich schon „Feinde" Italiens in diesem Augenblick sind. Gerüchte über Waffenstillstandsverhandlungen und ein italienisches Waffenstillstandsangebot haben italienische Offiziere soeben noch dementiert.

Die deutsche militärische Führung in Italien war überrumpelt worden. Hinter dem Rücken des Bundesgenossen hatten König Viktor Emanuel III. und Marschall Badoglio das Ausscheiden Italiens aus dem unerträglich gewordenen Krieg vereinbart, ein verzweifeltes Unterfangen. Denn in Norditalien hatte Hitler inzwischen unter dem Oberbefehl Rommels die neue Heeresgruppe B versammelt, obwohl jetzt im Osten im Grunde der letzte Mann gebraucht wurde, um Hitlers Eroberungen gegen sowjetische Offensiven in allen Abschnitten zu halten. Ursprünglich planten die Alliierten, eine amerikanische Luftlande-Division bei Rom abzusetzen, zur Unterstützung der dort zusammengezogenen starken italienischen Deckungskräfte unter General Carboni. Die 8. britische Armee hatte seit dem 3. September 1943 (dem Tag der Unterzeichnung des geheimen Waffenstillstandsabkommens) mit Truppen-Landungen in Kalabrien und im Bereich der großen italienischen Flottenbasis Tarent begonnen. Der alliierte Oberbefehlshaber General Eisenhower zog es schließlich vor, auf das risikoreiche Luftlande-Unternehmen, verbunden mit der Landung einer Panzer-Division an der Tibermündung, zu verzichten, und zwang die italienische Regierung trotz der Bedenken Badoglios, am 8. September überhastet die Waffenstreckung bekannt zu geben.

Generalfeldmarschall Rommel war – angesichts der Neigung Hitlers, rivalisierende Kompetenzeinheiten zu schaffen – natürlich nicht dem Oberbefehlshaber Süd Kesselring unterstellt worden. Ihre Beziehungen waren immer kühl gewesen. Jetzt löste Rommel sofort den Fall „Achse" aus: Besetzung Italiens und Entwaffnung aller italienischen Verbände.

Noch in der Nacht vom 8./9. September 1943 begann die 5. US-Armee unter Führung von Generalleutnant Clark mit der Bildung eines Brückenkopfes bei Salerno, weit im Süden von Rom in Kampanien. Mit Hilfe der bei Rom stehenden Fallschirmjäger-Division gelang es Kesselring inzwischen ziemlich rasch, die wichtigsten Verkehrs- und Fernmeldeanlagen in der italienischen Hauptstadt in die Hand zu bekommen. General Carboni kapitulierte nach anfänglichem Widerstand, als Kesselring ihm zusicherte, Rom würde als „offene Stadt" behandelt und seine Soldaten dürften nach Hause gehen. An Fahrzeugen der eilends nach Rom beorderten Eliteeinheit des Heeres. der Panzergrenadier-Division „Großdeutschland", vorüberfahrend, entkamen im Schutz der Nacht der italienische Hof und die Regierung nach Brindisi, wo sie zunächst auf einem königstreuen Kriegsschiff Zuflucht suchten. Kein deutscher Soldat kümmerte sich um die prominente Wagenkolonne.

Der „Fall Achse" warf ungeheure Probleme auf, obwohl sich die Übergabe der italienischen Verbände im Befehlsbereich Rommels und Kesselrings ohne große Schwierigkeiten vollzog. Italienische Armeen aber sicherten auch bislang die französische Riviera, Dalmatien, Albanien, den größten Teil von Griechenland und den Großteil der griechischen Inselwelt von den Ionischen Inseln am Ausgang der Adria bis hin nach Rhodos. Überall mußten deutsche, im Fall Dalmatiens auch kroatische Truppen, die italienische Besatzung ersetzen. Das ging nicht immer friedlich ab. So mußten z. B. die Inseln Korfu und Kephalinia erst wieder erobert werden. „Zur Strafe" ließ Hitler den italienischen Kommandierenden General Gandin mit fast 4000 Soldaten erschießen. Ähnliche „Strafaktionen" gab es in Jugoslawien. Im Osten tobte derweil eine nie mehr abreißende kräftezehrende Abwehrschlacht zwischen dem Schwarzen Meer und der Murmansk-Front im hohen Norden. Frankreich beanspruchte starke Kräfte zur Abwehr einer möglichen Invasion der Alliierten. Die Überdehnung aller deutschen Kräfte nahm ein Ausmaß an, das kein wirklicher Feldherr jemals verantwortet hätte.

Die Situation forderte eine Neugliederung der Befehlsverhältnisse. Rommel und der Stab der Heeresgruppe B wurden nach Nordfrankreich verlegt, wo der Generalfeldmarschall, zunächst ohne Kommandogewalt über eigene Armeen, die Verteidigung am immer noch nicht zu Ende gebauten Atlantikwall leiten sollte. Den Oberbefehl in Italien erhielt die Heeresgruppe C (Südwest) unter Generalfeldmarschall Kesselring.

Für den Balkan wird Generalfeldmarschall v. Weichs, im Winter 1942/43 Oberbe-

D

*Unter den Größen des Tausendjährigen Reiches faszinierte neben Hitler besonders der kleine Doktor aus dem Rheinland die Massen. Nicht so populär wie Göring, nicht so gefürchtet wie Himmler, war Joseph Goebbels dennoch Inbegriff nationalsozialistischer Herrschaft. Er brauchte keine Gummiknüppel; sein Folterkeller, sein Werkzeug war die geschickt formulierte Nachricht, die vergiftete Information.*

fehlshaber der im Osten abgelösten Heeresgruppe B, an der Spitze einer neuen Heeresgruppe F mit der Abwehr einer möglichen alliierten Invasion betraut. Die aus Rußland abtransportierte, schwer angeschlagene 2. Panzer-Armee (die künftig stets an Panzermangel leiden wird) tritt unter sein Kommando. Die Verteidigung Griechenlands und der Ägäis übernimmt die Heeresgruppe E (Südost) unter Generaloberst Alexander Löhr, einem Österreicher, der vor dem sogenannten „Anschluß" Österreichs dessen kleine Luftwaffe kommandiert hat. Der Freiherr v. Weichs aus alter katholischer Adelsfamilie wirkt eher wie ein besinnlicher Gelehrter und nicht wie ein Soldat. Vor dem Krieg hat er als Kommandierender General in Nürnberg scharfe Auseinandersetzungen mit dem wüsten Gauleiter Streicher gehabt.

Kesselring, ein Mann, der in Güte und ruhiger Überlegenheit die Kunst der Menschenführung wie kein zweiter beherrscht, noch aus der Schule des bayrischen Generalstabes stammend, handhabt in Italien die hinhaltende Verteidigung mit Virtuosität und lange Zeit mit Erfolg.

Die ungewöhnlichste Erscheinung unter den dreien ist Generaloberst Löhr, der wegen seiner Heirat mit einer Russin zum griechisch-orthodoxen Glauben übergetreten ist. Löhr, sowohl mit der Führung von Bodentruppen wie mit der von Fliegerverbänden vertraut, ist ein hochbegabter Soldat, dem hier im Südosten nur das Instrument fehlt, um seine Fähigkeiten unter Beweis zu stellen. Dem Heerespersonalamt ist er wegen seiner russischen Heirat und seiner Kenntnis der russischen Sprache und obendrein seines Eigenwillens halber nicht genehm. Man hat ihn auf den Posten in Saloniki „abgeschoben".

Kesselring erhält in Italien zwei Armeen, die 10. unter Generaloberst v. Vietinghoff und die 14. unter Generaloberst v. Mackensen, dem Sohn des im Ersten Weltkrieg berühmten Generalfeldmarschalls, dazu die Luftflotte 2 unter Generalfeldmarschall v. Richthofen, einem entfernten Verwandten des berühmten Weltkriegsfliegers Richthofen, des nach der Farbe seines Doppeldeckers benannten „Roten Barons". Die deutschen Fliegerverbände in Italien sind freilich viel zu schwach, um die von Anfang an totale Herrschaft der alliierten Luftwaffe über dem Raum der Apeninnenhalbinsel noch brechen zu können. Daran ändert auch nichts der vorübergehende Einsatz von elektronisch gesteuerten Lenkbomben, die von Heinkel-Kampfflugzeugen abgeworfen werden. Bei der Flucht der italienischen Flotte aus La Spezia, die zu den Alliierten übergehen will, wird das mächtige Schlachtschiff „Roma", einst der Stolz Mussolinis, durch eine derartige Bombe versenkt. Der Angriff mit Lenkbomben auf die alliierten Schlachtschiffe vor dem Brückenkopf Salerno führt nur zu Beschädigungen dreier Einheiten. Das ganze Waffensystem, wie stets zu hastig in den Kampf geworfen, ist eine nicht ausgereifte, nicht genügend erprobte Konstruktion. Auf deutscher Seite möchte man den überall spürbaren Zeitverlust wettmachen. Der Erfindungsgeist deutscher Ingenieure ist in diesen Jahren, was „Wunderwaffen" anbelangt, erstaunlich. Doch die Zeit läuft ihnen davon.

Im Hinblick auf das Kampfgeschehen, auf die Anstrengungen Kesselrings, möglichst weit drunten in Süditalien eine stabile Front aufzubauen, um die angloamerikanische Invasion zu stoppen oder gar den Brückenkopf bei Salerno wieder einzudrücken, wirkt die „Befreiung" des seit dem Staatsstreich vom 25. Juli 1943 verschwundenen „Duce" Mussolini am 12. September 1943 nurmehr wie eine Arabeske. Bei der deutschen Generalität herrscht vielfach Skepsis. Der abgedankte Diktator kann ihnen nicht helfen. Es wird nur neue Kompetenzschwierigkeiten geben.

Doch Hitler hat nicht locker gelassen: Es ist seine Pflicht, den „Freund" aufzuspüren und zu befreien. Er schickt einen SS-Sturmbannführer namens Otto Skorzeny, Österreicher wie er selbst, mit einem Sonderkommando nach Italien. Skorzeny ist von Natur aus, obwohl im bürgerlichen Leben ein erfolgreicher Bauingenieur, eine verwegene Landsknechtsnatur, ihm liegt das Abenteuer im Blut. Man findet heraus, daß Mussolini im Berghotel auf dem Gran Sasso in den Abruzzen gefangen gehalten wird, auch noch nach der Flucht des Königs und der Regierung Badoglio.

Fallschirmjägern der Division General Students gelingt es, das Hotel zu stürmen. Der „Duce" ist wieder frei. Er wird zu Hitler gebracht. Natürlich darf nach Hitlers wie Mussolinis Ansicht der Faschismus nicht sterben. Mussolinis alte königsfeindliche Gelüste erwachen wieder. Am 18. September proklamiert er für ganz Italien einen Republikanisch-Faschistischen Staat. Im Grunde ist er nun Staatspensionär Hitlers, der ihm vorsorglich auch eine deutsche Leibwache verpaßt, Angehörige der „Leibstandarte SS Adolf Hitler". In Süditalien formiert sich dafür das parlamentarische Königreich Italien von neuem. Beide Systeme gehen daran, eigene Streitkräfte aufzustellen, beide leiden unter der Skepsis der deutschen wie der alliierten Generale. Soldaten halten nun ein-

mal wenig von einem dubiosen Frontwechsel mitten im Krieg.
Generaloberst v. Vietinghoff unternimmt den Versuch, den amerikanischen Landekopf bei Salerno zu beseitigen. Hitler verlangt, die Amerikaner müßten wieder „ins Meer geworfen werden". Die Schlacht von Salerno zeigt schon alle Symptome der kommenden Abwehrschlachten: Eine erdrückende Überlegenheit der Alliierten an Artillerie und Luftstreitkräften – den Treibstoffmangel auf deutscher Seite, der die langsam aus Kalabrien heraufrückenden Panzer- und Panzergrenadiereinheiten Hubes nach dem Kampf um Sizilien behindert, Führungswirrwarr durch das Eingreifen des Wehrmachtführungsstabes im fernen Ostpreußen. Der damals noch in Norditalien kommandierende Rommel soll zwei Panzer- und zwei Panzergrenadier-Divisionen nach Süden abzweigen. Rommel verschanzt sich hinter dem Wehrmachtführungsstab Jodls, Sprachrohr Hitlers. Und der will keine Schwächung in Norditalien. So geht die Schlacht von Salerno verloren, obwohl es eine Nervenkrise bei der amerikanischen Infanterie gab, die Generalleutnant Mark Wayne Clark zu persönlichem Eingreifen in der Feuerlinie nötigte.
Am 18. September 1943 gewinnen die Einheiten der 5. US-Armee mit der 8. britischen Armee Fühlung. Am 1. Oktober 1943 rücken amerikanische Truppen in Neapel ein, von der Bevölkerung überschwenglich als Befreier gefeiert. Das ist nur ein spektakulärer Erfolg. Schlimmer für die Deutschen ist die Tatsache, daß die 10. Armee den großen Luftstützpunkt Foggia in Apulien nicht halten kann. Damit gewinnt die in Italien eingesetzte 15. US-Luftflotte einen idealen Absprungplatz für Großluftangriffe auf Österreich, Kroatien, Ungarn, Rumänien, Bulgarien. Kesselring will in zäher, unter Umständen langsam ausweichender Verteidigung den Gegner am Durchbruch nach Mittel- und Norditalien hindern. Mitte November geht er dann am Garigliano-Fluß, der wichtigsten Verbindungslinie zwischen Süd- und Mittelitalien, zum Stellungskrieg über.
Zentralpunkt der deutschen Verteidigung wird der Monte Cassino mit dem weltberühmten Kloster. Damit setzt die Kette der Cassino-Schlachten ein, wobei die Deutschen in dem bergigen Gelände den amerikanischen und britischen Angreifern überlegen sind. Die starke amerikanisch-britische Panzerwaffe nutzt hier nicht viel. Die 10. Armee hält die Cassino-Stellung den ganzen Winter hindurch. Das Kloster auf dem Monte Cassino wird bei einem alliierten Bombenangriff am 15. Februar 1944 völlig zerstört.

*Vom großen Duce war nach seiner Befreiung durch deutsche Fallschirmjäger und SS-Soldaten nicht mehr viel übrig geblieben. In der „Sozialen Republik" von Salò am Gardasee fristete Mussolini Anfang 1945, umgeben von seinen letzten Anhängern, das Dasein eines Führers ohne Volk.*

Beim Gegner wechseln die Oberbefehlshaber. Die Generale Eisenhower und Montgomery werden nach England zurückgerufen, um die Invasion in Frankreich vorzubereiten. Den Oberbefehl im Mittelmeer erhält General Sir Henry Maitland-Wilson. Die 5. amerikanische und die 8. britische Armee werden unter dem britischen General Sir Harold Alexander, einem der letzten britischen Gentlemen dieses Krieges, zu einer Heeresgruppe zusammengefaßt. An der Cassino-Front stehen der 10. Armee amerikanische, britische, freifranzösisch-marokkanische, exilpolnische, neuseeländische, südafrikanische und indische Einheiten gegenüber. Auch Brasilien, das den Achsenmächten den Krieg erklärt hat, schickt ein Expeditionskorps.

Die starre Verteidigung mit 5 Infanterie, 2 bis 3 Panzergrenadier-, 1 Panzer-Division und 1 Fallschirmjäger-Division gleicht auf die Dauer einer Abnutzungsschlacht. Sir Harold Alexander kann schließlich 20 Divisionen in den Kampf werfen. Immerhin,

*„Genossen, Euer Einsatz wird es ermöglichen, daß die Siegesfahne über Berlin weht“, verspricht das russische Kriegsplakat von 1944. Die Erfolge dieses Jahres gaben der Roten Armee ein berechtigtes Selbstvertrauen.*

die Deutschen halten in vier schweren Abwehrschlachten.

Vom 28. November bis zum 1. Dezember 1943 konferierten US-Präsident Roosevelt, Englands Premierminister Churchill und der sowjetische Parteichef Stalin in der persischen Hauptstadt Teheran. Die Invasion der Westalliierten in Frankreich wurde beschlossen, der gesamte Balkan – bis auf Griechenland, das die Briten in den Gesprächen als ihr Interessengebiet verteidigten – wurde als sowjetische Einflußsphäre anerkannt. Für Deutschland wurde nach der vorgesehenen bedingungslosen Kapitulation in rohen Zügen die Aufteilung in drei Besatzungszonen der USA, Großbritanniens und der UdSSR vorgesehen. Churchill widerstand wenigstens der grotesken Forderung Stalins, nach dem Sieg 50 000 deutsche Offiziere erschießen zu lassen. Diese asiatische Barbarei war ihm denn doch zuviel.

In Teheran wird 1943 das Fell des deutschen Bären geteilt, bevor dieser erlegt ist. Nach den Wünschen des deutschen, des ungarischen, des kroatischen, des rumänischen, des bulgarischen Volkes fragt kein Mensch mehr, obwohl doch Roosevelt und Churchill in der Atlantik-Charta den Imperialismus verdammt und eine Welt frei von Not und Furcht gefordert hatten.

Ein seltsames Dreier-Bündnis zwischen West und Ost! Stalin weiß genau, daß er ohne den Westen, ohne die überreiche Materialhilfe auf Grund des Leih- und Pachtvertrages den Krieg gegen Hitler nicht gewinnen kann. Roosevelt und Churchill bilden sich ein, ohne die Bindung eines Großteils der deutschen Truppen (die sie noch immer fürchten) durch Stalin im Osten könnten sie eine Invasion im Westen nicht riskieren. Dazwischen steht um die Wende 1943/44 die deutsche Wehrmacht. Sie hat Niederlagen in der Luft, Niederlagen zur See, Niederlagen im Osten, Niederlagen in Italien hinnehmen müssen. Geschlagen ist sie nicht.

„Herbstreise“ hieß das Unternehmen, mit dem Generaloberst Model die erste große Absetzbewegung nach Westen aus dem Orel- und Kursker Bogen im August 1943 mit seiner Armeegruppe, bestehend aus der 2. Panzer-Armee und 9. Armee, vornahm, unter geordneter und erfolgreicher Räumung all der riesigen Vorratslager, die noch für das Unternehmen „Zitadelle“ angelegt worden waren. In der Wahl von Decknamen bewiesen deutsche Generalstabsoffiziere bisweilen eine trübe Ironie. Aus der „Herbstreise“ wurde eine Fahrt in den Winter und eine Talfahrt im Frühling 1944.

Die Schlacht im Kursker Bogen, die abgebrochen worden war vor der letzten Entscheidung, hatte vielleicht die Angriffs- nicht jedoch die Abwehrkraft des Ostheeres gebrochen. Ihr Durchhaltewillen beruhte im Grunde, obwohl dies dem einzelnen Soldaten unter der seelischen Belastung steter Kämpfe an der Front kaum bewußt war, auf dem vagen Gefühl, daß der „Führer“, den sie nie sahen und auch nicht mehr im Radio hörten, vorhanden war, und daß dieser „Führer“ sicherlich zur rechten Zeit einen Ausweg aus allen Bedrängnissen der Stunde finden werde.

Unter dem Eindruck der Niederlage bei Stalingrad, die natürlich den Führungsstäben weit stärker bewußt wurde als dem schlichten Landser an der Front, entstand im Generalstab des Heeres, unter den Oberbefehlshabern der Heeresgruppen im Osten eine lebhafte – nach der Praxis des „Dritten Reiches“ sozusagen unerlaubte – Diskussion über die Frage, ob es nicht besser sei, wenn Hitler die unmittelbare Kriegführung im Osten abgäbe, zugunsten eines mit außerordentlichen Vollmachten ausgestatteten Generalstabschefs der Wehrmacht. Aussichtsreichster, bei Hitler aber unbeliebtester Kandidat war natürlich Generalfeldmarschall v. Manstein, unstreitig der schärfste strategische Kopf des alten preußisch geprägten Generalstabes. Manstein selbst versuchte – ohne Rücksicht auf seine Person und ohne Ehrgeiz, das in Frage stehende höchste Amt zu übernehmen – Hitler auf dies Problem anzusprechen. Manstein konnte sehr hochmütig wirken, gegenüber Hitler aber war er immer irgendwie befangen. Hitler witterte sehr wohl, daß ihn dieser preußische Junker im Grunde genommen nicht leiden konnte, daß Manstein ihn im letzten Herzenswinkel verachtete.

Er lehnt alle solche Ansinnen ab. Instinktiv folgt er dem eigenen ungeschriebenen Gesetz seiner angemaßten Mission: der Ämterhäufung im Besitz der Macht. Könige von Gottes Gnaden können Kriege verlieren, können Befugnisse delegieren. Der „Führer“, der 1934 die Ämter des Reichskanzlers und Reichspräsidenten in seiner Person vereinigt, der 1938 den Oberbefehl über die Wehrmacht an sich gezogen, der 1941 auch noch den persönlichen Befehl über das Heer übernommen hat, kann das nicht. Dankt ein „Führer“, im Besitz einer eingebildeten messianischen Sendung, auch nur auf einem Teilgebiet ab, gibt er sich selbst auf. Die preußisch erzogenen Generale können das nicht begreifen. Für sie ist Hitler nur das „Staatsoberhaupt“, eine Art von Ersatzkaiser.

Daraus ergibt sich im Spätsommer 1943 die auf die Dauer tödliche Aufgabe für das Ostheer, nunmehr im Namen des Oberbefehlshabers des Heeres jede Stellung, jede Linie halten zu müssen. Hitler gibt dabei vor, seine Generale verstünden nichts vom „Wirtschaftskrieg“. Dieser „Wirtschaftskrieg“ besteht für ihn darin, ohne Rücksicht auf Mensch und Material jedes eroberte Industrierevier vor allem in der Ukraine zu behaupten. Nein, von diesem „Wirtschaftskrieg“ verstehen die Generale in der Tat nichts. Sie verstehen etwas von der großen Operation, von jener Methode, die Manstein erfolgreich, ohne seinen „Führer“, in der dritten Schlacht um Charkow exerziert hat. Läßt man den Feind bis in die Tiefe des Offensivfeldes durchstoßen, kann man ihn, bei sorgfältig ausgesparten Panzerreserven, „aus der Nachhand schlagen“. So Mansteins sicher richtige Vorstellung. Zermürbt man in solchen Schlachten die ja auch im Falle Stalin schließlich nicht unerschöpfliche Menschen- und Materialkraft, dann kann man im Endeffekt sogar den „Wirtschaftskrieg“ gewinnen, die endgültige Sicherung und Ausbeutung aller Eroberungen. Genau dies geschieht nicht.

Die vier im Osten 1943/44 eingesetzten Heeresgruppen sind gestaffelt von Süd nach Nord: Gruppe A (Generalfeldmarschall v. Kleist), Süd (Generalfeldmarschall v. Manstein), Mitte (Generalfeldmarschall v. Kluge) und Nord (Generalfeldmarschall v. Küchler). Kleist und Manstein verfügen noch über eine Panzer-Armee, die 6. (wiederaufgestellte), 8. und 17. Armee und die wieder reorganisierte 3. rumänische Armee. Kluge kommandiert die 3. Panzer-Armee, sowie die 2., 4. und 9. Armee. Küchler stehen nur die 16. und 18. Armee zur Verfügung, keine Panzergroßverbände. Im Nordabschnitt ist es den Sowjets bereits im Januar 1943 gelungen, die Landverbindung mit dem belagerten Leningrad wiederherzustellen. Im Süden verteidigt Kleist bis zum 4. September 1943 noch den Kuban-Brückenkopf, dann wird auch diese Stellung schrittweise geräumt. Manstein muß Charkow aufgeben, das Donezbecken geht verloren. Dann gelingt den Sowjets der Durchbruch bis zum Unterlauf des Dnjepr. Nun soll die Dnjepr-Linie – wie stets bei Hitler um jeden Preis – gehalten werden. Das gelingt natürlich nicht mehr. Am 6. November 1943 rückt die Rote Armee als Sieger wieder in Kiew ein, das von deutschen Truppen geräumt und nicht mehr verteidigt wird. Die Schlacht verlagert sich in die Westukraine, nach Bessarabien vor den Toren Rumäniens. Mit dem Verlust der Dnjepr-Linie wird die Krim mit der 17. Armee abgeschnitten. Fortan bildet sie eine imaginäre „Festung“ in der tiefen Südflanke der sowjetischen „Fronten“.

Bei dem großen Rückzug nach Westen sucht die deutsche Seite den sowjetischen Vormarsch durch die Vernichtung von Brücken, Bahn- und Wasserstationen, durch die Zerstörung aller lebenswichtigen Anlagen zu hemmen. Die Taktik der „Verbrannten Erde“ wird immer umstritten bleiben. Unwahrscheinliche Szenen ereignen sich. Im Rücken der kämpfenden ausweichenden, sich wieder und wieder zur Verteidigung stellenden deutschen Fronteinheiten flutet die Etappe nach Westen. Vorratslager, die nicht mehr abtransportiert werden können, sollen befehlsgemäß gesprengt werden. Nicht selten verhindern zurückgehende deutsche Truppen dies mit Gewalt und bemächtigen sich der kostbaren Verpflegung und Marketenderwaren. Mit den rückwärtigen Diensten flüchtet die von der Partei geschaffene Verwaltungsorganisation gen Westen, meist der Truppe vorauseilend. Hie und da gibt es Ausschreitungen gegen die bei den Frontsoldaten sehr unbeliebten „braunen“ Funktionäre.

Mit den deutschen Armeen ziehen Hunderttausende von Russen nach Westen, mit ihrem Vieh, ihren Wagen, ihrem Ackergerät. Sie fürchten die Rache der Kommissare Stalins. Inzwischen beschäftigt das deutsche Ostheer Zehntausende von sogenannten „Hiwis“ (Hilfswilligen), ehemalige Soldaten der Roten Armee. In der Ukraine sind Hunderte von „Schutzmannschaftsbataillonen“ für örtliche Polizeiaufgaben, für die Bandenbekämpfung aufgestellt worden. Für alle diese Menschen beginnt eine Tragödie unvorstellbaren Ausmaßes. Das Gleiche gilt für Fremden-Legionen, Tataren, Georgier, Aserbeidschaner, Kalmücken, die sich freiwillig den Deutschen zum Kampf gegen Stalin ange-

*Der Vormarsch, den Hitler seinen Soldaten befohlen hat, wird in den Schneewüsten Rußlands enden. Aus dem Hakenkreuz wird ein Grabkreuz werden, prophezeit die sowjetische Karikatur.*

*Generalfeldmarschall Ferdinand Schörner galt als harter Vorgesetzter und fanatischer Nazi. Mit rücksichtslosem Durchgreifen (Himmelfahrtskommandos, Erschießungen u. a.) versuchte er im Frühjahr 45 vergeblich, die Ostfront zu stabilisieren. Erst am 11. Mai 1945, zwei Tage nach der Kapitulation, ergab auch er sich mit den Resten der Heeresgruppe Mitte in Böhmen. 1955 kehrte er aus sowjetischer Gefangenschaft zurück und wurde im Oktober 57 in München wegen Totschlags zu einer mehrjährigen Gefängnisstrafe verurteilt.*

schlossen haben. Die meisten Verbände werden, da es im Osten bald nichts mehr für sie „zu kämpfen“ gibt, weit nach Westen, an den noch immer nicht beendeten Atlantikwall, auf den Balkan, nach Italien verlegt.

Die Kosaken, Natursoldaten, finden im Kampf gegen die kommunistischen Partisanen Titos noch eine ihren ursprünglichen Vorstellungen entsprechende Aufgabe. Aus den anderen Freiwilligenkorps werden im Grunde Söldner Hitlers, die den Zweck ihres Einsatzes gegen die Angloamerikaner kaum mehr begreifen.

Bei dem Ringen um die Behauptung der nordwestlichen Ukraine gelingt den Sowjets zum ersten Mal seit Stalingrad wieder eine große Kesselbildung. Am 3. Februar 1944 schließen sie im Raum von Korsun – Schewtschenkowski, westlich Tscherkassy das XI. Korps unter General Stemmermann, Teile des XXXXVII. Panzer-Korps, die Division der Waffen-SS „Wiking“ mit den skandinavischen Freiwilligen und die wallonische SS-Brigade ein. Das VIII. Flieger-Korps, durch Transportgruppen mit alten Ju 52 verstärkt, übernimmt die Luftversorgung des „Tscherkassy-Kessels“, wie ihn die Deutschen nennen, und erzielt eine Tagesrate von 250 Tonnen.

Den eingeschlossenen Verbänden präsentieren sich plötzlich auf sowjetischer Seite deutsche Offiziere in voller Uniform, an der Spitze General v. Seydlitz, die sie im Namen eines „Nationalkomitees Freies Deutschland“ zur Übergabe auffordern, um den sinnlosen Krieg zu beenden. Seydlitz’ Aufruf findet kein Echo. Dem aus deutschen Exilkommunisten in der Sowjetunion und Offizieren und Soldaten der 6. Armee, die sich gegen Hitler auflehnten, im Vorjahr gebildeten „Nationalkomitee“ hat sich mit sowjetischer Genehmigung ein „Bund deutscher Offiziere“ mit Seydlitz als „Präsidenten“ angeschlossen. Die Sowjets haben Seydlitz abenteuerliche Versprechungen gemacht, für den Fall, daß es ihm und seinen Kameraden gelänge, das deutsche Ostheer zur Waffenstreckung zu bewegen. So haben sie ihm den Fortbestand eines starken Deutschen Reiches unter der schwarzweißroten Flagge des längst versunkenen Kaiserreiches vorgegaukelt. Seydlitz ist naiv genug gewesen, um darauf hereinzufallen. Das Ostheer indes versteht diese Handlungsweise überhaupt nicht.

Die 8. Armee unter General der Infanterie Wöhler bildet eine Gruppe von 4 Panzer-Divisionen zum Entsatz ihrer eingekesselten Verbände. Während im Führerhauptquartier der Generalstabschef Zeitzler noch mit Hitler um die Genehmigung zum Ausbruch nach Westen ringt, während die Panzer der Entsatzgruppe schon anrollen, entschließen sich General Stemmermann und SS-Gruppenführer Gille von der „Wiking-Division“ zum Ausbruch auf eigene Faust, um sich mit den ihnen entgegenkommenden Panzern zu vereinigen. Der Ausbruch, bei dem General Stemmermann fällt, gelingt. Aber nun zeigt sich zum ersten Mal, wie stark die monatelange „Abnutzungsschlacht“ die Einsatzbereitschaft der Fronteinheiten geschwächt hat. Mehrere Bataillone des Heeres verweigern ihre Eingliederung in die neue „Hauptkampflinie“ und marschieren einfach weiter nach Westen, in erträumte Ruhequartiere. Sanitätsdienste, die Verwundete und Frostkranke behandeln sollen, fahren gleichfalls nach Westen ab. Die Spitze der Panzergruppe findet für ihre eigenen Verletzten keine Ärzte. Die Truppe meutert nicht, Offizier und Mann sind nur von grenzenloser Müdigkeit erfaßt. Es kostet Mühe, sie schließlich wieder zum Einsatz zu bewegen.

Das war ein Warnsignal wie auf andere Art auch das Auftreten des Generals v. Seydlitz. Der von Hitler beschworene erbarmungslose Kampf zweier Weltanschauungen trug seltsame Früchte. Seydlitz, Träger eines der stolzesten Namen der alten preußischen Armee, aus der gleichen Familie, aus der einst der berühmte Reitergeneral Friedrichs des Großen hervorgegangen war, weigerte sich standhaft, Kommunist zu werden, anders als manch anderer deutscher General und Offizier im „Nationalkomitee“ und im „Bund deutscher Offiziere“. Aber die Abneigung gegen Hitler, den Verderber des Reiches, trieb ihn den Sowjets in die Arme. Für diese freilich verlor er jeden Wert, nachdem die Propagandaaktion vor dem Tscherkassy-Kessel gescheitert war.

Im Januar und Februar 1944 zeigte sich, daß die sowjetischen „Ukrainischen Fronten“ in einem weiten Bogen von Süden nach Nordwesten hin am weitesten vorangekommen waren. Hitler befahl die Umbenennung der Heeresgruppe A in „Südukraine“ während aus der Heeresgruppe „Süd“ „Nordukraine“ wurde. Damit sollte bekundet werden, daß beide Heeresgruppen der Ukraine verbunden blieben und diese im Gegenschlag auch wieder zurückgewinnen würden. Aber es ließ sich nicht leugnen, daß Kleist und Manstein allmählich auseinander gedrängt wurden, Kleist nach Süden an den Dnjestr, Manstein nach Norden, nach Podolien und Wolhynien.

Die Heeresgruppe Mitte hatte zwar Smolensk und Gomel im Herbst 1943 aufgeben müssen, behauptete aber weiterhin einen sich weit nach Osten vorwölbenden großen Frontbogen, bei viel zu schwachen Kräften. Nachdem Generalfeldmarschall v. Kluge auf der Fahrt zu seinem vorgeschobenen Gefechtsstand einen schweren Autounfall erlitten hatte, übernahm hier Generalfeldmarschall Busch den Oberbefehl, ein Mann, der von sich selbst zu sagen pflegte, er wisse nicht, warum er so hoch befördert worden und auf diesen schwierigen Posten geraten sei.

Im Januar 1944 traf eine sowjetische Großoffensive die Heeresgruppe Nord, die noch immer ihre alten, weit überdehnten Stellungen vor Leningrad halten mußte und jetzt in eine höchst kritische Situation geriet. Hitler berief den alten Generalfeldmarschall v. Küchler ab und ersetzte ihn durch den „Abwehrlöwen“ der Ostfront, Generaloberst Walter Model. Model, ein „Krisenmanager“ von äußerster Tatkraft und Rücksichtslosigkeit, dabei ein Künstler der Improvisation, gelang es, eine verkürzte Front zu stabilisieren und im Raum Narwa auf estnischem Boden einen Sperriegel aufzubauen, der bis in den Spätsommer hinein verteidigt wurde. Die Behauptung Narwas wiederum war für die Seekriegführung in der Ostsee von vitaler Bedeutung. Sie erlaubte die Aufrechterhaltung der Seesperre vor der Kronstädter Bucht, in der die sowjetische Ostseeflotte blockiert war. Die Ostsee mußte – so Großadmiral Dönitz – mit allen Mitteln frei gehalten werden. Hier lag mit den Schiffswerften in Danzig und Elbing ein Zentrum des U-Bootbaues. Außerdem war die Ostsee als Übungsraum für die Erprobung neuer Boote und die Ausbildung der Besatzungen von größter Bedeutung.

Über dem Reichsgebiet tobte unterdes im Februar 1944 die „Big Week“ (Große Woche), während der im Februar 1944 die 8. US-Luftflotte und das britische Bomberkommando in zusammengefaßten Dauer-Einsätzen die letzten Kräfte der deutschen Jagdverteidigung lahmlegen wollten. Vom März 1944 an flog die 8. Luftflotte mit ihren Viermotorigen „Fliegenden Festungen“ vom Typ B-17, umschwärmt von Langstreckenjägern, die ersten Tagesangriffe auf die Reichshauptstadt. Die deutschen Jagdflieger, denen Hitler und Göring mangelnden Einsatzwillen vorwarfen und dafür den modernen Düsenjäger vorenthielten, wehrten sich noch immer. Am 6. März 1944 griffen 660 Viermotorige den Raum Berlin an. 69 Bomber und 11 „Mustangs“ wurden abgeschossen. Zwei Tage später griffen 390 Bomber die Kugellager- und Elektroindustrie in Erkner bei Berlin an, bei einem Verlust von 37 Bombern und 17 Jägern. Der Gegner erlitt Verluste zwischen 12,1 und 6,3 Prozent seiner Einsatzstärke. Solche Verluste konnte er verkraften. Der „Tag von Schweinfurt“ kehrte nicht wieder.

Angesichts der Lage im Südraum der Ostfront entschloß sich Hitler, der sich wieder zur Erholung auf den Obersalzberg zurückgezogen hatte, zur Ablösung der beiden Generalfeldmarschälle v. Kleist und v. Manstein. Vor allem Manstein hatte ihm zu oft widersprochen. Außerdem behagte ihm dessen Nimbus nicht. Nachfolger Mansteins wurde Generaloberst Model, der gerade die Nordfront wieder zusammengeflickt hatte, Kleist wurde durch Generaloberst Ferdinand Schörner ersetzt. Beide wurden im Frühjahr 1944 zu Generalfeldmarschällen ernannt. Models Ruf als Abwehrspezialist war seit der Verteidigung des Rschew-Bogens unumstritten. Schörner hatte sich in Hitlers Augen bei der Verteidigung des Brückenkopfes von Nikopol und dann an der Spitze der 6. Armee bewährt. Ihm ging der Ruf fürchterlicher Grobheit und Strenge voraus. Er galt als Schleifer, dessen Spezialität es war, hinter der Front, sozusagen im Interesse der Front, wie ein Gendarm Ordnung zu stiften. Drohungen mit Kriegsgericht und Erschießung gingen ihm leicht über die Lippen. Aber bei Licht besehen blieb es dann meist bei Zornesausbrüchen, die den gewünschten Schrecken verbreiteten. Außerdem war er ein geschickter Taktiker, ein Mann, der Generalstabsoffiziere nicht schätzte und sich ganz der Front verschrieb.

Model übernahm seinen Posten in einem Moment, in dem galt, die 1. Panzer-Armee unter Generaloberst Hube aus einem sowjetischen Kessel bei Kamenez-Podolsk zu befreien. Die Vorbereitungen dafür hatte noch Manstein getroffen. Generaloberst Hube, der sich aufs Höchste bewährt hatte, wurde zu Hitler befohlen, um persönlich die Brillanten zum Ritterkreuz des Eisernen Kreuzes in Empfang zu nehmen und stürzte beim Rückflug vom „Berghof“ ab. Mit Hube verlor die deutsche Armee einen ihrer hervorragendsten Soldaten. Der Aufenthalt Hitlers auf dem „Berghof“ mit seinem Flughafen bei Salzburg, der für Start- und Landeschwierigkeiten berüchtigt war, forderte noch ein zweites Opfer in diesem Frühjahr 1944. Generaloberst Dietl, Oberbefehlshaber der 20. Gebirgsarmee, war von der Eismeerfront zur Berichterstattung beim „Führer“ befohlen. Beim Rückflug verunglückten auch er und der ihn begleitende General der Gebirgstruppen Eglseer tödlich.

Nichts wollte mehr glücken, auch den besten Soldaten nicht. Und obendrein ist der beste Soldat ohnmächtig, wenn ihm das scharf geschliffene Instrument fehlt.

*„Meister der Defensive“ wurde der Generalfeldmarschall Walter Model genannt. Als Oberbefehlshaber der Heeresgruppe B (seit 28. Juni 1944) nahm er sich am 21. April 1945 in einem Wald bei Duisburg das Leben, nachdem die 300000 Mann seiner Heeresgruppe im Ruhrkessel kapituliert hatten.*

SI LES SOVIETS
GAGNAIENT LA GUERRE
5 fr.
KATYN PARTOUT

Im Frühjahr 1944 trägt sich Hitler mit dem Gedanken, im Abschnitt der Heeresgruppe „Nordukraine" unter Generalfeldmarschall Model wieder zur Offensive überzugehen. Der richtige Gedanke, die Initiative endlich wieder an sich zu reißen, kollidiert mit den vorhandenen Möglichkeiten. Hartnäckig weigert sich Hitler zudem, den riesigen nach Osten sich wölbenden Bogen der Heeresgruppe Mitte unter Generalfeldmarschall Busch auf eine Sehnenstellung zu verkürzen, oder wenigstens Busch auf dessen Mahnungen hin zu erlauben, hinter der Front Sperrlinien zu errichten. Dafür verfällt Hitler auf die Idee, die wichtigsten Städte im rückwärtigen Gebiet, Bobruisk, Mogilew, Orscha und Witebsk, zu „Festen Plätzen" zu erklären und ihre Rundumverteidigung vorzubereiten. Sollte „der Iwan" einbrechen, müssen diese Plätze in Hitlers Phantasie wie Pfeiler in der Flut aushalten und damit starke gegnerische Kräfte binden. Doch die Sowjets werden nach Hitlers Meinung überhaupt nicht in der Mitte, sondern im Süden angreifen.

Busch verfügt über 40 Divisionen, darunter befindet sich, als einzige Eingreifreserve, eine Panzer-Division. Der „Frontbalkon" bildet geradezu eine Einladung zu einer Zangenoffensive. Als ersten Tag ihres Umfassungs-Manövers haben Stalin und Marschall Schukow den 22. Juni 1944 gewählt, den dritten Jahrestag des deutschen Überfalls von 1941. Schukow hat für den Großangriff, der im Süden bei Bobruisk, im Norden bei Witebsk beginnen soll, nach deutschen Berechnungen 126 Schützen-Divisionen, 6 Kavallerie-Divisionen, 45 Panzer- und 16 motorisierte Brigaden zur Verfügung, dazu 4500 Schlacht-, Bomben- und Jagdflugzeuge. Der Gesamtbestand der im Mittelabschnitt eingesetzten deutschen Luftflotte 6 beträgt dagegen noch 829 Maschinen. In den Wäldern hinter der deutschen Front setzt noch vor dem Beginn des Großangriffs eine lebhafte Partisanentätigkeit ein, an etwa 9000 Stellen fliegen Bahngleise in die Luft.

Der 22. Juni ist ein herrlicher Sommertag. Über der dünnen deutschen Front bricht ein Inferno los. Tausende von Flugzeugen zerbomben die deutschen Artilleriestellungen. Tausende von Geschützen und „Stalinorgeln" eröffnen das Feuer. Die deutschen Linien sind rasch aufgerissen. Busch und sein Chef des Stabes Generalleutnant Krebs fordern, um freie Hand für die notwendigen Umgruppierungen zu erhalten, die Freigabe der „Festen Plätze". Das verbietet Hitler kategorisch. Im Hinterland der deutschen Front breitet sich Panik aus. Vielfach hält auch die deutsche Infanterie, durch das Trommelfeuer angeschlagen, nicht mehr, wenn die sowjetischen Panzer nahen.

Eine Katastrophe bahnt sich an. Die „Festen Plätze" gehen verloren oder ihre Besatzungen versuchen sich auf eigene Faust durchzuschlagen. Hitler wechselt wieder das Kommando. Generalfeldmarschall Model erhält zusätzlich den Oberbefehl über die Heeresgruppe Mitte. Unter hastiger Zuführung von Verstärkungen, die er von der Heeresgruppe „Nordukraine" abzieht, die zum Teil auch aus dem Reich herangeholt werden, gelingt es ihm das „Loch" im Mittelabschnitt noch einmal zu schließen. Aber der sowjetische Angriff führt jetzt in Litauen und in Nordpolen bereits nahe an die alte Reichsgrenze heran. 25 deutsche Divisionen sind aufgerieben, in Gefangenschaft geraten oder zersprengt. Rund 100 000 deutsche Soldaten gehen in sowjetische Gefangenschaft. Die „Große Schlacht in Weißruthenien" beschwört das Bild eines völligen Zusammenbruches der Ostfront. Während Model im Norden mühsam die Verteidigung konsolidiert, trifft eine zweite sowjetische

*Oben: Im Frühjahr 1943 fanden deutsche Soldaten im Wald von Katyn nahe Smolensk Massengräber, in denen die Leichen von mehr als 4000 polnischen Offizieren übereinandergestapelt lagen. Die deutsche Regierung ließ die Leichenfunde von Katyn durch eine internationale Ärztekommission untersuchen. Hier der Gerichtsmediziner Dr. Orsos aus Budapest.*

*Linke Seite: Katyn, das kommunistische Verbrechen, war ein willkommenes Fressen für die NS-Propaganda gegen den gottlosen Bolschewismus. „Si les soviets gagnaient la guerre! – Katyn partout" – Wenn die Sowjets den Krieg gewinnen, ist überall Katyn, sagt das Plakat für das besetzte Frankreich.*

*Am 1. August 1944 erhob sich in Warschau unter dem General Bor – mit richtigem Namen Graf Komorowski – die polnische Untergrundarme. Rund 30000 Mann kämpften heroisch lange Wochen hindurch mit großem Fanatismus. Die polnischen Patrioten hatten damit gerechnet, von der auf der anderen Seite der Weichsel stehenden Roten Armee unterstützt zu werden. Die jedoch blieb in ihren Stellungen. Am 1. Oktober gaben die Widerständler auf.*

Großoffensive am 13. Juli 1944 die Heeresgruppe „Nordukraine“, die durch Abgaben an die Heeresgruppe Mitte geschwächt ist. Die Sowjets stoßen tief nach Galizien hinein. Ostpolen fällt in ihre Hand. Für die Polen, die im Untergrund eine weit verzweigte und sehr gut organisierte „Heimat-Armee“ geschaffen haben, die auf die Exilregierung in London eingeschworen ist, zeichnet sich eine düstere Zukunft ab, eben weil sie die Russen noch mehr fürchten als die deutsche Verwaltung mit ihrem SS-Terror. Stalin läßt auch prompt eine kommunistische provisorische polnische Regierung gründen ohne jede Legitimation. Stalins Beziehungen zur Londoner national-demokratischen Exilregierung sind nämlich ausgesprochen schlecht:
Im April 1943 haben deutsche Soldaten im Wald von Katyn dicht beim Hauptquartier Mitte in Smolensk Massengräber mit 4143 Leichen polnischer Reserve- und aktiver Offiziere entdeckt, die von den Sowjets 1940 ermordet worden waren. Das ist etwas mehr als ein Drittel jener 12 000 polnischen Offiziere, die seit dem Einmarsch der Sowjets im September 1939 in Kriegsgefangenschaft geraten und seither, allen Nachforschungen der Exilregierung zum Trotz, verschollen sind. Außerdem ist den Londoner Polen klar geworden, daß Stalin nie mehr die Gebiete herausgeben wird, die er 1939 durch Handel mit Hitler den Polen genommen und der Sowjetunion einverleibt hat. Die Sowjets revanchieren sich. Wo sie auf Einheiten der „Heimat-Armee“ in Polen stoßen, werden diese entwaffnet. Ihre Offiziere „verschwinden“. Die Londoner polnischen Exilpolitiker haben zwar in Churchill einen Anwalt, nicht jedoch im Chef der westlichen Anwaltskanzlei – wenn dieser ironische Vergleich erlaubt ist –, in Präsident Roosevelt, der da meint, man müsse „Uncle Joe“ (Stalin) nur überlassen, was er haben wolle, dann werde der sich schon zufrieden geben.

Am gleichen 13. Juli 1944, an dem das Unwetter über die Heeresgruppe „Nordukraine“ hereinbricht, eröffnen die 2. und 3. „Baltische Front“ eine neue Offensive gegen die Heeresgruppe Nord, die nun Generaloberst Lindemann kommandiert. Generalfeldmarschall Model wie Lindemann und dann dessen Nachfolger Generaloberst Frießner sind überzeugt davon, daß es das Klügste wäre, das ganze Baltikum mit den weit vorgeschobenen Positionen in Estland zu räumen und eine neue Abwehrfront vor der Reichsgrenze von den Karpathen durch Mittelpolen bis zur Ostsee hin aufzubauen. Diese kann man, so hoffen sie, mit den zusammengeschrumpften Kräften halten, um Zeit zu gewinnen. Zeit – wofür? Das weiß niemand mehr – es sei denn, man tröstet sich mit „Wunderwaffen".

Dagegen stemmt sich – von seinem Standpunkt aus mit Recht – Großadmiral Dönitz. Gibt man den Sperriegel Narwa auf, wo sich das III. (Germanische) SS-Panzer-Korps, das die niederländischen und skandinavischen Freiwilligenverbände vereinigt, mit höchster Bravour verteidigt, dann hat das erhebliche Folgen für die Seekriegführung. Dönitz sieht Gefahr für die gesamte Ostsee, wenn die Sperre vor der Kronstädter Bucht zusammenbricht. Die Haltung des zu Tod erschöpften, hungernden Finnland wird ohnehin undurchsichtig. Noch steht das Ostheer, das nun wahrhaft eiserner Naturen wie Model oder Schörner bedarf, um zu halten. Zu welchem Ende?

Oder fällt die Entscheidung zugunsten der westlichen, demokratischen, aber Stalin in Bündnistreue hörigen Alliierten an einer ganz anderen Front, in Italien?

Wird die Position der Heeresgruppe C (Südwest) an der Cassino-Front mit einem Schlag über den Haufen geworfen, kann möglicherweise Sir Harold Alexander, der britische Oberbefehlshaber, mit seinen buntgewürfelten amerikanisch-britisch-polnisch-französisch-marokkanisch-neuseeländisch-indisch-brasilianischen Divisionen in einem Zug die Alpen erreichen. Daß wäre der Todesstoß für den „weichen Unterleib" der angebrochenen Achse Rom-Berlin, des alten „Patto d'acciaio", um die italienische Bezeichnung für den „Stahlpakt" vom Mai 1939 zu gebrauchen.

Am 11. Mai 1944 begann an der Cassino-Front unter gewaltiger Artillerievorbereitung eine alliierte Großoffensive gegen die 10. Armee. Generaloberst v. Vietinghoff, ein sehr begabter, im Ostfeldzug vielerprobter Offizier, erhielt selbstverständlich vom Wehrmachtführungsstab, dem Sprachrohr Hitlers, keinerlei Operationsfreiheit. Er sollte stehen bleiben, wo er stand. Gleichwohl mußte er seine Verbände, unter zäh geführten Nachhutkämpfen, nach Norden zurücknehmen.

Der Rückzug der 10. Armee, der sich in vollkommener Ordnung vollzog, war nicht das Schlimmste. Bei der 14. Armee Generaloberst v. Mackensens war die Lage vollkommen anders. Das mochte auch am unterschiedlichen Charakter der Oberbefehlshaber liegen: Vietinghoff verstand die Front, Mackensen war es gewohnt, vom Sattel aus, von oben her zu führen. Am 23. Mai 1944 starteten die Amerikaner aus dem Landestreifen Anzio-Nettuno heraus die zweite Großoffensive, angesetzt auf die Nachschublinien der langsam zurückgehenden 10. Armee, die versuchte, die schluchtenreichen Albanerberge südlich von Rom als Auffanglinie zu nutzen. Die 14. Armee brach unter dem amerikanischen Großangriff völlig zusammen. Dabei ereigneten sich Dinge, die man ehedem in der deutschen Armee für völlig unmöglich gehalten hätte. Die panikartig zurückflutenden Einheiten Mackensens stahlen, plünderten, vergewaltigten, setzten Häuser in Brand. Generalfeldmarschall Kesselring, die Güte in Person, sah sich schließlich gezwungen, die ihm später schwer angekreideten „Härtebefehle" zu erlassen, um die Disziplin wiederherzustellen. Mackensen wurde abgelöst. Der Nachfolger, General der Panzertruppen Lemelsen, hatte alle Hände voll zu tun, um die 14. Armee wieder in die Hand zu bekommen. Zum ersten Mal kam es vor, daß zahllose „Versprengte" bei dem wilden Rückzug nicht selten keine Neigung bezeigten, wieder zur Truppe zurückzufinden. Sie tauchten bei der Zivilbevölkerung unter oder versteckten sich bei italienischen Widerstandsgruppen. In Mailand konnte man schließlich Ende 1944 mit ca. 20 000 solcher „Versprengter" rechnen. 1918 hatte die Kaiserliche Marine auf den „Dickschiffen" gemeutert, als es nach dem Willen der Seekriegsleitung zur letzten Schlacht gehen sollte. 1944/45 gab es keine einzige Meuterei, sondern nur Apathie, grenzenlose Sehnsucht, daß dieser schier endlose Krieg aufhören möge. Das allzuhastig aufgestellte Wehrpflichtheer zerfiel infolge der wie eine Seuche grassierenden physischen und seelischen Erschöpfung.

Generalfeldmarschall Kesselring hat später, nach dem Krieg in Privatgesprächen nicht an die Riesenzahl der „Versprengten" in Mailand glauben wollen, weshalb er auch niemals große Razzien angeordnet hat. Seiner Führungskunst gelang noch einmal die Errichtung einer neuen Abwehrstellung, der sogenannten „Grünen Linie" auf der Höhe La Spezia – Rimini, die vorerst gehalten wurde. In Rom, das auf Weisung Kesselrings nicht verteidigt wurde, marschierten am 4. Juni 1944 amerikanische Truppen ein. Propagandistisch gesehen sicher ein Sieg für die alliierte Sache wie für das wiedererstandene Königreich Italien. Aber die große Entscheidung in Italien war immer noch nicht gefallen.

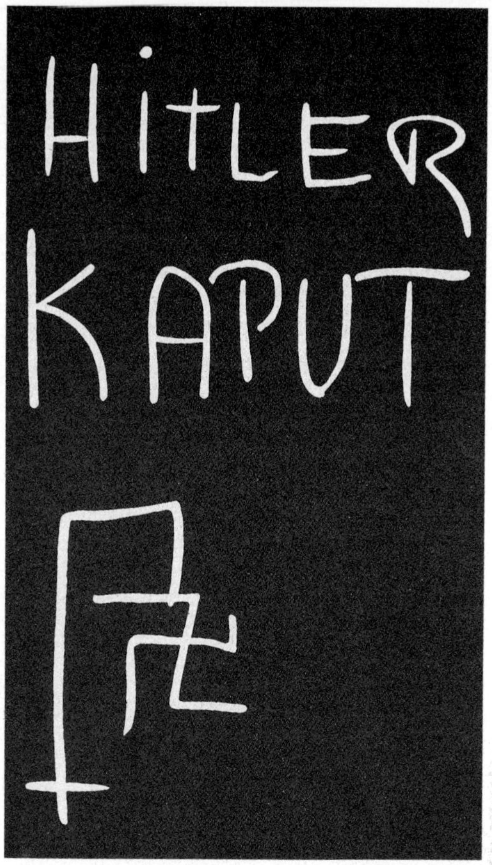


*Gegen die deutsche Besatzungspolitik erhob sich der polnische Widerstand. „Hitler kaput" und das Hakenkreuz am Galgen (polnische Wandzeitung) entsprachen dem Wunschdenken der Polen. Bereits im Mai 1941 wurden von der Sicherheitspolizei „alle Polen zur Widerstandsbewegung im weiteren Sinne gerechnet", und der Generalgouverneur Hans Frank sah sich gezwungen, in sein Tagebuch zu schreiben: „Es gibt keinen Polen, der wirklich zugunsten der Regierung des Generalgouvernements arbeitet."*

*Zur Paradeformation zusammengerollt sind die Reifen abgeschossener US-Bomber.*

## Sizilien

Im Juli 1943 landeten die Alliierten in Sizilien. Mussolinis Regime brach zusammen, der Diktator wurde im Abruzzen-Sporthotel Gran Sasso gefangengesetzt, König Viktor Emanuel III. von Italien ernannte Marschall Badoglio zum neuen Ministerpräsidenten. Die Deutschen ließen sich vom Abfall ihres Bundesgenossen nicht beirren und nahmen den Kampf um die Apennin-Halbinsel auf. Im September landeten die Alliierten in Südkalabrien.

*Oben: Amphibienfahrzeuge verlassen ihre Landungsschiffe.*
*Links: Britische Hochländer klettern von ihrem Transporter herunter und waten durch das seichte Meer zur Küste.*
*Rechte Seite. Oben links: Deutscher Fallschirmjäger verbindet einen verwundeten Engländer. Oben rechts: Ein britischer Offizier ist in Gefangenschaft geraten. Unten: Gefangene Briten werden einem höheren Fallschirmjägeroffizier vorgeführt. Die Hauptlast des Kampfes um Sizilien trugen die Fallschirmjäger.*

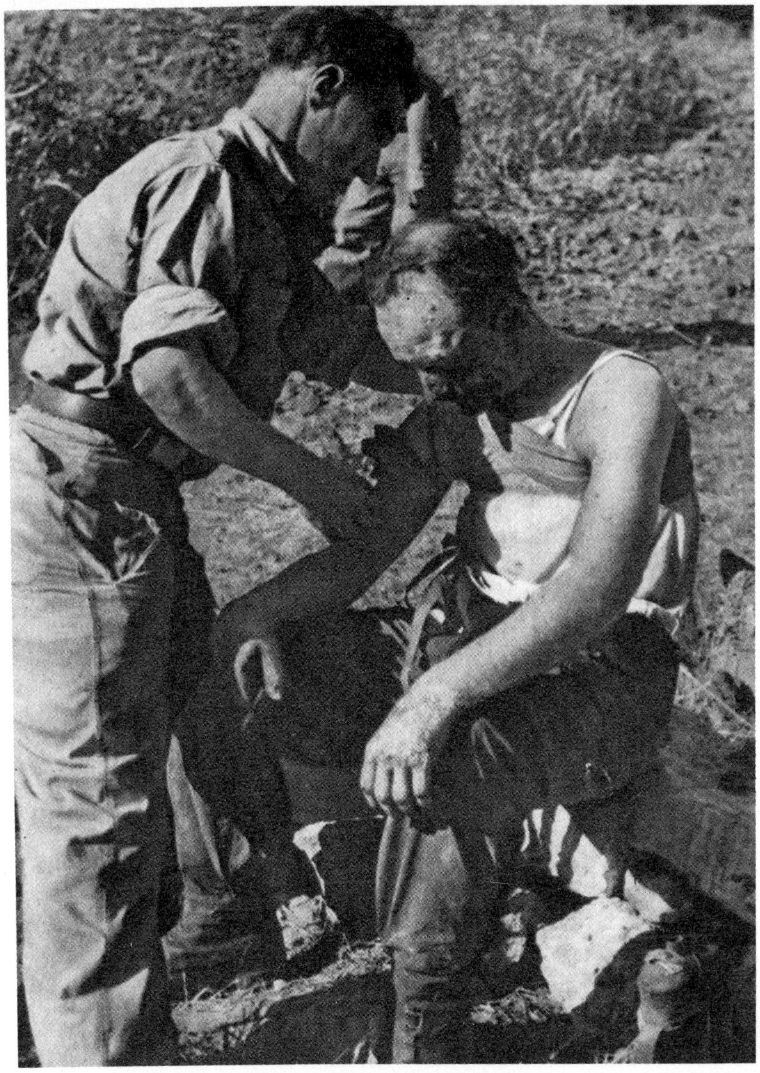

## „Die ganze Blase verhaften!“

DER FÜHRER: Die erklären, sie kämpfen, aber das ist Verrat! Da müssen wir uns klar sein: das ist nackter Verrat! Ich erwarte nur die Nachrichten, was der Duce sagt. Der Dings will jetzt mit dem Duce sprechen. Hoffentlich erwischt er ihn. Ich möchte, daß der Duce sofort herkommt, wenn er ihn erwischt, – daß der Duce sofort herkommt nach Deutschland.
JODL: Wenn diese Dinge zweifelhaft sind, gibt es also nur ein Verfahren.
DER FÜHRER: Ich dachte mir schon –, mein Gedanke wäre, daß die 3. Panzergrenadier-Division sofort Rom besetzt, die ganze Regierung sofort aushebt. Kommt der Duce nach Deutschland und spricht mit mir, ist die Sache gut an sich. Kommt er nicht her oder kann er nicht weg oder resigniert er überhaupt mit Rücksicht darauf, daß er sich wieder unwohl fühlt, was nicht verwunderlich wäre bei einem so verräterischen Pack, dann weiß man nicht. Der Dings hat allerdings sofort erklärt: Der Krieg wird weitergeführt, an dem ändert sich nichts. – Das müssen die Leute machen, denn das ist eine Verräterei. Aber von uns wird auch dieses gleiche Spiel weitergespielt, alles vorbereitet, um sich blitzartig in den Besitz dieser ganzen Bagage zu setzen, das ganze Gelichter auszuheben. Ich werde morgen einen Mann herunterschicken, der dem Kommandeur der 3. Panzergrenadier-Division den Befehl gibt, mit einer besonderen Gruppe kurzerhand nach Rom hereinzufahren, die ganze Regierung, den König, die ganze Blase sofort zu verhaften, vor allem den Kronprinzen sofort zu verhaften und sich dieses Gesindels zu bemächtigen, vor allem des Badoglios und der ganzen Bagage. Dann werden Sie sehen, daß die schlapp machen bis in die Knochen.“
(Lagebesprechung im Führerhauptquartier, 25. Juli 1943.)

*Linke Seite. Oben: Auf einem süditalienischen Flugplatz rollt eine als Jagdbomber ausgerüstete FW 190 über die Startbahn. Unten: Bodenpersonal schafft die Bomben an die Maschinen.*
*Rechts oben: Das für die Propaganda in Frankreich bestimmte Kriegsplakat macht sich über das Schneckentempo des alliierten Vormarsches in Italien lustig: 180 Kilometer in 191 Tagen…*
*Rechts unten: Eine von deutschen Fliegerbomben zerschlagene Landebarke am Strand des Golfes von Salerno. Die amerikanische Landung traf die deutsche Abwehr nicht unvorbereitet.*

# Ein Kampf um Rom

Sizilien war gefallen. Am 3. September 1943 landeten die Alliierten auf dem italienischen Festland, und es schien, als sollte der Marsch nach Norden zum Spaziergang werden. Denn: Italien hatte kapituliert, die Deutschen waren auf sich allein gestellt. Aus dem „Ausflug" nach Rom aber wurde ein erbitterter Kampf um den Zugang zur Ewigen Stadt. Quer durch die Halbinsel hatten die Deutschen eine Auffangstellung gebildet; die Gustav-Linie am Monte Cassino trotzte monatelang dem Ansturm.

*Linke Seite. Oben: Nebelwerfer im Berggelände zwischen den Golfen von Salerno und Neapel. Unten: So kurze Zeit die Kämpfe bei Salerno dauerten, so heftig waren sie, und alle Kampfmittel wurden eingesetzt. 44 Ringe an der 8,8 cm-Flak bezeugen 44 Abschüsse.*
*Oben: Ein Vierlingsflakgeschütz wird bei den Absetzkämpfen zwischen Neapel und dem Garigliano zum Stellungswechsel aufgeprotzt.*
*Rechts: Aus dem Schatten eines Zypressenhains tritt das moderne Ungetüm eines deutschen „Panthers" drohend heraus.*

# Landung bei Anzio

„Als der Tag anbrach, erhielten die LCI, die in diesem Augenblick etwa 25 km von der Küste entfernt waren und schnell dem Lande zustrebten, die Nachricht, daß die Landung im mittleren Abschnitt erfolgreich verlaufen sei und daß die Verluste sehr gering gewesen seien. Um 7 Uhr – unsere eigentliche Landungszeit – lagen wir einige Meilen vor der Küste inmitten von etwa 70 Schiffen aller Typen vor Anker. Die Verzögerung wurde durch die sehr flache Steigung der Küste und die doppelte Sandbank hervorgerufen, die zur Folge hatten, daß die LST in einiger Entfernung von der Küste auf Grund liefen. Das bedeutete, daß alle Fahrzeuge in LCI überführt werden mußten oder daß ein LST nach dem anderen an dem Pontonkai festmachen mußte, den die Küstenpioniere gebaut hatten, was natürlich den Zeitplan über den Haufen warf. Das erste LCI des Bataillons stieß auf die innere Sandbank gegen 8.30 Uhr, etwa 20 m vom Strand entfernt, und die ersten Truppen stiegen aus, wo das Wasser 60 cm tief war. Einige Schritte zur Küste, und sie standen bis zu den Achseln im Wasser. Glücklicherweise waren einige 'Ducks' verfügbar, die den Rest des Bataillons hinüberbrachten, der soweit trockenen Fußes an Land kam.

Kurz vor Mittag kam der Oberbefehlshaber, Sir Harold Alexander, zum Bataillonsstab, wo der Brigadekommandeur und die anderen Kommandeure der Brigade versammelt waren. Er sagte, daß die 29. Panzergrenadier-Division, die als unser unmittelbarer Gegner angegeben worden war, an die Front der 5. Armee gesandt worden sei, wo der Garigliano-Brückenkopf gute Fortschritte mache. Die 3 Fallschirmjägerbataillone seien nach Norden verlegt worden, um der Bedrohung entgegenzuwirken, die in dem Besetzungsplan vorgesehen war.

Bis zum frühen Nachmittag waren 1 oder 2 Flugzeuge an Land gebracht worden, und der Landekopf dehnte sich aus.“ (Bericht eines britischen Offiziers, 22. Januar 1944.)

*Linke Seite: Auch die Verwundung der rechten Hand hindert diesen MG-Schützen nicht daran, seine Stellung verbissen zu verteidigen.*
*Rechts oben: 22. Januar 1944. Die an diesem Tage bei Anzio und Nettuno gelandeten Truppen des amerikanischen Generals Clark haben den Vormarsch im Küstengebiet begonnen.*
*Rechts unten: Generalfeldmarschall Kesselring bei einer Besprechung mit General Heydrich, dem Kommandeur der 1. Fallschirmjäger-Division.*

# Monte Cassino

Mühselig kämpften sich die Westalliierten 1943/44 den italienischen Stiefel hoch. Italien hatte zwar die Front gewechselt und den Deutschen allein die Verteidigung der Halbinsel überlassen, doch das machte die Sache eher schwerer, meinten jedenfalls viele alliierte Kommandeure. Die stärkste Riegelstellung erreichten sie erst im Frühjahr 1944 am Monte Cassino. Dort versteifte sich der deutsche Widerstand zu völlig unerwarteter Härte. Die den Zugang nach Rom sperrenden Fallschirmspringer waren trotz zahlenmäßiger Unterlegenheit lange nicht zu bezwingen. Das Kloster auf dem Berge verwandelte sich im Bomben- und Granatenhagel in einen Trümmerhaufen.

*Oben: Gefangene deutsche Cassino-Kämpfer werden abtransportiert. Rechts der von Schmeißfliegen bedeckte Kadaver eines Maulesels.*

*Links: Britische Sanitätssoldaten bergen einen Verwundeten auf dem Trümmerfeld von Cassino.*

*Rechte Seite: Fünf Monate wurde um den Monte Cassino mit großem Materialeinsatz und in erbitterten Einzelkämpfen gerungen. Am Ende des Kampfes glich der Berg einer Mondlandschaft. Die alte Benediktiner-Abtei auf dem Gipfel war ein einziger Schutthaufen.*

# Gustav-Linie

Nach drei Monaten Kampf an der Gustav-Linie, in deren Mittelpunkt Monte Cassino lag, funkte Churchill an den Oberbefehlshaber General Alexander:
„Ich hätte gerne eine Erklärung, weshalb Sie einzig und allein auf den Engpaß beim Klosterberg Cassino, also auf einer Breite von nur drei bis fünf Kilometern einhämmern müssen. Aus der Ferne fragt man sich, weshalb der Gegner nicht in der Flanke erfaßt werden kann. Es ist schwer zu verstehen, warum dieser so stark verteidigte Punkt die einzige vorwärtsführende Route sein soll, und warum nicht auf dem einen oder anderen Flügel Boden zu gewinnen ist."
General Alexander antwortete:
„Umfassungsoperationen versprechen wegen der großen Geländeschwierigkeiten keinen Erfolg. Es blieb keine andere Wahl, als den Monte Cassino frontal anzugehen. Freyberg hatte beabsichtigt, diese Bastion im direkten Sturm zu nehmen. Er baute auf das Überraschungsmoment und auf die zermalmende Feuerkraft unserer Luftstreitkräfte und der Artillerie. Die Widerstandskraft der deutschen Fallschirmjäger ist außerordentlich bemerkenswert, denn man muß bedenken, daß sie sechs Stunden lang dem Bombardement unserer gesamten hiesigen Fliegerkräfte und dem Beschuß von annähernd achthundert Geschützen ausgesetzt waren, dem stärksten Trommelfeuer, das jemals vorgenommen worden ist."
In der Tat, die deutschen Soldaten kämpften um Rom, als sei es ihre Stadt. Im Osten marschierte die Rote Armee. Hier aber in Süditalien, im Lande der ehemaligen Waffenbrüder, die längst kapituliert hatten, verteidigten die Deutschen im wahrsten Sinne des Wortes jeden Steinhaufen.

*Linke Seite: Ein deutsches MG-Nest an der Italien-Front. Die felsige Gebirgslandschaft bot den Grenadieren und Fallschirmjägern gute Möglichkeiten, den alliierten Vormarsch trotz zahlenmäßiger Unterlegenheit immer wieder zu bremsen.*
*Bildleiste rechts: Um das Vormarschtempo der nachdrängenden alliierten Einheiten zu verzögern, wurden Brückensprengungen vorgenommen. Oben: Pioniere bereiten die Sprengung einer kleineren Brücke vor. Als behelfsmäßige Sprengmunition dienen Granaten, Beutegut aus dem Frankreichfeldzug. Mitte und unten: Bei stabileren Brücken konnte man sich freilich nicht mit Granaten als Sprengmunition begnügen. Da nahm man schärfere Ladungen, die gründliche Arbeit leisteten.*

# Einzug in die Ewige Stadt

Im Januar hatte bei Monte Cassino der Kampf der Alliierten um Rom begonnen. Am 4. Juni erreichte die Spitze der 88. US-Division die Piazza Venezia im Herzen Roms. Tage später hißten amerikanische Truppen in einer Siegesfeier die US-Flagge, die am Tage des amerikanischen Kriegseintritts über dem Weißen Haus wehte, am Denkmal Viktor Emanuels II.

*Oben: Deutsches Flakgeschütz in Stellung im Borgo, dem kurz vor Kriegsbeginn zum Teil niedergerissenen Stadtviertel am linken Tiberufer. Im Hintergrund der Petersdom.*
*Links: Papst Pius XII. richtet nach einem Bombenangriff Worte des Trostes an die Bevölkerung und spendet ihr den päpstlichen Segen.*
*Rechte Seite: Seit dem 10. September 1943 war Rom von deutschen Truppen besetzt. Je näher die Front rückte, um so kriegsmäßiger wurde das Bild der italienischen Hauptstadt. Posten sichern wichtige Verkehrspunkte. Ein MG steht bereit, den Zugang zur Engelsburg zu schützen. Zum Kampf um die Ewige Stadt kam es dennoch nicht.*

*Der Sturzkampfbomber Ju 87, Symbol deutscher Luftüberlegenheit. Seine Bedeutung schwand mit der raschen Zunahme der alliierten Luftflotten.*

## Schlacht im Atlantik

„Mit dem Beistand Amerikas schien unsere Hauptschlagader auf dem Atlantik gesichert, auch wenn bis zur vollen Kraftentfaltung des Bundesgenossen immer noch mit Verlusten gerechnet werden mußte. Allein das Jahr 1942 hielt manchen herben Schock für uns bereit und sollte sich im Atlantik als das schlimmste des ganzen Krieges erweisen. Es zeigte sich, daß unsere gemeinsamen Abwehrmaßnahmen – soviel stärker sie auch waren als zur Zeit, da wir allein standen – dem neuen Ansturm gegen den jetzt viel umfangreicher gewordenen Schiffsverkehr anfänglich nicht gewachsen waren. Sechs oder sieben Monate wüteten die U-Boote fast unbehindert in den amerikanischen Gewässern und trieben uns um ein Haar in die Katastrophe.“ (Aus Churchills Memoiren.)

*Oben: Ein Geleitzug nähert sich, im Zickzackkurs fahrend, der britischen Küste.*
*Links Mitte: Ein von einem Kreuzer abgeschossener Torpedo wühlt sich, in die Wellen.*
*Links unten: Tanker unter Beschuß.*
*Rechte Seite. Oben: Bei Royan an der französischen Südwestküste greifen britische De-Havilland-„Moskitos“ im Tiefflug deutsche Schiffe an. Unten: Ein deutscher Küstendampfer geht in Rauch und Flammen unter.*

*Britischer Konvoi auf seinem Weg nach Rußland 1942. Gemälde von Charles Pears.*

# Leben in der Stahlröhre

„Der ohnehin unbeschreiblich enge Raum, der an Bord der deutschen Frontboote dem Menschen zur Verfügung stand, war auf Feindfahrt vollgestopft mit Ausrüstung für lange Wochen, wie sie bei Konstruktion dieses Bootstyps zweifellos nicht vorgesehen war. Dazu ständig Bewegung, schwerste Bewegung im Boot! Das kleine Fahrzeug schlingert, stampft, giert, rollt, steigt und fällt in dem schwanken Element schon bei nur mäßig bewegter See und in jeder Dünung ganz anders als jedes normalerweise sehr viel größere Überwasserschiff. Dafür aber in einer wunderbar der See angepaßten Bewegung. Krängungen bei schwerer See bis an 60° waren keine Seltenheit, und manchmal polterte ein Schläfer aus seiner Koje über deren Schlingerschutz hinaus glatt zu Boden. Ja, es kam vor, daß einer aus der oberen Koje quer durch den Raum in die untere der gegenüberliegenden hineinfiel.“ (Harald Busch, „So war der U-Boot-Krieg“, 1957.)

*Oben und rechts: Deutsche U-Boote im Nordatlantik*
*Linke Seite. Unten: Ausguckposten im Turm eines U-Boots. Wachsamkeit war erstes Gebot auf Feindfahrt.*

# Immer mehr U-Boote

Dönitz' Konzept war einfach: Bilden die Alliierten Konvois, greifen unsere U-Boote in Rudeln an. Bauen sie Frachter in Massen, bauen wir U-Boote in Massen. Es kam nur darauf an, wer mehr baute, und bis ins Jahr 1943 schien die Rechnung aufzugehen. Die Versenkungsziffern alliierten Schiffsraums stiegen schneller als die Neubau-Ziffern. Dann aber brachten technische Neuerungen die Wende. Seit es Radar gab, konnte sich kein U-Boot mehr in Nacht und Nebel verstecken.

*Linke Seite: Zur U-Boot-Waffe meldeten sich die Freiwilligen in hellen Scharen. Von 39000 U-Boot-Männern ließen nicht weniger als 33000 ihr Leben im gnadenlosen Krieg auf See. Oben: Kapitänleutnant Suhren (hier beim Einlaufen mit seinem U-Boot in den Stützpunkt) war einer der Kommandanten, die erfolgreich vor der amerikanischen Küste operierten. Rechts: Waffenreinigen auf einem deutschen U-Boot. Das MG 34 wird unter Aufklappen des Gurtführungsdeckels schußfertig gemacht.*

## U-Bootdämmerung

„Ihr Lieben ... Wenn Ihr einmal hören solltet, daß unser Boot nicht mehr zurückgekehrt ist, dann braucht Ihr keine Hoffnung mehr zu haben ... Wir wollen zusammen kämpfen und siegen oder, wenn es sein muß, zusammen sterben. Alle zusammen..."
(Brief eines U-Boot-Mannes an seine Familie.)

*Linke Seite. Oben links: Wasserbomben explodieren unmittelbar neben einem U-Boot. Unter dem ins Bild ragenden Fahrwerkteil der Handley Page „Halifax", die die Bomben wirft, ist der Kommandoturm des todgeweihten Bootes zu erkennen. Oben rechts: Der U-Boot-Jäger hat in einer Steilkurve zu neuem Angriff angesetzt. In diesem Augenblick explodiert die beim ersten Angriff abgeworfene Wasserbombe. Unten: Manövrierunfähig geworden, ist das U-Boot dem Feuer der Bordgeschütze preisgegeben.*
*Rechts: Nach schweren Bombentreffern wird ein U-Boot von seiner Besatzung verlassen.*
*Oben: Die Wellen des Meeres haben sich über dem gesunkenen U-Boot geschlossen. Nur ein riesiger Ölfleck steht noch eine Zeitlang an der Stelle des Unterganges und gibt Kunde von einer der zahllosen Tragödien des Seekrieges.*

## Radar

Schon im Jahre 1904 meldete ein Ingenieur beim Reichspatentamt ein Verfahren an, „um entfernte metallische Gegenstände mittels elektrischer Wellen einem Beobachter zu melden". Das Radar war geboren. Was der friedlichen Handelsschiffahrt zugute kommen sollte, geriet erst einmal den Militärs in die Hände. Vor und erst recht während des Zweiten Weltkrieges erfanden ihre Techniker immer mehr und bessere Radargeräte.

*Oben: Angloamerikanisches Flakgeschütz mit Radargerät. Entfernung, Richtung und Höhe wurden automatisch auf das Geschütz, das dauernd auf das unsichtbare Ziel ausgerichtet war, übertragen.*
*Unten: Radargerät der angloamerikanischen Luftwaffe. Der fahrbare Sender strahlte Radiowellen aus und registrierte das „Echo".*
*Rechte Seite: Beisetzung eines Matrosen, der bei einem Luftangriff auf einen Zerstörer gefallen ist. Für die deutsche Marine waren die mit Radar ausgerüsteten alliierten Flugzeuge eine stete Gefahr.*

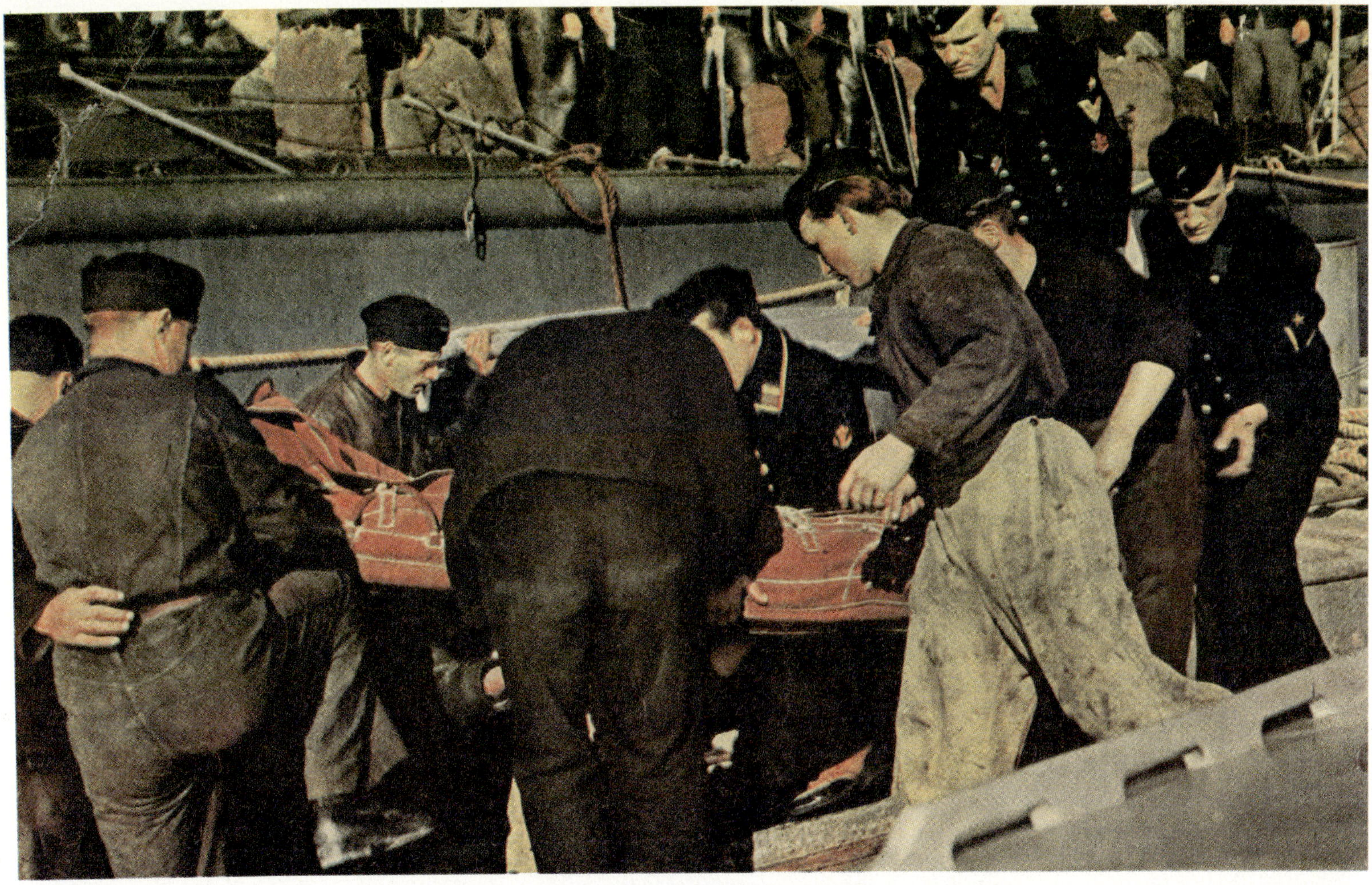

Ne

# Kleinkampfmittel

Ab 1943 wurden von der Kriegsmarine, vor allem zur Abwehr der erwarteten Invasion, Kleinst-U-Boote, Einmann-Torpedos und Sprengboote entwickelt. So gab es die Doppeltorpedos „Neger" und „Marder", die mit einem bemannten Trägertorpedo einen scharfen Torpedo ins Zielgebiet steuerten und abfeuerten; die Einmann-U-Boote „Biber" und „Molch"; das Zweimann-U-Boot „Seehund", das bei einer Geschwindigkeit von 6 Knoten bis zu 5 Tagen operieren konnte; das Sprengboot „Linse", 35 Knoten schnell mit 400 kg Sprengstoff geladen; schließlich das Sprengboot „Tornado", ein Flugzeugschwimmer, der mit einem V1-Staustrahltriebwerk seine 700 kg Sprengladung mit 90 km/h transportierte.

*Linke Seite. Oben: Ein 2-Mann-Torpedo der italienischen Marine. Die Besatzung mußte nach Erfüllung ihres Auftrags sich durch Schwimmen zu retten versuchen. Unten: Ein-Mann-Torpedoträger am Strand bei Anzio. Rechts der Trägerkörper mit der (hier abgebrochenen) Plexiglaskuppel. Unter dem Trägerkörper war der Torpedo angebracht.*
*Oben: Wasserbombenbatterie, genannt „Hedgehog" (Stachelschwein) an Bord eines Geleitzug-Begleitschiffes.*
*Rechts: Seit dem Sommer 1944 fand bei deutschen U-Booten der „Schnorchel" Verwendung, ein Luftmast, der den Dieselmotoren frische Luft zuführte, auch wenn das Boot getaucht war.*

# Unterwasserkrieg am Ende

Das Jahr 1943 wurde zum schwarzen Jahr für die U-Boot-Waffe. Im Mai 1943 brach Dönitz die Atlantik-Schlacht ab. Infolge neuer Ortungsmethoden und der gewaltigen Verstärkung der britisch-amerikanischen Geleitschutzkräfte mit Geleitflugzeugträgern, Eskorte- und U-Bootjagdgruppen war mit der „Rudel“-Taktik nichts mehr zu bewirken. Man mußte neue U-Boottypen bauen, die bei hoher Geräuschlosigkeit nicht nur unter Wasser kämpfen, sondern auch marschieren konnten. Der Wettlauf mit der Zeit begann unter sich steigernden schweren Schlägen der alliierten Großbomberverbände gegen die deutschen Industriezentren. Einstweilen setzte Dönitz den Unterwasserkrieg in der traditionellen Form der Einzeljagd fort, um die Masse der hinter der U-Bootbekämpfung eingesetzten gegnerischen Luft- und Seestreitkräfte zu binden. Versuche des Oberkommandos der Kriegsmarine mit sogenannten Kleinkampfmitteln, Einmann-U-Booten, Kampfschwimmern und Sprengbooten kamen praktisch einem Verzweiflungsschritt gleich und hatten wenig Erfolg. Schließlich wurden 1945 aus überzähligem Personal drei Marineinfanterie-Divisionen aufgestellt.

Das Jahr 1944 brachte mit der alliierten Invasion in Frankreich die Lähmung der deutschen U-Bootbasen an der französischen Atlantikküste; die Zerschlagung der leichten deutschen Seestreitkräfte in den Kanalhäfen brachte in der Ostsee mit dem Ausscheren Finnlands aus dem Krieg im September die Auflösung der Ostseesperre gegen die sowjetische Flotte in Kronstadt. Die Ostsee aber war das Schulungsrevier der U-Bootwaffe, bei der die Typen XXI und XXIII in Entwicklung und Erprobung waren zur Schaffung einer ganz modernen Hochsee-U-Bootwaffe.

Am 4. Mai 1945 befahl Großadmiral Dönitz, seit dem 30. April Nachfolger Hitlers, die Einstellung des U-Bootkrieges, gemäß der mit den Engländern vereinbarten Teilkapitulation im Nordwestraum. Über 400 Boote werden teils den Alliierten ausgeliefert, teils auf den Werften zerstört oder von den Besatzungen versenkt.

*Linke Seite: Mit 30 Knoten Geschwindigkeit konnte das Sprengboot „Linse“ auf das feindliche Schiff zurasen. Beim Aufprall auf das Ziel detonierten dann 300 kg Sprengmunition.*
*Rechts: Ein deutscher U-Boot-Mann, der den Untergang seines Bootes überlebt hat, wird an Bord eines Geleitzug-Begleitschiffes gezogen.*

# Die Invasion

Am Abend des 5. Juni 1944 hält der Oberbefehlshaber der 7. Armee, Generaloberst Dollmann, in seinem Hauptquartier in Rennes in Nordfrankreich ein Planspiel über die Invasionsabwehr ab. Viele höhere Offiziere nehmen daran teil. Die 7. Armee soll in Ernstfall die Normandie decken. Das Wetter ist ungünstig. In dieser Nacht wird der Gegner keinesfalls kommen. Generalfeldmarschall Rommel, Oberbefehlshaber der Heeresgruppe B, hält sich gleichzeitig zu einem kurzen Besuch bei seiner Familie in Herrlingen bei Ulm auf. Hitler rechnet mit einer Landung der Angloamerikaner im Pas de Calais, weil dort die Entfernung zwischen England und Nordfrankreich am kürzesten ist. Hier steht die 15. Armee des Generalobersten v. Salmuth.

In Rennes hört man noch vor Mitternacht eine Meldung des britischen Rundfunks ab, vom 6. Juni an sei binnen 48 Stunden mit der Invasion zu rechnen. Das kann eine „Spiel"-Meldung, eine Täuschungsversuch sein. Immerhin versetzt der Oberbefehlshaber West, der alte Generalfeldmarschall v. Rundstedt, die 15. Armee in Alarmbereitschaft. Um 0.30 Uhr in der Nacht des 6. Juni 1944 springen britische Fallschirmeinheiten über dem für General Montgomerys britische 21. Heeresgruppe vorgesehenen Landeraum beiderseits der Orne-Mündung ab. Die liegt in der Normandie, also weit von Salmuths Befehlsbereich entfernt. Den Briten folgen später in der Nacht Teile der 82. US-Luftlande-Division mit Lastenseglern beiderseits der Vire-Mündung, wo die amerikanische 12. Heeresgruppe mit Hilfe künstlicher Häfen die Landestrände mit den Decknamen „Omaha" und „Utah" gewinnen soll. In den Tagen vor dem 6. Juni haben die deutschen Kommandostellen verstärkte alliierte Luftangriffe auf die Bahnlinien im Hinterland der normannischen und nordfranzösischen Küste beobachtet. Schlüsse hat man daraus nicht gezogen.

In den ersten Morgenstunden bombardieren, in zwei Wellen zu 1100 und 1300 Viermotorigen, alliierte Luftgeschwader die deutschen Batterien und Bunkerlinien im Küstenbereich zwischen Vire und Orne. Mit 7 Schlachtschiffen und 27 Kreuzern nähert sich die Invasionsarmada dem vielgerühmten, doch Stückwerk gebliebenen „Atlantikwall". Insgesamt stehen über drei Millionen Mann amerikanischer, britischer und kanadischer Truppen für den „D-Day", für die Landung in Frankreich bereit, darunter 55 motorisierte und 25 Panzer-Divisionen. Die alliierte Luftwaffe wirft rund 5000 Bomber und 5400 Jagdflugzeuge in die Schlacht. Demgegenüber verfügt die deutsche Luftflotte 3 unter Generalfeldmarschall Sperrle in Frankreich, bei etwa 300 000 Mann Bodenpersonal und Versorgungsdiensten, noch über 198 Kampf- und 125 Jagdflugzeuge.

Das deutsche Westheer umfaßte 49 Infanterie-Divisionen von sehr unterschiedlichem Kampfwert und 10 Panzer-Divisionen, darunter 4 Elite-Einheiten der Waffen-SS und die Panzer-Lehr-Division des Heeres, mit zusammen etwa 1600 Panzern, für deutsche Verhältnisse im „Krieg des armen Mannes" eine beachtliche Stärke. Alle gepanzerten Einheiten waren der „Panzergruppe West" unterstellt. Deren Befehlshaber General Geyr v. Schweppenburg besaß jedoch keinerlei Kommandogewalt, sondern war nur für die Ausbildung und Versorgung zuständig. Ähnlich befremdlich waren die übrigen Befehlsverhältnisse geordnet. Der Heeresgruppe B (Rommel) standen die 7. Armee und die 5. Panzer-Armee zur Verfügung. Rommels Hauptquartier befand sich im wundervollen Schloß der Herzöge von La Rochefoucauld in La Roche-Guyon. Rundstedt, dem Oberbefehlshaber im Westen, in Saint Germain bei Paris oblag zwar die Führung aller Armeen in Frankreich, auch der an der West- und Südküste befindlichen Armeegruppe G unter Generaloberst Blaskowitz mit der 1. und 19. Armee. Aber er konnte nicht allein über alle Kräfte im Befehlsgebiet verfügen. Die Luftflotte 3 und das sehr schlagkräftige III. Flakartillerie-Korps des Generals Plocher (das sich hernach im Erdkampf noch zu einer Elite entwickeln sollte) gehorchten dem Reichsmarschall. Alle Marine-Verbände, auch die Küstenartillerie und die schwachen leichten Seestreitkräfte in der Biskaya und im Kanal waren im Marine-Gruppenkommando West unter Generaladmiral Krancke zusammengefaßt, der wieder an die Weisungen des Großadmirals gebunden war.

Die höchste und letzte Entscheidung hatte sich Hitler vorbehalten, vor allem was den Einsatz der Panzer betraf, deren Divisionen je zur Hälfte südlich und nördlich der Loire aufgestellt waren. Monatelang hatte man im „Führerhauptquartier", in den Führungsstäben im Westen darüber diskutiert, wo der Gegner wohl zur Invasion ansetzen würde. In Portugal und Spanien, dessen Haltung gegenüber Hitler immer distanzierter geworden war und das auch die „Blaue Division" aus Rußland zurückgezogen hatte, auf dem Balkan, an der deutschen Nordseeküste, in Norwegen? Hitler tippte, wie gesagt, schließlich auf die Kanalküste zwischen Boulogne und Dünkirchen.

Monatelang war auch der Streit zwischen Rundstedt und Geyr v. Schweppenburg ei-

*Rechte Seite: D-Day 06.30: Die erste Welle alliierter Truppen stürmt aus den Landungsbooten an Land. Als im Dezember 1942 der britische General Frederick E. Morgan mit der technischen Vorbereitung der Invasion begann, waren die Boote noch nicht gebaut, zum Teil noch nicht einmal entworfen.*

*Einen „Friedhof der Alliierten" verspricht das deutsche Kriegsplakat für den Fall einer Invasion. Es traf sich solche Großsprecherei mit Hitlers ironischem Angebot (in einer Rede im Januar 1941): „Ich las nun einigemal, daß die Engländer die Absicht haben, mit einer großen Offensive irgendwo zu beginnen. Ich hätte hier nur den einen Wunsch, daß sie mir das vorher mitteilen würden. Ich würde dann gerne das Gebiet vorher räumen lassen. Ich würde ihnen alle Schwierigkeiten der Landung ersparen, und wir könnten uns dann wieder vorstellen und noch einmal aussprechen, und zwar in der Sprache, die sie wohl allein verstehen."*

nerseits und Rommel andererseits über die Frage hin und hergegangen, welche Abwehrmethode die beste sei. Rommel plädierte dafür, daß man mit allen Mitteln in der vordersten Linie, unter Bereitstellung aller verfügbaren gepanzerten Eingreifreserven, die Angloamerikaner bereits am ersten Tag wieder ins Meer zurückwerfen müsse. Der erste Tag – so Rommel – würde entscheidend sein. Gelang es dem Gegner, sich breite Landestreifen zu sichern, war die Invasionsschlacht im Grunde bereits verloren, im Hinblick auf die Überlegenheit der Gegner in der Luft, an schwerer und schwerster Schiffsartillerie wie an Panzern. Rundstedt wie Geyr sahen es anders. Sie meinten man solle die Alliierten ruhig ins Hinterland vorstoßen lassen – sofern die Küste absolut nicht zu halten war. Dann werde man sie mit der Masse der eigenen Panzer-Divisionen schlagen. Offensichtlich machten sie sich von der Bedeutung der totalen alliierten Luftherrschaft nicht die rechte Vorstellung.

Was die Verbände an der Küste zwischen Cherbourg und Caen am Morgen des 6. Juni 1944 brauchen, sind rasche Entschlüsse. Rommel fliegt an die Front zurück. Aber entscheiden kann er nichts. Jetzt geht es darum, so rasch wie möglich Panzerverbände heranzubringen, am besten auch Teile der 15. Armee in den Brennpunkt des Kampfes um die Landestreifen heranzuziehen. Im Hinterland der Orne steht Rommel ein einziger gepanzerter Verband zur Verfügung, die behelfsmäßig neu formierte 21. Panzer-Division. Aber auch beim Gegner gibt es Krisen genug. An der Vire-Mündung landen die amerikanischen Fallschirmtruppen mitten in der Felddienstübung einer deutschen Division. Für Stunden scheint es fraglich, ob hier überhaupt eine Landung möglich sein wird. Der von der Heeresgruppe B geschaffene 4 – 6 Kilometer tiefe „Rommelgürtel" hinter dem Strand mit Minenfeldern, Drahthindernissen, Infanteriestellungen bereitet dem Gegner weit mehr Schwierigkeiten, als er angenommen hat.

Die Entscheidung fällt erst am Mittag in der Lagebesprechung auf dem fernen „Berghof". Hitlers Nervenleiden hat sich sichtbar verschlimmert. Es äußert sich durch Händezittern und Gehbehinderungen, so daß er einen Fuß nachzieht und einen Spazierstock benutzen muß. Seine Tageseinteilung wird immer mehr davon beherrscht. Auf Teeabende im Kreis von Vertrauten bis in die sinkende Nacht folgt ein dumpfer Schlaf, erzwungen durch schwere Schlafmittel. Niemand darf ihn vor der Zeit wecken, auch dann nicht, als die Invasion begonnen hat. Erst in der „Mittagslage" trifft er eine halbe Entscheidung. Die Panzer-Divisionen werden für die Versammlung im Invasionsbereich freigegeben. Die 15. Armee bleibt im Pas de Calais. Hitler kann sich nicht zur Erkenntnis durchringen, daß sein Gegner, General Eisenhower, nicht im ziemlich stark bestückten Pas de Calais, sondern in den schwächer gesicherten Küstenbereichen zwischen Cherbourg im Norden der Normandie und Le Havre gelandet ist. Er glaubt immer noch an ein Ablenkungsmanöver.

Die Panzer-Divisionen, die aus Süd- und Mittelfrankreich anmarschieren, brauchen Zeit. In ganz Frankreich steigert sich die Aktivität der Partisanen, der illegalen „FFI" (Forces Françaises de l'Intérieur). Auf dem Marsch der 2. SS-Panzer-Division „Das Reich" durch zentralfranzösisches Gebiet, das von Partisanen kontrolliert wird, verschwindet ein Sturmbannführer (Major) auf einer Erkundungsfahrt mit seinem Kübelwagen und Fahrer spurlos. Die 3. Kompanie des Regimentes „Der Führer" treibt daraufhin alle Einwohner des in der Nähe gelegenen Dorfes Oradour-sur-Glane zusammen, erschießt die Männer und verbrennt Frauen und Kinder in der Kirche. Ein viehischer Vergeltungsakt. Die Strafaktion erregt weltweite Empörung, zum Schaden der deutschen Sache.

Alles hängt jetzt davon ab, ob es gelingt, noch rechtzeitig die Masse der Panzer zum Gegenangriff zu versammeln, bevor nämlich den Amerikanern auf der normannischen Halbinsel Cotentin und den Engländern, die vor Caen an der Orne erst einmal festsitzen, der Ausbruch aus ihren Invasionsbereichen und die Vereinigung im Hinterland gelingt, so daß sie Operationsfreiheit haben. Rommel und Rundstedt fragen sich, wie lange die Front noch halten kann. Wieder einmal bluten die deutschen Verbände in einer Abnutzungsschlacht aus.

Hitler befiehlt jetzt den Einsatz der noch nicht völlig frontreifen Fi 103 der Luftwaffe, einer unbemannten Flügelbombe, die als „V 1" (Vergeltungswaffe 1) bezeichnet wird. Jede V 1 besitzt eine Sprengladung von 750 Kilo. Ihre Bedienung übernimmt das Flak-Regiment Oberst Wachtel. Der Bau der Abschußrampen in Frankreich, den Niederlanden und im Reich ist auf große Schwierigkeiten gestoßen und durch massierte Bombenangriffe auf die geheimnisvollen Objekte erheblich verzögert worden.

Sinnvoll wäre nur ein Massenbeschuß der Nachschubhäfen an der englischen Südküste für die Invasionsarmee. Aber zunächst stehen ganze 300 V 1 zur Verfügung, und Hitler ordnet die Bombardierung von

Groß-London an. Binnen 80 Tagen, vom 13. Juni 1944 an gerechnet, werden 8000 V 1 auf London abgeschossen. Die britische Zivilbevölkerung zählt 5649 Tote und 16 194 Verwundete. Etwa 25 Prozent der Flügelbomben erreichen den Zielraum, 49 Prozent der wie dicke, ungeheure Brummer dahinziehenden Lenkgeschosse werden von britischer Flak oder Jägern heruntergeholt, die anderen sind Irrläufer – Schicksal einer „Wunderwaffe", die zu spät konstruiert und zu früh, und obendrein noch mit falschem Ziel, zum Einsatz gebracht worden ist.

Die Luftflotte 3 erhält zwar Verstärkungen, an einigen Tagen bis zu 100 Jägern pro Tag, aber die Luftherrschaft über dem Kampfraum kann sie nicht gewinnen, trotz hoher Abschußziffern der Jagdflieger. Die Infanterie bei Caen, auf der Halbinsel Cotentin, vor den britischen und amerikanischen Landestreifen, die schweren Fliegerangriffen und starkem Artilleriefeuer ausgesetzt ist, wartet vergeblich auf Panzer. Am 7. Juni 1944 ist die „Panzergruppe West" endlich Rommel unterstellt worden. Die 21. Panzer- und die Panzer-Lehr-Division sowie die 12. SS-Panzer-Division „Hitlerjugend" sollen unter General Geyr v. Schweppenburg zum Gegenstoß bereitgestellt werden. Ein vernichtender Luftangriff schaltet den Stab der „Panzergruppe West" aus, der Chef des Stabes fällt. Darauf erhält SS-Oberstgruppenführer Sepp Dietrich mit dem I. SS-Panzerkorps Befehl, den Angriff zu führen. Alliierte Lufteinsätze fügen den Panzern schon beim Aufmarsch erhebliche Verluste zu. Laut Rommel soll der erste Panzerangriff auf den schwächeren amerikanischen Landekopf auf der Halbinsel Cotentin angesetzt werden. Hitler entscheidet, die viel stärkere Position der Engländer bei Bayeux müsse beseitigt werden. Viele der eingesetzten Panzer leiden unter Treibstoffmangel. Nach Anfangserfolgen bleibt der Angriff liegen. Wer hat nun Recht behalten, Rommel oder Rundstedt? Sicherlich Rommel – aber mit dieser Einsicht ist die Schlacht in der Normandie, an der nordfranzösischen Küste auch nicht mehr zu gewinnen. Briten wie Amerikaner erweitern unter freilich sehr verlustreichen Kämpfen ihre Landezonen und schieben sich ins Hinterland vor.

Am 14. Juni 1944 erzielen die Amerikaner auf der Cotentin-Halbinsel den Durchbruch gegen die 7. Armee, die Festung Cherbourg wird von See aus blockiert, zu Lande abgeschnitten.

*Generalfeldmarschall Erwin Rommel (rechts) war seit 1. Januar 1944 Oberbefehlshaber der Heeresgruppe B in Frankreich. Differenzen mit dem ihm vorgesetzten Oberbefehlshaber West, Generalfeldmarschall Rundstedt, verhinderten, daß sein Konzept eines sofortigen Angriffs auf die Invasionstruppen voll durchschlagen konnte.*

*Am frühen Nachmittag des 6. Juni 1944 läßt sich Hitler die alliierten Landeköpfe in der Normandie auf einer Landkarte markieren. Umstehende hörten dabei die Worte: „Die Nachrichten könnten gar nicht besser sein! Solange sie in England waren, konnten wir sie nicht fassen. Jetzt haben wir sie endlich dort, wo wir sie schlagen können."*

Generalfeldmarschall v. Rundstedt sieht der Weisheit letzten Schluß in einem Generalangriff mit allen Panzer-Divisionen, unter Heranziehung der völlig untätig und nutzlos im Pas de Calais stehenden 15. Armee mit ihren noch nicht abgekämpften Infanterie-Divisionen.

In Margival, nördlich von Soissons am „Chemin des Dames" (Damenweg), der im Ersten Weltkrieg einer der Brennpunkte des Stellungskrieges gewesen ist, hat sich Hitler für das Unternehmen „Seelöwe", die Invasion in England, 1940 eine Bunkeranlage als Hauptquartier errichten lassen. Hier trifft er am 17. Juni 1944, vom sicheren „Berghof" kommend, persönlich ein, wie es Rommel und Rundstedt dauernd gefordert haben. Der Schwabe Rommel kann sehr unverblümt sein. Er sagt voraus, der Gegner werde in der Normandie und bei Bayeux in die Tiefe durchbrechen, Bewegungsfreiheit erlangen und auf Paris marschieren. Eine zweite Großlandung im Pas de Calais sei nicht mehr zu erwarten. Und er wird noch derber: Hitler verlange von seinen Generalen Vertrauen, während er, Hitler, kein Vertrauen zu den Generalen habe. Rommel fordert Operationsfreiheit, die Zurücknahme der ganzen Heeresgruppe B hinter die Orne. Rundstedt, der den „Oberösterreicher", wie er Hitler grimmig in engem Kreis zu nennen pflegt, nicht leiden kann, sekundiert Rommel: Ihre letzte Empfehlung: den Krieg im Westen so schnell wie möglich beenden.

Hitler wird barsch, Rommel möge sich lieber um seine Front kümmern statt um den Fortgang des Krieges. Den Abzug der 15. Armee lehnt er brüsk ab. Die beiden Generalfeldmarschälle schlagen vor, die V 1 lieber auf die Nachschubhäfen des Feindes anzusetzen statt auf London. Hitler lehnt natürlich auch das ab. Inzwischen schlägt ein Irrläufer der V 1 in der Nähe von Margival ein. Das löst in Hitlers Umgebung Unruhe aus. Was geschieht wenn der „Führer" fällt? Hitler verläßt Margival wieder.

Das Ergebnis aller Besprechungen ist gleich Null, bis auf einen Effekt. Hitler befindet, Rundstedt, Jahrgang 1875, sei nun wirklich zu alt und zu schwunglos geworden. Er wird, nach der Kaltstellung im Herbst 1941, zum zweiten Mal abgelöst und durch Generalfeldmarschall v. Kluge ersetzt, der von seinen schweren Verletzungen bei einem Autounfall wieder genesen ist.

Aus Ungarn werden zwei neue SS-Panzer-Divisionen herangeholt, die 9. „Hohenstaufen" und die 10. „Frundsberg". Sie bildeten die Eingreifreserve für die Heeresgruppe „Südukraine", die jetzt längs der alten rumänisch-russischen Grenze das Tor zum Südosten verteidigt.

Die Lage verschlechtert sich, daran kann auch Kluge, den seine Adjutanten den

„klugen Hans" nennen, nichts mehr ändern. Am 26. Juni 1944 kapitulieren in Cherbourg der Festungs- und der Seekommandant, Generalleutnant v. Schlieben und Konteradmiral Hennecke. Prompt meldet die britische Rundfunkpropaganda, Schlieben werde „der Seydlitz" des Westens werden, was kompletter Unsinn ist.

Am 9. Juli 1944 nehmen britische Truppen, nach dem Zeitplan Montgomerys vier Wochen zu spät, endlich Caen und bereiten sich auf den Stoß in die Tiefe vor, am 18. Juli 1944 setzen sich die Amerikaner in der Normandie in den Besitz des entscheidenden Straßenknotenpunktes St. Lô. Hält hier die 7. Armee nicht mehr, können auch sie ins Hinterland durchbrechen.

Den Luftraum über und hinter der deutschen Front beherrschen die Jagdbomber („Jabos") der Alliierten. Sie hetzen den Oberbefehlshaber der 7. Armee, Generaloberst Dollmann, zu Tod, als sie bei einer Frontfahrt dessen Wagen attackieren und ihn zur Flucht über die Äcker zwingen. Dollmann erliegt einem Herzanfall. Am 17. Juli 1944 fährt Generalfeldmarschall Rommel vom Gefechtsstand der „Panzergruppe West" zum Schloß in La Roche-Guyon zurück. Beim Dorfe St. Foy de Montgomery – welche Ironie der Geschichte! – stürzen sich „Jabos" auf seinen Wagen. Der Fahrer verliert die Kontrolle, das Auto überschlägt sich. Rommel bleibt mit schweren Verletzungen bewußtlos liegen. Generalfeldmarschall v. Kluge übernimmt zusätzlich die Führung der Heeresgruppe B.

Drei Tage später hält Deutschland den Atem an. Hitler hat sich endlich entschlossen, die Bergeinsamkeit am Obersalzberg wieder zu verlassen, und sich in die „Wolfsschanze" nach Rastenburg in Ostpreußen zurück begeben. Die Rote Armee, von Generalfeldmarschall Model nur noch mühsam gebändigt, brandet an die Reichsgrenze heran. In Polen marschiert sie auf Warschau, in Galizien gelingt es den Deutschen, bei schweren Einbußen die Front wieder zu stabilisieren. Hitler glaubt – und darin hat er nicht einmal Unrecht – seine Anwesenheit unmittelbar hinter der Front, werde den Abwehrwillen der Truppe stärken. Solange der „Führer" in der Nähe ist, das glauben nun einmal die Soldaten unter den fürchterlichsten Kampfbedingungen, wird es schon irgendeine „Rettung" geben. Die Propaganda des Reichsministers Goebbels betreibt zielbewußt die Verbreitung von Gerüchten über „Wunderwaffen", die bald eingesetzt werden sollen.

Am 20. Juli 1944, einem strahlenden Hochsommertag in Ostpreußen wie in der Reichshauptstadt, detoniert um 12.42 Uhr in der Holzbaracke, in der wegen der Umbauten an den Bunkern der „Wolfsschanze" die übliche „Mittagslage" stattfindet, eine Zeitzünderbombe. Der Chef des Stabes des Ersatzheeres, Oberst im Generalstab Graf v. Stauffenberg, sollte in wenigen Minuten mit seinem Referat über die Aufstellung neuer Divisionen beginnen. Stauffenberg aber hat sich entfernt, um, angeblich, noch ein Ferngespräch mit Berlin führen zu können. Die Wirkung der Explosion ist verheerend. Einer der mit der Protokollierung der „Lagen" beauftragten Reichstagsstenographen ist sofort tot. Generaloberst Korten, Generalstabschef der Luftwaffe, Generalleutnant Schmundt und Oberst im Generalstab Brand (einer der Verschwörer), sind schwer, wahrscheinlich tödlich verletzt. Generalleutnant Heusinger, der seit Anfang Juli provisorisch als Chef der Operationsabteilung die Geschäfte für den kranken Generaloberst Zeitzler führt, erleidet leichte Verletzungen, wie die meisten Teilnehmer an dieser „Lage". Oberst Graf Stauffenberg beobachtet noch die Wirkung der von ihm unter dem Lagetisch in einer Aktentasche plazierten Bombe. Dann gelingt es ihm, nach Berlin zurückzufliegen.

Stauffenberg glaubt, Hitler müsse tot sein. Er ist lange Chef der Organisationsabteilung des Generalstabes im Generalstabslager „Mauerwald" in Ostpreußen gewesen, hat sich dann 1943 freiwillig zur Front in Tunis gemeldet und ist als Generalstabsoffizier der 10. Panzer-Division bei einem Jabo-Angriff schwer verwundet worden. Ein Auge blieb blind. Ursprünglich hat er Hitler bewundert. Dann kam ihm über der Tätigkeit im Hauptquartier die Einsicht, daß Hitler der Totengräber eines Reiches ist, dem sich die Stauffenbergs seit Hunderten von Jahren verpflichtet gefühlt haben. Hitler ist der Oberst mit der schwarzen Augenklappe mehrfach bei Lagebesprechungen aufgefallen, ohne daß er mit dem Namen besondere Erinnerungen verbindet. Er hat Keitel gefragt, wer denn dieser Offizier mit der schwarzen Binde sei. Keitel: „Der Chef des Stabes des Ersatzheeres, Oberst Graf v. Stauffenberg, mein Führer". Hitler mit dumpfer Stimme: „Ein unheimlicher Mensch".

Stauffenberg trifft am Nachmittag in Berlin ein, immer im festen Glauben, daß Hitler tot sei. Im Oberkommando des Heeres in der Bendlerstraße, dem ehemaligen Reichswehrministerium, haben sich die militärischen Hauptverschworenen versammelt: Der ehemalige Generalstabschef Generaloberst Beck, der Chef des Allgemeinen Heeresamtes General Olbricht, der von Hitler davongejagte Generaloberst Hoepner. Ihr Vorhaben, von Stauf-

*Generalfeldmarschall Günther von Kluge, seit 2. Juli 1944 Oberbefehlshaber West, trat am 19. Juli 1944 nach Rommels schwerer Verwundung auch noch dessen Nachfolge als Oberbefehlshaber der Heeresgruppe B an. Wegen Verdachts einer Teilnahme an der Verschwörung des 20. Juli von Hitler seines Kommandos enthoben, nahm er sich am 19. August das Leben.*

*Nachwuchssorgen kannte die Waffen-SS lange nicht. Abenteuerlust, Kameradschaftssehnsucht und Bewunderung der kämpferischen Ideologie, an die Werbeplakate bewußt appellierten, brachten ihr eine Flut von Aufnahmeanträgen.*

fenberg konzipiert, ist es, mit Hilfe der Waffenschulen und des Ersatzheeres, auf Grund der Auslösung des „Walküre-Plans" für den Fall innerer Unruhen, den Staatsstreich in der Heimat zu vollziehen. Stauffenberg setzt den Plan in Gang, spät, sehr spät, denn bei den Stellvertretenden Generalkommandos in der Heimat ist um 17 Uhr Dienstschluß, auch im nunmehr fünften Kriegsjahr. Die meisten Stellvertretenden Kommandierenden Generale, ohne Kenntnis davon, was ihr Chef Olbricht eigentlich im Sinne hat, befinden sich auf Besichtigungsfahrten zur Überwachung der Ausbildung.
Bei den gleichfalls alarmierten Militär- oder Wehrmachtbefehlshabern in den besetzten Gebieten begreift nur der Militärbefehlshaber Frankreich, General der Infanterie v. Stülpnagel, die Stunde, ein alter, in alle oppositionellen Überlegungen Becks und Halders eingeweihter Gegner Hitlers. Mit dem Wachregiment Groß-Paris läßt er die gesamte SS-Führung in der französischen Hauptstadt festnehmen. Widerstand gibt es nicht. Der Chef des SD, Dr. Knochen, wird in einem Nachtlokal überrascht. Beim Stellvertretenden Generalkommando XVII in Wien führt der General der Panzertruppen v. Esebeck die Geschäfte für den zur Kur weilenden General Schubert. Esebecks Stabschef Oberst Kodré steht der österreichischen Widerstandsbewegung „0 5" nahe und veranlaßt ihn zum „Durchgreifen". Soweit man ihrer haft werden kann, werden alle Parteifunktionäre und SS-Führer festgesetzt. Alle haben ihre Dienstpistolen bei sich. Keiner leistet Widerstand.
Die Entscheidung fällt in Berlin, wo sich Oberst Graf v. Stauffenberg verzweifelt bemüht, die Aktion voranzutreiben, während Generalfeldmarschall Keitel von der „Wolfsschanze" aus die über Fernschreiber laufenden Befehle der Verschwörer per Fernsprecher zu durchkreuzen versucht. Hitler lebt. Er hat das Attentat überstanden. Ihm sind nur die Trommelfelle geplatzt, er hat leichte Quetschungen erlitten.
In Berlin scheint zunächst alles nach Plan zu laufen. Das Wachbataillon unter Führung des Majors Remer besetzt auf Befehl des mitverschworenen Stadtkommandanten Generalleutnant v. Hase die Wilhelmstraße. Major Remer, ein schlichter Soldat, soll den Reichsminister Goebbels verhaften, läßt sich aber umdrehen, als Goebbels ihn am Telefon mit dem „Führer" selbst verbindet. Eine Kampfgruppe der Infanterieschule Döberitz besetzt, wie vorgesehen, den Reichsrundfunk. Der Befehlshaber des Ersatzheeres, Generaloberst Friedrich Fromm, wird in der Bendlerstraße interniert, weil er sich weigert, an Hitlers Tod zu glauben und darum nicht mitmachen will. Gegen Abend erreichen auch Panzer der Panzertruppenschule Wünstorf den Fehrbelliner Platz. Ihr Kommandeur, Oberst Glaesener wird unsicher, weil der Stellvertreter Guderians in Berlin, Generalmajor Thomale, Gegenbefehle erteilt.
Inzwischen empfängt Hitler, wie vorgesehen, zwar tief erschüttert, aber im Inneren von einem wilden Haß auf die alte Oberschicht, den Adel und den Generalstab erfüllt, in der er die Urheber des Attentates wittert, den „Duce des Faschismus" Mussolini, der nach einer Besichtigung der neuen italienischen Divisionen nach Rastenburg gekommen ist. Entscheidende Maßnahmen werden getroffen. Der Reichsführer SS, Herr über die Waffen-SS, Chef der deutschen Polizei, seit dem Königsputsch in Italien 1943 obendrein Reichsinnenminister, wird zum Befehlshaber des Ersatzheeres ernannt. Aber, höchst verwunderlich, Himmler ist nicht aufzufinden – in der Stunde des Staatsstreiches! Der Generalinspekteur der Panzerwaffe, Generaloberst Guderian, wird mit der Führung der Geschäfte des Generalstabes beauftragt. Man muß ihn erst suchen, er hält sich auf seinem Gut in Westpreußen auf und ist spazierengegangen.
Himmler hat Kontakte zu einem der zivilen Mitverschworenen gehabt, dem preußischen Finanzminister Popitz. Guderian ist wiederholt von Offizieren aufgefordert worden, sich an einer Beseitigung Hitlers zu beteiligen. Er hat das abgelehnt, aber niemals einen der Kameraden verraten. Im Kreise der höheren Kommandeure, der führenden Generalstabsoffiziere hat sich längst die Erkenntnis durchgesetzt, daß die Tyrannei Hitlers, mit ihren ungeheuerlichen Verbrechen, vor allen gegen die Juden, nur in eine Katastrophe münden kann, sofern es nicht gelingt, diesen Besessenen an der Spitze des Reiches zu beseitigen. Die Kriegsmarine, die Luftwaffe fechten ihren eigenen Kampf. Von der Nachtseite des Krieges bleiben sie zum großen Teil unberührt.
Gegen 22 Uhr wissen die Verschworenen in Berlin, daß alles umsonst gewesen ist. Zuvor ist noch Generalfeldmarschall v. Witzleben erschienen, ein alter geschworener Feind des „Führers". Er ist eines Magenleidens halber seit 1941 nicht mehr verwendet worden und soll jetzt den Oberbefehl über das Heer übernehmen. Witzleben, ein Herr der alten Schule, stellt fest, daß nichts zu „übernehmen" ist, und fährt mit seinem Adjutanten Graf Lynar wieder auf seinen Besitz südlich Berlins zurück.

In den Abendstunden des 20. Juli 1944 – sonderbarerweise findet an diesem Tag keine einziger Luftangriff statt – gelingt es Generaloberst Fromm, sich aus der Internierung zu befreien und die Kommandogewalt in der Bendlerstraße wieder zu übernehmen. In krankhafter Hast beraumt er ein Standgericht an. General Olbricht und seinen Stabschef Oberst Merz v. Quirnheim, Oberst Graf v. Stauffenberg und dessen Adjutant Oberleutnant v. Haeften werden zum Tod verurteilt. Generaloberst a.D. Beck will sich selbst erschießen. Das gelingt ihm bei zwei Versuchen nicht. Ein bis heute unbekannter Feldwebel gibt ihm in einem Waschraum den „Fangschuß". Generaloberst Hoepner lehnt den Selbstmord ab und wird festgesetzt. Die übrigen werden im Hof der Bendlerstraße von einem Kommando des Wachtbataillons Berlin füsiliert. Fromm hat es wirklich sehr eilig. Er hat von der Verschwörung gewußt, hat sie gebilligt – und hat sich dann nicht zum Handeln entschließen wollen, weil er ahnte, daß Hitler lebt.

Nun, als der Putsch gescheitert ist, tritt auch plötzlich der neue Befehlshaber des Ersatzheeres, der Reichsführer SS, Reichsinnenminister und Chef der Deutschen Polizei Heinrich Himmler, aus der Versenkung hervor. Das Geheimnis dieses Abends, seine Unauffindbarkeit, hat er 1945 mit ins Grab genommen.

Groteske Maßnahmen werden ergriffen. Der Reichsmarschall läßt sich den Befehl vom „Führer" genehmigen, daß die gesamte Wehrmacht künftig nicht mehr mit Handanlegen an die Mütze grüßen soll, sondern mit erhobener rechter Hand und dem Hitlergruß. Der neue geschäftsführende Generalstabschef Guderian erläßt einen anderen Befehl, wonach jeder Generalstabsoffizier künftig Nationalsozialist sein müsse. Hitler hat ja bereits 1943 die Einsetzung „Nationalsozialistischer Führungsoffiziere" bei der Wehrmacht befohlen, eine Art von Gegenstück zu den Politoffizieren der Roten Armee – eine Einrichtung, die allermeist auf das Unverständnis der Kommandeure gestoßen ist. Himmler ordnet die Aufstellung eines Volksheeres an. Die neu formierten Verbände, die die letzten Menschenreserven erfassen, werden Volksgrenadier-Divisionen, Volksartillerie-, Volkswerfer-Korps genannt.

Eine Kette düsterer Todesfälle ereignet sich im höheren Offizierkorps: Am 21. Juli 1944 fällt, so die offizielle Verlautbarung, der Stabschef der 2. Armee, Generalmajor Henning v. Tresckow, bei einer Erkundungsfahrt in vorderster Front. Tresckow endet in Wahrheit durch Selbstmord, er war einer der führenden Köpfe der Offiziersverschwörung. Im Generalstabslager Zossen bei Berlin erschießt sich der Generalquartiermeister des Heeres, General der Artillerie Eduard Wagner, wiederum ein Hauptverschwörer. Schließlich stellt sich heraus, daß auch Generalfeldmarschall Rommel und Generalfeldmarschall v. Kluge eingeweiht waren. Kluge wird an der Westfront abgelöst. Auf der Rückreise in die Heimat nimmt er Gift und hinterläßt ein Schreiben an den „Führer", in welchem er ihn ersucht, Frieden zu schließen.

Je weiter die Untersuchung über die Hintergründe des Attentates fortschreitet, desto mehr enthüllt sich die Existenz einer seit vielen Jahren bestehenden Opposition gegen Hitler in den Kreisen der alten kaiserlichen oder republikanischen Führungsschicht, sozusagen oberhalb der seit 1933 unentwegt, trotz vieler Rückschläge im Untergrund arbeitenden Kommunisten. Hitler will seine Rache haben. Dazu muß er die zumeist adeligen Offiziere fassen. Sie gehören in seinem Sinne nicht vor das Reichskriegsgericht, sondern vor den für politische Vergehen gebildeten Volksgerichtshof. Ein sogenannter „Ehrenhof" des Heeres wird gebildet, der die „Verräter" aus der Armee ausstößt. Damit kann Hitler diese Offiziere, an der Spitze Generalfeldmarschall v. Witzleben und Generaloberst Hoepner, dem Galgen überantworten. Auch Generaloberst Fromm bleibt der Tod von Henkers Hand nicht erspart. Nur bei Rommel scheut Hitler zurück. Im Oktober 1944 zwingt er den Wiedergenesenen durch zwei Generale vom Heeres-Personalamt, Gift zu nehmen, sofern Rommel seine Familie retten wolle. Rommel schluckt das Gift seines „Führers", der ihm ein Staatsbegräbnis zubilligt.

Dies alles ist die gespenstische Kulisse für den Zusammenbruch im Westen, dem die Katastrophe im Südosten, in Rumänien folgt. Ziel der Offiziersverschwörung ist es gewesen, im Westen mit den Alliierten Waffenstillstand zu schließen, im Osten mit den freiwerdenden Kräften den Kampf gegen den Bolschewismus fortzusetzen. Niemand vermag heute zu sagen, wie die Ostfront, nach der Ermordung des „Führers", auf ein Regime unter dem als Reichsverweser vorgesehenen Generaloberst Beck und dem designierten Oberbefehlshaber, Generalfeldmarschall v. Witzleben reagiert hätte. Die Westmächte haben die Nachricht vom Attentat kühl aufgenommen. Die Sowjets hingegen rufen jetzt zur „Solidarität mit den Generalen" auf und begreifen erst spät deren scharfe antibolschewistische Haltung.

Über den 20. Juli 1944 hinweg ist der Krieg weitergegangen. Am 25. Juli 1944 bricht die 3. amerikanische Armee unter General Ge-

*Totenmaske des Generalfeldmarschalls Rommel. Der legendäre „Wüstenfuchs" war in die Pläne der Verschwörer eingeweiht. Obwohl aber an den Vorbereitungen nicht aktiv beteiligt und zur Zeit des Attentats schwerverletzt im Lazarett, wurde er von Hitler zum Selbstmord gezwungen.*

*81 Tage nach der Landung in der Normandie, am 25. August 1944, marschierte das Gros der alliierten Truppen in Paris ein. Mit ihnen Charles de Gaulle, Chef der provisorischen Regierung der französischen Republik, der seit 1940 im Exil in London auf seine Stunde gewartet hatte. Das Bild zeigt ihn mit seinen Anhängern am Arc de Triomphe.*

orge S. Patton von der Normandie aus auf Avranches durch und erkämpft sich gegenüber der versagenden 7. deutschen Armee Bewegungsfreiheit bis hinunter ins Seine-Becken. Ein Gegenangriff der deutschen 5. Panzer-Armee in Richtung Mortain gelingt nicht mehr. Die Amerikaner nehmen Le Mans. Am 15. August 1944 landen die Alliierten in Südfrankreich. Am 16. August brechen die englisch-kanadischen Divisionen Montgomerys von Caen aus auf Falaise durch. Der 5. Panzer-Armee droht im Raum Mortain-Falaise die Einkesselung. Mit der Invasion in Südfrankreich in der tiefen Flanke der Armeegruppe Blaskowitz beginnt der Zusammenbruch der deutschen Besatzung Südfrankreichs. Die Westküste mit den großen U-Bootbasen muß geräumt werden. Inzwischen hat Hitler den ihm verdächtig gewordenen Generalfeldmarschall v. Kluge abgelöst und Generalfeldmarschall Model, den „Retter der Ostfront", zum Oberbefehlshaber West und Oberbefehlshaber der Heeresgruppe B ernannt. Er soll die Westfront „retten". Model kennt den Osten genau. Er hat gegen die neue Aufgabe protestiert. Aber es ist vergeblich. Im Kessel von Mortain-Falaise geht das Gros der deutschen Panzerkräfte zugrunde. 120 000 Mann geraten in alliierte Kriegsgefangenschaft. Nur Trümmer der 5. Panzer-Armee gelangen nach Westen. Paris, wo am 19. August der Aufstand der „FFI" losbricht, gerät in Gefahr. Die SS verläßt die Stadt. Der von Hitler eingesetzte Wehrmachtbefehlshaber General v. Choltitz soll Paris verteidigen und notfalls in ein Trümmerfeld verwandeln. Hitler schickt völlig unsinnige Vernichtungsbefehle. In stiller Zusammenarbeit zwischen Choltitz und dem Chef des Generalstabes der Heeresgruppe B, Generalleutnant Hans Speidel (der seinerzeit Rommel für den „Widerstand" gewonnen hat), werden die Befehle unauffällig hintertrieben. Am 25. August 1944 erreicht eine französische Panzer-Division Paris. General de Gaulle zieht als Sieger ein, Schöpfer eines neuen Frankreich. General v. Choltitz kapituliert, übergibt Paris unzerstört und wird natürlich in Abwesenheit vors Kriegsgericht gestellt. Damit solche „Verräter" in Zukunft besser abgeschreckt werden, hat sich Himmler einen neuen Trick einfallen lassen: Familienmitglieder solcher „Feiglin-

ge" können nun ebenfalls zur Rechenschaft gezogen werden. Motto: „Sippenhaft".
Generalfeldmarschall Model kann nur versuchen, aus den Resten der Heeresgruppe B und der aus Südfrankreich zurückflutenden Armee-Gruppe G eine Front im Vorfeld der Reichsgrenze zu organisieren. Auf Weisung Hitlers sollen im Rücken der alliierten Invasionsarmeen „Festungen" gehalten werden, La Rochelle, Saint Nazaire, die Befestigungen an der Gironde-Mündung, im Norden Boulogne, Calais, Dünkirchen. Die „Festungen" an der westfranzösischen Küste halten tatsächlich. An der Kanalküste wird nur Dünkirchen bis 1945 verteidigt. Die alliierte Offensive überflutet ganz Frankreich bis hin zu den einstigen Reichslanden Elsaß und Lothringen, überflutet Belgien. Brüssel fällt in die Hand der englischen Garde, Antwerpen wird genommen, doch der Riesenhafen bleibt einstweilen blockiert. Die deutschen Befestigungen an der Scheldemündung werden behauptet. Dann tritt ein Stop in allen Bewegungen der alliierten Streitkräfte ein, vor allem bei den Amerikanern. Der Grund: akuter Treibstoffmangel. Der Nachschub von der Invasionsküste ist in Unordnung geraten.
Dies alles hält Feldmarschall Montgomery nicht davon ab, mit der 21. britischen Heeresgruppe sogleich den Endschlag zu versuchen. In einem gewaltigen Luftlandeunternehmen will er Maas, Waal und Niederrhein überspringen, um sich den Weg ins Ruhrgebiet zu erkämpfen, das Zentrum der deutschen Schwerindustrie. Er will sich auf diese Weise gleichzeitig die Möglichkeit sichern, ins Reichsinnere bis nach Berlin vorzustoßen.
Aber die Deutschen sind noch immer gefährlich. Ihre Industrie arbeitet trotz aller Tag- und Nachtbombardements und wartet mit unbekannten schrecklichen Waffen auf. Am 8. September 1944 feuert Heeresartillerie die ersten 27 Fernraketen, „V 2" (Vergeltungswaffe 2) getauft, auf London ab. Die V 2 ist 14 Meter lang, 12,9 Tonnen schwer, fliegt mit Überschallgeschwindigkeit in sehr großer Höhe und führt eine Sprengladung von einer Tonne mit sich. Gegen diese erste Fernrakete der Kriegsgeschichte gibt es keine Abwehr, kein Warnsystem. Britische Experten haben später erklärt, ein Massensatz der V 2 hätte sehr schwerwiegende Folgen haben können. Doch die monatliche Produktion schafft Ende 1944 nur einen Ausstoß von 300 Stück. Der Transport der Ungetüme zu den Abschußrampen bedarf besonderer Spezialwaggons der Reichsbahn. Der günstigste Abschußraum, Nordfrankreich und Belgien, ist bereits in der Hand der Alliierten. Es ist zu spät, nicht nur für Hitler, auch für die deutsche Wehrmacht, für das Reich.

Gegen 13 Uhr hat sich am Sonntag, den 17. September 1944, der Oberbefehlshaber der Heeresgruppe B, Generalfeldmarschall Model, mit seinem Stab im Hotel „Tafelberg" in Oosterbeek bei Arnheim zu Tisch begeben. Nach etwa einer Stunde schlagen plötzlich in unmittelbarer Nähe Fliegerbomben ein. Die Fensterscheiben zersplittern. Eine zweite Serie von Bomben folgt. Alles stürzt in den Garten. Der Himmel ist übersät mit weißen Tupfen. Fallschirmjäger springen ab. Montgomerys Operation „Market Garden" hat begonnen. Die 82. und 101. US-Luftlande-Division sollen die Brücken im Raum Eindhoven – Greve – Nijmwegen nehmen, die 1. britische Luftlande-Division, gefolgt von der exilpolnischen Fallschirm-Brigade, den Raum Arnheim. Ihnen sollen Panzer und Infanterie folgen.
Model, der zu seiner Erleichterung den Oberbefehl im Westen am 5. September wieder an Generalfeldmarschall v. Rundstedt abgegeben hat, verlegt in rasender Eile seinen Gefechtsstand weiter rückwärts nach Terborg und trifft mit der ihm eigentümlichen Umsicht und Tatkraft die ersten Gegenmaßnahmen. Montgomery hat nicht ahnen können, daß die britischen und polnischen Fallschirmjäger ausgerechnet im Bereich des II. SS-Panzer-Korps unter Obergruppenführer (General) Bittrich landeten. Das Korps soll bei Arnheim „aufgefrischt" werden und neues Material erhalten.
Schlechter sieht es bei der benachbarten 1. Fallschirmjäger-Armee Generaloberst Students aus. US-Luftlande-Einheiten bemächtigen sich, wenn auch erst nach Tagen, der großen Brücke über den Waal, der Maasbrücke bei Greve und der Übergänge bei Nijmwegen.
Dann aber kommt der von Model und Bittrich organisierte Gegenangriff zum Tragen. Die britisch-polnischen Fallschirmtruppen werden bei Arnheim eingekreist, die Brücke über den Rhein können sie nicht nehmen. Ihre Bodentruppen kommen nicht mit der notwendigen Präzision heran. Sie erhalten Befehl, sich nach rückwärts durchzuschlagen. Der Großteil gerät in deutsche Gefangenschaft. Es ist der letzte große deutsche Abwehrsieg. Rund 100 Flugzeuge sind abgeschossen worden. Tausende von Gefallenen decken das Gefechtsfeld, 30 aus der Luft abgesetzte Panzerabwehrkanonen werden erbeutet. „Market Garden" ist zum ungeahnten Desaster geworden. Die deutsche Westfront läßt sich nicht in einem einzigen kühnen Sprung überwinden.

*Pierre Laval, anfangs stellvertretender Ministerpräsident unter Pétain, von 1942 bis 1944 Ministerpräsident, lebte in der Illusion, Frankreich wieder seinen Platz in dem von Hitler geordneten Europa verschaffen zu können, vermochte aber trotz aller Winkelzüge die Deutschen nicht daran zu hindern, die Judendeportationen fortzusetzen, die Rekrutierung von Arbeitskräften zu betreiben.*
*Als Inbegriff des „Kollaborateurs", des „Verräters", wurde er im Oktober 1945 von seinen Landsleuten vor Gericht gestellt und zum Tode verurteilt.*

US 324

*Landungsschiffe werden beladen. Bei der Invasion 1944 galt es, gigantische Mengen an Kriegsmaterial zu transportieren.*

## D-Day

Von den westlichen Alliierten seit 18 Monaten vorbereitet, von den Sowjets seit Jahren gefordert und von den Deutschen lange erwartet, begann am 6. Juni 1944 in der Normandie die Invasion. Zu ihrem risiko- und umfangreichsten Unternehmen hatten die Alliierten 3,5 Millionen Soldaten, über 20000 Flugzeuge, 3500 Lastensegler und mehr als 5000 Kriegs- und Handelsschiffe und Landungsboote bereitgestellt.

*Oben: Aus allen englischen Häfen liefen die Schiffe der Invasionsflotte aus.*
*Links Mitte: Ein an Land gesetzter britischer Marinespähtrupp klärt auf, ob die Zerstörung der Landehindernisse so weit vorgeschritten ist, daß die Landung größerer Einheiten riskiert werden kann.*
*Links unten: Von der Brücke eines britischen Kriegsschiffes aus beobachtet Churchill, natürlich auch in diesen erregenden Stunden nicht ohne Zigarre, den Verlauf der Landungsoperationen.*
*Rechte Seite. Oben: Die am Strand aufgepflanzte weiße Kriegsflagge einer als Vorausabteilung gelandeten britischen Marineeinheit hat den Transportern den Weg gewiesen. Unten: Ohne Kampf ist es hier nicht abgegangen; Sanitätssoldaten, kenntlich durch die Armbinde, bemühen sich um die Verwundeten.*

# Landung in Frankreich

„Ich habe dem Hause mitzuteilen, daß wir im Lauf der heutigen Nacht und der frühen Morgenstunden die erste einer Reihe von Großlandungen auf dem europäischen Festland vorgenommen haben. Eine ungeheure Flotte von über viertausend Schiffen, mehrere tausend Kleinfahrzeuge nicht eingerechnet, hat den Kanal überquert.
Bis jetzt berichten die Befehlshaber, daß sich alles genau nach Plan entwickelt. Und nach was für einem Plan! Es ist ganz zweifellos, daß diese Operation die komplizierteste und schwierigste ist, die jemals unternommen wurde. Die Gezeiten, Winde, Wogen und Sicht, sowohl aus der Luft als auch auf dem Wasser, waren zu berücksichtigen. Wir können bereits hoffen, daß eine taktische Überraschung erzielt worden ist, und im Verlauf des Kampfes hoffen wir, dem Gegner noch eine Reihe weiterer Überraschungen zu bereiten. Der jetzt begonnene Kampf wird in vielen kommenden Wochen ständig an Umfang und Intensität zunehmen, und deshalb will ich mich auch nicht auf Spekulationen über seinen Verlauf einlassen. Eines darf ich jedoch sagen, innerhalb der alliierten Armeen herrscht völlige Einmütigkeit. Die Waffenbrüderschaft zwischen uns und unseren Freunden aus den Vereinigten Staaten ist aufrichtig. Es herrscht allgemeines Vertrauen in den Obersten Befehlshaber, General Eisenhower, und seinen Stab und ebenso in General Montgomery, den Befehlshaber des Expeditionskorps. Es war, wie ich aus persönlichem Augenschein bezeugen kann, ein großartiges Erlebnis, den Kampfgeist und -eifer der in den letzten Tagen eingeschifften Truppen zu beobachten. Nichts ist vernachlässigt worden, was Voraussicht, Wissenschaft und Technik zu tun vermögen, während die Regierungen der Vereinigten Staaten und Großbritanniens sowie die Befehlshaber mit der äußersten Entschlossenheit den Aufbau dieser neuen, großen Front betreiben werden."
(Churchill im Unterhaus, 6. Juni 1944.)

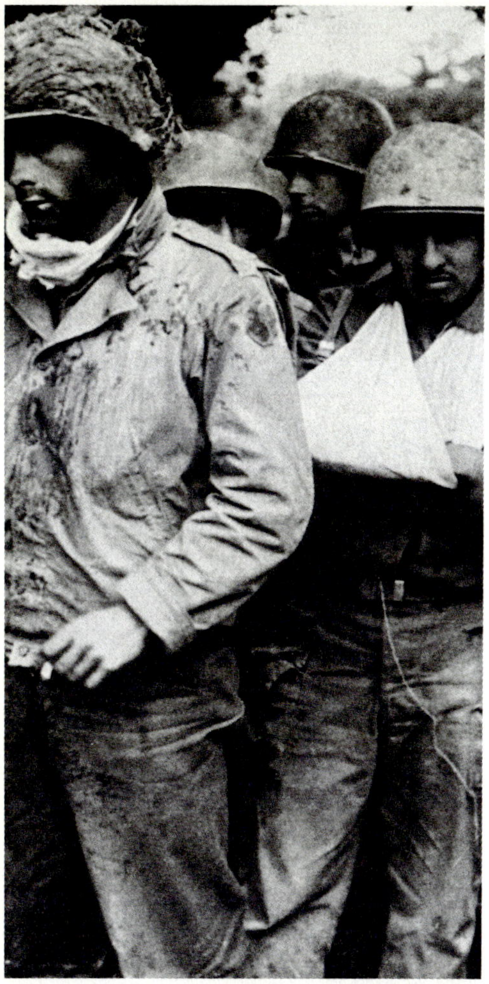

*Links: Eine Formation von „Fliegenden Festungen" Boeing B-17.*
*Rechts oben: Fallschirmjäger haben bei einem örtlichen Vorstoß diese amerikanischen Gefangenen eingebracht.*
*Rechts unten: Die „Jabos", die Jagdbomber, waren der Hammer, der alles zerstörte und den Amerikanern bei Avranches das Tor zur Straße in den Sieg aufschlug. Bei Tag war kaum eine Bewegung der deutschen Truppe möglich. Sie endete in den Deckungslöchern.*

## Künstliche Häfen

Das Problem, 20 Millionen Tonnen Kriegsmaterial auszuladen, wurde mit künstlichen Häfen, den sogenannten „Mulberries" bewältigt. Churchill selbst hatte die Idee hierzu geliefert. An der französischen Küste wurden mit schnell bindendem Zement beladene Schiffe als improvisierte Wellenbrecher versenkt. Sie waren mit Stahlbetonrohren miteinander verbunden. Dieses System wurde dann zusätzlich mit riesigen Senkkästen verstärkt. Im Schutz der so entstandenen Deiche konnten bis zu sieben Liberty-Schiffe und etwa 30 Landungsboote gleichzeitig entladen werden.

*Oben: Wo die Landung geglückt war, da wurden unverzüglich immer größere Mengen von Kriegsfahrzeugen jeglicher Art in die Landeköpfe gepumpt.*
*Mitte: Hier ist gekämpft worden. Davon zeugen verstreut umherliegende Ausrüstungsgegenstände, das demolierte Fahrzeug und die Verwundeten, für die im Schatten gelandeter Panzerwagen eine behelfsmäßige Verwundetensammelstelle errichtet worden ist.*
*Unten: Amerikanische Verwundete werden in einer englischen Hafenstadt in US-Krankenwagen umgeladen.*
*Rechte Seite: „Port Winston", einer der künstlichen Häfen, aus der Luft aufgenommen.*

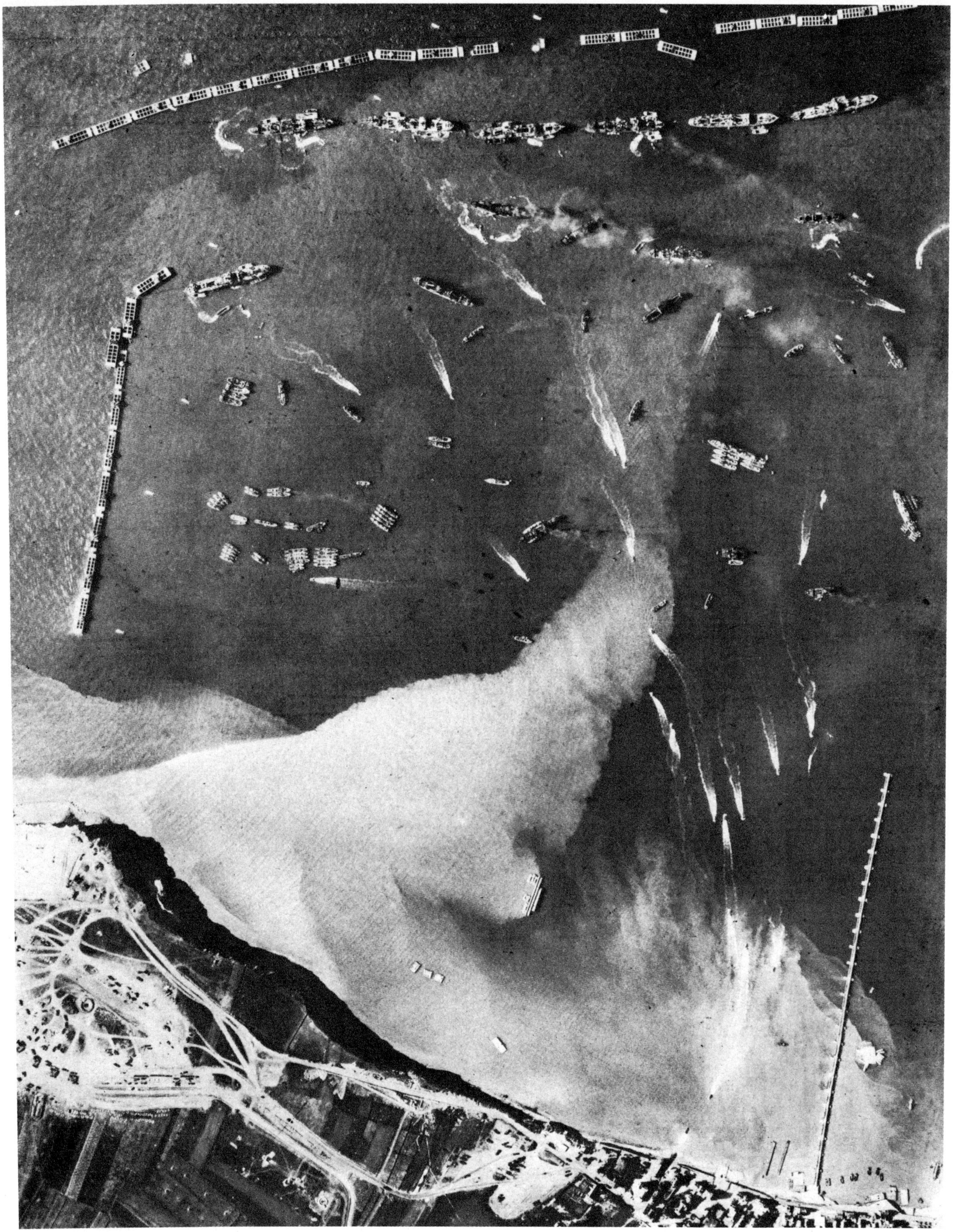

*Zerstörte Panzer und Geschütze der Alliierten auf den Straßen der Normandie. Beim Ausbrechen der Alliierten aus den Invasionslandeköpfen konnte die Wehrmacht noch vereinzelt erfolgreiche Gegenschläge führen. Anfang September befand sie sich auf regelloser Flucht.*

# Jäger in der Defensive

Mit dem Tage des Invasionsbeginns brach eine harte Zeit an für die Männer der schnellen Kampfgeschwader. Mit ihren Me 109 und FW 190 wurden sie in immer erneuten Einsätzen in den Kampf gegen feindliche Erdziele geworfen, einen Kampf, der angesichts der schon rein zahlenmäßig erdrückenden Überlegenheit der alliierten Luftwaffe aussichtslos war.

*Linke Seite. Oben links: Anschauungsunterricht am Modell einer Lancaster. Oben rechts: Vom Feindflug zurückgekehrt, warten die Piloten der Jagdbomber auf den Befehl zum nächsten Einsatz. Unten: Eine Me 109 wird unter die Bäume am Rand des Flugplatzes geschoben, die das Flugzeug feindlicher Fliegersicht entziehen sollen.*
*Oben links: Der Bombenwart überprüft die Zündungsvorrichtung der Bombe.*
*Oben rechts: Dem Flugzeugführer wird der Fallschirm angelegt. An den Unterschenkeln hat er die Munition für seine Leuchtpistole befestigt.*
*Rechts: Die Focke-Wulf 190 startet. Unter dem Rumpf sieht man die Bombe, unter den Tragflächen sind Zusatzbehälter für Treibstoff angebracht.*

F.F.I

*Das Plakat der F. F. I. („Forces Françaises de l'Interieur") feiert de Gaulles Frankreich als Alliierten der USA, Großbritanniens und der UdSSR.*

# Heeresgruppe B im Kessel von Falaise

Nach acht Wochen brach der Damm, der die Halbinsel Cotentin bisher abgeriegelt hatte; acht Wochen, in denen die Alliierten unermüdlich Verstärkungen herangeführt hatten. Jetzt stießen sie in den weiten Raum vor, doch das Schicksal, das ihnen Hitler und das OKW zugedacht hatten, die Umfassung, erlitt nun die deutsche Heeresgruppe B bei Falaise. Die Reste mußten sich schleunigst über die Seine retten.

*Linke Seite. Oben: Artilleriefeuer und Fliegerbomben haben das Netz der deutschen Leitungen zerschlagen. Da sind es die Kradmelder, die die Verbindung zwischen der Führung und der kämpfenden Truppe aufrechterhalten müssen. Unten: Im Gebüsch gut verborgen, lauert Flak auf Selbstfahrlafette auf das Erscheinen feindlicher Tiefflieger.*
*Oben: Hinter dem Stacheldraht. Es sind auffallend viele junge Gesichter unter diesen Gefangenen aus den Kämpfen bei Mortain und Falaise.*
*Rechts: Deutsche Gefangene werden auf der Überfahrt nach England zum Rostklopfen herangezogen.*

1941

# Verschwörung der Offiziere

Seit den Tagen der Sudetenkrise 1938 trugen sich deutsche Offiziere mit dem Gedanken, ihren Obersten Kriegsherrn auszuschalten. Aber es dauerte lange, bis ein Attentat regelrecht geplant wurde. Im Volk wußte man davon nichts, in der Wehrmacht waren nur wenige eingeweiht. So schmal war die Basis der Verschwörung, daß am 20. Juli 1944 sowohl Attentat als auch Staatsstreich an einem einzigen Mann hängenblieben: dem einarmigen, einäugigen Obersten Graf Stauffenberg.

*Linke Seite: Der Raum in der Strafanstalt Plötzensee, in dem die Verschwörer des 20. Juli gehenkt wurden.*
*Oben: Unter Vorsitz von Gerichtspräsident Roland Freisler (vor der Hitlerbüste) machte ein „Volksgerichtshof" kurzen Prozeß mit den Verschwörern. In einem hastig und brutal geführten Verfahren ergingen zahlreiche Todesurteile.*
*Rechts: Oberst Claus Graf Schenk von Stauffenberg war die treibende Kraft in der Militärverschwörung, die am 20. Juli 1944 den Aufstand gegen Hitler wagte.*

# Die Brücke von Arnheim

Mit über 5000 Flugzeugen sollten 35 000 Mann mit ihrem Gerät und schweren Waffen im Rücken der deutschen Front abgesetzt werden. Angriffsziel: die Brükke von Arnheim und andere Fluß- und Kanalübergänge in Ostholland. Die Operation „Market Garden", das größte, aber auch umstrittenste Luftlandeunternehmen des Zweiten Weltkriegs, begann am 17. September 1944. Zunächst glückte den Briten ein Einbruch in Tiefe von neun Kilometern. Dann wandte sich das Blatt. Schlechtes Wetter behinderte die Luftoperationen der Briten, der Nachschub blieb aus; in tagelangen blutigen Kämpfen wurden die gelandeten Verbände auf immer engerem Raum zusammengedrängt. Nach Einbuße von rund 7 2000 Mann wurde die 1. britische Luftlandedivision in der Nacht vom 25. zum 26. September auf das linke Rheinufer zurückgenommen. Obwohl es anderen Luftlandetruppen der Alliierten am 20. September geglückt war, Nimwegen zu nehmen, war das eigentliche Ziel des Unternehmens, sich rechts des Niederrheins festzusetzen, gescheitert. Winston Churchill allerdings versuchte vor der englischen Öffentlichkeit den Mißerfolg möglichst klein zu halten: „Die Schlacht hat mit einem ausgesprochenen Sieg geendet; nur die führende Division, die berechtigterweise nach mehr strebte, ist zerzaust worden ..."

*Links: Massenabsprung der 82. US-Luftlandedivision im Raum Grave am 17. September 1944. Drei Tage später hatte diese Einheit zusammen mit dem XXX. britischen Korps ihr Angriffsziel, die Brücke von Nimwegen, erreicht, konnte aber dann nicht weiter vordringen.*
*Rechte Seite: Montgomery wollte es wissen. Vergeblich hatte er den großen Stoß nach Norden bei Eisenhower angeregt. Jetzt wollte er wenigstens im Handstreich die Brücken in Nimwegen und Arnheim nehmen. Mit einer Riesenarmada von Luftlandetruppen setzte er zum Sprung über den Rhein an – und landete in den Fängen von Bittrichs II. SS-Panzerkorps. Oben: Verwundete der 1. britischen Luftlandedivision in den Straßen von Arnheim. Unten: Britische Soldaten gehen in Gefangenschaft. Ihre Einheit, die die Brücke von Arnheim besetzen sollte, wurde eingeschlossen. Nur 2400 Soldaten gelang der Ausbruch, 7000 blieben als Gefangene, Verwundete oder Gefallene zurück.*

## Vergeltungswaffen

Die fliegende Bombe V 1 wurde ab Juni 1942 speziell zur Beschießung Londons entwickelt. Ihr erster Einsatz unter dem Codewort „Rumpelkammer" erfolgte am 12. Juni 1944. Bis zum Verlust der Abschußrampen an der nordfranzösischen Kanalküste im September 1944 wurden insgesamt 8892 V 1 abgefeuert; danach Fortsetzung der Offensive über die Nordsee durch Abschuß von 1600 V 1 von umgerüsteten Heinkel He 111. Die militärische und psychologische Wirkung dieser „Wunderwaffe" wurde von der NS-Propaganda stark übertrieben. Bei der V 2 dagegen handelte es sich um eine ballistische Fernrakete. Sie war ab 1936 in der Raketenversuchsanstalt des Heeres Peenemünde entwickelt worden. Am 3. Oktober 1942 erfolgte der erste erfolgreiche Probeschuß. Die V 2 konnte auf einem elektrischen Leitstrahl rund eine Tonne Sprengstoff ins Ziel befördern; maximale Reichweite 400 km, Fluggewicht 12,9 t. Eine direkte Abwehr war unmöglich, da die Rakete mit mehrfacher Schallgeschwindigkeit durch die Stratosphäre flog.

*Oben: V 1 im Fluge. Bei einer Stundengeschwindigkeit von etwa 600 km betrug ihr Aktionsradius 250 km.*
*Links: Eine V 2 wird mit ihrem Transportgerüst aufgerichtet.*
*Rechte Seite: Eine V 1 ist in der Londoner City niedergegangen.*

ALITY
FOODS
TO LET

# Bombenkrieg

„Rufe von draußen! Wir müssen raus aus dem Haus. Wir können es nicht halten. Ringsum brennt der Häuserblock. Wir sitzen wie in einer Mausefalle, so weit haben sich die Brände inzwischen ausgebreitet. Raus!
Aber hinaus in den Funkenregen? Ich hänge mir den Bademantel über den Kopf, tauche die Decke in das Wasser der bereitstehenden Tonne, zwei Nachbarinnen machen es ebenso, wir hängen die nassen Decken um, gehen hinaus. Und stehen einen Augenblick vor Entsetzen still.
Aus dem brennenden Haus gegenüber sehen wir zwei Menschen stürzen. Der eine sinkt um, bleibt liegen. Die Kleider brennen. Es ist eine Frau. Der Mann bemüht sich um sie. Ich sehe noch im Vorbeihuschen, daß der Mann drüben seine Frau aufzurichten versucht, daß sie schlaff zurückfällt, daß der Mann aufspringt und davonläuft. Ich stolpere über Draht. Um Gottes willen, es sind die glühenden Drähte der Straßenbahn! Ich keuche weiter. Rechts vor mir kracht ein Giebel nieder. Ein Regen von Funken sprüht auf wie ein Feuerwerk.
Weiter, weiter! Karstadt ... alles brennt. Immer wieder muß ich über brennende und schwelende Balken klettern. Endlich kann ich die Frauen vor mir einholen. Es hat eine Stockung gegeben. Alles rennt und schreit durcheinander. Brenninkmeyer ... ein Flammenberg. Die Nordmannstraße ... links und rechts flammende Mauern.
An der Ecke Münzstraße ein neues Durcheinander schreiender, gestikulierender Menschen, von den Lichtern der Flammen überzuckt, umwölkt von Dunst und Rauch, überrieselt von Funken. Die Lange Laube ist nicht passierbar.
Da ist plötzlich eine Treppe vor uns. Der Klagesmarktbunker. Die Treppe ist voll schreiender Menschen, die nicht weichen wollen. Ich verliere den Boden unter den Füßen, werde hochgehoben, wie eine Puppe weitergereicht, über die Köpfe hinweg. Dann liege ich auf weißem Leinen, lang ausgestreckt.
(Brief aus Hannover nach dem Großangriff, Oktober 1943.)

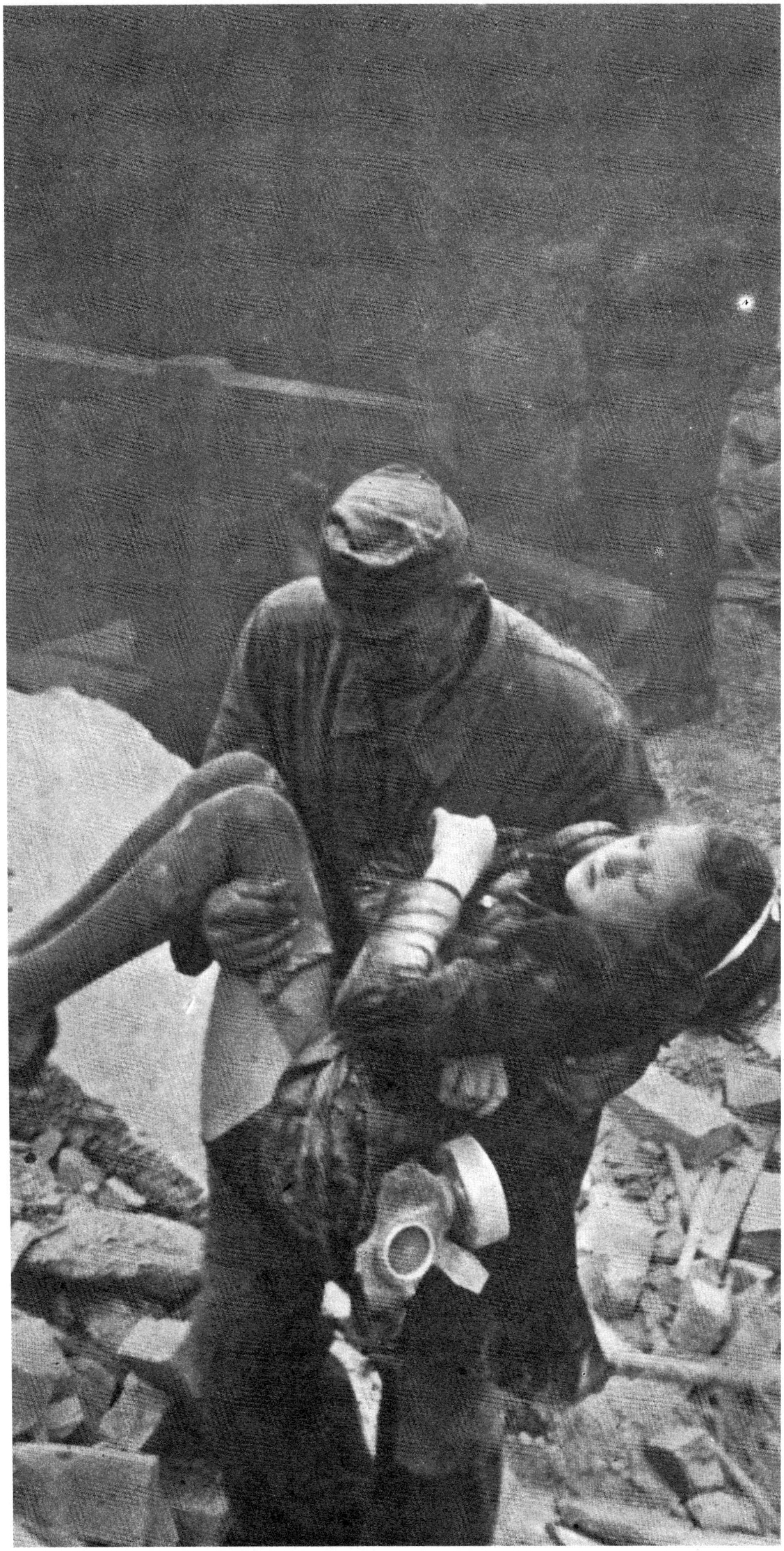

*Linke Seite und rechts: Auge in Auge mit den potentiellen Opfern, mit Frauen und Kindern, wäre wohl kaum einer der Bomberpiloten bereit gewesen, seine tödliche Last auszuklinken. Die Anonymität des Leidens und Sterbens, das er erzeugte, machte ihm erst die Ausübung seines furchtbaren Handwerks möglich.*

# Die Städte sterben

Das große Sterben der deutschen Städte begann mit dem verhängnisvollen Beschluß des britischen Kabinetts vom 14. Februar 1942. Um die Moral der Zivilbevölkerung zu brechen, sollten von nun an die deutschen Städte „flächig" bombardiert werden. Bis Kriegsende wurden auf Deutschland insgesamt zwei Millionen Tonnen Bomben geworfen. Die Verluste der deutschen Zivilbevölkerung gingen in die Hunderttausende. Die Engländer und Amerikaner verloren 158546 Offiziere und Mannschaften an fliegendem Personal sowie 40379 Flugzeuge.

*Linke Seite: Im Abwehrstand eines deutschen Kampfflugzeuges lauert der Bordschütze auf feindliche Maschinen.*
*Oben: Zerstörte Häuser, menschenleere Straßen – weite Teile Hamburgs boten gegen Kriegsende das Bild einer toten Stadt.*
*Rechts: Opfer eines Bombenangriffs.*

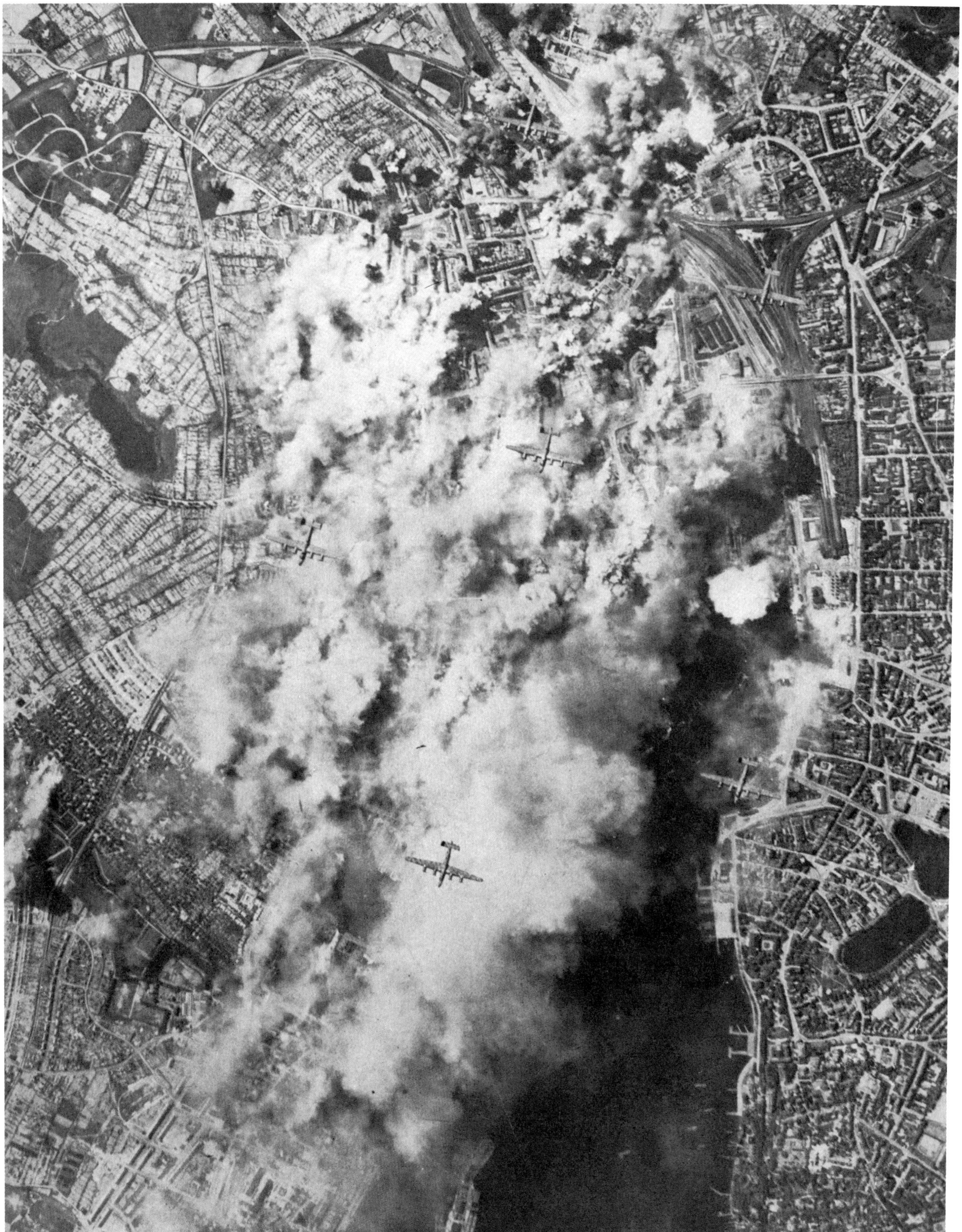

# Dresden

In Nacht- und Tagesangriffen verwandelten RAF und USAAF am 13. und 14. Februar 1945 die von Flüchtlingen überfüllte Stadt Dresden in eine Feuerhölle, in der nach zuverlässigen Ermittlungen etwa 100000 Menschen ums Leben kamen, mehr als beim Abwurf der Atombombe auf Hiroshima.

Nach dem Kriege konnte nicht mehr einwandfrei ermittelt werden, wer den Befehl zu diesem Angriff gegeben hatte. Starke Indizien deuten darauf hin, daß Churchill – der sich später ziemlich auffällig zu distanzieren versuchte – auf der Gipfelkonferenz von Jalta Eindruck schinden wollte oder dort seinen sowjetischen Verbündeten ein entsprechendes Versprechen gegeben hat.

Am 13. Februar um 22.12 Uhr hatten die Maschinen das Zielgebiet erreicht. Zuerst erschütterten mächtige 3,5-t-Bomben die Stadt, drückten planmäßig Fenster ein und deckten Dächer ab. Im Hagel der darauffolgenden Brandbomben entwikkelte sich in der bis dahin unversehrten Stadt ein gewaltiger Feuersturm. In das Inferno hinein fielen nach 1 Uhr die Bomben der zweiten Welle. Ein Pilot erinnerte sich später, „etwas beschämt“ gewesen zu sein, weil keine einzige Flak feuerte. Im Laufe der ganzen Nacht starteten in Deutschland 27 Nachtjäger. Die Alliierten verloren sechs Maschinen. Am nächsten Tag luden 1350 amerikanische B-17 und B-24 ihre Bomben über dem sterbenden Dresden ab. Ihre fast unbeschäftigten Begleitjäger feuerten im Tiefflug auf die verstörten Menschen, die auf den Ausfallstraßen flohen. Als die Altstadt nach einigen Tagen zu betreten war, ließen die Behörden die Leichenhaufen nach notdürftiger Registrierung auf riesigen Scheiterhaufen verbrennen.

Die Eisenbahnlinien, die nach Churchills Memoiren der Grund des Angriffs waren, wurden nur für einige Stunden leicht gestört.

*Rechts oben: Dresden nach dem Bombenangriff. Der Engel blickt auf eine zerstörte Stadt.*
*Rechts: Luftmarschall Harris (sitzend) war als Befehlshaber des RAF-Bomber-Kommandos einer der Verantwortlichen für den Untergang Dresdens.*
*Linke Seite: US-Bomber über Kiel. Als Reichskriegshafen war die Stadt schweren alliierten Luftangriffen ausgesetzt.*

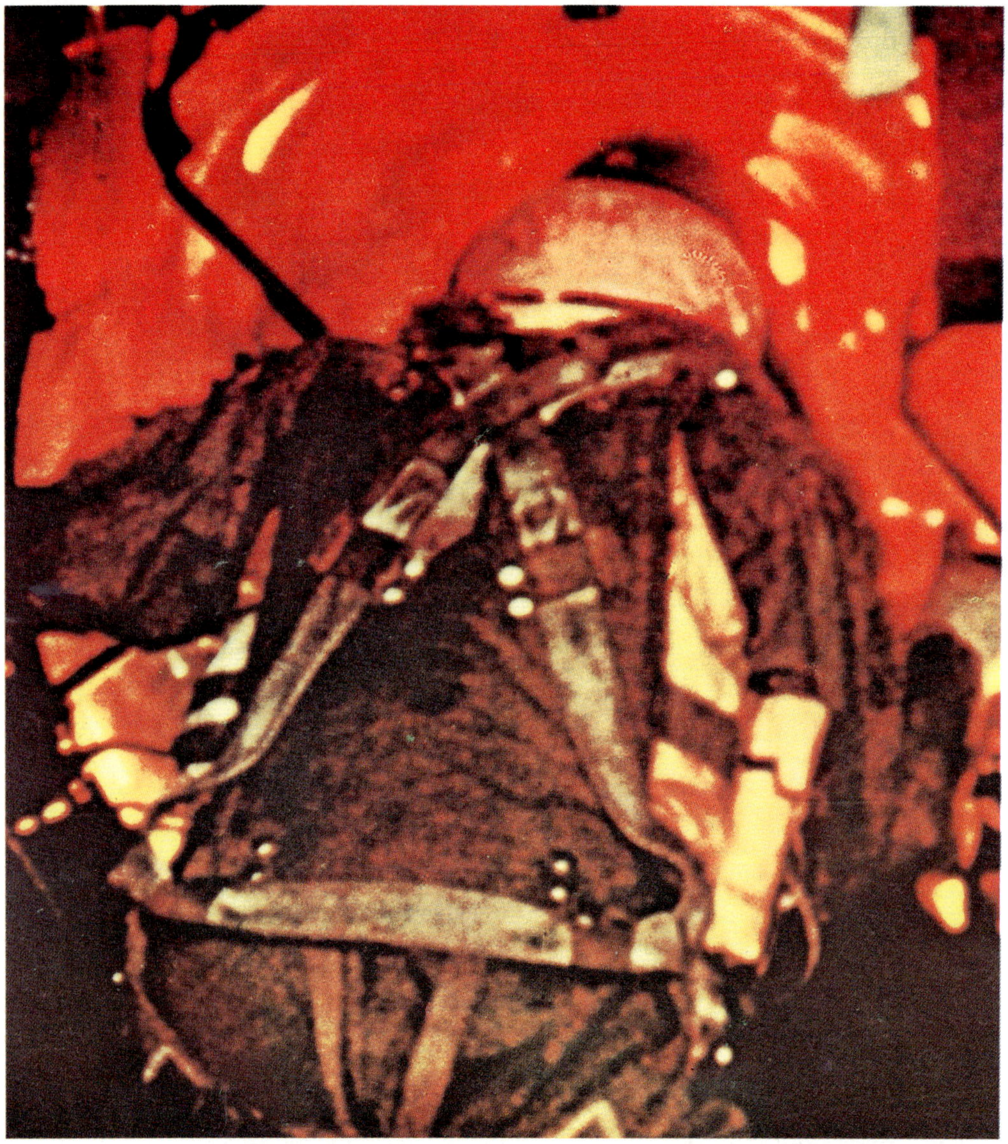

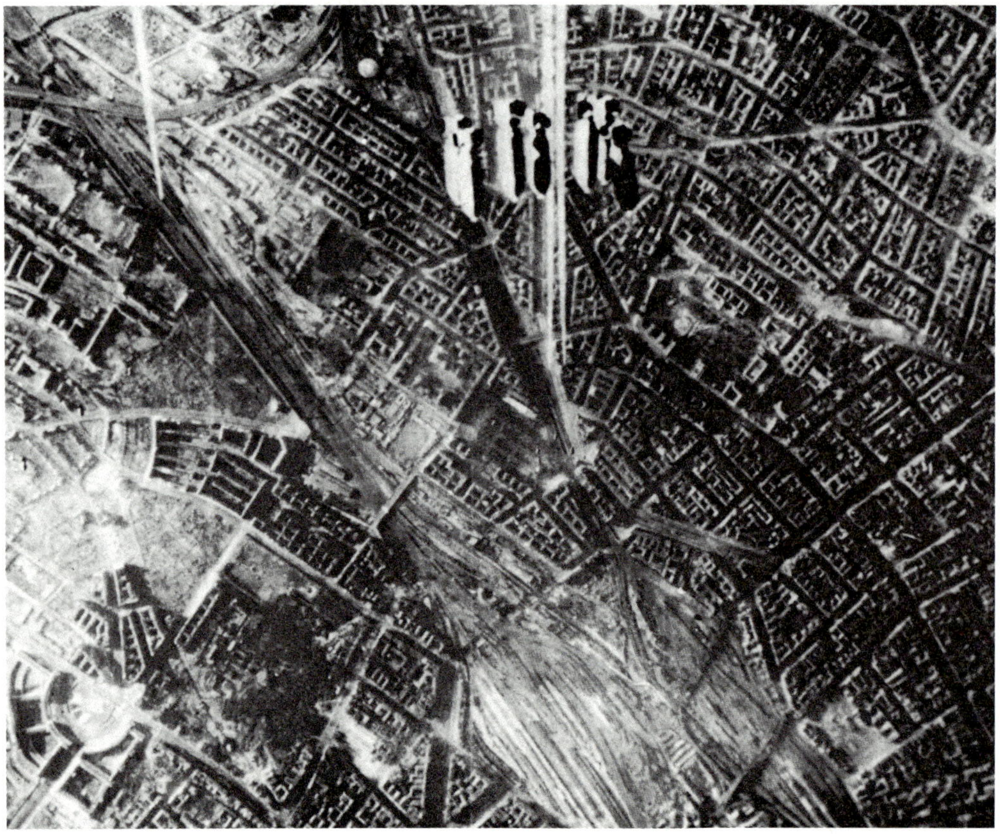

# Eine halbe Million Opfer

In den Kriegsjahren von 1940 und 1941 gab es einzelne Versuche britischer Bomber, deutsches Heimatgebiet anzugreifen, in der vagen Hoffnung, das Bombardement könne die Moral der Deutschen beeinträchtigen. Hitler anwortete 1940 darauf mit dem fatalen Wort: Wenn „sie" – das heißt die Engländer – unsere Städte angreifen, würden wir „ihre Städte ausradieren". Geprobt wurde dies im Zuge der deutschen Luftoffensive gegen England im August und September und weiter in den folgenden Monaten bis zum Frühjahr 1941, ohne daß jedoch die deutsche Luftwaffe imstande war, die britische Jagdverteidigung über der Insel niederzuringen noch die britische Rüstungs-, Hafen- und Stadtzentren „auszuradieren". Die Engländer geben ihre Gesamtverluste in den Jahren 1939 bis 1945 mit 146177 getöteten, vermißten oder schwer verwundeten Zivilpersonen an.

Von 1942 an schlug das britische „Bomberkommando" mit steigender Wucht zurück mit den Massenangriffen auf Lübeck und Rostock und dem ersten exerziermäßig geflogenen „Tausendbomberschlag" auf Köln. Ziel war nicht nur die Zerstörung des deutschen Industriepotentials, sondern auch die Brechung der deutschen Moral in der Heimat. Der Effekt war ein anderer. Die Nöte und Leiden der Zivilbevölkerung, die Schrecken der Bombennächte zwangen die Menschen, die vor die Existenzfrage gestellt wurden, in eine Notgemeinschaft mit dem von den Alliierten verdammten nationalsozialistischen Regime. Die Propaganda, die von Wunderwaffen sprach, die der „Führer" noch in der Rückhand habe, tat ein übriges.

Die Bilanz dieses „totalen Krieges" war furchtbar. An der Spitze der Opferliste steht Dresden mit über 100000 Toten bei den Angriffen vom 13./14. Februar 1945. Ihm folgen Hamburg mit 30000 Toten, von denen der Großteil beim Unternehmen „Gomorrha" zwischen dem 24. und 30. Juli 1943 umkam, und Köln mit 20000 Luftkriegstoten. Insgesamt läßt sich heute schätzen, daß eine halbe Million Deutscher dem alliierten Luftkrieg zum Opfer fiel.

*Links oben: Aus der Bugkanzel beobachtet der Bombenschütze einer Lancaster sein schauriges Werk: Eine deutsche Stadt verglüht im Feuersturm eines nächtlichen Großangriffs.*
*Links: Berlins Innenstadt im Bombenhagel.*
*Rechte Seite: Köln war bei Kriegsende eine der zerstörtesten und auch eine der menschenleersten Großstädte Deutschlands.*

# Kampf ums Reich

Die Bilanz im Westen ist im Herbst 1944 trübe. Großadmiral Dönitz betreibt unentwegt die Herstellung neuer U-Boote des Walter-Typs, eines 200 Tonnen-Bootes für die Küstenverteidigung und eines Hochsee-Bootes von 1600 Tonnen mit 400 Metern Tauchtiefe und elektronischer Unterwasser-Ortung. Die neue Technik macht das alte verräterische Periskop, das Sehrohr überflüssig. Die klassischen Ausfallbasen für den Zufuhrkrieg gegen England an der französischen Atlantikküste aber sind verloren. Nur Norwegen und die Eismeerfront bleiben. Ob die Ostsee als Schulungsbereich gehalten werden kann, wird immer fraglicher.

Zur Katastrophe im Westen gesellt sich eine noch weit größere Katastrophe im Osten. Die Sowjets gewinnen die gesamte Balkanfront. Die 3. und 4. „Ukrainische Front" greifen unter den Generalen Malinowski und Tolbuchin die Heeresgruppe Süd an der rumänischen Grenze an. Hier befiehlt anfangs Generalfeldmarschall Schörner, dann Generaloberst Frießner. Zur Verfügung stehen noch eine rumänische Armee, die 1. und 4. deutsche Panzer-Armee, die 6. und 8. sowie die im Mai 1944 von der Krim evakuierte 17. Armee. Die pathetischen Heeresgruppennamen „Nord"- und „Südukraine" sind aufgegeben worden. Die Ukraine werden diese Verbände doch nie wiedersehen.

Am 20. August 1944 beginnt die sowjetische Offensive gegen das Königreich Rumänien. Die rumänischen Truppen zeigen Auflösungserscheinungen. Die 6. Armee wird im Raum von Jassy – zum zweiten Mal in ihrer Geschichte – eingeschlossen. Rund 150 000 deutsche Soldaten geraten in sowjetische Gefangenschaft. In dieser Stunde entschließt sich der junge König Michael I. von Rumänien zu einem Verzweiflungsakt. Am 23. August 1944 verhaftet er persönlich im Palast den Diktator Marschall Antonescu, der fest zum Bündnis mit Hitler steht und völlig überrumpelt wird, setzt eine Militärregierung aus ihm ergebenen Generalen ein und schwenkt ins sowjetische Lager über.

Ein völliges Chaos für die Heeresgruppe Süd ist die Folge. Sie kann nur versuchen, ihre Verbände aus Rumänien herauszuziehen und über Siebenbürgen hinweg nach Ungarn zu verlagern. Rumänische Truppen nehmen vielfach eine feindselige Haltung ein. Am 30. August 1944 geht das für die deutsche Treibstoffversorgung wichtigste Erdölgebiet, Ploeşti, endgültig verloren. Angesichts der immer neuen alliierten Luftangriffe auf die Hydrierwerke in Deutschland wird die Treibstoffkrise für die Wehrmacht permanent. Bukarest, wo anfangs auf Hitlers Befehl deutsche Truppen die Lage wieder unter ihre Kontrolle bringen sollten, erlebt am 31. August 1944 unter wüsten Szenen, Vergewaltigungen und Plünderungen, den Einmarsch der Sowjets, der neuen Verbündeten Seiner Majestät des Königs von Rumänien.

Als nächstes Land zwingen die Sowjets Bulgarien in die Knie. Während der Regentschaftsrat und die Minister noch Fühlung mit den Westmächten suchen, erklärt Stalin dem Land den Krieg. Truppen der Roten Armee marschieren Anfang September in der Hauptstadt Sofia ein. Der prodeutsche Regentschaftsrat wird von bulgarischen Offizieren verhaftet. Die neue Regierung aus linken Offizieren schließt sich den Sowjets an und erklärt ihrerseits Deutschland den Krieg. Die deutschen Lehrtruppen ziehen sich nach Serbien zurück. Armeegeneral Tolbuchin schwenkt nach Serbien ein, zusammen mit bulgarischen Divisionen. Generalfeldmarschall v. Weichs mit der Heeresgruppe F sieht sich unversehens mit viel zu schwachen Kräften nicht mehr nur der Armee Titos gegenüber, sondern auch starken sowjetischen Kräften. Am 20. Oktober 1944 erobern sowjetische Truppen und Tito-Verbände Belgrad, nach der Vernichtung deutscher Deckungskräfte im Kessel von Smederewo. Zwischen den Sowjets und Tito bricht sofort ein Streit darüber aus, wem der Löwenanteil am Sieg gebührt. Tito sieht sowieso mit Unbehagen auf die sowjetischen Truppen in seinem Land, denen er gegenüber Stalin bei Verhandlungen im Kreml nur ein Durchmarschrecht zugestanden hat.

Der Verlust Serbiens hat zwangsläufig zur Folge, daß die Heeresgruppe Südost (E) unter Generaloberst Löhr die ägäischen Inseln und das griechische Festland räumen muß. Das geschieht im Oktober 1944 nach anfänglichem Sträuben Hitlers. Löhr zieht sich über den Balkan, unter Preisgabe auch Albaniens bis nach Kroatien zurück. In Athen bricht nach dem Abzug der deutschen Truppen sehr bald ein Aufstand kommunistischer Partisanen aus, was Churchill Ende 1944 mit dem Einsatz britischer Truppen beantwortet. Griechenland ist britische Einflußsphäre geworden und soll dies bleiben. Das unnatürliche Bündnis zwischen Westen und Osten zeigt sich wieder einmal von der fragwürdigsten Seite. Die Sowjets erfüllt dabei krankhaftes Mißtrauen. Kann der Westen wirklich bündnistreu sein?

Von Italien greifen immer wieder Gruppen der 15. US-Luftflotte die über 2000 Kilometer hinweg nach Norden ziehenden Einheiten Löhrs (Heeresgruppe E) an. Dabei kommt es zu einem peinlichen Zwischenfall: Jagdbomber der USA stürzen

*Linke Seite: Nach dem Fehlschlag der deutschen Offensive im Kursker Bogen ging die Initiative im Osten endgültig an die Sowjets über. Der „Große Vaterländische Krieg" wurde zum Rachefeldzug. Propagandisten wie Ilja Ehrenburg beschworen die Soldaten der Roten Armee: „Heute gibt es keine Bücher, heute gibt es keine Sterne am Himmel. Heute gibt es nur einen Gedanken: Die Deutschen töten, sie töten und in die Erde verscharren. Dann erst können wir wieder an das Leben, an Bücher, an Mädchen, an Glück denken."*

*Admiral Nikolaus Horthy von Nagybánya, 1920 zum Reichsverweser von Ungarn gewählt, stand dem aufkommenden Faschismus wohlwollend gegenüber. 1940 trat er dem Dreimächtepakt bei und beteiligte sich mit Truppen am Balkan- und Rußlandfeldzug. Zunehmende Entfremdung von Hitler ließ ihn nach Auswegen aus der Kriegsbeteiligung Ungarns suchen. Unter Protest stimmte er am 19. März 1944 der Besetzung Ungarns durch deutsche Truppen zu; sein gleichzeitiges Bemühen um einen Separatfrieden für Ungarn scheiterte. Am 15. Oktober 1944 wurde er zur Abdankung gezwungen und in Bayern interniert.*

*Rechte Seite: Finnische Urwaldkämpfer auf Fern-Spähtrupp in Ostkarelien. Als Finnland am 19. September 1944 kapitulierte, hatten die deutschen Truppen hier zusätzlich zu den Russen auch noch die ehemaligen Waffenbrüder gegen sich.*

sich auf eine starke sowjetische Kolonne mit Panzern und Lastkraftwagen in der Meinung, es handele sich um Deutsche, und erzielen beachtliche Erfolge. Ein sowjetischer General findet den Tod. Sofort argwöhnt man im Stab General Tolbuchins, das lang Erwartete sei eingetreten: Die Amerikaner hätten die Front gewechselt.

Der Rückzug Löhrs mit seinen Gebirgskorps und Einheiten, wie der aus Strafbataillonen bestehenden 41. Festungs-Division auf das von Kroaten und Deutschen und auch serbischen Četnik-Einheiten verteidigte Gebiet ist, objektiv gesehen, eine Meisterleistung. Der Zusammenhalt aller Verbände wird gewahrt, alle Abriegelungsversuche des Gegners werden abgewiesen.

Unter dem Eindruck der Niederlage der Heeresgruppe Süd, in Rumänien, die nun versucht, Ungarn zu halten, zerfällt auch das Königreich ohne König unter dem Reichsverweser Admiral Horthy. Das ungarische Heer bricht auseinander, eine ganze Armee tritt zu den Sowjets über. Als der Reichsverweser auf eigene Faust Verhandlungen mit Stalin über den Abschluß eines Waffenstillstandes aufnimmt, läßt ihn Hitler kurzerhand in Budapest verhaften. Eine faschistische Splittergruppe, die „Pfeilkreuzler" unter Führung eines ehemaligen ungarischen Offiziers, bildet eine prodeutsche Schattenregierung. Doch weder der neue „Führer" Ungarns, Ferenc Szálasi, noch bündnistreue ungarische Verbände und die Heeresgruppe Süd können Ungarn auf längere Zeit vor den Sowjets schützen. An Heiligabend 1944 schließen Truppen der Roten Armee die zur Festung erklärte ungarische Hauptstadt Budapest ein. Die Front verlagert sich nach Westungarn.

Unterdes ist auch die gesamte Nordfront vom Baltikum bis nach Nordfinnland zusammengebrochen. Unter den zermalmenden Schlägen einer sowjetischen Offensive gegen die finnischen Truppen, während der die Finnen Wiborg verlieren, schert Freiherr Mannerheim, der „Marschall von Finnland", am 4. September 1944 aus dem Krieg aus und ersucht bei den Sowjets um Waffenstillstand. Das bedeutet den Zusammenbruch der deutschen Seesperre im Finnischen Meerbusen, das Ende der Blockierung der sowjetischen Ostseeflotte, den Verlust zumindest der östlichen Ostsee als U-Boot-Ausbildungsrevier. Der Landkrieg zwingt jetzt der Seekriegführung das Gesetz auf.

Im September 1944 durchbrechen die Sowjets die deutschen Stellungen bei Narwa. Ganz Estland wird von ihnen zurückerobert. Südlich von Riga stoßen am 5. Oktober 1944 sowjetische Einheiten bis zur Ostsee durch. Die Heeresgruppe Nord – später in „Kurland" umbenannt – mit der 16. und 18. Armee wird vom Reich abgeschnitten und behauptet nun einen für die Gesamtkriegführung einigermaßen sinnlosen großen Brückenkopf, ähnlich wie weit drunten im Mittelmeer die Insel Kreta weiter von deutschen Truppen gehalten werden muß; zu welchem Zweck, weiß kein vernünftiger Mensch mehr zu sagen.

Hoch im Norden weicht die 20. Gebirgsarmee aus Nordfinnland nach Nordnorwegen aus, wiederum unter Anwendung der zweifelhaften Taktik der „Verbrannten Erde", was die Finnen, im Grunde alte Freunde Deutschlands, in tiefe Erbitterung versetzt.

Im deutschen Reichsgebiet, das nun tödlich bedroht ist, ruft Hitler am 25. September 1944 zur Bildung des „Volkssturms" auf, in dem alle irgendwie waffenfähigen Männer in der Heimat mobilisiert werden sollen, wenn der Feind einbricht. Alt und jung werden am Karabiner, am Maschinengewehr, im Gebrauch der „Panzerfaust" und des sogenannten „Ofenrohrs", einer von zwei Mann bedienten Panzerabwehrrakete, ausgebildet. Der „Volkssturm" untersteht den Gauleitern, soweit diese die Funktionen eines Reichsverteidigungskommissars haben. Es fehlt an Ausbildern, die das Heer stellen muß, und an Waffen. Zwischen den Gauleitern und den Stellvertretenden Generalkommandos entbrennt vielfach ein unschöner Wettbewerb im Horten von Handfeuerwaffen. An den Ostgrenzen schaufeln sowieso schon seit dem Spätsommer 1944 Zehntausende von Jugendlichen wie alten Männern an ziemlich ärmlichen sogenannten Grenzwällen, behelfsmäßigen, laienhaft angelegten Verteidigungsstellungen, die sich hernach, als die Rote Armee wirklich erscheint, als wertlos erweisen.

Im Süden, Südosten, in Polen und im Vorfeld der ostpreußischen Grenze ergibt sich, als das Jahr 1944 zur Neige geht, das Bild einer zwar dünnen, aber noch einigermaßen stabilen Front. In Polen ist es gelungen, Warschau zu behaupten. Hier hat die „Heimat-Armee" unter Führung des Generals Bór (alias Graf Komorowski) am 1. August 1944 einen Aufstand riskiert, in der Meinung, die Eroberung Warschaus durch die Sowjets stünde unmittelbar bevor. Für diesen Fall müßten in Warschau zugunsten der Londoner Exilregierung gesicherte Verhältnisse geschaffen werden, um eine Machtübernahme durch die provisorische kommunistische „Regierung" zu verhindern. Die Sowjets aber sind nicht gekommen, haben hier sogar einen empfindlichen Rückschlag erlitten, und die

*Josef (Sepp) Dietrich führte in der Ardennenoffensive und beim Kampf um Ungarn die 6. SS-Panzerarmee. Im Malmedy-Prozeß (Juli 1946) wurde er zu lebenslanger Haft verurteilt. Nach vorzeitiger Entlassung im Jahre 1955 kam er abermals vor Gericht, diesmal erhielt er wegen Beteiligung an der blutigen Niederschlagung des sogenannten Röhm-Putsches 1934 eine Strafe von 18 Monaten Gefängnis.*

Deutschen haben mit Heeres-, SS- und Polizeiverbänden den Aufstand niedergeschlagen, wobei zum Wohlgefallen Stalins, ein Großteil der national-polnischen „Heimat-Armee" untergegangen ist. Noch einmal, wie schon 1939, ist Hitler zu Stalins Komplizen geworden.

Gibt es jetzt für die deutsche Kriegführung einen Ausweg? Hitler sieht ihn im Westen. Seit dem 25. September 1944, dem Tag, an dem sich bei der Luftlandeschlacht um Arnheim der große deutsche Abwehrsieg ergeben hat, trägt Hitler sich mit dem Gedanken, im Westen wieder die Initiative zu ergreifen. Im Osten scheint nichts mehr zu holen zu sein. Italien interessiert nicht weiter. Man muß den Westmächten beweisen, daß man immer noch ein ernstzunehmender Bundesgenosse gegen die Sowjets sein könnte: Einmal, so Hitler, müssen sie doch die Gefahr aus dem Osten erkennen.

Nach den Schlachten um die alte Kaiserstadt Aachen, bei denen die Amerikaner schließlich die völlig zerstörte Stadt, die auf Befehl Models – zum Erstaunen seiner Generalstabsoffiziere – buchstäblich bis zum letzten Mann verteidigt worden ist, erobert haben, hat sich hier ein amerikanischer Frontbogen nach Osten hin gebildet. Zweifelsohne besteht die Möglichkeit, diesen durch eine Offensive mit begrenzten Zielen abzuschneiden. Das aber ist es nicht, was Hitler im Sinne hat. Ihm schwebt eine große Offensive in den Ardennen vor. Ziel ist die Rückeroberung von Antwerpen, des größten Nachschubhafens der Alliierten, da Rotterdam noch immer von deutschen Truppen besetzt ist. Also wieder ein „Sichelschnitt"? Fraglos! Amerikanische Militärexperten bezeichnen nach diesem Krieg die strategische Konzeption Hitlers, der der Chef des Wehrmachtführungsstabes Generaloberst Jodl konkrete Formen leiht, als „genial". Das mag stimmen, nur steht der Plan nicht mehr im Einklang mit den Kräfteverhältnissen und der Gesamtlage im Zweifrontenkrieg. Für den Januar 1945 ist mit einer sowjetischen Großoffensive an der Weichsel und am Narew in Polen zu rechnen. Das glaubt jedenfalls der kommissarische Generalstabschef Generaloberst Guderian. Der aber hat wiederum an der Westfront nichts zu sagen und ist außerdem durch seine Temperamentsausbrüche bei Besprechungen, durch sein Bemühen, hohe Offiziere vor der Ausstoßung aus dem Heer und damit vor dem Galgen zu retten, bei Hitler in schlechtes Licht geraten ist.

Alle West-Generale, Rundstedt und Model voran, sind für die „kleine Lösung". Hitler beharrt auf der „großen Lösung". Es ist das alte ermüdende Spiel. Für die „große Lösung" stehen zur Verfügung: die wieder aufgefüllte 5. Panzer-Armee unter General Hasso v. Manteuffel, einem erfahrenen und hochbewährten Panzerkommandeur von der Ostfront und die neu aufgestellte 6. Panzer-Armee mit der Elite der SS-Divisionen unter SS-Oberstgruppenführer (Generaloberst) Joseph (Sepp) Dietrich, einem Haudegen, der einst Hitlers persönliche Leibwache befehligt hatte, die alte Leibstandarte. 8 Panzer- und 4 Panzergrenadier-Divisionen, dazu 23 Infanterie-Divisionen werden versammelt. Wie in besseren Tagen plant Hitler wieder den Einsatz von Fallschirmtruppen hinter den feindlichen Linien zur Sicherung der Maasbrücken. Das Sonderkommando Skorzeny erhält den Auftrag für ein förmliches „Karl May-Unternehmen". Getarnt als „Panzer-Brigade 150" wird Skorzenys Gruppe in amerikanischen Uniformen auf amerikanischen Beutefahrzeugen hinter der amerikanischen Front Unruhe stiften und Panik erzeugen.

Wie üblich ergeht sich Hitler bei den Lagebesprechungen in bombastischen Zusicherungen über die Zuführung neuer Kräfte, vor allem an Volksartillerie- und Volkswerfer-Korps zur Unterstützung der Panzer und der nachfolgenden 7. und 15. Armee. Sie kommen nur tropfenweise.

Reichen die Kräfte überhaupt noch aus, und falls ja, wie lange? Zwischen dem 1. September 1939 und dem 31. August 1944 hat die deutsche Wehrmacht 71 706 Offiziere, 1 614 617 Mann an Toten verloren. 26 327 Offiziere und 899 457 Mann gelten als „vermißt". Der Großteil ist in Kriegsgefangenschaft geraten.

Hingegen ergibt sich auf anderem Gebiet ein ungewöhnliches Bild: Die deutsche Industrie, angespornt durch den Rüstungsminister Speer, erreicht die höchsten Produktionsziffern an Flugzeugen, Panzern, Fernraketen seit Kriegsbeginn. Nur daß jetzt die Treibstoffkrise und in zunehmendem Maße die Lähmung des Verkehrsnetzes oft den Einsatz des Materials blockiert. 27 000 Panzer werden 1944 produziert, 38 000 Flugzeuge, 40 000 Geschütze aller Kaliber und Spezialzwecke. Was die Flugzeugproduktion betrifft, herrscht noch immer Wirrwarr.

Im Herbst 1944 setzt sich selbst beim Generalluftzeugmeister Milch die Idee durch, man müsse einen ganz neuen, billigen „Volksjäger" mit Strahl-(Düsen-)Antrieb schaffen. Damit werden die Heinkelwerke beauftragt.

Aber wie lange kann Hitler überhaupt noch Krieg führen? Im wütenden Zank der Jagdfliegerwaffe um die Ausstattung mit Strahl-Jägern fällt in der zweiten Hälfte 1944 eine halbherzige Entscheidung: Jede 20. Maschine wird beim Umbau der Me

*Heinrich Himmler schreitet im Oktober 1944 eine Formation von Lehrlingen ab. Der Reichsführer-SS eignete sich in den letzten Kriegsjahren eine Fülle von Titeln und Ämtern an: 1943 Reichsinnenminister und Generalbevollmächtigter für die Reichsverwaltung, 1944 Befehlshaber des Ersatzheeres und Chef der Heeresrüstung, 1945 Oberbefehlshaber der Heeresgruppe Weichsel.*

262 ausgespart und als Düsenjäger eingesetzt. Ein Versuchskommando für Strahl-Jäger wird aufgestellt. Bei Probeflügen findet eines der „Asse" der Jagdfliegerei, Major Nowotny, den Tod. Aber die allgemeinen Ergebnisse sind zufriedenstellend, ja vielversprechend. Schließlich formiert man ein Sonderjagdgeschwader mit Strahl-Jägern, Standort München-Riem. Der General der Jagdflieger, Generalleutnant Galland, der Kommodore des Jagdgeschwaders 7, Johannes Steinhoff, werden vom Reichsmarschall abgelöst. Im Sonderjagdgeschwader fliegen schließlich die „Asse" wieder als einfache Piloten.

Auch dies sind Vorzeichen für Hitlers zweite Ardennen-Offensive. Aber darf man 1944 mit 1940 überhaupt noch vergleichen? Die Frage stellen, heißt sie beantworten. Aber Neues fällt dem schwerkranken Adolf Hitler nicht mehr ein.

Am 16. Dezember 1944 herrscht leichter Frost, Eifel und Ardennen sind verschneit, die für die Deutschen entscheidenden hochgewundenen Kolonnenwege in der Eifel zum Teil vereist. Eine dichte, tief hängende Wolkendecke lähmt die alliierte Lufttätigkeit. Mit der 5. Panzer-Armee Manteuffels auf dem linken, mit Sepp Dietrichs 6. Panzer-Armee auf dem rechten Flügel tritt Generalfeldmarschall Model zum Angriff an. Im Hauptquartier der 12. amerikanischen Heeresgruppe General Bradleys in Luxemburg ist man überzeugt, daß vor Weihnachten nichts mehr passieren wird.

Stattdessen kommen die „Krauts", wie man die Deutschen nennt, mit Panzern in nicht mehr vermuteter Zahl. Das VII. US-Korps wird überrannt. Hitlers „Karl May-Unternehmen" mit Fallschirmjägern und Sabotage-Kommandos hinter der amerikanischen Front bleibt bedeutungslos. Doch es zeigt sich in diesen Stunden wieder einmal, wie anfällig der amerikanische Soldat ist. Eine Infanterie-Division gerät in deutsche Gefangenschaft. Flüchtende und versprengte Soldaten tauchen in Sedan auf. Entscheidend für das Gelingen der Panzervorstöße ist die rasche Gewinnung der Maaslinie. Erst wenn diese erreicht und überwunden ist, erhalten die deutschen Panzer im offenen Gelände Operationsfreiheit.

An den wichtigsten Straßenkreuzungen von St. Vith vor der 6. Panzer-Armee, bei

*SS-Standartenführer Joachim Peiper war einer der legendären Draufgänger, deren Taten auch nach dem Krieg noch Bewunderer fanden (so im US-Farbfilm „Panzerschlacht in den Ardennen“ von 1962). Im Malmedy-Prozeß wurde er wegen angeblicher Gefangenenerschießung zum Tod verurteilt und später begnadigt. Aus der Landsberger Todeszelle schrieb er: „Vom Kaukasus bis nach Finnmarken verläuft im weiten Zirkelschlag die Linie der abendländischen Gefechtsvorposten. Vertreter unseres gesamten Kulturkreises halten stumm die Wacht. Und wenn ihre Grabhügel auch eingeebnet sind und viele Länder sich noch immer ihrer edelsten Söhne schämen, so ist es doch einzig dieser Avantgarde der Europaidee zu danken, wenn Dschingis-Khans Erben ihre Panzer noch nicht am Atlantik in die Schwemme fahren.“*

Bastogne mit riesigen Treibstofflagern vor der 5. Panzer-Armee halten amerikanische Kampfgruppen dagegen mit äußerster Verbissenheit. So schwach, wie man sich die „Amis“ vorgestellt hat, sind sie nun wieder nicht. Eine Panzerkampfgruppe der 1. SS-Panzer-Division „Leibstandarte SS Adolf Hitler“ unter dem Obersturmbannführer (Oberstleutnant) Joachim Peiper stößt über Malmedy hinaus auf La Gleize vor. Ihr Auftrag: als erste die Maasbrücken zu nehmen. Im Raum Stavelot-La Gleize bleibt sie liegen! Treibstoffmangel. Nachschub kommt nicht durch. Peiper muß seine Panzer sprengen und sich mit der Mannschaft im Fußmarsch nach rückwärts durchschlagen. Als schließlich Anfang 1945 amerikanische Truppen das Gebiet um Malmedy zurückgewinnen, entdecken sie beim Straßenkreuz südöstlich der Stadt die steifgefrorenen Leichname von 71 erschossenen amerikanischen Kriegsgefangenen. Dietrich, Model und auch Rundstedt ordnen eine Untersuchung an. Sie bleibt stecken. Der Krieg schreitet fort. Nach dem Krieg inszenieren die Amerikaner 1946 den „Malmedy-Prozeß“, um die Waffen-SS eines ungeheuerlichen Kriegsverbrechens zu überführen. „Geständnisse“ werden erpreßt, nach gekauften Zeugenaussagen verurteilt. Was wirklich in Malmedy geschah, wird man nie wissen. Eines bleibt: Der Prozeß wird zum Musterbeispiel arroganter Siegerjustiz.

Gegen Heiligabend 1944 ergibt sich, daß der rasche Vorstoß der 6. Panzer-Armee Dietrichs nicht genügend schnell erfolgt ist. Sehr viel besser sieht es bei der gut geführten 5. Panzer-Armee Manteuffels aus. Eine ihrer Divisionen erreicht fast das Ostufer der Maas. Das Gros freilich beißt sich erst einmal vor Bastogne fest. General Eisenhower in Reims, General Bradley in Luxemburg erkennen die Bedeutung von Bastogne. Die 101. Luftlandedivision unter Generalleutnant MacAuliffe wird eingeflogen. Vor der Stadt steht das XXXXVII. Panzer-Korps des rotweingesichtigen Generals Heinrich v. Lüttwitz, den man im schlesischen Adel wegen seiner Vorliebe für derartige Geschäfte den „Pferdehändler“ nennt. Lüttwitz, ein rauher Soldat, fordert MacAuliffe zur Übergabe auf. Die historisch gewordene Antwort des US-Generals, übergeben auf einem Zettel, besteht in einem einzigen Wort: „Nuts“ (Quatsch).

Kurz vor Weihnachten klart der Himmel auf. Die alliierten „Jabos“, die Bombergeschwader haben wieder freie Jagd. Es ist das Totengeläut für die letzte deutsche Offensive, die noch einmal mit viel Schwung begonnen worden ist und die über die Hälfte der Panzer kostete.

Begreift Hitler, was geschieht? Er hat die Entwicklung von einer für ihn vorbereiteten Bunkeranlage, dem „Adlerhorst“ bei Ziegenberg in Hessen, aus verfolgt und verlangt die Weiterführung der Offensive. Model schlägt vor, jetzt folgerichtig alle Kräfte vom Flügel Dietrichs auf den linken Manteuffels zu verlagern. Hitler verbietet dies. Im Grunde ist die Ardennenoffensive vor Bastogne in einem Stellungskrieg – gegen jedes Gesetz von Panzer-Operationen – erstarrt.

Generaloberst Guderian, der mit dem Generalstab im „Maybachlager“ bei Zossen sitzt, urteilt in seinen „Erinnerungen“, er hätte der Westoffensive im Interesse des deutschen Volkes einen vollen Erfolg gewünscht. Nachdem am 23. Dezember (1944) zu übersehen ist, daß ein voller Erfolg nicht mehr zu erreichen ist, reist er ins Führerhauptquartier, um die sofortige Verlegung aller „entbehrlichen Kräfte“ nach dem Osten, nach Polen durchzusetzen. Er sieht die sowjetische Großoffensive für den 12. Januar 1945 voraus.

Guderian möchte die Aufgabe des Kurland-Brückenkopfes sowie die Überführung der 6. Panzer-Armee nach dem Osten erreichen. Doch er kann sich in keinem Punkt durchsetzen. Die Heeresgruppe Kurland bleibt, wo sie steht. Die 6. Panzer-Armee wird nicht nach Polen, sondern nach Westungarn verlegt. Hitler will die ziemlich unbedeutenden ungarischen Ölquellen zurückgewinnen, die Besatzung von Budapest entsetzen und glaubt an die Möglichkeit eines Vernichtungssieges in der Puszta. Dann könnte er vielleicht auch das rumänische Ölrevier zurückerobern oder zu einem großen Flankenmanöver über die Karpathen hinweg nach Südpolen vorgehen – Phantasien, die mit der Wirklichkeit nichts mehr gemein haben.

Am 12. Januar 1945 bricht, wie Guderian es prophezeit hat, gegenüber der Heeresgruppe A unter Generaloberst Harpe die erste sowjetische Offensive los, mit einem Trommelfeuer aus Tausenden von Geschützen und Stalinorgeln. Für die Rote Armee ist dies die letzte gewaltige Kraftanstrengung. Um den Kampfwillen zu stärken, sind Millionen von Flugblättern verteilt worden, die zur Vernichtung des „faschistischen Tieres“ in seiner Höhle, zur Vergewaltigung der „germanischen Frau“ auffordern. Die Todesstunde für die deutsche Bevölkerung im Osten hat geschlagen.

Bereits am ersten Tag der Offensive der 1. und 2. „Ukrainischen Front“ wird die 4. Panzer-Armee völlig zerschlagen. Eingreifreserven, vor allem das XXIV. Panzer-Korps unter General Nehring, kommen nicht mehr zum Gegenzug, sondern schlagen sich als „wandernde Kessel" nach rückwärts durch. Das auf Befehl Hitlers von Ostpreußen nach Süden auf Lodz dirigierte Generalkommando „Großdeutschland" mit der Elite-Panzergrenadier-Division „Großdeutschland" und dem Fallschirm-Panzer-Korps „Hermann Göring" werden bei Lodz bereits von sowjetischem Artilleriefeuer empfangen. Der Kommandierende General, Dietrich v. Saucken, kann nichts anders mehr tun, als sich mit General Nehring zu vereinigen und sich mit diesem gemeinsam nach Schlesien zurückzuziehen. In Krakau packt der deutsche Generalgouverneur von Polen, Hans Frank, die Koffer.

Der nächste Schlag trifft die Heeresgruppe Nord unter Generaloberst Reinhardt. Ostpreußen gerät in Gefahr, vom Reich abgeschnitten zu werden. Hier greifen seit dem 13. Januar 1945 aus den Narew-Brückenköpfen die 1. – 3. „Weißrussische Front" an. Die oberste Leitung aller Operationen liegt in der Hand des Marschalls Schukow. Die Sowjets drängen auf Elbing und Danzig vor. Um die Verbindung Ostpreußens mit dem Reich zu sichern, schwenkt General Hoßbach mit der 4. Armee – im Einvernehmen mit seinem Oberbefehlshaber Reinhardt – auf eigene Faust aus seinen Stellungen bei der Feste Lötzen nach Westen ab, um auf Elbing durchzubrechen.

Als Hitler Wind davon bekommt, werden Reinhardt und Hoßbach abgelöst, die Bewegung rückgängig gemacht und Generaloberst Lothar Rendulic, wie Hitler gebürtiger Österreicher, ein typischer „Halt"-Spezialist, zum Oberbefehlshaber ernannt. Ende Januar 1945 ergibt sich, daß Ostpreußen mit Teilen der Heeresgruppe Nord vom Reich abgeschnitten ist. Schlesien ist überrannt, das oberschlesische Industrierevier verloren. Die Sowjets haben im Raum Frankfurt die Oder erreicht und stehen somit unmittelbar vor Berlin.Nur einzelne Plätze halten stand, die nach Hitlerschem Rezept wieder zu „Festungen" erklärt worden sind, in Schlesien Breslau, im Norden Posen, Graudenz, Thorn. Danzig wird vorläufig noch von der 2. Armee unter Generaloberst Weiß gedeckt.

Endlose Trecks von Flüchtenden schleppen sich mühsam gegen Westen. Wo die Sowjets überraschend einbrechen, steigt die Lohe der Brände in den Winterhimmel. Vergewaltigungen, Mord und Plünderung kennzeichen den Weg der Roten Armee. Marschall Konjew, der für die Disziplin der eigenen Verbände fürchtet, muß schließlich in Schlesien drakonische Befehle erlassen, um die wüsten Exzesse zu stoppen.

Um die riesige Lücke zwischen den deutschen Truppen in Niederschlesien und an der Ostsee zu schließen, wird eine neue Heeresgruppe „Weichsel" gebildet. Ihre Führung übernimmt Heinrich Himmler persönlich, der es in seiner militärischen Laufbahn freilich nur bis zum königlich bayrischen Fähnrich gebracht, dafür aber im Herbst 1944 eine Zeitlang mit wenig Erfolg eine Heeresgruppe am Oberrhein geführt hat. Im nördlichen Niederschlesien und in der Lausitz gelingt es Generalfeldmarschall Schörner an der Spitze der Heeresgruppe Mitte die deutsche Abwehrfront zu konsolidieren.

Ende Januar/Anfang Februar 1945 kommt auch für die Sowjets der Augenblick, da sie ihre großen Panzer-Operationen erst einmal anhalten müssen, um Mensch und Material eine Atempause zu gönnen. Die Nordflanke des Schukowschen Angriffskeils vor Berlin ist weit überdehnt. Guderian sieht hier die Möglichkeit zu einem Flankenangriff von Südpommern aus. Hier wird alles konzentriert, was man noch an Panzerkräften auftreiben kann, dazu treten SS-Verbände wie die französische Brigade „Charlemagne" und die Panzergrenadier-Division „Wallonien". Die Führung soll General Wenck übernehmen, Guderians Stellvertreter im Generalstab, nicht Himmler, dessen Unfähigkeit eklatant ist. Wenck gilt zurecht als hervorragender Panzerkommandeur und einer der besten Generalstabsoffiziere. Aber Wenck fällt aus. Bei der Rückkehr von der letzten Besprechung über die geplante Operation beim „Führer", erleidet er auf der Fahrt in den Aufmarschraum zwischen Stettin und Arnswalde auf vereister Straße einem Autounfall und wird schwer verletzt. Ohne Wenck verliert der Gegenangriff Mitte Februar 1945, nach Anfangserfolgen, rasch an Schwung und zerflattert. Dafür setzen die Sowjets nun zur „Säuberung" Süd- und Ostpommerns an. Die Bevölkerung, die nicht mehr rechtzeitig flüchten kann, erlebt Entsetzliches, ganze Städte gehen durch vorsätzliche Brandstiftung in Flammen auf. Anfang März ist Pommern östlich der Oder verloren, nur Kolberg hält sich eine Zeitlang gegen sowjetische und rotpolnische Divisionen. Die französische SS-Brigade geht in einem Kessel bei Belgard unter. Am 30. März 1945 fällt auch Danzig. Nur die Halbinsel Hela wird noch von Deutschen gehalten. Der letzte deutsche Bastion in Ostpreußen, Königsberg, kapituliert am 9. April 1945. Der Kommandant, General der Infanterie Lasch, wird dafür in Abwesenheit zum Tode verurteilt, seine Familie eingesperrt. Anfang April behaupten die Deutschen noch die Oderfront im Raum Stettin, die Front in der Lausitz. Schörner verteidigt mit Erfolg Böhmen und Mähren. In diesen letzten Kämpfen gegen die Pan-

*Im Januar/Februar 1945 kam der russische Vormarsch an der Oder zum vorübergehenden Stillstand; schon verbreitete die NS-Führung die Illusion, „Frontstädte" wie Frankfurt an der Oder könnten von Frauen, Kindern und alten Männern gehalten werden. Der Großangriff der Sowjets im April 1945 ließ solche Hoffnungen wie Spreu im Wind verfliegen.*

*„Die großen Drei" in Jalta. Sitzend von links: Premierminister Churchill, Präsident Roosevelt, Generalissimus Stalin. Auf der Krim-Konferenz im Februar 1945 einigten sich die Alliierten über die Aufteilung Deutschlands in Besatzungszonen und die Bildung eines Kontrollrates, über die totale Entwaffnung, die Bestrafung der Kriegsverbrechen, Reparationen usw. Auch über die Zukunft anderer Staaten wurden Abmachungen getroffen; des weiteren wurde die Schaffung einer Organisation der Vereinten Nationen beschlossen.*

zermassen der Sowjets feiern noch einmal die Panzerjagdgruppen der Luftwaffe Triumphe. Der junge Oberst Rudel schießt mit einem besonders bewaffneten Stuka vom Typ Ju 87 zahllose Kampfwagen ab. Insgesamt bringt er es auf 519 Abschüsse. Er wird der höchstdekorierte deutsche Soldat des Zweiten Weltkriegs: Als einziger erhält er das Goldene Eichenlaub zum Ritterkreuz mit Schwertern und Brillanten.

Während Guderian und Wenck noch ihre Gegenoffensive in Südpommern planen, ist inzwischen auf einer Konferenz in Jalta auf der Krim zwischen Stalin, Roosevelt und Churchill die endgültige Entscheidung über Deutschland nach der „bedingungslosen Kapitulation" gefallen. Zwischen dem 4. und 11. Februar 1945 beschließen die „Großen Drei" die Verwaltung des besiegten Deutschland in drei Besatzungszonen. Generell wird alles Gebiet östlich einer gedachten Demarkationslinie, etwa von Hof im Süden bis Lübeck im Norden, also auch die Reichshauptstadt, zur künftigen sowjetischen Besatzungszone geschlagen. Da Stalin sich natürlich entgegen den Wünschen der Londoner polnischen Exilregierung, strikt weigert, die polnische Beute von 1939 herauszurücken, soll Polen mit deutschen Ostgebieten entschädigt werden. Die Sowjetunion beansprucht eine Zone in Nordostpreußen mit den eisfreien Häfen Königsberg und Pillau. Präsident Roosevelt, besorgt um sowjetische Hilfe gegen das noch unbesiegte Japan und um die Mitarbeit Stalins in der künftigen Weltorganisation, den „Vereinten Nationen", zeigt sich, was deutsches Territorium anbelangt, großzügig. Churchill, etwas klüger, warnt vergeblich davor, die „polnische Gans" zu überfüttern.

Der Oberbefehlshaber der Kriegsmarine, Großadmiral Dönitz, sieht es in diesen, fraglos letzten Kriegsmonaten als seine oberste Aufgabe an, alle irgendwie verfügbaren Überwassereinheiten der Marine für die Rettung von Flüchtlingen und den Abtransport von Truppen oder Verwundeten aus den bedrohten Ostgebieten einzusetzen. Auf diese Weise werden bis zum Ende des Kriegs im Mai 1945 über zwei Millionen Menschen nach dem Westen übergeführt.

Im Reichsgebiet verschärft sich die Lage durch die „Operation Clairon" der alliierten Luftwaffe, die planmäßige Lähmung des Verkehrs- und Transportsystems durch ständige Angriffe auf rollendes Material, Eisenbahnknotenpunkte und Verschiebebahnhöfe. Daneben gehen die Terrorangriffe unbeirrt weiter. Am 13./14. Februar 1945 wird Dresden, das mit Flüchtlingen aus Schlesien vollgestopft ist und bisher nie nennenswerte Luftangriffe erlebt hat, zerstört. Die Zahl der Todesopfer beläuft sich auf mindestens 60 000, wahrscheinlich aber auf über 100 000. Die englische Bevölkerung verlor im Luftkrieg von 1940 – 1945 insgesamt 62 000 Tote.

Die Luftwaffe, die Jagdverteidigung, greift zum verzweifeltsten aller Mittel, zum „Rammeinsatz“ von Jägern gegen die Bomberpulks. Der Reichsmarschall stimmt zu. Auch in der letzten Stunde finden sich für solch Unterfangen, das dem der japanischen „Kamikazeflieger“ ähnelt, Freiwillige genug. Oberst Hermann, eins der „Asse“ der Jagdwaffe, greift im April 1945 mit etwa 170 „Ramm“- und konventionellen Jägern über dem Steinhuder Meer einen amerikanischen Bomberverband an. 51 Bomber und Langstreckenjäger werden vernichtet. 78 „Rammjäger“ gehen verloren. Ihre Piloten können sich zumeist mit dem Fallschirm retten, wobei sie natürlich zunächst „vermißt“ gemeldet werden, bevor sie sich bei ihrer Einheit wieder melden können. Hitler hält das für einen neuen Beweis der Feigheit seiner Jagdflieger. Sie wollen sich jetzt „drükken“.

In der Stunde des Finales verliert Hitler die letzten Hemmungen. Gegen angebliche „Defätisten“ und „Verräter“ an der Westfront wird ein „Fliegendes Sonderstandgericht West“ eingerichtet. Die Leitung erhält ein General aus dem Stab der „NS-Führungsoffiziere“. Im März faßt Hitler den Entschluß, aus der Genfer Konvention zum Schutz der Kriegsgefangenen auszutreten. Das redet ihm Großadmiral Dönitz wieder aus, der solche Handlung für Wahnsinn hält. Hitler befiehlt weiter, in allen Gebieten des Reichs, die dem Feind überlassen werden müssen, seien sämtliche Industrie-, Verkehrs- und Versorgungsanlagen zu zerstören. Versagt das deutsche Volk, so lautet seine Aberweisheit, dann ist es auch nicht mehr wert, nach dem Krieg weiterzuleben. Es hat sich Hitlers Größe als unwürdig erwiesen. Fortan geht das Bestreben des Rüstungsministers Speer und der meisten hohen militärischen Kommandeure dahin, diesen Wahnwitz zu durchkreuzen und das Schlimmste zu verhüten.

Den Auftakt zum Finale bildet die Offensive der Engländer und Amerikaner, denen sich am Oberrhein eine französische Armee anschließt, im Westen. Generalfeldmarschall Models Heeresgruppe B wird über den Rhein zurückgedrängt. Am Niederrhein im Raum Wesel bricht Feldmarschall Montgomery nach Nordwesten durch. Am Oberrhein stoßen amerikanische und französische Einheiten nach Süddeutschland vor.

Am 7. März 1945 gelingt es in Models Bereich amerikanischen Panzerspitzen, die Ludendorff-Brücke bei Remagen unversehrt in die Hand zu bekommen. Das „Fliegende Sonderstandgericht West“ verurteilt darauf drei angeblich am Verlust schuldige Offiziere zum Tod. Sie werden erschossen. Der Brückenkopf Remagen läßt sich nicht mehr beseitigen. Anfang April schließen die 1. und 9. US-Armee die Heeresgruppe B in einem riesigen Kessel ein. Vielfach versagt jetzt der Einsatzwille der Truppe. Model, von allen im Stich gelassen, beschließt die Selbstauflösung der Heeresgruppe, ordnet sozusagen auf eigene Faust eine Demobilmachung an, wobei noch kampfwilligen Offizieren und Mannschaften der Ausbruch in Gruppen freigestellt wird. Er selbst zieht den Freitod vor und erschießt sich am 21. April 1945. Im Hinblick auf Paulus' Verhalten in Stalingrad hat er einmal gesagt, für ihn sei undenkbar, daß ein deutscher Generalfeldmarschall in Gefangenschaft gehe.

Aus Italien ist inzwischen Generalfeldmarschall Kesselring herbeigeholt worden, um den nunmehr 70jährigen Rundstedt im Oberbefehl an der Westfront zu ersetzen. Doch dieser Meister hinhaltender Verteidigung kann nur noch Niederlagen verwalten. Die Heeresgruppe G an der südlichen Rheinfront wird nach Süddeutschland abgedrängt. Die Heeresgruppe B scheidet aus. Die Heeresgruppe H kann den Vormarsch Montgomerys nach Nordwestdeutschland nicht mehr stoppen. Am 27. März 1945 werden von nordwestdeutschen Basen aus die letzten V 2-Fernraketen auf London abgefeuert. Das Spiel ist aus, die britischen Panzer nahen.

In Westungarn sind die besten Panzer-Divisionen der SS in vergeblichen Gegenoffensiven gegen die Sowjets verschlissen worden. Budapest ist bereits Mitte Februar gefallen. Marschall Malinowski marschiert auf Wien, das am 13. April 1945 genommen wird. Die Heeresgruppe E unter Generaloberst Löhr wird von der Tito-Armee langsam aus Kroatien hinaus- und auf die Steiermark zurückgedrängt. Für die kroatische Armee, das kroatische Volk für diejenigen Četnik-Verbände, die sich den Deutschen angeschlossen haben, beginnt eine ungeheure Tragödie. Die Banden-Divisionen Titos kennen keine Gnade, wer ihnen in die Hände fällt, wird massakriert. Tito-Gruppen dringen auch auf früher ita-

*Zu den Erscheinungsformen der militärischen Auflösung gehörte das Wüten gegen die eigenen Leute. Während die Fronten zusammenbrachen und die feindlichen Armeen in Deutschland eindrangen, wurden allenthalben „Defätisten“ und „Verräter“ hingerichtet, hier ein Major der Wehrmacht in Wien am 8. April 1945.*

*Das Flugblatt, das zur Wahl zwischen Himmler und Eisenhower auffordert, wurde über Aachen abgeworfen. Die erwartete Wirkung solcher Aktionen auf die Bevölkerung blieb zumeist aus. Dazu hatten unter anderem die Alliierten selbst beigetragen, indem sie im Januar 1943 die Forderung nach bedingungsloser Kapitulation Deutschlands stellten. Die NS-Propaganda hatte seitdem unermüdlich und nicht ohne Erfolg die Kampfgemeinschaft zwischen Führung und Volk beschworen.*

lienisches Gebiet in Istrien vor. Die Gefahr besteht, daß sie nach Norditalien hineinstoßen, wo kommunistische „Rote Brigaden“ bereit stehen. Unter den Schlägen der 8. britischen und der 5. US-Armee ist hier die lange bewahrte Verteidigungsfront zusammengebrochen. Die Alliierten überschreiten im April den Po, die Heeresgruppe C, nunmehr von Generaloberst v. Vietinghoff geführt, weicht nach Norden auf die Alpen aus. Unter Vermittlung des „Höchsten SS- und Polizeiführers Italien“, SS-Obergruppenführer Karl Wolff, kommt hier mit den Alliierten Ende April ein Sonderwaffenstillstand zustande. Die Heeresgruppe streckt die Waffen. Am 1. Mai 1945 herrscht hier Ruhe. Zuvor haben italienische Partisanen Mussolini beim Versuch in die Schweiz zu entkommen, gestellt. Auf Befehl eines kommunistischen Guerilla-Kommandanten wird er mit seiner Geliebten, Clara Petacci, am 28. April 1945 erschossen. In Triest verlegen neuseeländische Einheiten der 8. britischen Armee den Truppen Titos den Weg und retten Triest für das neue Italien.

In Berlin schöpfen der „Führer“ und sein Propagandaminister Goebbels noch einmal Hoffnung. Am 12. April 1945 meldet der Rundfunk den plötzlichen Tod des amerikanischen Präsidenten Roosevelt. Goebbels verkündet sogleich, dies sei die Stunde der Rettung. War nicht Friedrich der Große auch einstmals 1762 durch den unerwarteten Tod der Zarin Elisabeth von Rußland aus einer tödlichen Umklammerung befreit worden, da Elisabeths Nachfolger Zar Peter III. auf die Seite Preußens umgeschwenkt war. Doch Roosevelts Nachfolger, der bisherige Vizepräsident Harry S. Truman, denkt nicht an Kursänderung. Die Hoffnung trügt. Vier Tage später donnern an der Oder die sowjetischen Geschütze. Am 16. April 1945 setzt Marschall Schukow zum Stoß auf Berlin an. In der Lausitz zerbricht die deutsche Front unter dem Angriff Konjews, der von Süden aus auf die Hauptstadt vorrückt. Das Ausweichquartier von Dönitz, „Koralle“ bei Eberswalde, muß angesichts der herannahenden sowjetischen Panzer geräumt werden. Die Landstreitkräfte bestimmen auch über das Ende aller Seekriegführung. Die Seekriegsleitung hat, bis auf einen kleinen Stab für den Großadmiral, bereits vorher „Koralle“ verlassen, ist nach Sengwarden bei Wilhelmshaven und dann nach Plön in Holstein übergesiedelt. Sengwarden und Wilhelmshaven, klassischer Kriegshafen schon der Kaiserlichen Marine, sind von britischen Panzern überrollt worden. Die Kriegsmarine setzt neben der Rettungsaktion die letzten schweren Überwassereinheiten in der Ostsee zur Unterstützung des Landheeres ein. Fast alle Schiffe, bis auf „Prinz Eugen“ und „Nürnberg“, gehen im Bombenhagel der Luftangriffe zugrunde. Am 12. November 1944 haben schwere britische Bomber bereits das letzte Schlachtschiff, Schwesterschiff der „Bismarck“, die „Tirpitz“ vor Tromsö in Nordnorwegen versenkt. Sie hat dort als Rückhalt für Angriffe gegen Geleitzüge gelegen, ist jedoch nie mehr eingesetzt worden, da die Verwendung großer gepanzerter Artillerieträger nur im Verband und unter dem Schutz leichter Seestreitkräfte sinnvoll ist. Für den Kampf zu

Lande hat Dönitz aus überzähligem Personal zwei Marine-Infanterie-Divisionen aufstellen lassen. Die eine schlägt sich vor Bremen noch mit höchster Tapferkeit gegen die Engländer.

Im Dezember 1944 hat die U-Bootwaffe das erste Walter-U-Boot in Dienst gestellt. Weitere Boote folgen. Dönitz versucht noch im April 1945, wieder zu „Rudel“-Angriffen auf Geleitzüge überzugehen. Doch der Gegner hat jetzt den Geleitschutz voll entwickelt. An die Konvois selbst kommen die deutschen U-Boote gar nicht mehr heran. Aber die Walter-U-Boote stoßen auf Einzeljagd wieder bis zur ostamerikanischen und ostkanadischen Küste vor. Und im Indischen Ozean besteht die 6 U-Boote umfassende Gruppe in Penang auf der von den Japanern besetzten Malaienhalbinsel fort und operiert mit Erfolg im Indischen Ozean – einer der seltenen Fälle und nun die letzte Frucht deutsch-japanischer militärischer Zusammenarbeit in diesem Zweiten Weltkrieg.

In breiter Front rücken Amerikaner und Franzosen in Süddeutschland, Amerikaner in Mitteldeutschland, Engländer in Nordwest- und Norddeutschland vor. Die alliierten Verbände stoßen in Bereiche vor, die laut den Abmachungen von Jalta (die den Generalen nicht bekannt sind), sowjetische Einflußsphäre sein sollen, in Sachsen bis Leipzig, in Mitteldeutschland bis Magdeburg, in Norddeutschland bis Wismar im westlichen Mecklenburg. Die Haltung der Deutschen, die seit 1942 den alliierten Bombenkrieg bestehen mußten, verrät nun allmählich grenzenlose seelische und vor allem physische Erschöpfung. Engländer und Amerikaner, deren Truppen im allgemeinen Disziplin wahren (im Gegensatz zur Roten Armee, deren „Arbeiter- und Bauernsoldaten“ selbst die deutschen Arbeiter und Bauern totschlagen und ausrauben), werden als Befreier begrüßt. Städte und Dörfer im Westen und Süden Deutschlands sind mit einem Meer von weißen Fahnen übersät, wenn amerikanische oder britische Panzer nahen. SS-Einheiten freilich gehen noch mit Rücksichtslosigkeit gegen die Alliierten vor. Hitler verfällt auf eine letzte „Karl May-Idee“, die Formierung einer deutschen Guerilla-Organisation, des „Werwolf“, der sich vornehmlich aus Angehörigen der „Hitlerjugend“ ergänzen soll. Der „Werwolf“ gewinnt kaum Gestalt, erzeugt jedoch vor allem bei amerikanischen Truppen Angstvorstellungen. Die zweite große Furcht löst der Aberglaube aus, die Deutschen könnten die Alpen in eine Riesenfestung verwandeln, in dem sich die „Nazis“ mit Geheimwaffen und mit ihren angeblichen Schätzen verschanzen würden.

An die Alpenfestung glaubt auch ein Mann wie der an sich wenig phantasievolle alliierte Oberkommandierende General Eisenhower. In Baden und Württemberg ruinieren Franzosen mit ihren zahlreichen marokkanischen und algerischen Schützenregimentern den ansonsten guten Ruf der „Befreier“. Für die Nordafrikaner besteht der Sieg im Brandschatzen, Rauben, Morden, in Vergewaltigung von Mädchen wie Knaben. Die französischen Kolonialoffiziere sehen zu: Es geht schließlich um den Todfeind, den jetzt die Rache für 1940 trifft. Über Berlin wird es inzwischen Nacht. Zum 56. Geburtstag Hitlers, am 20. April 1945, schießt schwere sowjetische Artillerie „Salut“. Ihr Feuer liegt bereits auf der Innenstadt, wo Hitler in einer riesigen Bunkeranlage unter dem Garten der von Bomben zerstörten Neuen Reichskanzlei das letzte „Führerhauptquartier“ aufgeschlagen hat. Er wird – das ist sein fester Entschluß – in Berlin bleiben und, wenn die Schlacht um die Reichshauptstadt verloren geht (praktisch ist sie bereits verloren), Selbstmord begehen, da er, wie er zugibt, seines Nervenleidens wegen nicht mehr kämpfen kann. Höchstwahrscheinlich handelt es sich bei diesem Leiden um die Paralysis agitans, die zuerst von dem englischen Arzt Parkinson beschriebene Schüttellähmung. Nach „Führers Geburtstag“ ist Berlin von den Sowjets eingeschlossen. Hitler ordnet die Aufteilung des Reichsgebietes in zwei Befehlsbereiche an: Süd unter Generalfeldmarschall Kesselring und Nord unter Großadmiral Dönitz. Reichsmarschall Göring begibt sich vorsorglich, nachdem er seinen prunkvollen Landsitz „Karinhall“ in der Schorfheide vor dem Nahen sowjetischer Panzer hat zerstören lassen, auf den idyllischen „Berghof“ Hitlers nach Süddeutschland. Die Führungsspitze des „Dritten Reiches“ bricht auseinander. Der Reichsmarschall läßt verkünden, daß er – laut Hitlers inzwischen überholter Ansicht – als zweiter Mann des Staates Kontakt mit den Alliierten aufnehmen werde. Er überschätzt sein Prestige. Hitler läßt ihn verhaften und aller Ämter und Pfründen entkleiden. Von Lübeck aus versucht der Reichsführer SS Heinrich Himmler – der „Reichsheini“, wie er bei den Frontsoldaten der Waffen-SS heißt – mit Hilfe des schwedischen Rotkreuz-Delegierten Graf Bernadotte, einem Mitglied des schwedischen Königshauses, Kontakt mit den Westalliierten zu gewinnen, zwecks gemeinsamen Kampfes gegen den Bolschewismus. Er, der sich jetzt allen Ernstes mit seinen rund 800 000 Mann Waffen-SS, im Hinblick auf deren Freiwilligen-Divisionen, für den stärksten „Ordnungsfaktor“

EINE MINUTE

die Dir das Leben retten kann

**Lies die folgenden 6 Punkte gründlich und aufmerksam! Sie können für Dich den Unterschied zwischen Tod und Leben bedeuten.**

**1.** Tapferkeit allein kann in dieser Materialschlacht den Mangel an Panzern, Flugzeugen und Artillerie nicht wettmachen.

**2.** Weiterer Widerstand auf fremdem Boden kann auf die Entscheidung dieses Krieges keinen Einfluss mehr ausüben.

**3.** Du stehst keinen Barbaren gegenüber, die am Töten etwa Vergnügen finden, sondern Soldaten, die Dein Leben schonen wollen.

**4.** Wir können aber nur diejenigen schonen, die uns nicht durch nutzlosen Widerstand zwingen, unsere Waffen gegen sie einzusetzen.

**5.** Es liegt an Dir, uns durch Hochheben der Hände, Schwenken eines Taschentuchs, usw. deutlich Deine Absicht zu verstehen zu geben.

**6.** Kriegsgefangene werden fair und anständig behandelt, ohne Schikane — wie es Soldaten gebührt, die tapfer gekämpft haben.

**Die Entscheidung musst Du selber treffen. Solltest Du aber in eine verzweifelte Lage geraten, so erwäge, was Du gelesen hast.**

ZG 96K

*Flugblatt der Alliierten, das die deutschen Soldaten im Westen zum Überlaufen aufmuntert. Die Antwort der nationalsozialistischen Führung auf dergleichen Appelle lautete: „Wer in Gefangenschaft gerät, ohne verwundet zu sein oder nachweisbar bis zum äußersten gekämpft zu haben, hat seine Ehre verwirkt. Die Gemeinschaft der anständigen und tapferen Soldaten stößt ihn von sich. Seine Angehörigen haften für ihn.“ (Hitler, 8. Mai 1945.) „Gegen das Heraushängen weißer Tücher, das Öffnen bereits geschlossener Panzersperren, das Nichtantreten zum Volkssturm und ähnliche Erscheinungen ist mit härtester Maßnahme durchzugreifen. Aus einem Haus, aus dem eine weiße Fahne erscheint, sind alle männlichen Personen zu erschießen. Es darf bei diesen Maßnahmen in keinem Augenblick gezögert werden.“ (Himmler, 3. April 1945.)*

*Zu seinem 56. und letzten Geburtstag stieg der gebeugte Hitler mühsam die 50 Stufen aus seinem Bunker hinauf, um eine Abordnung von Hitlerjungen zu begrüßen. Jeder dieser Jungen, frisch mit dem EK 2 dekoriert, hatte mehrere Sowjetpanzer abgeschossen.*

in Europa hält, überschätzt sein Prestige noch grotesker als der Reichsmarschall. Als Hitler vom Verrat Himmlers erfährt, verbirgt bei ihm ein Wutausbruch nur tödliche Angst. Jetzt verraten ihn alle. In Abwesenheit – der Reichsführer SS befindet sich außerhalb des letzten Machtbereiches Hitlers – erfolgt das Verdammungsurteil: Ausstoßung aus der Partei, Enthebung von allen Ämtern, Verhaftung.
Die Schlacht um Berlin frißt sich in die Innenstadt hinein. Großadmiral Dönitz, Inhaber der höchsten Machtbefugnisse im Nordraum, ist klar: Der Krieg muß beendet werden. In Mitteldeutschland ist inzwischen die allerletzte neue Armee, die 12. Armee, unter General Wenck aufgestellt worden, der von den Verletzungen bei seinem Autounfall wieder genesen ist. Ursprünglich sollte diese Armee den Entsatz des Ruhrkessels bewerkstelligen. General Wenck mit drei neuen, sozusagen den letzten Elite-Divisionen erhält den Befehl, den „Führer" in Berlin zu befreien. Wenck gehorcht, dringt bis in den Raum von Potsdam bei Ferch an der Havel vor – zur Bestürzung der Sowjets – und trifft dann eine ganz andere – sehr richtige – Entscheidung. Er dreht nach Westen ab, vereinigt sich mit den Resten der 9. Armee General Busses und schafft in zähen Verhandlungen mit den Amerikanern an der Elbe den Übergang fast aller Verbände und vieler Flüchtlingstrecks über die Elbe.
Am 25. April 1945 sind bei Torgau an der Elbe zum ersten Mal amerikanische Soldaten auf die Sowjets gestoßen. Das geschieht bald auch an weiteren Punkten. Sowjetische Generale sind mißtrauisch, sie befehlen, daß ihre Truppen sich sofort eingraben. Es ist für sie nicht zu fassen, daß die Angloamerikaner nichts anderes im Sinn haben, als das Bündnis buchstabengetreu zu erfüllen. Die hohen sowjetischen Militärs schließen bei diesen Befürchtungen offensichtlich von sich auf andere. Aber Stalin weiß es längst besser. Die Alliierten werden alles tun, was er verlangt. Der Schlußakt des Dramas schwankt auf dem schmalen Grat zwischen einer schaurigen Posse und einem Akt von tragödialer Großartigkeit in der Selbstaufgabe. Am 29. April 1945 läßt sich Adolf Hitler mit seiner langjährigen Mätresse Eva Braun feierlich trauen, unter Bombenhagel und dem Artilleriefeuer, das auf dem „Führerbunker" liegt. Am Nachmittag des 30. April 1945 begehen Herr und Frau Hitler Selbstmord. In den Nachbarräumen feiern irgendwelche Stenotypistinnen und Offiziere, und Angehörige der SS-Wachmannschaft, eine Geburtstagsparty mit Strömen von Alkohol. Nach 16.30 Uhr ertönt bei den SS-Wachen der Ruf: „Chef ist tot. Kann geraucht werden". Hitler war fanatischer Nichtraucher gewesen. Welcher Mensch starb hier eigentlich? Ein Titan? Oder nur ein fanatischer Kleinbürger, der sich selbst übernommen hatte?
In seinem letzten Testament hat Hitler den Großadmiral Dönitz mit dem Titel eines „Reichspräsidenten" zum Nachfolger bestellt. Davon erfährt Dönitz am Abend des 30. April 1945 bei der Rückkehr in das Hauptquartier in Plön, wo auch die Seekriegsleitung sitzt. Er weiß sofort: Jetzt hat er Handlungsfreiheit. Hitlers Wahl ist auf ihn gefallen, weil er von ihm die gnadenlose Weiterführung des Krieges erwartet. Dönitz aber kennt seine Aufgabe: Der Krieg muß beendet werden. Noch weiß er nicht, daß Hitler schon tot ist. Um die Kontinuität zu wahren, gibt er seinen ersten Befehlen den von Soldaten wie Bevölkerung erwarteten pathetischen Ton Hitlerischer Couleur. Wie soll er sonst die für ihn jetzt unbedingt notwendige Glaubwürdigkeit bewahren? Die Nachwelt hat ihm dies bis heute nicht verziehen. Erst am 1. Mai 1945 erfährt er durch ein sibyllinisches Telegramm des Chefs der Parteikanzlei, Martin Bormann, daß der „Führer verschieden" sei…
Der Löwe, wie ihn seine U-Bootmänner nennen, weiß, daß ihm die bittersten Stunden seines Lebens bevorstehen. Wegen der Vorstöße britischer Panzereinheiten verlegt er sein letztes Quartier – in praxi nunmehr die letzte Reichsregierung – nach Flensburg-Mürwik. Ihm schwebt eine Kapitulation in Stufen vor, zunächst gegenüber den Westmächten, dann, verzögert,

gegenüber der Sowjetunion – um noch möglichst viele Menschen aus dem Osten nach dem Westen überführen zu können. Zum Oberbefehlshaber der Kriegsmarine ernennt er einen alten Kameraden, den Generaladmiral v. Friedeburg. Diesem vertraut er auch die ersten Verhandlungen mit Feldmarschall Montgomery von der 21. britischen Heeresgruppe in dessen Hauptquartier bei Lüneburg an. Vereinbart wird die Gesamtübergabe der deutschen Einheiten in den Niederlanden, in Nordwestdeutschland und Dänemark, rund eine 3/4 Million Mann unter Generalfeldmarschall Busch. Montgomery verlangt auch die sofortige Einstellung des U-Boot-Krieges, die Auslieferung aller deutschen Kriegsschiffe. Der „Löwe" stimmt zu; um des Gesamtplanes willen.
Der zweite Akt gelingt nicht mehr. Dönitz' Abordnung unter Leitung von Generaladmiral v. Friedeburg stößt im Hauptquartier Eisenhowers in Reims auf eisige Ablehnung. Es gibt nur die totale Übergabe an allen Fronten zur gleichen Zeit. Eisenhower ist ein Soldat, der Gehorsam gegenüber der politischen Führung sehr genau nimmt.
Der Großadmiral, der es ablehnt, den Titel eines „Reichspräsidenten" zu führen, kann nicht selbst in Reims auftreten. Als Staatsoberhaupt des Deutschen Reiches ist er den Alliierten nicht genehm. Es soll kein deutsches Staatsoberhaupt, keine Reichsregierung mehr geben. Gefordert wird einzig und allein die Übergabe der Wehrmacht. Dönitz schickt Generaloberst Jodl nach Reims, im Vertrauen auf dessen Argumentationskraft. Das Oberkommando der Wehrmacht und der Wehrmachtführungsstab sind dem Großadmiral nach Flensburg-Mürwik gefolgt. Auch Jodl erreicht nichts in Reims. Mit der Zustimmung des Großadmirals unterzeichnen Jodl, Friedeburg, Generaloberst Stumpff für die Luftwaffe und General Kinzel vom Heeres-Führungsstab Nord am 7. Mai um 2.41 Uhr die Kapitulation. Von 00.01 Uhr am 9. Mai 1945 schweigen die Waffen in den noch von deutschen Truppen gehaltenen Gebieten, die noch von Kreta über die westfranzösischen Festungen, Dünkirchen an der Kanalküste bis hinauf nach Norwegen und bis zur Halbinsel Hela und der Heeresgruppe General Hilperts in Kurland reichen. Das Herzstück bilden Böhmen und Mähren, wo trotz des Aufstandes der Tschechen in Prag die Heeresgruppe Mitte, der letzte ziemlich intakte Großverband, steht. Das Gros ihrer Soldaten zieht in sowjetische Gefangenschaft, etwa 1,2 Millionen Mann.
Auf Wunsch Stalins muß der Chef des Oberkommandos der Wehrmacht, Generalfeldmarschall Keitel, mit einer neuen Delegation am 8. Mai 1945 den Akt der bedingungslosen Kapitulation gegenüber Marschall Schukow im sowjetischen Hauptquartier Karlshorst bei Berlin wiederholen. Nach Stalins Meinung ist die Sowjetunion der wirkliche Sieger über die Wehrmacht.
Der Zweite Weltkrieg in Europa geht mit dem Ablauf des 8. Mai 1945 zu Ende, dank der Entschlossenheit eines deutschen Admirals, dem niemand weder auf der deutschen, noch auf der gegnerischen Seite eine Waffenstreckung zugetraut hat.
Ein Friedensschluß mit Deutschland war nicht vorgesehen, da das gesamte Reichsgebiet unter Besatzungskontrolle gestellt wurde. Am 23. Mai 1945 verhafteten britische Panzer-Soldaten die letzte provisorische Reichsregierung mit dem Großadmiral und dem bisherigen Reichsfinanzminister Graf Schwerin v. Krosigk als „Leitendem Minister" an der Spitze als „Kriegsverbrecher". Der letzte Oberbefehlshaber der Kriegsmarine, Generaladmiral v. Friedeburg und der noch von Hitler zum Oberbefehlshaber der Luftwaffe ernannte Generalfeldmarschall Ritter v. Greim zogen den Selbstmord der Übergabe vor.
Die Verluste der Wehrmacht betrugen in diesem Zweiten Weltkrieg 4,75 Millionen Mann an Gefallenen und niemals wieder heimgekehrten Vermißten. Über eine halbe Million Menschen kamen im Reichsgebiet durch Luftangriffe ums Leben. Es war der höchste Blutzoll, den das deutsche Volk jemals in seiner Geschichte entrichtet hatte.

*Adolf Hitler und Eva Braun bei der Mittagstafel auf dem Berghof. Diese Aufnahme entstammt einem von den Amerikanern aufgefundenen Fotoalbum Eva Brauns. In den späten Abendstunden des 28. April 1945 heiratete Hitler seine langjährige Geliebte. 40 Stunden später begingen sie gemeinsam Selbstmord. Eva Braun, viele Jahre lang „bestgehütetes Staatsgeheimnis des Dritten Reichs", weigerte sich standhaft, nach Süddeutschland in Sicherheit gebracht zu werden.*

# Improvisierte Abwehr

Gegenüber der Heeresgruppe Nord des Generalfeldmarschalls von Küchler mit der 16. und 18. Armee gelang es den Sowjets im Januar 1944, die Deutschen von Leningrad zurückzudrängen. Für Küchler schickte Hitler den Generalobersten Model hierher. Model, Meister improvisierter Abwehr, stabilisierte mit eiserner Faust die wankende Front, schaffte den Sperriegel bei Narwa und gewährleistete damit die für die deutsche Seekriegführung entscheidende Aufrechterhaltung der Blockade der Kronstädter Bucht vor Leningrad.

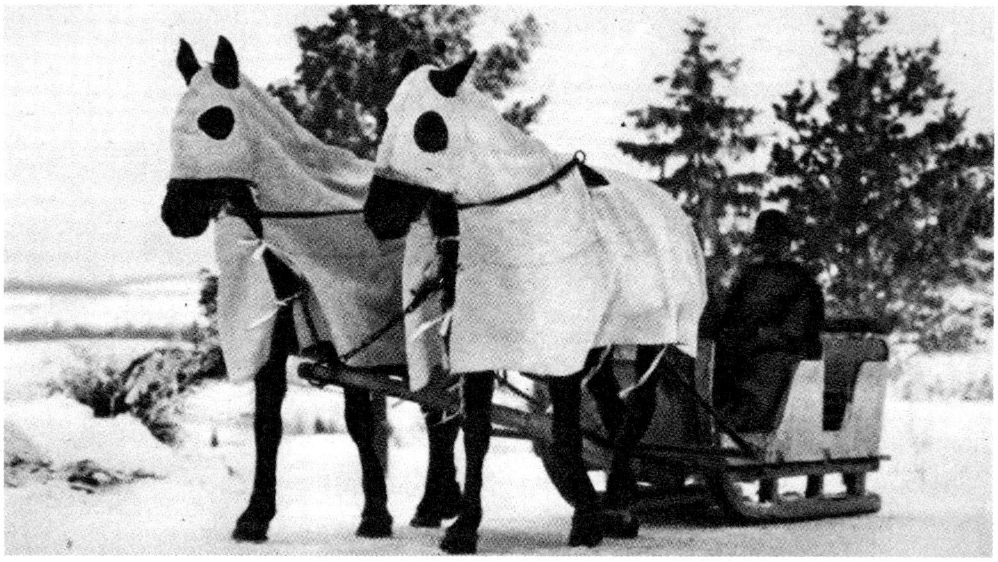

*Linke Seite: Bekleidung immer noch improvisiert. Der deutsche Bataillonskommandeur schützt sich mit einer russischen Pelzmütze gegen die Kälte.*
*Oben: Hochbetrieb auf einer zur Front führenden Straße im Kampfraum Newel. Vorn ein bespanntes, mit Heubündeln hochbeladenes Fouragefahrzeug, auf der rechten Straßenseite gepanzerte Sicherungs- und Aufklärungsfahrzeuge.*
*Mitte: Winterlich getarnte Flak lauert an einer Straßenkreuzung.*
*Unten: Auch die Pferde tragen helle Tarnumhänge.*

# Kämpfe in der Ukraine

Trotz der Entsetzung Leningrads kamen die deutschen Truppen in Südrußland nicht zur Ruhe. Am 24. Dezember 1943 und am 5. Januar 1944 griffen die 1. und die 2. Ukrainische Front von ihren Brükkenköpfen am Dnjepr aus die Heeresgruppen von Kleists und von Mansteins an und kesselten die deutsche 1. Panzerarmee ein. Der sofortige Gegenangriff von Mansteins blieb jedoch in Schneestürmen stecken, und die Sowjets setzten ihren Vormarsch in Richtung Bug und Dnjestr fort. Unterdessen war es der eingeschlossenen 1. Panzerarmee, die aus der Luft versorgt werden konnte, gelungen, südlich von Tarnopol auszubrechen. Im Süden wurde die Heeresgruppe A durch den Angriff der sowjetischen 1. und 2. Ukrainischen Front gezwungen, bis auf Odessa zurückzugehen; dabei blieben jedoch die 6. und 8. Armee zurück, die von den Sowjets eingekesselt wurden. Am 10. April mußte von Kleist auch Odessa räumen. Mitte April erstreckte sich die sowjetische Front von Odessa im Süden bis fast nach Brest-Litowsk im Norden.

Nachdem die Rote Armee somit bereits die polnische Grenze bedrohte und am Fuße der Karpaten stand, war die Lage der Deutschen im Osten verzweifelt. Im April kämpften Truppen der 4. Ukrainischen Front die Krim gegen die dort zurückgebliebene deutsche 17. Armee frei und eroberten am 12. Mai Sewastopol.

Der über diese deutschen Niederlagen aufgebrachte Hitler löste von Manstein und von Kleist von ihren Kommandos ab. An ihrer Stelle übernahm Model das Kommando über die Heeresgruppe Nord und Schörner über die Heeresgruppe Südukraine.

*Linke Seite: März 1944. In Bessarabien werden Brückensprengungen vorbereitet. Oben: An der Eisenbahnbrücke über den Bug bei Perwomeisk-Golta wird die Zündschnur angebracht. Unten: Auf der Straßenbrücke bei Golta haben Pioniere Sprengkörper bereitgestellt.*

*Rechts oben: Der Rückzug in Bessarabien vollzog sich unter starkem Druck der nachsetzenden Russen. Die brennenden und zerschlagenen deutschen Fahrzeuge an der Rückzugstraße sprechen eine beredte Sprache.*

*Rechts Mitte: Die letzten deutschen Kolonnen bemühen sich, ihre Fahrzeuge auf der zerwühlten Rückzugstraße durch Golta vorwärtszubringen.*

*Rechts unten: Auf dem Bahnhof von Balta, westlich von Perwomeisk, auf halbem Wege zwischen Bug und Dnjestr gelegen, warten in Eile zusammengeraffte Reserven, Urlauber, Genesene, Versprengte darauf, als Verstärkung an die wankende Front geworfen zu werden.*

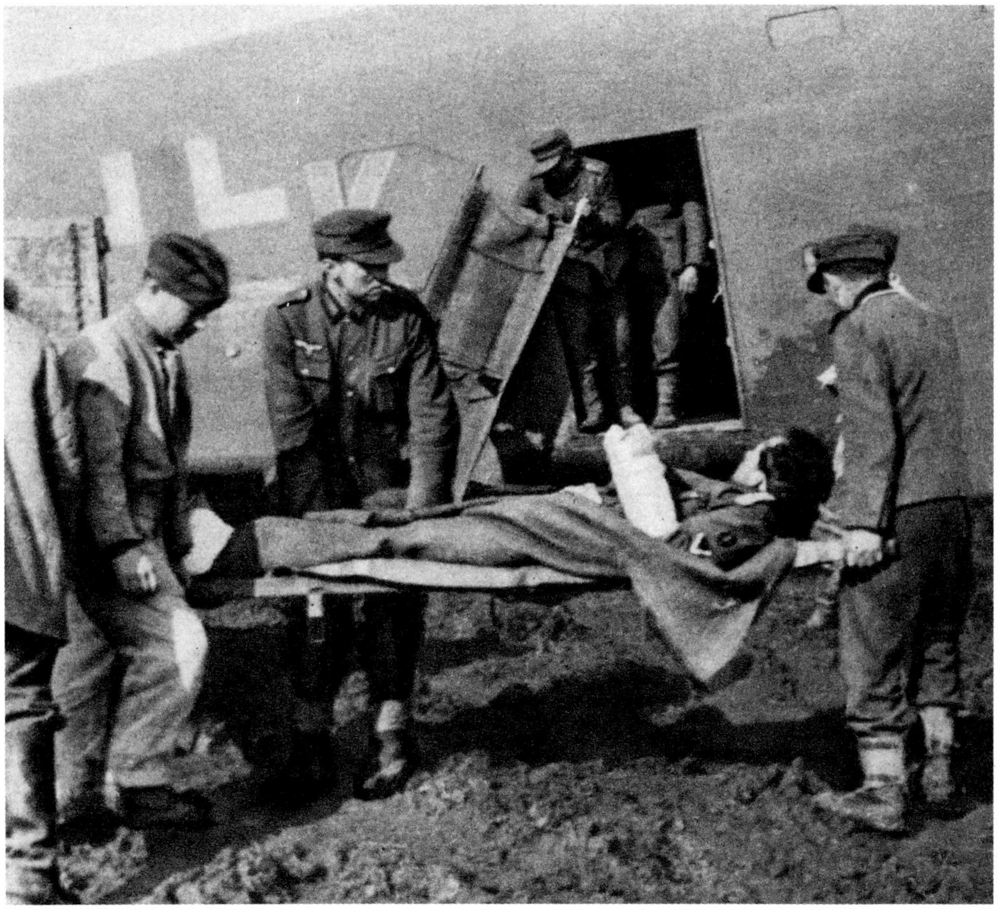

## Kampfgeist und Führungskunst

Die deutsche Wehrmacht – Soldaten wie Feldmarschälle – demonstrierte in den Rückzugskämpfen 1943/44 ein ums andere Mal bewundernswerten Kampfgeist und exzellente Führungskunst, brachte so den überlegenen Gegner um manch einen sicher geglaubten Erfolg, aber eben nur punktuell, mal hier, mal da, ohne daß es am unvermeidlichen Fortgang der Katastrophe etwas zu ändern vermochte.

*Oben und links: 10. April 1944. An diesem Tage wurde Odessa von den Russen genommen. Auf dem Flughafen von Tiraspol herrscht Abtransport-Tätigkeit. Eine italienische „Savoia-Marchetti", die, wie das Balkenkreuz besagt, von der deutschen Luftwaffe in Dienst gestellt worden ist, übernimmt Verwundete und Material. Eine Kolonne von Panjewagen hat die Beförderung zum Flugplatz durchgeführt. Rechte Seite: Russische Bilder von den Kämpfen an der Südfront, bei denen die deutschen Nachhuten heftige Abwehr leisteten. Oben: Unter dem Schutz ihrer Pak geht sowjetische Infanterie vor. Unten: Sturmtrupps der Roten Armee nehmen eine befestigte Häusergruppe.*

14

422

# Sturmlauf der Roten Armee

Die sowjetischen Heeresgruppen (1. Baltische, 3., 2. und 1. Weißrussische Front), die am 22. Juni 1944 aus dem Raum Witebsk-Smolensk-Rogatschew mit ungeheurer Übermacht hervorgebrochen waren, die deutsche Heeresgruppe Mitte überrannt und praktisch vernichtet hatten, standen bereits fünf Wochen später an der Weichsel südlich Warschau und an der Grenze Ostpreußens.
Über 700 Kilometer hart erkämpfter Vormarsch in nur fünf Wochen, das entsprach den Rekorden der Deutschen Wehrmacht in der Gegenrichtung. Und damit nicht genug, die Rote Armee griff unentwegt weiter an.

*Linke Seite. Oben: Ein T 34, der am häufigsten eingesetzte russische Panzer, im Straßenkampf. Bemerkenswert die Ausrüstung mit einem Baumstamm (zum Aufwuchten bei Reparaturen der Raupenketten). Unten: Russische Infanteristen stürmen an einem außer Gefecht gesetzten deutschen Panzer vorbei.*
*Oben: In den Wäldern an der Mittelfront begegnen sich zwei deutsche „Tiger"-Panzer. Der eine fährt zurück, um seine Munition zu ergänzen, der andere rollt zu neuem Einsatz vorwärts an die in Abwehrkämpfen stehende Front.*
*Rechts: Auch beim Rückzug fährt man lieber.*

# Die Russen in Ostpreußen

„Zweitausend Kilometer sind wir marschiert und haben die Vernichtung all dessen gesehen, was wir in zwanzig Jahren aufgebaut haben. Nun stehen wir vor der Höhle, aus der heraus die faschistischen Angreifer uns überfallen haben. Wir bleiben erst stehen, nachdem wir sie gesäubert haben. Gnade gibt es nicht – für niemanden, wie es auch keine Gnade für uns gegeben hat. Es ist unnötig von Soldaten der Roten Armee zu fordern, daß Gnade geübt wird."
(Tagesbefehl Marschall Tschernjakowskis, Befehlshaber der 2. Weißrussischen Front, 12. Januar 1945.)

*Oben: Ein sowjetisches Sturmgeschütz SU-100 rollt durch die Ruinen einer deutschen Stadt.*
*Links: Sturmgeschütz der SS-Totenkopf-Division.*
*Rechte Seite: Sturmhaubitze mit Begleitinfanterie. Auf dem Rückzug wurden aus den großräumigen Operationen großer Verbände immer mehr lokale Unternehmen von Stoßtrupps und Kampfgruppen.*

## Ziel Westdeutschland

Auch als Amerikaner und Briten Deutschlands Grenzen erreichten, gab Hitler immer noch nicht auf. So wurde das Reich, nachdem es schon jahrelang bombardiert worden war, nun auch zum Schauplatz blutiger Landschlachten.

*Oben: Die Hände über dem Kopf gefaltet, das Gesicht zur Wand gekehrt, müssen die gefangenen deutschen Fallschirmjäger an der Mauer Aufstellung nehmen.*
*Links: Einer von Tausenden, die in amerikanische Gefangenschaft gingen.*
*Rechte Seite: Vormarsch nach Deutschland. Oben links: Amerikanische Panzerspitze sperrt beim zerschossenen Schloß Merode die Straße. Die farbige Bemannung hält Ausschau nach deutschen Fliegern. Oben rechts: Ein amerikanischer Panzerspähwagen rollt auf einer belgischen Grenzstraße an einer brennenden Scheune vorüber. Unten: Durch das noch in Flammen stehende Aachen, über Straßen, auf denen die herabgestürzten Leitungsdrähte liegen, führt ein amerikanischer Infanterist deutsche Soldaten in Gefangenschaft.*

*Panzergrenadiere auf der Fahrt durch ein brennendes Dorf an der Ostfront.*

Erlaß über die Bildung des deutschen Volkssturms!

# Volkssturm

„Nach 5jährigem schwersten Kampf steht infolge des Versagens aller unserer europäischen Verbündeten der Feind an einigen Fronten in der Nähe oder an den deutschen Grenzen. Er strengt seine Kräfte an, um unser Reich zu zerschlagen, das deutsche Volk und seine soziale Ordnung zu vernichten, sein letztes Ziel ist die Ausrottung des deutschen Menschen.
Wie im Herbst 1939 stehen wir nun wieder ganz allein der Front unserer Feinde gegenüber. In wenigen Jahren war es uns damals gelungen, durch den ersten Großeinsatz unserer deutschen Volkskraft die wichtigsten militärischen Probleme zu lösen, den Bestand des Reiches und damit Europas für Jahre hindurch zu sichern. Während nun der Gegner glaubte, zum letzten Schlag ausholen zu können, sind wir entschlossen, den zweiten Großeinsatz unseres Volkes zu vollziehen.
Dem uns bekannten totalen Vernichtungswillen unserer jüdisch-internationalen Feinde setzen wir den totalen Einsatz aller deutschen Menschen entgegen.
Zur Verstärkung der aktiven Kräfte unserer Wehrmacht und insbesondere zur Führung eines unerbittlichen Kampfes überall dort, wo der Feind den deutschen Boden betreten will, rufe ich daher alle waffenfähigen deutschen Männer zum Kampfeinsatz auf. Ich befehle:
Es ist in den Gauen des großdeutschen Reiches aus allen waffenfähigen Männern im Alter von 16 bis 60 Jahren der Deutsche Volkssturm zu bilden. Er wird den Heimatboden mit allen Waffen und Mitteln verteidigen, soweit sie dafür geeignet erscheinen."
(Führererlaß vom 25. September 1944.)

*Linke Seite. Oben links: Erstaunlich spät, erst im Herbst 1944, wurde der Volkssturm ins Leben gerufen, dann aber mit der bekannten Gründlichkeit organisiert. Oben rechts: Auch Kinder von der HJ marschierten in den Reihen des Volkssturms. Einige vollbrachten die erstaunlichsten Waffentaten. Unten: Wer von der Einberufung zunächst unbetroffen geblieben ist, zieht des Sonntags in Reih und Glied zum „Wehrschießen", mit dem die SA die vormilitärische Wehrertüchtigung der zukünftigen Volkssturmmänner betreibt.*
*Rechts oben: Panzerfaust und Panzerschreck (Bild) waren die Waffen, an denen die Volkssturmmänner vornehmlich ausgebildet wurden. Panzerbekämpfung sollte eine ihrer Hauptaufgaben sein.*
*Rechts Mitte: Tiroler Standschützen alter und älterer Jahrgänge marschieren als Volkssturmmänner im Schneegestöber.*
*Rechts unten: Von den Frauen begleitet, gehen in Berlin am Potsdamer Platz Einheiten mit Schaufeln bewaffnet zum Schanzen vor.*

*„Panzerfaust" und „Panzerschreck", zwei auf Raketenantrieb beruhende Waffen zur Panzer-Nahbekämpfung, in Darstellungen von „Signal".*

# Remagen

„Plötzlich klingelte mein Telefon. Es war General Hodges (1. US-Armee), der von Spa anrief.
‚Brad', rief Hodges mit größerer Gemütsruhe, als der guten Nachricht angemessen war. ‚Brad, wir haben eine Brücke.'
‚Eine Brücke? Sie meinen, Sie haben eine unzerstörte Brücke über den Rhein?'
‚Ja. Leonhard hat die Brücke bei Remagen erwischt, bevor sie sie in die Luft gejagt haben...'
‚Guter Gott, Hodges', sagte ich. ‚Dann ist der Laden offen. Schaffen Sie ihr Zeug rüber?'
‚So schnell es nur geht', gab er zur Antwort."
(Bericht des Generals Omar Bradley.)

*Oben und rechts: Die „Ludendorff-Eisenbahnbrücke" bei Remagen fiel am 7. März 1945 den Amerikanern in die Hände. Der Handstreich auf die „Remagen Bridge" blieb bis heute dankbares Roman- und Filmthema.*
*Linke Seite: Am 5. März rückten die ersten amerikanischen Truppen in das zerstörte, fast ganz entvölkerte Köln ein. Auf den von Trümmern übersäten Platz vor dem stolzesten der deutschen Dome – auch ihm haben die angloamerikanischen Bomben Wunden geschlagen – ergeben sich deutsche Verteidiger den rechts und links im Bild sichtbaren englischen und amerikanischen Soldaten.*

## Rotarmisten am Reichstag

„Moskau, 3. Mai 1945.
Laut Tagesbefehl Marschall Stalins vom Mittwoch, der um 21.05 Uhr herausgegeben wurde und an die Rote Armee und Flotte gerichtet ist, haben die Truppen der 1. Weißrussischen Front unter dem Kommando des Marschalls Schukow und unter Mitwirkung der Truppen der 1. Ukrainischen Front unter dem Kommando des Marschalls Konjew nach hartnäkkigen Straßenkämpfen am Mittwoch die Zerschlagung der Berliner Gruppe der deutschen Streitkräfte beendet und die deutsche Reichshauptstadt vollständig besetzt.

Die Berliner Garnison – mit dem Stadtkommandanten, General der Artillerie Weidling, an der Spitze und seinem Stabe – hat am Mittwoch um 15 Uhr den Widerstand eingestellt und die Waffen gestreckt. Bis am Mittwochnachmittag wurden mehr als 70000 Gefangene eingebracht.

In den Kämpfen um Berlin zeichneten

sich insgesamt 165 Truppeneinheiten aus, die die Bezeichnung der Stadt Berlin erhalten.
Zu Ehren der Truppen der 1. Weißrussischen und der 1. Ukrainischen Front wurden im Zusammenhang mit diesem historischen Ereignis am Mittwoch um 21.30 Uhr in Moskau 24 Salven aus 324 Geschützen abgefeuert.
Der Fall von Berlin rief bei der Moskauer Bevölkerung einen wahren Freudentaumel hervor. Der Verkehr in den Straßen wurde gestoppt, als Lautsprecher ihre Meldungen in die Menge hineinschrien. Vollständig fremde Personen umarmten einander wie lang voneinander getrennt gewesene Geschwister. Andere wiederum tanzten vor Freude, brachen in Heilrufe aus und warfen ihre Mützen in die Höhe."
(Bericht der Schweizer Zeitung „Die Tat", 3. Mai 1945)

*Oben: „Der Sieg", das wohl bekannteste Gemälde des sowjetischen Schlachtenmalers Pjotr Kriwonogow, feiert die Einnahme des Reichstagsgebäudes durch Sowjetsoldaten am 2. Mai 1945.*

414

# Berlin fällt

„Unsere Heimatstadt Berlin ist Frontstadt geworden. Alle zur Verteidigung der Reichshauptstadt eingesetzten Soldaten und Volkssturmmänner haben die ihnen befohlenen Plätze zu besetzen und nehmen, sobald sowjetische Truppen oder Panzer sich zeigen, sofort den Kampf auf.
Kämpft um Eure Stadt. Kämpft mit letzter Verbissenheit um Eure Frauen und Eure Kinder, um Eure Mütter und Eure Eltern. Ihr setzt das Leben für eine gute Sache ein. Alles, was vor uns lebenswert erschien, und all die Generationen, die nach uns kommen werden, all die verteidigt Ihr mit Euren Waffen."
(Aufruf des Reichsverteidigungskommissars Goebbels, 23. April 1945.)

*Linke Seite oben: Eine der Panzersperren in den Straßen Berlins, die den Vormarsch der Russen aufhalten sollten, nach Wegräumung des Mittelstücks. Unten: Sowjetpanzer vor dem Brandenburger Tor. Das stolze Wahrzeichen der Reichshauptstadt ist schwer mitgenommen worden.*
*Oben: Die letzten Verteidiger der Reichshauptstadt treten, vorbei an den Panzern der Sieger, den Weg in die Gefangenschaft an.*
*Rechts: Blick über den verwüsteten Spittelmarkt in die Gertraudenstraße, kurz nach Einstellung der Kämpfe.*

# Kapitulation

„Seit Mitternacht schweigen nun an allen Fronten die Waffen. Auf Befehl des Großadmirals hat die Wehrmacht den aussichtslos gewordenen Kampf eingestellt. Damit ist das fast sechsjährige heldenhafte Ringen zu Ende. Es hat uns große Siege, aber auch schwere Niederlagen gebracht. Die Deutsche Wehrmacht ist am Ende einer gewaltigen Übermacht ehrenvoll unterlegen.“
(OKW-Bericht vom 9. Mai 1945.)

*Linke Seite: Ein deutscher Soldat, Überlebender der Schlacht um Berlin, vor der Ruine des Reichstagsgebäudes.*
*Oben: Die Alliierten akzeptierten noch eine Weile, daß der von Hitler als Nachfolger eingesetzte Dönitz in Flensburg-Mürwik eine Art Reichsregierung führte. Erst am 23. Mai 1945 machten die Briten mit der Verhaftung Dönitz' und seiner Minister der letzten gesamtdeutschen Regierung ein Ende (von links: Speer, Dönitz, Jodl). Sie gingen wie Millionen Landser in Gefangenschaft.*
*Rechts: Unterzeichnung der Kapitulation im sowjetischen Hauptquartier Karlshorst durch Generalfeldmarschall Keitel, Generaloberst Stumpff und Generaladmiral von Friedeburg.*

# Der Krieg im Pazifik

*Rechte Seite: Nach der Landung von Marineinfanterie auf den Marshall-Inseln im Pazifik wird einem Schwerverwundeten Blutplasma übertragen. Es gab Kämpfe von einer beispiellosen Härte auf den einzelnen Inseln, die die Amerikaner besetzten, denn die Japaner wehrten sich mit unvergleichlichem Mut.*

Während Berlin durch den Stadtkommandanten, General Weidling, am 2. Mai, zwei Tage nach Hitlers Selbstmord, kapituliert, während am 7. Mai in Reims und am 8. Mai in Berlin-Karlshorst die bedingungslose Kapitulation unterzeichnet wird, geht dennoch der Krieg weiter. Nicht in Deutschland, nicht in Europa. Aber der Zweite Weltkrieg wird im Fernen Osten weitergeführt, dort, wo der Krieg am 7. Dezember 1941 zum Weltkrieg geworden ist. Schon seit fast einem Jahrzehnt führt Japan Krieg in China. Ununterbrochen hat es darum mit den USA, die China als ihr Einflußgebiet betrachten, Auseinandersetzungen gegeben. Schließlich haben die USA unter Präsident Roosevelt als Druckmittel die japanischen Guthaben in Amerika gesperrt und eine Ölsperre gegen Japan verhängt. Vor allem die Ölsperre ist ein schwerer Schlag für Japan. Das Inselreich der aufgehenden Sonne besitzt selbst keine Ölquellen. Öl aber ist das Blut der Wirtschaft, ohne Öl auch keine Armee und keine Flotte. Es gibt nur zwei Wege zur Rettung Japans – entweder man beugt sich dem amerikanischen Druck und gibt China auf, oder man setzt sich zur Wehr, führt Krieg gegen Amerika, solange man noch stark genug ist.

Im japanischen Reichsrat gibt es heftige Auseinandersetzungen um diese Frage. Schließlich siegt die Kriegspartei.

Am 7. Dezember – in den USA ist der 8. Dezember 1941, und es ist ein Sonntag – greifen japanische Trägerflugzeuge den amerikanischen Flottenstützpunkt Pearl Harbor auf Hawaii an. Die Amerikaner sind völlig überrascht. 183 Flugzeuge stürzen aus dem heiteren Sonntagshimmel herab, 49 Bomber, 51 Sturzkampfbomber, 40 Torpedoflugzeuge und 43 Jäger.

Um 7.49 gibt der Kommandeur des Flugzeugverbandes, Kapitän Fuchida, den Befehl zum Angriff. Zuerst werden die Flugplätze Hickam Field, Fort Island und Wheeler Field angegriffen. Die amerikanischen Flugzeuge dürfen gar nicht erst in die Luft kommen, um den Angriff abzuwehren.

Sofort danach greifen die japanischen Horizontalbomber, die Stukas und die Torpedoflugzeuge die ungeschützt nebeneinanderliegenden Kriegsschiffe an.

Gleich darauf kommt eine zweite Welle japanischer Flugzeuge heran – 171 Maschinen. Mittlerweile hat sich die amerikanische Abwehr gefunden. Die Flak hat gleich fünf Minuten nach Beginn des ersten Angriffes eingegriffen, und inzwischen ist es einigen der unzerstört gebliebenen amerikanischen Jäger gelungen, aufzusteigen.

Knapp zwei Stunden dauert der japanische Angriff. In dieser Zeit, so geben die Amerikaner später bekannt, sind neun der angreifenden Jagdflugzeuge, fünf Torpedoflugzeuge und fünfzehn Sturzkampfflugzeuge vernichtet worden. Die Amerikaner aber verlieren vier Schlachtschiffe, zwei Zerstörer und ein als Zielschiff umgebautes Schlachtschiff. Vier Schlachtschiffe, drei Kreuzer und zwei Zerstörer werden schwer beschädigt. 177 Flugzeuge sind vernichtet worden, 2177 Amerikaner sind gefallen.

In Amerika herrscht große Empörung über den Überfall. Bisher hat Präsident Roosevelt die Zustimmung des Kongresses, Krieg gegen Deutschland zu führen, nie bekommen. Nun aber hat einer der „Dreierpakt"-Staaten die USA heimtückisch überfallen, nun ist doch Krieg! Die Japaner begnügen sich nicht mit ihrem Anfangserfolg. Sie wissen, daß sie gegen das reiche Amerika niemals längere Zeit durchhalten können. Wenn sie den Sieg erringen wollen, müssen sie soviel wie möglich auf einmal und schnell hintereinander erreichen.

Schon zwei Tage nach Kriegsbeginn erobern die Japaner den amerikansichen Stützpunkt Guam. Vor der Insel Wake allerdings erleiden die Japaner gleich ihre erste Niederlage. Zwei ihrer Zerstörer werden von amerikanischen Flugzeugen versenkt. Aber wenige Zeit später ist ein stärkerer japanischer Flottenverband vor Wake, und diesmal glückt die Landung. Am 23. Dezember 1941 müssen die Amerikaner auch diesen Stützpunkt räumen.

Einen Tag schon nach Pearl Harbor haben die Japaner mit dem Angriff auf die Philippinen, den mächtigsten amerikanischen Stützpunkt im Pazifik, begonnen. Hier dauert der Kampf länger, aber am 9. April 1942 müssen auch hier die letzten Amerikaner kapitulieren. Nur die Seefestung Corregidor kann sich noch bis zum 6. Mai halten.

General MacArthur, der amerikanische Oberbefehlshaber im Pazifik, hat von vornherein erkannt, daß die Philippinen nicht zu halten sind. Nachschub aus den USA war nicht zu erwarten, denn die japanische Flotte und insbesondere ihre U-Boote kontrollieren den langen Seeweg – und für Flugzeuge ist die Strecke viel zu groß. MacArthur zieht sich nach Australien zurück und verkündet in einem Aufruf: „Keine Angst, wir kommen wieder!"

Inzwischen sind die Japaner auch gegen ihren anderen Gegner im Pazifik zum Angriff angetreten, gegen das mächtige britische Empire. Am 25. Dezember schon muß Hongkong vor den vom Festland her

*Amerikanischer B-25-Bomber über dem Urwald. Den Landungsunternehmen gingen stets präzise und massive Luftangriffe voraus. Allein auf die kleine Insel Iwo Jima regneten mehr als 9000 Tonnen Bomben und 12000 Raketen nieder.*

anstürmenden japanischen Truppen kapitulieren. Die Hauptsache aber ist die „uneinnehmbare“ Seefestung Singapur. Wer Singapur hat, beherrscht den Indischen Ozean und den Westpazifik. Aber die Festung ist von See her nicht anzugreifen, jede Flotte würde hier verbluten. Admiral Yamamoto – der nach seinem Tode von Hitler das Ritterkreuz mit Eichenlaub und Schwertern verliehen bekommt – und General Jamashito beschließen, Singapur von Land her zu nehmen. Jeder Fachmann hält das für unmöglich, denn hinter Singapur liegt der undurchdringliche malayische Dschungel. Hier kommt kein Mensch durch, geschweige denn eine Armee mit Waffen und Fahrzeugen, die sie braucht, wenn sie eine starke Festung erobern will. Aber die Japaner haben einige Vorteile für sich. Nicht nur, daß ihre Soldaten erfahrene Dschungelkämpfer sind, sondern auch Vorteile, die in den bisherigen Eroberungen bestehen.

Indochina ist seit längerem schon unter japanischer Kontrolle. Die Bevölkerung hat die Japaner als Befreier von der französischen Kolonialherrschaft begrüßt. Thailand hat den Japanern die Rückgabe der einst von den Franzosen okkupierten Gebiete von Laos und Kambodscha zu verdanken und ist so zum natürlichen Verbündeten Japans geworden. Thailand hat den USA und England den Krieg erklärt. Auch in Siam sind die Japaner. Das Hinterland von Singapur ist somit in japanischer Hand, alle Truppen dort können gegen Singapur angesetzt werden.

Admiral Yamamoto unternimmt zunächst ein Ablenkungsmanöver. Durch gefälschte Funksprüche lockt er die beiden britischen Großkampfschiffe, die zur Unterstützung Singapurs entsandt wurden, in eine tödliche Falle. Es sind zwei Schlachtschiffe, deren Namen auch in Deutschland gut bekannt sind: die „Repulse“, die Günther Prien mit „U 47“ in Scapa Flow versenkt zu haben glaubte, als er neben der „Royal Oak“ den Flugzeugträger „Pegasus“ traf, und die „Prince of Wales“, die am Kampf mit der „Bismarck“ teilgenommen hatte.

Die beiden Schiffsgiganten laufen dem japanischen Geleitzug entgegen, den es gar nicht gibt, den Admiral Yamamoto eigens erfunden hat. Aber dafür liegen in diesem Seegebiet japanische Flugzeugträger, deren Torpedoflugzeuge beim Herannahen der beiden Schlachtschiffe aufsteigen. 29 japanische Maschinen werden abgeschossen, am Mittag des 10. Dezember 1941 ereilt die beiden Riesen dennoch ihr Schicksal. Sie versinken – von vielen Torpedos getroffen wie ein halbes Jahr zuvor die „Bismarck“ – im Pazifik.

Nun beginnt der Angriff auf Singapur. Die Engländer fühlen sich sicher. 50 000 gut ausgebildete und bewaffnete Soldaten sind in der Festung, die über genügend Artillerie und auch Flugzeuge verfügt, um jedem Angriff von See her standhalten zu können. Doch die Japaner kommen von Land her. Ende Januar schon haben sie sich, ohne Nachschub, ganz auf sich selbst gestellt, bis an Singapur herangearbeitet. Ein Kampf entbrennt, der wahrhaft mörderisch ist. Singapur ist eingeschlossen, denn zur See hin, die nach der Versenkung der beiden Schlachtschiffe von den Japanern beherrscht wird, ist kein Weg offen.

Am 9. Februar dringen die ersten Japaner bis auf die Halbinsel vor, nachdem sie die gut gesicherte Landenge überwunden haben. Als erstes fallen die beiden Wasserwerke von Singapur in ihre Hand. Damit ist der Kampf auch schon entschieden, denn ohne Wasser kann es kein Mensch aushalten, auch der tapferste Soldat nicht.

Am 15. Februar muß die Festung kapitulieren. Die beiden Brigaden aus Nordafrika, die vom Kampf gegen Rommels Deutsches Afrikakorps zur Verstärkung nach Singapur geschickt worden sind, kommen gerade recht, um mit in Gefangenschaft zu gehen.

Admiral Yamamoto kann seinem Kaiser melden: „Die feindliche Einkreisung unseres Landes ist zerschlagen. Die Götter haben unser Wirken gesegnet. Mögen die Feinde heute schon auf Revanche sinnen – Japan ist durch seine Eroberungen stärker geworden, und es wird so stark werden, daß es keinen Feind mehr zu fürchten braucht!“

Tatsächlich wird Japan zunächst wirklich noch stärker. Burma wird erobert und damit der chinesische Marschall Tschiang Kai-schek von seiner Nachschubstraße abgeschnitten. Jetzt kommen die niederländischen Kolonien an die Reihe – Java, Celebes, Borneo, Sumatra. Der holländische Admiral Doormann hat sich alle in den bedrohten Gebieten vorhandenen holländischen, australischen, britischen und amerikanischen Kriegsschiffe unterstellen lassen, um eine konzentrierte Abwehr der japanischen Invasion schaffen zu können. Sein Gegner Yamamoto leitet den Angriff von seinem Flaggschiff „Yamato“ aus, das im Inselgewirr der ebenfalls mittlerweile von den Japanern eroberten Karolinen liegt. Die „Yamato“ ist das größte Schlachtschiff, das die Welt je gesehen hat. Eben fertiggestellt, hat es einen Schiffsraum von 78 000 Tonnen (Deutschlands „Bismarck“ und die britische „Hood“, bis dahin die größten Schlachtschiffe, waren nur etwas mehr als halb so groß), läuft 28 Seemeilen, verfügt über 9 Geschütze vom Kaliber 46 cm, vier 15,5-cm-Drillingstürme, allein 24 12,7-cm-Flak, von den nahezu hundert kleinen Flugabwehrgeschützen ganz zu schweigen. Der Panzer dieses Riesenschiffes ist an Deck bis zu 23, an den Seiten bis zu 65 Zentimenter stark.

Admiral Doormann verliert die Schlacht. Die beiden holländischen Kreuzer „De Ruyter“ und „Java“ sind die ersten Opfer, zwei britische und ein holländischer Zerstörer folgen. In der kommenden Nacht, es ist die Nacht zum 1. März 1942, werden auch der US-Kreuzer „Houston“ und der australische Kreuzer „Perth“ versenkt sowie ein Zerstörer. Am nächsten Tag ereilt den britischen Kreuzer „Exeter“ und zwei Zerstörer ihr Schicksal in der Straße von Java. Von Admiral Doormanns internationalem Flottenverband sind nur noch zwei Zerstörer und zwei Kanonenboote übriggeblieben, die alle vier am 4. März von der japanischen Flotte versenkt werden.

Jetzt werden die holländischen Kolonialinseln erobert, das heutige Indonesien. Es ist der weitaus wichtigste Sieg Japans, jetzt steht all das zur Verfügung, was im Inselreich an Rohstoffen selbst nicht vorhanden ist: Kautschuk, Edelmetalle aller Art, Baumwolle, Bauxit und Öl!

*Nach dem Einsatz. Gemälde von Tom Lea. Die Marineinfanteristen, „Ledernacken“ genannt, erwiesen sich im Dschungelkrieg auf den pazifischen Inseln als harte Kämpfer. Einer von ihnen schrieb über die Stunden vor der Landung: „Die Decks summen vor Geschäftigkeit. Überall sind Matrosen dabei, Maschinengewehre zu reinigen und Patronengurte zu laden, andere machen Tarnnetze für ihre Helme und bringen ihr Kampfgerät in Ordnung. Die damit fertig sind, verbringen Stunden damit, ihre Dolche an den Sohlen ihrer groben Kalbslederstiefel zu schleifen. Die Gesichter sind grimmig. Nirgends ist ein Lachen zu hören.“*

Weiter gehen die japanischen Eroberungen, bis zum Juni 1942. Da aber kommt schon die große Wende. Admiral Nimitz, der Oberbefehlshaber der amerikanischen Pazifikflotte, hat aus den bisherigen Niederlagen gelernt. Er setzt „Köderverbände" ein wie Admiral Yamamoto, und er operiert mit kleinen Flugzeugträgerverbänden, die verschwinden, sobald der Gegner zum Schlag ausholt.
Die erste Seeschlacht zwischen der japanischen und der amerikanischen Flotte findet am 7. Mai 1942 im Korallenmeer statt. Die Japaner wollen nun auch Australien angreifen, ein stark gesicherter Geleitzug soll Landungstruppen nach Port Moresby auf Neuguinea bringen. Port Moresby ist das Sprungbrett, von dem aus der australische Kontinent erobert werden kann. Die Amerikaner stellen den japanischen Flottenverband im Korallenmeer, und es kommt zur ersten Seeschlacht der Geschichte, an der nur die Flugzeuge der Flugzeugträger beteiligt sind. Die amerikanischen Flugzeuge fliegen auf die japanischen, die japanischen Flugzeuge auf die amerikanischen Flugzeugträger ihre Angriffe. Wohl halten sich die gegenseitigen Verluste die Waage, aber die japanischen wiegen dennoch schwerer. Sie haben ihr Ziel nicht erreicht, den Geleitzug durchzubringen – die erste schwere Niederlage, die sie hinnehmen müssen. Ihnen dämmert die Erkenntnis, daß es nun mit der Seeherrschaft und dem immer weiteren Vordringen im Pazifik zu Ende ist. Der Plan einer Eroberung Australiens wird dennoch nicht aufgegeben.
Ein Ziel aber muß vor allem noch erreicht werden: die Eroberung der Midway-Inseln, die 2000 Kilometer westlich Pearl Harbor auf der Datumgrenze liegen, von der sie ihren Namen haben. Dieser amerikanische Stützpunkt muß fallen, denn von ihm aus kann der japanische Nachschubverkehr empfindlich gestört werden, von hier aus könnte das japanische Inselreich selbst bedroht werden.
Alle Kräfte, über die Japan verfügt, werden zur Eroberung der Midways eingesetzt. Eine riesige Flotte setzt sich in Marsch. Neben den leichten und mittleren Seestreitkräften, die die Landungsflotte begleiten, dampfen neun Schlachtschiffe und vier Flugzeugträger den Midways entgegen.
Admiral Yamamoto hat noch zur Täuschung der Amerikaner einen Angriff auf die Aleuten durchführen lassen. Dadurch sollen nicht nur die dortigen Verteidigungsanlagen der Amerikaner vernichtet und so die nördliche japanische Flanke gesichert werden, sondern er will Admiral Nimitz damit verlocken, mit seiner Flotte in See zu gehen, und die Aleuten zu schützen. Auf halbem Wege dann wird Yamamotos Riesenflotte die Amerikaner auf hoher See stellen und vernichten. Sofort darauf soll die erste Trägerflotte zur Vorbereitung der Invasion auf den Midways Luftangriffe durchführen und vor allem die amerikanischen Flugzeuge zerstören. Dann – im Besitz der Midway-Inseln, die amerikanische Flotte vernichtet – ist Japan endgültig Herr über den Pazifischen Ozean. Die Rechnung Yamamotos geht nicht auf. In ihr fehlt neben dem Posten Radar – der zur gleichen Zeit die Schlacht im Atlantik gegen Deutschland zu entscheiden beginnt – noch ein Posten, den Yamamoto nicht kennt: Der japanische „Purpurcode" ist längst von den Amerikanern entziffert, und wie schon bei der See-Luftschlacht im Korallenmeer ist auch hier die amerikanische Führung darüber unterrichtet, daß die Japaner eine neue Aktion zur See vorhaben. So wird es nichts mit der Waffe der Überraschung, die Yamamoto einkalkuliert hat.
Allerdings wissen die Amerikaner noch nicht, wo diese Aktion stattfinden soll. Trotz des Codes, den die Japaner für sicher halten, bezeichnen sie das Angriffsziel als „AF". Was ist „AF"? In Washington tippt man auf die Insel Oahu. Admiral

*Admiralsbesichtigung an Bord eines amerikanischen Flugzeugträgers. Der Einsatz der Flugzeugträger erlebte im pazifischen Krieg den Höhepunkt. Allein in der Schlacht bei den Midways gelang es Flugzeugen der amerikanischen Marineluftwaffe, vier große japanische Flugzeugträger („Akagi", „Kaga", „Hiryu" und „Soryu") und einen Schweren Kreuzer zu versenken.*

*Linke Seite: Ein angreifender US-Sturzbomber kam in das Flakfeuer eines japanischen Schlachtschiffes. Er wird, bevor er seine tödliche Last abwerfen kann, selbst getroffen. Um amerikanischen Flakkanonieren solche Erfolge unmöglich zu machen, stellten die Japaner die sogenannten „Kamikaze-Verbände" auf. Die Piloten stürzten sich mit ihrer Maschine und der Bombenlast mitten auf das befohlene Ziel. Sie hatten keine Chance, ihr Leben dabei zu retten.*

*Die Innenstadt von Hiroshima nach der Atombombenexplosion. In einem Bericht der Schweizer Zeitung „Die Tat" vom 9. August 1945 heißt es: „Soeben eingelieferte Fliegerfotografien von Hiroshima lassen erkennen, daß die Atombombe eine geradezu unerhörte Hitze entwickelt haben muß. Sie entfachte Brände, die sich weder von Wasserläufen noch von Brandmauern aufhalten ließen. Nur wenige Mauern starker Eisenbetonbauten haben der Explosion Widerstand geleistet. Im übrigen ist Hiroshima vollkommen vernichtet."*

Nimitz dagegen ist der Überzeugung, daß die Midway-Inseln gemeint sind. Er trifft alle Vorbereitungen, Midway zu verteidigen. Von der Inspektionsreise zu den Midways nach Pearl Harbor zurückgekehrt, beordert Nimitz sämtliche entbehrlichen Flugzeuge nach Midway. Mitte Mai gibt er dem Konteradmiral Fletcher den Befehl, mit seinen Schiffen den Südpazifik zu verlassen und nach Hawaii zu laufen. Auch die Flugzeugträger „Hornet" und „Enterprise" werden dahin beordert. Nimitz will seine Flotte zusammenhaben. Er weiß – wenn er sich irrt, wenn „AF" nicht die Midway-Inseln sind, dann hat er durch die Entblößung der Hawaii-Inseln von den Flugzeugen, zugleich aber mit der Zusammenziehung seiner Seestreitkräfte am gleichen Ort einen Fehler gemacht, der den Untergang der amerikanischen Pazifikflotte bedeuten kann.
Nimitz will sichergehen. So greift er zu einem Trick. Er läßt im Klartext eine Meldung von Midway an einen nicht vorhandenen Empfänger senden. In dieser Meldung beschwert sich der amerikanische Stützpunktkommandant darüber, daß die Wasserdestillationsanlage defekt sei. Die Trinkwasserversorgung sei dadurch gefährdet. Der Trick klappt. Kurz darauf entschlüsseln die amerikanischen Fachleute einen japanischen Funkspruch, in dem wieder einmal von „AF" die Rede ist. „In ›AF‹ ist das Trinkwasser knapp", lautet diese Meldung im Klartext. Nun steht fest – „AF", das ist tatsächlich Midway. Nimitz hat keinen Fehler gemacht und kann nun seine Vorbereitungen noch verstärken, da er das japanische Angriffsziel jetzt mit Sicherheit kennt. Admiral Nimitz ist davon überzeugt, daß der Fuchs Yamamoto ihm eine Falle stellen will, und er weiß mit Sicherheit, daß die japanische Flotte stärker sein wird als die amerikanische. Aber gerade deshalb muß er die Herausforderung annehmen und noch ein übriges tun – selbst den Gegner überraschen, der nichts davon ahnt, daß sein kluger Plan erkannt worden ist.
Und nun, am 3. Juni, ist es soweit. Die Seeschlacht über den weitesten Raum hinweg, in dem je ein solcher Kampf ge-

führt wurde, hat begonnen. Wie die Schlacht im Korallenmeer ist auch diese wieder zugleich eine Luftschlacht gigantischen Ausmaßes.
Die Japaner sind über das Auftauchen der amerikanischen Flotte weit vor dem Punkt, wo man selbst sie zum Kampf stellen wollte, aufs höchste überrascht. Sie erkennen zunächst nicht einmal die tödliche Gefahr. Das Wetter ist miserabel, die Japaner sehen kaum etwas. Die amerikanische Flotte aber verfügt über Augen, die auch bei Nebel und in der Dunkelheit sehen können, eben Radar. So können Admiral Nimitz und seine Flottenbefehlshaber den sonst so weit überlegenen Gegner immer wieder ausmanövrieren und immer wieder von einer Seite zupacken, von der der Gegner sie nicht erwartet, und sich dann schnell wieder zurückziehen.
In den Vormittagsstunden des nächsten Tages, des 4. Juni 1942 – eben hat viele Tausende Kilometer weiter westwärts der deutsche Sturm auf die russische Seefestung Sewastopol begonnen –, geschieht es. Aus dem Glas der Weltuhr rinnen die entscheidenden fünf Minuten dieser gewaltigen See-Luftschlacht. Noch steht der Kampf unentschieden. In fünf Minuten aber, einer geradezu lächerlichen Spanne Zeit, geht die Hauptmacht der japanischen Flotte unter und beginnt der unaufhaltsame Zusammenbruch des alten japanischen Kaiserreichs, entscheidet sich auch in Wahrheit, ein halbes Jahr vor Stalingrad schon, der Ausgang des Zweiten Weltkrieges: Am 4. Juni 1942 von 10.05 Uhr bis 10.10 Uhr.
Eben sind die Flugzeuge der vier japanischen Flugzeugträger aufgestiegen, um den Gegner zu suchen. Die Sturzkampfbomber und Torpedoflugzeuge werden zu ihrem Schutz von den Jägern begleitet. Solange sie unterwegs sind, müssen die Flugzeugträger sich allein auf ihre Schiffsflak und die der anderen Kriegsschiffe verlassen.
Und ausgerechnet in dieser Zeitspanne erscheinen die amerikanischen Bomber und Torpedoflieger über dem japanischen Verband, von dem der Jagdschutz sie fernhalten sollte. Als die japanischen Flugzeuge zurückkehren, finden sie ihre schwimmenden Landebahnen nicht mehr vor. Drei der japanischen Flugzeugträger hat der Pazifik verschlungen! Der schwerbeschädigte verbleibende wird am nächsten Tag selbst versenkt. Die meisten Piloten, die ihrerseits den amerikanischen Flottenverband nicht gefunden haben, müssen sterben. Sie können nirgends landen und stürzen mit ihren Maschinen in den Ozean. Nur ein paar von ihnen können gerettet werden.
Die Japaner müssen das Gefecht abbrechen und sich zurückziehen. Der Krieg im Pazifik ist damit – auch wenn er noch drei Jahre dauert – entschieden. Denn Japan verfügt nun nur noch über zwei Flugzeugträger, und diese beiden sind in der Schlacht im Korallenmeer schwer beschädigt worden. Flugzeugträger aber sind nicht so schnell zu bauen, darüber vergehen Jahre! Aber eben Flugzeugträger sind es, die eine moderne Seeschlacht über weite Entfernungen entscheiden. Nichts zeigt das besser als das Schicksal der deutschen Kriegsmarine und ihrer wenigen schweren Einheiten, die fast alle der feindlichen Luftwaffe – nicht feindlichen Kreuzern oder Schlachtschiffen – zum Opfer gefallen sind, und zwar oft der Marineluftwaffe, den Trägerflugzeugen.
Im Gegensatz zur deutschen Führung hat man in Japan viel fortschrittlicher gedacht und schon gleich nach dem Ersten Weltkrieg die Bedeutung von Flugzeugträgern erkannt. Japan ist sogar das Land, das den ersten echten Flugzeugträger überhaupt gebaut hat. Und nun verfügt ausgerechnet die japanische Flotte über keinen einsatzbereiten Flugzeugträger mehr!
Noch im gleichen Jahr werden die Japaner auch zu Lande erstmals in die Verteidigung gedrängt und geschlagen. Wieder gibt es dazu auch eine Seeschlacht. Im August 1942 landen die Amerikaner auf der von Japan besetzten Insel Guadalcanal. Dort befindet sich eine besonders starke japanische Besatzung, die den Flugplatz beschützen soll. Guadalcanal nämlich liegt in der Reichweite von Port Moresby, das die Japaner wegen der noch nicht aufgegebenen Eroberung Australiens unbedingt haben wollen. Auch die Amerikaner wissen das, und deshalb ist der Besitz von Guadalcanal so wichtig.

*14. August 1945: In einem Bunkerraum unter dem Kaiserpalast gibt Kaiser Hirohito seinem Kabinett bekannt, daß er zur Kapitulation bereit sei. Gemälde von Ichiko Shirakawa. Deutschlands Schicksal wiederholte sich in Japan, nur die Rollen waren anders verteilt: Deutschlands Diktator Hitler hatte seine widerstrebenden Generäle immer weitergedrängt. In Japan war es die Generalität, die den Kampf bis zuletzt forderte, und das Staatsoberhaupt, das ihn aufgab.*

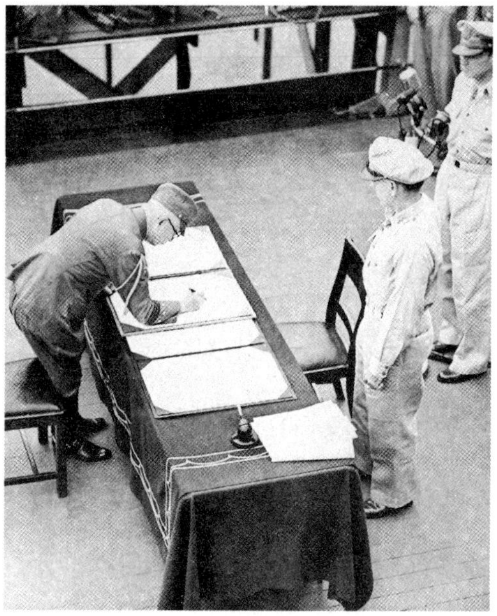

*Am 2. September 1945 vormittags um 9.05 Uhr wurden an Bord des Schlachtschiffes „Missouri" die Kapitulationsurkunden unterzeichnet. Der Zweite Weltkrieg war amtlich beendet.*

*Rechte Seite: Wie Dresden als mahnendes Fanal das Ende des europäischen Krieges markiert, so der Atompilz über Hiroshima den Zusammenbruch Japans. Die amerikanischen Flieger warnten gemeinhin mit Flugblättern vor kommenden Luftangriffen. In Hiroshima und Nagasaki kam das Verderben ohne Ankündigung. Die Bewohner schauten sogar beruhigt zum Himmel, an dem ja nur wenige Maschinen auftauchten. Nur eine trug die tödliche Fracht. Am 6. August 1945 begann unser Atomzeitalter mit dem Tod von 100000 Menschen.*

Die Wegnahme des Flugplatzes gelingt den Amerikanern, im Westteil der Insel behaupten sich noch die Japaner. Mit allen Mitteln wird jetzt ein wahrhaftig grausamer Dschungelkrieg um den Besitz von Guadalcanal geführt. Immer wieder kommt es auch zu Seegefechten, denn beide Seiten versuchen mit geschützten Geleitzügen, Truppenverstärkungen sowie Nachschub heranzubringen. In einer nächtlichen Seeschlacht am 12./13. November 1942 geraten zwei große Flotten, die Truppentransporter begleiten, ins Gefecht. Es gibt ein wildes Durcheinander, amerikanische Kreuzer beschießen amerikanische Schlachtschiffe, und den Japanern geht es ebenso, auch sie feuern zuweilen in der nächtlichen Schlacht aufeinander, statt auf den Gegner.

Viele Großkampfschiffe beider Seiten werden in dieser Schlacht vernichtet, zwei amerikanische Admirale finden den Tod. Die Amerikaner sind es diesmal, die den Kampf abbrechen. Aber die Japaner können trotzdem nur einen Teil ihrer Truppen landen, denn sechs der zehn Transporter werden von amerikanischen Flugzeugen versenkt.

Im Februar 1943 ist die amerikanische Armee auf Guadalcanal so stark geworden, daß die Japaner die Insel räumen müssen. Der erste amerikanische Landsieg im Pazifik ist errungen. Von da an geht es, nur gelegentlich durch Rückschläge unterbrochen, für die USA-Streitkräfte vorwärts, für die Japaner beginnt die Abwärtsentwicklung, die seit der verlorenen Schlacht von Midway unausbleiblich geworden ist.

Die Amerikaner beginnen mit ihrem »Inselspringen«, wie die GIs die Strategie der militärischen Führung so treffend nennen. Es ist dabei gar nicht so viel Unterschied zu der Methode, von der der deutsche Panzergeneral Guderian sagt: »Klotzen, nicht kleckern!« Die Amerikaner greifen nicht überall gleichzeitig an, wie die Japaner es vorher getan haben, sondern nehmen sich Schwerpunkte vor. Deshalb geht es bei ihnen auch nicht so schnell wie bei den Japanern. Nachdem die ersten Erfolge errungen sind, macht sich auch bald die nun auf Hochtouren laufende amerikanische Rüstungsproduktion bemerkbar, während umgekehrt die Japaner mit jeder Bastion, die sie im einst eroberten Raum wieder aufgeben, auch die unentbehrlichen Rohstoffquellen verlieren.

Der Krieg kann gar nicht mehr anders ausgehen als mit einem amerikanischen Sieg. Dieser Sieg muß kommen wie einem Naturgesetz folgend. Das steht schon 1943 unabänderlich fest.

Noch aber hat General MacArthur sein Versprechen nicht wahrmachen können, das er beim Verlassen der Philippinen gab: »Keine Angst, wir kommen wieder!« Im Oktober 1944 soll es soweit sein. Während in Deutschland die Gegner schon an den Reichsgrenzen stehen, haben die Japaner noch immer große Teile der erst 1942 besetzten Gebiete in ihrer Hand. Das wichtigste sind die Philippinen, die Verbindung zwischen dem japanischen Mutterland und den anderen Gebieten, der Hauptstützpunkt der japanischen Flotte, die hauptsächliche Treibstoffquelle. Wenn die Japaner von den Philippinen vertrieben sind, müssen sie auch aus Singapur weichen, haben sie kein Öl mehr für ihre Flotte.

Bei Leyte entwickelt sich abermals eine Seeschlacht, die diesmal wieder für die Japaner verlorengeht. Sie erleiden so schwere Verluste, daß die japanische Flotte von da an niemals wieder als Flotte in Erscheinung tritt.

Nun können die Amerikaner auf den Philippinen landen. Es dauert noch bis Ende April 1945, ehe die letzte Insel dort besetzt ist, aber dann ist tatsächlich nur noch das japanische Mutterland zu erobern. Was die Japaner sonst noch immer besetzt halten, ist unwichtig geworden.

Dennoch schließen die Amerikaner während der Konferenz in Jalta ein Abkommen mit den Sowjets, das diese verpflichtet, bald in den Krieg gegen Japan einzugreifen. Und der Einsatz der Atombombe wird geplant. Der japanische Widerstand auf den dem Mutterland vorgelagerten Inseln Iwo Jima und Okinawa ist derart hartnäckig und verbissen gewesen – über 100 000 Japaner sind auf Okinawa lieber gefallen, als sich wie die nur 7000 Überlebenden gefangenzugeben! –, daß bei der Eroberung Japans mit noch größerer Erbitterung gerechnet werden muß. So wird zunächst, wie vorher in Deutschland, wo der Krieg bereits zu Ende gegangen ist, der Luftterror gegen die Zivilbevölkerung verstärkt, um die Japaner zu demoralisieren.

Am 6. August detoniert über Hiroshima die erste amerikanische Atombombe. Ihr folgt drei Tage später die zweite Atombombe auf Nagasaki, am gleichen Tag tritt die Sowjetunion in den Krieg gegen das bereits geschlagene Japan ein, und fünf Tage darauf, am 14. August, kapituliert Japan. Mit der Unterzeichnung dieser Kapitulation auf dem amerikanischen Schlachtschiff »Missouri« am 2. September 1945 ist der Zweite Weltkrieg zu Ende.

Ein neues Zeitalter aber, das Atomzeitalter, hat begonnen.

# Bilanz des Zweiten Weltkrieges

### Staaten, die sich mit dem Deutschen Reich im Kriegszustand befanden, sowie die Daten des Beginns des Kriegszustandes:

| | |
|---|---|
| Polen | 1.9.1939 |
| Großbritannien | 3.9.1939 |
| Frankreich | 3.9.1939 |
| Indien | 3.9.1939 |
| Neuseeland | 3.9.1939 |
| Australien | 3.9.1939 |
| Südafrik. Union | 6.9.1939 |
| Kanada | 10.9.1939 |
| Norwegen | 9.4.1940 |
| Niederlande | 10.5.1940 |
| Belgien | 10.5.1940 |
| Luxemburg | 10.5.1940 |
| Jugoslawien | 6.4.1941 |
| Griechenland | 6.4.1941 |
| UdSSR | 22.6.1941 |
| China | 8.12.1941 |
| USA | 11.12.1941 |
| Kuba | 11.12.1941 |
| Costa Rica | 11.12.1941 |
| Guatemala | 12.12.1941 |
| Nicaragua | 13.12.1941 |
| Honduras | 12.12.1941 |
| Dominikan. Republik | 15.12.1941 |
| Tschechoslowakei | 16.12.1941 |
| El Salvador | 18.12.1941 |
| Haiti | 18.12.1941 |
| Panama | 18.12.1941 |
| Mexiko | 1.6.1942 |
| Philippinen | 14.6.1942 |
| Brasilien | 22.8.1942 |
| Äthiopien | 14.12.1942 |
| Irak | 16.1.1943 |
| Iran | 9.9.1943 |
| Italien | 13.10.1943 |
| Kolumbien | 29.11.1943 |
| Bolivien | 4.12.1943 |
| Liberia | 26.1.1944 |
| Rumänien | 25.8.1944 |
| Bulgarien | 8.9.1944 |
| Ungarn | 30.12.1944 |
| Ekuador | 2.2.1945 |
| Paraguay | 9.2.1945 |
| Peru | 13.2.1945 |
| Chile | 14.2.1945 |
| Venezuela | 16.2.1945 |
| Türkei | 23.2.1945 |
| Uruguay | 23.2.1945 |
| Ägypten | 24.2.1945 |
| Syrien | 26.2.1945 |
| Libanon | 27.2.1945 |
| Saudi-Arabien | 1.3.1945 |
| Finnland | 4.3.1945 |
| Argentinien | 27.3.1945 |

### Bevölkerungsverluste in Europa

#### Gefallene und vermißte Soldaten

| | |
|---|---|
| Amerikaner | 170000 Tote |
| Engländer | 330000 Tote |
| Franzosen | 250000 Tote |
| Belgier | 10000 Tote |
| Holländer | 10000 Tote |
| Norweger | 10000 Tote |
| Deutsche | 3250000 Tote |
| Italiener | 330000 Tote |
| Österreicher | 230000 Tote |
| Tschechen | 20000 Tote |
| Ungarn | 120000 Tote |
| Jugoslawen | 300000 Tote |
| Griechen | 20000 Tote |
| Bulgaren | 10000 Tote |
| Rumänen | 200000 Tote |
| Polen | 120000 Tote |
| Finnen | 90000 Tote |
| Sowjetrussen | 13600000 Tote |
| | 19070000 Tote |

#### Ziviltote

| | |
|---|---|
| Engländer | 60000 Tote |
| Franzosen | 270000 Tote |
| Belgier | 50000 Tote |
| Holländer | 100000 Tote |
| Deutsche (einschließl. getötete und vermißte „Volksdeutsche") | 3640000 Tote |
| Italiener | 70000 Tote |
| Österreicher | 40000 Tote |
| Tschechen | 70000 Tote |
| Ungarn | 80000 Tote |
| Jugoslawen | 1300000 Tote |
| Griechen | 80000 Tote |
| Rumänen | 40000 Tote |
| Polen | 2500000 Tote |
| Littauer | 170000 Tote |
| Letten | 120000 Tote |
| Esten | 140000 Tote |
| Sowjetrussen | 6000000 Tote |
| | 14730000 Tote |

#### Ermordete Juden

| | |
|---|---|
| Frankreich | 90000 Tote |
| Belgien | 40000 Tote |
| Niederlande | 90000 Tote |
| Luxemburg | 3000 Tote |
| Dänemark | 1500 Tote |
| Norwegen | 1500 Tote |
| Deutschland | 170000 Tote |
| Österreich | 40000 Tote |
| Tschechoslowakei | 260000 Tote |
| Ungarn | 200000 Tote |
| Italien | 15000 Tote |
| Jugoslawien | 55000 Tote |
| Griechenland | 60000 Tote |
| Rumänien | 425000 Tote |
| Bulgarien | 7000 Tote |
| Polen | 2800000 Tote |
| Sowjetunion (mit Litauen, Lettland und Estland) | 1720000 Tote |
| | 5978000 Tote |

#### In Europa insgesamt Gefallene

| | |
|---|---|
| Soldaten | 19,0 Millionen Tote |
| Ziviltote | 14,7 Millionen Tote |
| ermordete Juden | 5,9 Millionen Tote |
| | 39,6 Millionen Tote |

### Bevölkerungsverluste in Asien und im Pazifik

#### Gefallene und vermißte Soldaten

| | |
|---|---|
| Amerikaner | 50000 Tote |
| Neuseeländer | 10000 Tote |
| Australier | 30000 Tote |
| Engländer | 40000 Tote |
| Chinesen | 3500000 Tote |
| Japaner | 1700000 Tote |
| | 5330000 Tote |

#### Ziviltote

| | |
|---|---|
| Chinesen | 10000000 Tote |
| Japaner | 360000 Tote |
| | 15690000 Tote |

### Zusammenstellung der Bevölkerungsverluste in Europa und Asien

| | |
|---|---|
| Europa | 39,6 Millionen Tote |
| Asien | 15,7 Millionen Tote |
| | 55,3 Millionen Tote |

### Abgeworfene Bombenlast (t) in Europa (Insgesamt)

Übersicht

| Jahr | USAAF | RAF | Insgesamt |
|---|---|---|---|
| 1940 | | 15610 | 15610 |
| 1941 | | 46026 | 46026 |
| 1942 | 2003 | 74489 | 76492 |
| 1943 | 133089 | 213077 | 346166 |
| 1944 | 890661 | 703075 | 1593736 |
| 1945 | 437670 | 254840 | 692570 |
| Insges. | 1463423 | 1307117 | 2770540 |

### Lieferungen der USA an die Sowjetunion im Rahmen des Leih- und Pachtvertrages

#### Güter aus den USA

| | |
|---|---|
| Eisenbahntransporteinrichtungen | 468532 |
| Lastwagen und andere Fahrzeuge | 2290830 |
| Metalle | 3575084 |
| Chemikalien und Sprengstoffe | 1147764 |
| Erdölprodukte | 2113449 |
| Maschinen und Ausrüstungen | 1247848 |
| Lebensmittel | 4464977 |
| Andere Güter aus den USA | 1221307 |
| Gesamtmenge aus den USA | 16529791 |
| **Güter aus Kanada und Großbritannien** | 968648 |
| Güter aus anderen Quellen | 2494 |
| Gesamtmenge | 17500933 |

### Pacht- und Leih-Hilfe der USA für das Britische Commonwealth im Vergleich zur Gesamtproduktion der USA

(Angaben in Prozent)

| | 1942 | 1943 | 1944 | 1. Halbj. 1945 |
|---|---|---|---|---|
| Flugzeuge und Ausrüstung | 12,4 | 11,9 | 13,5 | 11,8 |
| Schiffe, Ausrüstung und Ersatzteile | 5,5 | 11,8 | 6,7 | 5,4 |
| Artillerie und Munition | 10,4 | 10,0 | 8,8 | 4,6 |
| Fahrzeuge und Ausrüstung | 9,8 | 26,7 | 29,4 | 12,1 |
| Anderer Munitionsbedarf | 1,4 | 3,4 | 9,9 | 5,5 |
| Nahrungsmittel | 4,3 | 4,4 | 5,4 | 3,9 |
| Andere landwirtschaftliche Produkte | 4,3 | 5,6 | 4,4 | 5,0 |
| Metalle | 3,9 | 4,2 | 3,4 | 3,5 |
| Maschinen | 2,6 | 5,7 | 7,1 | 4,2 |
| Andere Erzeugnisse | 0,7 | 0,6 | 1,1 | 0,7 |

### Auf Feindfahrt verlorengegangene deutsche U-Boote

| | |
|---|---|
| Sept. 1939 – Juni 1940 | 23 |
| Juli 1940 – März 1941 | 13 |
| April 1941 – Dez. 1941 | 28 |
| Januar 1942 – Juli 1942 | 31 |
| August 1942 – Mai 1943 | 146 |
| Juni 1943 – August 1943 | 76 |
| Sept. 1943 – Mai 1944 | 146 |
| Juni 1944 – Mai 1945 | 167 |
| | 630 |

# Register